本书受国家自然科学基金重点项目"房地产及其金融资产的定价与风险管理"
（项目编号：71231008）的资助

21世纪经济管理精品教材·金融学系列

房地产投资与融资简明教程

方建国　编著

清华大学出版社
北京

内容简介

本书是一本从房地产投资视角研究房地产投融资活动的教学参考书。本书的研究思路清晰，能使读者从基本理论、概念入手，循序渐进地学习房地产投资与融资的方法和原理，投资活动分析与融资方法的阐述自然结合、逻辑紧密，既体现出两者之间的区别，又阐明了两者的关系，还指明了未来的发展趋势。鉴于我国目前房地产投资和金融的现状与发达国家的差距，书中采取了中外对比的学习方法，因而，读者既可以学习到先进的房地产投资和融资方法、理论，也可以看到我国相同问题的未来发展方向。为了使读者能够全方位地理解房地产投融资原理和方法，每章都设有"问题研究"内容，并附有推荐阅读的参考文献，以及供教师和学生开放式研究讨论的案例分析题和拓展思考题。本书适合国内重点院校房地产经营管理专业等经济管理类研究生和本科高年级学生阅读，也可作为房地产经济、金融行业的研究人员的科研参考书。

本书封面贴有清华大学出版社防伪标签，无标签者不得销售。
版权所有，侵权必究。举报：010-62782989，beiqinquan@tup.tsinghua.edu.cn。

图书在版编目(CIP)数据

房地产投资与融资简明教程/方建国编著.—北京：清华大学出版社，2014(2024.8重印)
(21世纪经济管理精品教材·金融学系列)
ISBN 978-7-302-37256-1

Ⅰ.①房… Ⅱ.①方… Ⅲ.①房地产投资—高等学校—教材 ②房地产—融资—高等学校—教材 Ⅳ.①F293.35

中国版本图书馆CIP数据核字(2014)第154051号

责任编辑：	陆浥晨
封面设计：	汉风唐韵
责任校对：	宋玉莲
责任印制：	刘 菲

出版发行：清华大学出版社
网　　址：https://www.tup.com.cn, https://www.wqxuetang.com
地　　址：北京清华大学学研大厦A座　　　　邮　编：100084
社 总 机：010-83470000　　　　　　　　　　邮　购：010-62786544
投稿与读者服务：010-62776969，c-service@tup.tsinghua.edu.cn
质量反馈：010-62772015，zhiliang@tup.tsinghua.edu.cn
印 装 者：三河市龙大印装有限公司
经　　销：全国新华书店
开　　本：185mm×260mm　　印　张：21　　字　数：488千字
版　　次：2014年8月第1版　　　　　　　　 印　次：2024年8月第8次印刷
定　　价：49.00元

产品编号：049328-02

序言

　　房地产投资与融资课程是高等学校房地产经营与管理和房地产投资管理等专业的主要课程,也是经济学、金融学、财政学等经管类专业高年级学生的选修课程。在国际上是许多全日制大学房地产专业硕士课程(Master of Science in Real Estate)的重要内容(例如,美国的麻省理工、哥伦比亚、康奈尔等著名大学都有类似的房地产专业硕士课程)。这对于学生理解房地产投资和房地产金融概念和理论,分析国际国内房地产金融形势,灵活运用房地产投融资技术都有重要的理论和实践意义。

　　本书是我在中山大学岭南学院硕士课程"房地产投资"的课程讲义基础上,经过多年的更新补充整理(这门课程从1999年开始在中山大学开设),并经过近年来的本科"房地产投资与融资"课程的教学实践得以成书出版。

　　我国大学的房地产专业教材多年来存在着理论与实践发展的脱节问题,每年的"全国高校房地产学者联谊会"年会上,许多老师都流露出教材难选的问题。如何撰写好一本既有理论深度,又与社会现实结合紧密的教科书,需要作者细致、认真、耐心以及拥有丰富的理论基础和独具观察力的研究视野。在中国目前的大学教师绩效考核中,已形成了过分重视高影响因子论文发表和纵向课题,忽视著作和教科书的评价指标体系,因此,想要写出一本高质量的教科书尤为艰难。2005年清华大学出版社出版了张红教授的《房地产经济学》一书,这本书给全国许多高校的房地产专业教学的老师带来了耳目一新的感觉。这本书的写作方法给了我许多启发,但是由于平时的教学和科研工作需要投入大量的精力,加之自己也有些懒怠,虽然有许多老师、学生多次建议写成这本书,期间也有出版社的编辑向我征求书稿,但总是感到很难集中时间来撰写,平时只是有意识地做一些章节素材的整理工作。直到2012年春季清华大学出版社的陆浥晨编辑来中大调研,才使得我的写作计划得以真正实施。在这里要感谢清华大学出版社和陆编辑的工作精神,他们在与我面谈后,很快就决定了出版事宜,这也使我下决心将书稿交予他们出版。在签订出版合同时,我向陆编辑提出要两年时间来写作,陆编辑很快就同意了,这两年期间也没有向我催稿,只是发邮件问候,让我从容地完成了书稿。

　　本书适合高等院校房地产投资类专业研究生课程和经管类专业高年级

学生专业选修课教材和课外读物,也可以作为投资类专业人员的参考书。为了适应大学MBA课程教学需要,本书还在每章撰写了"案例分析"等内容。

本书的写作思路和章节内容格式不同以往的教科书,试图采取更综合的思想体系来诠释房地产投资和融资的理论及现实问题,许多知识点需要读者去互联网上查找,去文献数据库下载相关文献来看,才能更深刻地理解其要领。这也许就是教科书应该提供给读者"归纳、综合分析研究方法"的一种途径吧! 所以,说它是"简明教程",是指它后面可以引申出更多的理论知识和深度问题来思考,而这里仅仅是"言简意赅"地提出知识点和问题引子。就像美国麻省理工学院的经济学家鲁迪格·多恩布什教授所说的那样,"给学生一个深入探索大量专题的起点"。此外,对于房地产投资和融资方面的问题研究,不能仅仅从某一学科的视角来看问题,这往往会比较片面或可能引人误入歧途。本书的知识体系既涉及宏微观经济学、投资学、现代金融理论、税收理论和房地产估价理论,也涉及城市经济学、区域经济学、经济地理、零售业态发展理论和人口理论等其他学科的知识。正像本书第1章所讲的那样,房地产投资的研究视角应当是"联系和发展的"。正是由于借鉴其他学科理论的研究成果,才能使得房地产投融资理论得以不断发展;正是由于不断地关注和解释现实发生的问题,才能使房地产投融资理论鲜活生动,具有强大的生命力,让读者在阅读时能够引起思考和联想。我想,这也应该是一本好的教科书应当展现的内容。在西方大学的教科书中,我们经常看到一些经典的经济学教材能够历经多年不断重修再版,从一个侧面也能看到高质量教科书的影响力是多么持久。

本书的内容安排上既参考了美国大学的房地产投融资教材的内容,又结合中国比较突出的房地产投融资现实问题进行了对比分析,同时也尽量反映当前在房地产投融资问题研究方面的最新成果以及多种学术观点。这种以学术研究视角来阐述学科理论的写作方式,不同于以往国内此类教材的内容安排,试图做出一些教科书改革的突破和探索(当然,这也是有风险的)。本书每章的安排,首先是基本的概念,然后是问题研究和案例分析,每章的小结、拓展思考题、主要参考文献和阅读材料。每章后面编入阅读材料的做法是借鉴清华大学张红教授的《房地产经济学》一书的安排,这样可以使读者能够更清楚地了解"问题研究"或者"案例分析"所提出的问题,同时也能督促读者跟踪相关文献。这对于培养学生的阅读文献习惯和严谨的问题研究态度大有裨益。书中带星号(*)的部分为本科生选学内容,对于硕士研究生则是需要认真阅读并能扩展的内容。

本书从基于经济学理论的房地产投融资基本概念介绍入手,在第1章试图给读者建立一个房地产投资的分析视角,从宏观视野上让读者了解房地产投资对个人生活和经济社会发展的多层面影响。并以此展开对房地产资产、市场结构等概念和属性的分析。在随后的"问题研究"和"案例分析"部分也紧扣上述主题,给读者一个不同的思考框架来分析房地产投融资的实际问题。阅读材料给出的研究问题也非常有针对性,探讨了房价与地价的关系问题以及新加坡的公积金制度存在的问题。实际上,也是想让读者站在一个客观的立场上去思考中国社会的住房问题。第2章研究了房地产价值的影响因素,它不仅包括了经典的区位分析理论、竞租曲线理论,还增加了中国人口地理学者的研究成果,使得读者能从新的视角来分析一个城市房地产业发展的内在机制,同时也引出了地方政府对城市治理的问题。这些研究观点对分析现实中国城市发展中的房地产投资区位问题有较高的价值。第3章研究了房地产投资开发需求预测问题,分别分析了住宅、商业和写字楼物业的需求预测,在问题研究部分引出了产业集聚和扩散问题,以及电子商务对传统商业的影响问题。在这一章不仅引入了零售业的相关理论,还对商业地产的类金融特性进行了简单阐述,为后面的章节引出商业地产融资和证券化做了铺垫。第4章、第5章是房地产投资的财务分析章节,除了经典的财务分析内容外,主要引申讨论了人们比较关注的"租售比"问题,厘清了一些在公开媒体上的片面观点和存在的缺陷。也引出了房地产金融研究中的"偿债保障比"概念。在"案例分析"部分还讨论了中国人的养老问题,让人们从房地产投资的视角来理解为什么中国人愿意买房。第6章房地产投资风险分析,除了对经典的风险分析方法进行阐述外,本章还引入了美国房地产经济的预警指标,以便读者能够引入新的分析视角来发现和看待房地产投资风险。在"案例分析"部分,中国许多企业和个人对北海和鄂尔多斯的投资风险问题都有深刻的印象,由于笔者当年也在北海从事房地产开发设计工作,所以更有感触。第7章房地产投资中的估价问题,是将房地产资产价值与金融资产价值联系的一章,编写这一章是受到徐滇庆教授《房价与泡沫经济》一书的启发,结合2007年中国房地产市场的"面包贵过面粉"现象,以及中国证券市场的"地价→股价"联动现象来撰写的。这部分内容在课堂讲授时也经常收到学生的良好反响,对后续研究房地产融资、房地产企业估值、资产定价和资产证券化都有很好的帮助。同时,通过这一章的学习会发现房地产估价理论研究的一些局限性,以及与现代金融理论发展的差距。第8章房地产投资中的税收问题,也是在房地产投资研究中不可忽视的问题。我在这一章与读者分享了本人在房地产税费改革研究的一些成果,有的也是我2004年在美国做访问学者时的调研成果。通过对西方财产税的研究,引出了中国房地产税费改革的方向问题。在"案例分析"中讨论的房地产企业纳税和美国加州1978年的宪法修正案第13号提案,都是在引导读者讨论我国未来的房地产税收改革问题,让读者从更宽的视野来理解我国房地产税费体系改革的意义。第9章住宅房地产融资,我在这一章更多的是以研究者的视角来分析住宅融资问题,除了参考经典的国外教科书中的理论阐述,还将一些研究文献和现实中的具体融资操作内容编撰进来,通过中美住宅融资内容的对比,住房抵押贷款再融资和逆向年金住房抵押贷款的介绍,以及住房抵押贷款还款能力的评价指标(LTV(Loan To Value Ratio,贷款与价值比率)、DCR(Debt Coverage Ratio,偿债备付率)、DTI(Debt To Income,债务与收入比))的介绍使得本章的内容更丰富和更有时代感。本章"问题研究"中对"抵押贷款估值方法选择问题的研究"是具有挑战意味的选题,它有助于读者和研究者反思我们通常对房地产抵押贷款所采取的风险防控措施,借鉴国际经验提出更好的解决办法。这一章的许多知识点都可以作为硕士研究生的毕业论文选题,我指导的三届硕士研究生都先后以此章的知识点完成了他们的论文。第10章开发项目融资,也是房地产融资的重要章节。这一章采取中美对比的方式,让读者发现房地产融资的不同方法。例如,美国关于建设项目融资环环相扣的风险防范措施,土地回租方式等内容都会对未来中国的房地产融资改革有重要的借鉴意义。在这一章着重讨论了土地融资等内容(在"问题研究"和"案例分析"部分),是因为我国当前经济社会面临的许多尖锐问题都是由土地资产开发所引起的。这里涉及政府的地方融资平台和土地储备问题，它也是政府治理中的重要问题。通过这一章的学习，读者会了解到土地资产的价值和企业、政府是如何利用土地资产获得开发获利机会以及解决建设资金短缺的问题。第11章收益性房地产融资、信托与资产证券化，讨论了当今房地产的金融创新发展最快，这也是与现代金融联系最紧密的内容。无论是房地产信托产品还是REITs(Real Estate Investment Trusts，房地产投资统托基金)，或是资产证券化的衍生产品，都是以能够产生持续现金流的房地产实物资产为基础发展起来的。这些快速发展的房地产金融创新产品和理论观点需要读者到课外去阅读大量的相关文献，观察市场发展动态来理解其中的脉络和趋势，本书仅是对一些研究观点和结论做简要的介绍，这也体现了"理论是灰色的，而生命之树常青"的道理。

总之，本书撰写的目的是改变我们过去"灌输型"的教育方法，让读者有独立思考的空间，不迷信一些权威观点，接纳不同研究视角和研究深度，允许不同观点争议，实现"启发式和研究型"教育，让读者所学习和研究的房地产投融资问题更接"地气"。当然，由于本人的经历和学识有限，对于本书的"问题研究""案例分析"选题还有待改进。希望能听到真诚的修改建议，并在以后有机会予以不断完善。

最后，对在本书撰写期间给予许多帮助的老师、朋友和学生表示衷心的感谢！对书中阅读材料的作者也表示诚挚的谢意！

作　者

2014年3月于广州中大康乐园

目录

第1章 房地产投资与融资概论 … 1

1.1 为什么要研究房地产投资 … 1
- 1.1.1 国家财富与房地产资产 … 1
- 1.1.2 企业与房地产资产 … 2
- 1.1.3 金融业与房地产资产 … 3
- 1.1.4 个人财富与房地产资产 … 4

1.2 房地产投资与房地产融资的基本概念 … 5
- 1.2.1 房地产投资的基本概念 … 5
- 1.2.2 房地产融资的相关概念 … 8
- 1.2.3 政策性住房融资的国际比较 … 9

1.3 房地产市场的相关概念 … 10
- 1.3.1 房地产市场的内涵 … 10
- 1.3.2 房地产市场的功能 … 10
- 1.3.3 房地产市场的界定 … 10
- 1.3.4 房地产市场的结构 … 11
- 1.3.5 房地产市场无效率的原因 … 12
- 1.3.6 房地产市场中介的作用 … 12

1.4 房地产投资的研究视角 … 12
- 1.4.1 需求与房地产资产价格变动 … 12
- 1.4.2 供给与房地产资产价格变动 … 13
- 1.4.3 房地产投资研究视角的构建——四象限模型 … 13

1.5 问题研究 … 16
- 1.5.1 资本化率的确定 … 16
- 1.5.2 地价与房价的关系 … 17

1.6 案例分析 … 17
- 1.6.1 租赁市场的价格决定 … 17
- 1.6.2 交易价格和谈判区间的确定 … 18

1.7 本章小结 … 18

1.8　本章拓展思考题 …………………………………………………… 18
　　1.9　主要参考文献 ……………………………………………………… 19
　阅读材料1.1 ………………………………………………………………… 20
　阅读材料1.2 ………………………………………………………………… 23

第2章　土地区位与房地产价值 ………………………………………………… 31
　　2.1　土地利用与房地产服务功能 ……………………………………… 31
　　　　2.1.1　城市房地产发展的动力机制 …………………………… 31
　　　　2.1.2　人口集聚对城市房地产发展的影响 …………………… 32
　　2.2　土地利用的区位理论 ……………………………………………… 36
　　　　2.2.1　区位理论在土地开发中的应用 ………………………… 36
　　　　2.2.2　区位理论在城市规划和土地开发中的指导意义 ……… 39
　　2.3　房地产的区位和价值 ……………………………………………… 39
　　　　2.3.1　房地产区位的内涵 ……………………………………… 39
　　　　2.3.2　房地产区位的价值分析 ………………………………… 40
　　　　2.3.3　房地产价格形成的空间属性分析 ……………………… 41
　　2.4　地租变动与城市发展 ……………………………………………… 41
　　　　2.4.1　由竞租曲线形成的城市结构 …………………………… 41
　　　　*2.4.2　城市经济动态模型 ……………………………………… 43
　　2.5　地方政府和房地产价值 …………………………………………… 44
　　　　2.5.1　蒂布特(Tiebout)模型与地方政府职能 ………………… 44
　　　　2.5.2　地方政府行为对房地产市场的影响 …………………… 45
　　2.6　地租变化与城市发展 ……………………………………………… 45
　　2.7　问题研究 …………………………………………………………… 48
　　　　2.7.1　竞租曲线——理论与现实的差异 ……………………… 48
　　　　2.7.2　中国地方"土地财政"问题 ……………………………… 49
　　2.8　案例分析 …………………………………………………………… 50
　　　　2.8.1　万科在北海的选择 ……………………………………… 50
　　　　2.8.2　"华南板块"的形成 ……………………………………… 51
　　2.9　本章小结 …………………………………………………………… 53
　　2.10　本章拓展思考题 ………………………………………………… 53
　　2.11　主要参考文献 …………………………………………………… 54
　阅读材料2.1 ………………………………………………………………… 55
　阅读材料2.2 ………………………………………………………………… 58

第3章　房地产投资开发需求预测 …………………………………………… 67
　　3.1　商业物业投资开发的需求分析 …………………………………… 67
　　　　3.1.1　商业地产的概念 ………………………………………… 67

  3.1.2 零售业商业模式的演进 ……………………………………………… 68
  3.1.3 商业地产开发需求分析的步骤和重点 ………………………………… 72
  3.1.4 商圈的界定和影响 …………………………………………………… 73
 3.2 住宅物业投资开发的需求分析 ……………………………………………… 74
  3.2.1 目标市场分析 ………………………………………………………… 75
  3.2.2 竞争对手分析 ………………………………………………………… 75
  3.2.3 目标客户的需求结构分析 …………………………………………… 76
  *3.2.4 住宅价格研究的计量模型 …………………………………………… 76
 3.3 写字楼物业投资开发的需求分析 …………………………………………… 77
  3.3.1 写字楼物业的竞争情况调查 ………………………………………… 77
  3.3.2 写字楼需求变化分析 ………………………………………………… 78
  *3.3.3 写字楼需求计量模型 ………………………………………………… 79
 3.4 问题研究 ……………………………………………………………………… 81
  3.4.1 Big Middle 理论与 HOPSCA 的开发——理论与实践的差异 …… 81
  3.4.2 住宅需求——使用还是投资 ………………………………………… 81
 3.5 案例分析 ……………………………………………………………………… 82
  3.5.1 城市产业竞租：集聚还是扩散 ……………………………………… 82
  3.5.2 网上商城与实体商业物业的竞争 …………………………………… 83
 3.6 本章小结 ……………………………………………………………………… 84
 3.7 本章拓展思考题 ……………………………………………………………… 84
 3.8 主要参考文献 ………………………………………………………………… 86
 阅读材料 3.1 …………………………………………………………………………… 86
 阅读材料 3.2 …………………………………………………………………………… 94
 阅读材料 3.3 …………………………………………………………………………… 95

第 4 章 房地产投资财务杠杆与传统分析方法 …………………………………… 97

 4.1 资金的时间价值计算 ………………………………………………………… 97
  4.1.1 单利情形下的终值与现值 …………………………………………… 97
  4.1.2 复利情形下的终值与现值 …………………………………………… 98
  4.1.3 年金的终值与现值 …………………………………………………… 99
 4.2 物业未来市场价值预测 ……………………………………………………… 101
 4.3 房地产投资财务杠杆 ………………………………………………………… 101
  4.3.1 财务杠杆系数 ………………………………………………………… 101
  4.3.2 偿债保证比 …………………………………………………………… 103
  4.3.3 财务杠杆的其他收益 ………………………………………………… 104
 4.4 传统房地产投资分析方法 …………………………………………………… 104
  4.4.1 投资收益性财产的动机 ……………………………………………… 104
  4.4.2 比率分析方法 ………………………………………………………… 105

4.4.3　传统的房地产投资盈利能力判断方法的讨论 …………………… 106
　4.5　问题研究 ……………………………………………………………………… 106
　　　4.5.1　偿债保障比在资产证券化中的运用………………………………… 106
　　　4.5.2　合理的租售比如何确定……………………………………………… 107
　4.6　案例分析 ……………………………………………………………………… 110
　　　4.6.1　1 000万未必够养老 ………………………………………………… 110
　　　4.6.2　不良资产证券化 ……………………………………………………… 111
　4.7　本章小结 ……………………………………………………………………… 112
　4.8　本章拓展思考题 ……………………………………………………………… 112
　4.9　主要参考文献 ………………………………………………………………… 113
　阅读材料4.1 ………………………………………………………………………… 113
　阅读文献4.2 ………………………………………………………………………… 116

第5章　房地产投资现金流贴现分析 ……………………………………………… 121

　5.1　现值、净现值与内部收益率 ………………………………………………… 121
　　　5.1.1　现值与净现值………………………………………………………… 121
　　　5.1.2　财务内部收益率……………………………………………………… 122
　　　5.1.3　净现值法与内部收益率法的比较…………………………………… 125
　　　5.1.4　动态投资回收期……………………………………………………… 126
　5.2　投资价值与投资决策 ………………………………………………………… 127
　5.3　问题研究 ……………………………………………………………………… 127
　　　5.3.1　现金流贴现技术的应用……………………………………………… 127
　　　5.3.2　房地产投资分析中的主要财务报表………………………………… 128
　5.4　案例分析 ……………………………………………………………………… 129
　　　5.4.1　在建工程转让的估值………………………………………………… 129
　　　5.4.2　中国房地产企业负现金流现象分析………………………………… 129
　5.5　本章小结 ……………………………………………………………………… 130
　5.6　本章拓展思考题 ……………………………………………………………… 131
　5.7　主要参考文献 ………………………………………………………………… 131
　阅读材料5.1 ………………………………………………………………………… 131
　阅读材料5.2 ………………………………………………………………………… 134

第6章　房地产投资风险分析 ……………………………………………………… 141

　6.1　房地产投资风险与房地产泡沫 ……………………………………………… 141
　　　6.1.1　房地产投资风险概述………………………………………………… 141
　　　6.1.2　房地产泡沫…………………………………………………………… 143
　6.2　传统风险分析方法 …………………………………………………………… 144
　　　6.2.1　风险调整贴现率法…………………………………………………… 144

    6.2.2 肯定当量法 ·············· 145
    6.2.3 回收期调整法 ·············· 147
  6.3 现代投资风险分析方法 ·············· 147
    6.3.1 蒙特卡洛方法 ·············· 147
    6.3.2 层次分析法的应用 ·············· 148
  6.4 项目不确定分析方法的应用 ·············· 149
    6.4.1 敏感性分析方法 ·············· 149
    6.4.2 盈亏平衡分析和概率分析 ·············· 151
    6.4.3 盈亏平衡分析、敏感性性分析和概率分析等方法各自的作用特点 ······ 152
    6.4.4 实物期权理论分析方法 ·············· 152
  6.5 房地产市场风险预警指标 ·············· 153
  6.6 问题研究 ·············· 156
    6.6.1 房地产投资风险的辨识 ·············· 156
    6.6.2 房地产投资风险的转移 ·············· 156
  6.7 案例分析 ·············· 157
    6.7.1 星河湾的"鄂尔多斯"投资之殇 ·············· 157
    6.7.2 日本的房地产泡沫危机 ·············· 159
  6.8 本章小结 ·············· 161
  6.9 本章拓展思考题 ·············· 161
  6.10 主要参考文献 ·············· 162
  阅读材料6.1 ·············· 162
  阅读材料6.2 ·············· 164

第7章 房地产投资中的估价问题 ·············· 171

  7.1 投融资中使用的基本估价方法 ·············· 171
    7.1.1 收益资本化法 ·············· 171
    7.1.2 市场比较法 ·············· 172
    7.1.3 成本法 ·············· 173
  7.2 房地产投融资中估价方法使用的方法论 ·············· 173
  7.3 假设开发法与土地期权 ·············· 175
    7.3.1 土地期货的价值发现 ·············· 175
    *7.3.2 土地投资决策的实物期权理论 ·············· 176
    7.3.3 土地价格看涨预期下的中国房地产企业开发模式 ·············· 177
  7.4 房地产企业估值 ·············· 178
    7.4.1 房地产企业的估值方法 ·············· 178
    7.4.2 NAV估值方法的局限 ·············· 178
  7.5 问题研究 ·············· 179
    7.5.1 在建工程的估值 ·············· 179

*7.5.2 资产定价理论发展与房地产估价理论变革 …………………… 179
7.6 案例分析 ………………………………………………………………… 180
　　7.6.1 广州"63层"拍卖 ……………………………………………… 180
　　7.6.2 2007年中国证券市场上的"地价→股价"联动 ……………… 181
7.7 本章小结 ………………………………………………………………… 182
7.8 本章拓展思考题 ………………………………………………………… 183
7.9 主要参考文献 …………………………………………………………… 184
阅读材料 7.1 …………………………………………………………………… 184
阅读材料 7.2 …………………………………………………………………… 191

第8章 房地产投资中的税收问题 …………………………………………… 200

8.1 美国的收益性房地产投资税负 ………………………………………… 200
　　8.1.1 收益性房地产营运的应税收入 ……………………………… 200
　　8.1.2 收益性房地产的税基 ………………………………………… 200
8.2 中国的收益性房地产投资税负 ………………………………………… 201
8.3 财产税负的原理与比较 ………………………………………………… 202
　　8.3.1 财产税负的原理 ……………………………………………… 202
　　8.3.2 美国的财产税征收 …………………………………………… 203
　　8.3.3 中美财产税征收比较 ………………………………………… 205
8.4 中国的房地产税费改革 ………………………………………………… 206
　　8.4.1 中国的现行房地产税费体系特点 …………………………… 206
　　8.4.2 中国的房地产税费体系改革的方向 ………………………… 206
8.5 问题研究 ………………………………………………………………… 207
　　8.5.1 房地产投资中的避税问题 …………………………………… 207
　　8.5.2 房地产税负对房地产价格的调节问题 ……………………… 208
8.6 案例分析 ………………………………………………………………… 208
　　8.6.1 房地产企业纳税问题 ………………………………………… 208
　　8.6.2 美国加州1978年宪法修正案第13号提案(Proposition 13) … 209
8.7 本章小结 ………………………………………………………………… 210
8.8 本章拓展思考题 ………………………………………………………… 210
8.9 主要参考文献 …………………………………………………………… 211
阅读材料 8.1 …………………………………………………………………… 211
阅读材料 8.2 …………………………………………………………………… 214
阅读材料 8.3 …………………………………………………………………… 219

第9章 住宅房地产融资 ……………………………………………………… 222

9.1 信贷工具和借款安排 …………………………………………………… 222
　　9.1.1 住房抵押贷款定价 …………………………………………… 222

9.1.2　住房抵押贷款还款模式的发展 …………………………………………… 223
　　　9.1.3　住房抵押贷款再融资 ……………………………………………………… 226
　　　9.1.4　逆向年金住房抵押贷款 …………………………………………………… 228
　9.2　住宅房地产投资的融资方式 …………………………………………………………… 229
　　　9.2.1　中国的住宅房地产开发投资融资方式 …………………………………… 229
　　　9.2.2　美国的住宅房地产开发融资方式 ………………………………………… 229
　9.3　抵押贷款借贷人还款意愿和能力的主要指标 ………………………………………… 230
　　　9.3.1　抵押贷款价值比 …………………………………………………………… 230
　　　9.3.2　偿债保障比 ………………………………………………………………… 230
　　　9.3.3　贷款收入比 ………………………………………………………………… 231
　9.4　政府资助和支持的住房信贷 …………………………………………………………… 231
　　　9.4.1　美国的政府支持住房信贷 ………………………………………………… 231
　　　9.4.2　中国的政府支持住房信贷 ………………………………………………… 233
　9.5　考虑税收的借贷成本 …………………………………………………………………… 233
　　　9.5.1　资金的借贷成本 …………………………………………………………… 233
　　　9.5.2　美国的住房借贷成本计算 ………………………………………………… 234
　9.6　住房抵押贷款保险 ……………………………………………………………………… 234
　　　9.6.1　美国的住房抵押贷款保险制度 …………………………………………… 234
　　　9.6.2　中国的住房抵押贷款保险制度 …………………………………………… 235
　9.7　问题研究 ………………………………………………………………………………… 236
　　　9.7.1　住房抵押贷款价值比问题 ………………………………………………… 236
　　　*9.7.2　抵押贷款估值方法选择问题研究 ………………………………………… 237
　9.8　案例分析 ………………………………………………………………………………… 238
　　　9.8.1　抵押贷款视角下的美国次贷危机 ………………………………………… 238
　　　9.8.2　中国家庭父母参与子女的融资买房活动 ………………………………… 239
　9.9　本章小结 ………………………………………………………………………………… 240
　9.10　本章拓展思考题 ……………………………………………………………………… 241
　9.11　主要参考文献 ………………………………………………………………………… 241
　阅读材料9.1 …………………………………………………………………………………… 242
　阅读材料9.2 …………………………………………………………………………………… 244

第10章　开发项目融资 ……………………………………………………………………… 253

　10.1　开发建设项目融资 …………………………………………………………………… 253
　　　10.1.1　美国的建设项目融资 …………………………………………………… 253
　　　10.1.2　中国的建设项目融资 …………………………………………………… 257
　10.2　土地开发融资 ………………………………………………………………………… 258
　　　10.2.1　美国的土地开发融资 …………………………………………………… 258
　　　10.2.2　中国的土地开发融资 …………………………………………………… 260

10.3　问题研究 ……………………………………………………………… 263
　　　　10.3.1　项目融资模式在土地储备中的应用 ………………………… 263
　　　　10.3.2　土地储备机构的土地抵押贷款及其风险 …………………… 264
　　10.4　案例分析 ……………………………………………………………… 265
　　　　10.4.1　地方政府融资平台(Local Government Financing Vehicles)
　　　　　　　 的发展 …………………………………………………………… 265
　　　　10.4.2　城中村改造中的土地融资 …………………………………… 268
　　10.5　本章小结 ……………………………………………………………… 269
　　10.6　本章拓展思考题 ……………………………………………………… 270
　　10.7　本章主要参考文献 …………………………………………………… 270
　　阅读材料10.1 ………………………………………………………………… 271
　　阅读材料10.2 ………………………………………………………………… 276

第11章　收益性房地产融资、信托与资产证券化 ……………………………… 283

　　11.1　收益性房地产融资 …………………………………………………… 283
　　11.2　房地产信托与信托基金 ……………………………………………… 284
　　　　11.2.1　房地产信托 …………………………………………………… 284
　　　　11.2.2　房地产信托基金 ……………………………………………… 286
　　11.3　房地产资产证券化 …………………………………………………… 291
　　　　11.3.1　房地产抵押贷款证券化 ……………………………………… 291
　　　　11.3.2　次级抵押贷款债券 …………………………………………… 294
　　　　11.3.3　房地产资产证券化在中国的发展 …………………………… 296
　　11.4　问题研究 ……………………………………………………………… 299
　　　　11.4.1　海外房地产基金持有商业物业和写字楼物业 ……………… 299
　　　　*11.4.2　资产证券化对实物资产价值的影响 ………………………… 299
　　11.5　案例分析 ……………………………………………………………… 301
　　　　11.5.1　广州IFC(西塔)注入越秀房产信托 ………………………… 301
　　　　11.5.2　青岛凯悦房地产信托现兑付风险 …………………………… 303
　　11.6　本章小结 ……………………………………………………………… 305
　　11.7　本章拓展思考题 ……………………………………………………… 305
　　11.8　主要参考文献 ………………………………………………………… 306
　　阅读材料11.1 ………………………………………………………………… 306
　　阅读材料11.2 ………………………………………………………………… 310
　　阅读材料11.3 ………………………………………………………………… 313

第1章 房地产投资与融资概论

1.1 为什么要研究房地产投资

房地产业是现代国家的重要产业之一,房地产资产作为社会经济活动中的重要资产,无论对于政府、企业和城市居民个人的各类活动都有着重要的影响。而房地产投资活动就像其他产业的投资活动那样,是整个产业发展的重要动力和创新发展之源。因此,分析房地产投融资活动首先要从宏观到微观的各个层面解析其发展变化对社会经济组织和个体的影响,从整体上把握房地产投融资活动的内在发展规律,进而逐步地去深入研究房地产投融资问题的本质,发现问题的解决之道。

1.1.1 国家财富与房地产资产

房地产资产一般包括土地和房屋,它具有多重属性,既有消费品和生产资料的使用属性,又有投资品的资产属性,还有位置的空间属性。房地产资产占国家财富的比例对国家和地区整体社会经济的协调与稳定发展起着非常重要的作用。一个国家或城市的基础设施条件越好,则其房地产资产的价值会随之增加;城市化水平越高,则其区域内的房地产价值也会随之提高。但是如果房地产资产价值比例过高,可能导致生产和生活成本的上升,影响生产性投资者的积极性,降低国家或地区的整体竞争力,严重的房地产资产泡沫甚至会使一国的经济走向衰退。这些比例关系与国家和地区经济的不同发展阶段有关,在国家经济起飞、产业结构发生重大变革的阶段,房地产资产和国家财富的比例通常会发生较大的波动,但是,随着经济的逐步发展,这些比例会逐渐稳定下来。一般来说,在社会经济运行正常的国家和地区,土地、房屋资产和国家资产、国家财富和GDP之间应当存在着比较稳定的和长期的比例关系。[1]一旦这种比例关系失调,可能表明社会经济发展出现了过热或萧条的问题。

日本是世界上少有的土地资产在国家财富中所占比例较大的国家,日本国家财富中有很大一部分都集中在土地上。1985年日本的国家财富中有57.1%是土地资产,住宅资产占8.6%。1990年地价达到高峰,仅东京都的土地资产价格就相当于当时美国全国的土地资产价格,如图1-1所示,当年日本土地资产总额为2400万亿日元,而同期美国全国的土地资产总额约600万亿日元。从20世纪90年代初日本地价泡沫破裂至今已有近20年的历史,直到2006年日本土地资产的价格下降的趋势才得到缓解,但是日本国家经济至今仍然深陷在国家财富质量严重下降的后果中。

---

[1] 沈悦,刘洪玉.房地产资产价值与国家财富的关系研究.清华大学学报(哲学社会科学版),2004,19(1):51-59.

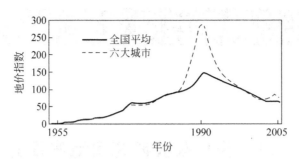

图 1-1　日本城市地价走势

数据来源：2010 日本经济统计年鉴。

转载于：刘宪.非生产性资产泡沫与日本经济增长.日本研究,2010(3)：24-28.

我国自 1978 年改革开放以来,土地使用制度发生了一系列重大变革。国有土地从原来的无偿使用改革为有偿、有限期使用。国家的土地资产和房屋资产价值被人们重新认识,加之 1998 年住房制度的改革,使得国家土地资产价值发生了巨大的变化,国家和各级地方政府通过有偿出让土地,获得了大量的建设开发资金。城市基础设施的不断完善使得城市房地产资产价值不断提高,人们的生活水平也在不断提高,房地产资产的市场价值真正得到体现,人们有"恒产"社会才有"恒信用"[1]的观念逐渐被社会公众所接受,房地产业的发展推动了金融行业和一些相关产业的快速发展,房地产投资作为经济增长的"三驾马车"之一的固定资产投资的重要组成部分,对中国改革开放 30 年来的经济增长起到重要的作用。但是,由于地方政府"土地财政"[2]的激励,长期超额货币供应量带来的"中国之谜"[3],以及 2005 年以来人民币升值的影响等诸多因素促使我国的房地产资产价格不断上涨,超过了城市居民收入的增长幅度,使得中国经济有出现资产泡沫危机的可能。

1.1.2　企业与房地产资产

房地产资产是企业经营中的重要的生产设施资产,现代企业的实物资产中相当大的一部分是土地和房产。因此,在企业经营中对房地产资产的管理是企业的重要工作。在企业兼并重组活动中,对房地产资产的投资价值的正确判断常常会起决定性的作用。例如,世界财富 500 强中的最大零售企业沃尔玛,2006 年企业土地、厂房与设备等长期资产 (Long-Term Assets)的账面金额为 973 亿美元左右,累计折旧金额约为 214.2 亿美元,土地、厂房与设备的净额约为 758.8 亿美元,占总资产的 55% 左右[4]。

(1) 企业通过房地产进行投资和经营活动,这是企业多元化经营的重要战略。它使企业能够分散行业经营的风险,获得企业成长的资源和能力。我国有许多著名的上市公司都把房地产经营作为其主营业务之一,并取得了较好的业绩,例如,格力电器的格力地

---

[1] "民之为道也,有恒产者有恒心,无恒产者无恒心。"——《孟子·滕文公上》

[2] 土地财政是指在地方政府的一般预算收入中,土地出让收入和相关房地产税费收入占有相当大的比例。

[3] 伍志文.货币供应量与物价反常规关系：理论及基于中国的经验分析——传统货币数量论面临的挑战及其修正.管理世界,2002(12)：15-25.

[4] 刘顺仁.财报就像一本故事书.太原：山西人民出版社,2007.

产、宝钢的宝钢发展等。

（2）企业的房地产资产是企业价值的重要内容。在一个企业成长的价值估测中，企业的价值不仅体现了企业的管理能力、企业的利润，而且也体现了企业房地产资产的价值和企业对资产的管理能力。

（3）对企业的房地产资产的良好管理能够提高企业的盈利能力和抗风险能力。企业通过对自己的房地产资产管理，可以提高企业对现金流动的调控水平。在企业需要融资时，良好的房地产资产是金融机构放贷的重要条件；在企业需要转型生产时，对房地产资产的处置又可为企业提供合适的现金储备，提高企业的抗风险能力。例如，20世纪90年代末东南亚金融危机发生时，泰国的正大集团通过出售在华的房地产资产为挽救泰国经济做出了重要的贡献。

（4）企业持有收益性房地产是进行资本经营和融资创新的重要资源。由于收益性房地产具有稳定的持续现金流，再经过良好的经营会大大提升物业资产价值，是企业资产经营、资本并购和发行融资产品的重要资源。在城市重要商务区的企业总部写字楼物业也是企业形象的重要体现。一些著名的企业都会在企业发展到一定阶段开始建设或购买自己的总部大楼。同时，学会持有和经营大型商业物业也是大型企业多元化经营的重要手段。

1.1.3 金融业与房地产资产

房地产业是国民经济中的资金密集型行业，房地产业的投资和运营与银行、保险、证券业关系极为紧密，对金融行业的依存度很高。从世界主要发达国家的经济发展过程分析，金融业的发展与房地产资产的投资和开发管理水平有很大的关系，房地产金融市场是现代金融体系的重要组成部分。在一些发达国家中，房地产信贷在银行信贷中的比例很大，如表1-1所示。房地产金融市场的危机往往是各国金融危机的重要根源。商业银行贷款一直以来都是我国房地产市场的主要资金来源之一，房地产贷款在商业银行资产中的规模和占比都比较大，如表1-2所示。据央行披露的有关数据，2010年全国新增房地产贷款近2万亿元，约占全年新增贷款的1/4。[1]

表1-1 一些国家银行的房地产贷款占比（占私人部门贷款的百分比）

%

年份 国家	1982	1985	1990	1992
加拿大	30	33	40	51
法国	28	29	31	30
德国	44	46	42	40
日本	12	14	24	19
瑞士	51	52	54	54
英国	16	19	31	32
美国	29	31	41	43

资料来源：国际清算银行（BIS）年报。

---

[1] 王飞，杨堃.银行仍需严控房地产贷款风险.中国经营报，2011-08-06.

表 1-2 2007—2009 年部分中资银行商业性房地产贷款占比

%

年份 银行	2007	2008	1H2009	2009
中国工商银行	20.9	20.9	20.3	22.6
中国建设银行	26.3	24.9	24.0	25.5
中国银行	28.9	27.5	25.0	26.0
中国交通银行	19.7	18.1	16.9	19.3
中国招商银行	25.9	23.5	22.7	29.4

资料来源：路透社北京 2010 年 4 月 19 日电. http://cn.reuters.com/article/cnInvNews/idCNCHINA-2123820100419。
注：1H2009 是指截至 6 月 30 日的 2009 年上半年。

（1）房地产资产的投资开发过程具有融资量大、运转周期长、回收资金慢等特点，其每一步发展都离不开金融业的支持，房地产投资活动对财务杠杆的运用也离不开大量资金的投入和对相关风险的防范保障。

（2）对于金融业而言，房地产资产是天然的信用抵押品。房地产融资、房地产保险及房地产证券化等金融活动都会为金融业的发展和金融产品创新提供强大的动力。房地产资产的出售、转让，或是居民的购房借贷活动，也会给银行、信托和保险等金融行业带来许多业务和收益。自 20 世纪 90 年代后期以来，中国经济运行呈现出货币供应增加与物价稳定、甚至与物价负增长并存的奇怪现象，被国外学者称为"中国之谜"[1]。其中很重要的原因是房地产资产市场对货币供应的吸纳作用。

（3）由于房地产投资的贷款期限一般较长，占金融机构资产的比例较大，这使得金融机构的资产流动性不足，金融机构需要通过金融产品创新来降低资产流动性不足的风险。而金融产品的创新具有两面性，它既可以促进金融业的发展，丰富金融投资品种，降低银行资产流动性风险，提高资金的使用效率；但是同时也加大了金融监管的难度，增加了经济发展的不确定性，放大了资产泡沫对社会经济的冲击作用。

1.1.4 个人财富与房地产资产

在承认和保护个人财产权的国家体制中，房地产资产在个人财富中占有相当重要的位置。我国自改革开放以来，个人财产中房地产资产所占比重快速增长，我国政府也加快了对个人财产权的保护工作。1982 年颁布的《中华人民共和国宪法》第十三条明确指出："国家保护公民的合法的收入、储蓄、房屋和其他合法财产的所有权。国家依照法律规定保护公民的私有财产的继承权。" 2004 年的宪法修正案将第十三条进一步修改为："公民的合法的私有财产不受侵犯，国家依照法律规定保护公民的私有财产权和继承权。"房地产资产在居民家庭生活中的作用也越来越重要。

（1）作为满足居民家庭自住需求的生活资料，房地产资产是现代家庭生活稳定的基本保障。2002 年国家统计局颁布的《首次中国城市居民家庭财产调查总报告》显示房产

---

[1] 方先明，张谊浩. 中国货币迷失的演化及经验证据. 经济理论与经济管理，2006(9)：37-42.

在家庭财产构成中比重最高,在城市家庭财产的构成中,家庭金融资产为7.98万元,占家庭财产的34.9%;房产为10.94万元,占家庭财产的47.9%。

(2) 房地产资产不仅能够满足居民家庭的自住需求,而且在家庭投资活动中也占有重要的地位。通过各类房地产投资活动可以促使家庭资产保值增值,提高居民家庭抗通胀和抗风险的能力。2000年至2008年,我国CPI增幅依次为:0.4%、0.7%、-0.8%、1.2%、3.9%、1.8%、1.5%、4.8%、5.9%,而全国房价指数增幅依次为:1.1%、2.2%、3.7%、4.8%、9.7%、7.6%、5.5%、7.6%、6.5%。每年房价涨幅都大于CPI增幅[1]。中国银行私人银行与胡润研究院联合发布《2011中国私人财富管理白皮书》中显示中国高净值人群中拥有海外资产的已经达到1/3。海外资产在可投资总资产中的平均占比为19%。投资标的以房地产为主。在全球富豪榜中,房地产业所占比重也名列前茅,如表1-3所示。

表1-3 2011年中外高净值人群的财富来源对比

类别 行业	全球富豪		中国富豪	
	比例(%)	排名	比例(%)	排名
金融与投资	19.2	1	6.7	3
资源	9.1	2	6.5	4
娱乐文化	9.1	3	1.4	15
房地产	9.0	4	23.5	1
零售	8.9	5	4.2	10
IT	8.8	6	5.8	5

资料来源:胡润百富《2011中国私人财富管理白皮书》。

(3) 房地产资产的特殊社会功能属性。在中国现行的户籍制度下,具有户籍的本地居民的房地产资产不仅有使用功能和投资属性,还具有获得当地公共教育、医疗服务、社会保障和福利优先权的社会功能属性。例如,城市中小学教育等公共资源的供给需要具有本地户籍和住房才能优先获得。

1.2 房地产投资与房地产融资基本概念

1.2.1 房地产投资的基本概念

1. 房地产投资

房地产投资是指投资主体为实现某种预定的目标,直接或间接地对房地产的开发、经营、管理、服务和消费所进行的投资活动。这种投资活动通常要垫付资源、牺牲即期收益来换取未来收益,而这种未来收益具有不确定性,需要进行分析和投资决策。

2. 房地产投资的分类

房地产投资可分为两类:①直接投资。直接投资是指投资者直接参与房地产开发或

---

[1] 杨欣.财产性收入远超CPI.广州日报,2010-10-23.

购买的过程,可分为房地产开发投资和房地产置业投资,房地产开发投资可进一步细分为商品房建设投资和土地开发投资两种。②间接投资。指不需要直接参与房地产开发经营管理过程的投资活动,一般包括投资房地产企业股票或债券、房地产信托产品、房地产投资信托基金、购买住房抵押支持证券等间接投资活动。

3. 房地产投资分析的基本内容

第一,依据房地产资产的属性对拟投资项目进行市场分析(这里的关键是区位分析和需求分析),以此判断项目的可行性;第二,对拟投资项目进行财务分析(主要是动态的分析),以分析项目的收益和财务杠杆的运用情况;第三,对拟投资项目进行不确定性分析和风险分析,以分析项目在市场环境变动情况下抗风险的能力大小;第四,通过对不同融资方案和开发方案的比较来决定项目的实施计划。

对房地产资产的投资分析并不是空洞的项目列举和计算,而是依据房地产资产投资分析视角的动态研究和观察,从市场分析到投资决策的每一个步骤都应用联系和发展的观点来分析问题,都应体会每个步骤所涉及的原理概念的理论含义,这样才能真正理解房地产投资与融资的原理和本质,用活房地产投资的分析方法和技术,科学合理地进行房地产项目的投资决策,规避房地产投资风险和取得预期的投资收益。

除了房地产投资的技术分析外,对拟投资地区的社会、政治制度、经济、人文和环境的分析也是重要的研究内容,它是投资决策在宏观把握层面的研究,具有决定性的作用。对于这个层面的研究需要多学科的知识积累,以及精神层面的人文修养,才能在复杂多变的投资环境中减少失误,谨慎抉择,取得房地产投资的成功。

4. 投资价值

房地产投资价值(Investment Value)是指投资者对投资物业未来收益的价值判断。这种对投资物业未来价值的预测和判断因人而异。在评估房地产投资价值时,它可能是投资权益和债务的贴现值的总和,也可能是潜在购买者愿意为这一物业支付的最高价格,同样地,它也可能是潜在出售者愿意接受的最低价格。从广义的视角而言,它也反映了投资者对某一房地产资产未来收益能力和附加权益价值的综合判断。特别应注意的是某些附加权益是无法准确量化的。

5. 市场价值

房地产资产的市场价值(Market Value)也称市场价格,是指在一个具备公平销售所需要的一切条件下的竞争开放市场中,某一物业公开销售时的最可能价格。即所谓公平、公正、公开市场,以及出让者和购买者都具备相关知识、地位平等条件下的可能销售价格。这也是房地产评估人员在评估某一出售物业时所努力追求的理想价格。

6. 投资价值与市场价值的联系和区别

理论上市场价值应是客观的、非个人意志的价值,而投资价值则是建立在主观的、个人偏好因素基础上的价值。在某一时点和空间上,市场价值是唯一的,而投资价值则因人而异。投资价值与市场价值的评估方法可能基本相同,但其中参数选取的立场可能不同。投资者估测的物业的投资价值,通常大于或等于该物业的市场价格时,是其投资行为或市场交易能够实现的基本条件。

7. 最可能销售价格

最可能销售价格(Most Probable Selling Price)是对未来房地产资产交易中成交价的一种可能性估计。它是指现行的市场条件下,按照目前某一物业的销售条件和融资条件,在合理的时间范围内,某一物业最有可能实现的销售价格。最可能销售价格不同于市场价格,市场价格通常是房地产估价人员设定的严格规范的市场环境下的理想价格,而最可能销售价格的市场环境条件要弱化许多。

8. 交易价格

通常交易价格(Transaction Price)是指房地产资产实际交易过程中发生的历史真实价格,即实际发生的成交价,是由买卖双方通过议价过程决定的。它可能是公平竞争价格,也可能是垄断价格,买卖双方地位不必平等。房地产估价人员若想依此求取市场价格,则需进行多因素修正。

9. 交易区间

交易区间(Transaction Range)的概念是以房地产资产交易的独特视角方向来定义的,它是指使买卖双方都能获益的价格范围。由于某一物业的投资价值对买卖双方而言是不同的,通常物业对现业主的投资价值是这个范围的下限,而对未来物业的潜在业主认可的投资价值则是这个范围的上限,实际的成交价格就落在了交易区间内。如果买卖双方观点差异较大,则无法形成这个交易区间。

例题 1-1 甲是某一物业的现在业主,欲出售目前经营的物业,其考虑的出售价格是基于自己预期未来收益的物业投资价值,这是甲在交易中愿意接受的最低出让价格 V_s,如图 1-2 所示。只有当业主甲认为最可能的出售价格 V_p 大于其投资价值 V_s 时,才愿意出售该物业。

乙是一个潜在的物业买方,他对该物业有着不同的投资价值认识,该投资价值是基于乙对未来市场条件和预期收益的综合考量决定的,是买方愿意支付的最高价格 V_b,如图 1-3 所示。只有在买方乙认可的愿意支付的最高价格 V_b 大于最可能出让价格 V_p 时,交易才有可能发生。

因此,当该物业成交价格位于由买卖双方不同投资价值(减去交易成本)形成的价格区间时,双方都能通过交易获得收益,这种区间就成为交易区间,如图 1-4 所示。而具体的成交价格则取决于双方相对的议价能力和技巧。

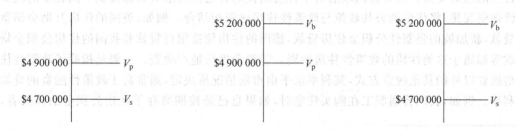

图 1-2 买方视角(投资价值)　　图 1-3 卖方视角(投资价值)　　图 1-4 交易区间(投资价值)

1.2.2 房地产融资的相关概念

1. 房地产融资的内涵与范围

房地产融资属于房地产金融的研究范畴，是房地产金融的重要组成部分，主要是指针对房地产开发、经营管理以及消费的一切资金融通活动，包括房地产信贷融资、房地产股本融资、房地产债券融资和运用信托方式融资等形式。它是狭义的房地产金融，广义的房地产金融还包括房地产保险、房地产典当、住房储蓄以及房地产资产证券化和金融监管等内容。在国际产业分类标准体系中，最常用的产业分类标准 GICS（Global Industry Classification Standard，全球行业分类标准）和 GCS（Global Classification System，全球分类系统）将房地产业与银行、保险归于一类，归于金融行业。根据当前联合国统计局向各个成员国推荐的 93SNA，住房被列入固定资本形成范畴（即投资范畴）[1]。因此，房地产金融在金融业里也是非常重要的组成部分。我国目前的房地产金融市场的主要功能只是一些传统的房地产融资功能，还不是成熟的房地产金融业态。

但是这里需要明确的是，住房产品不仅有投资属性，也有消费属性。目前中国国家统计局按照国际惯例编制居民消费价格指数 CPI 时，已经考虑了居民的居住消费。只不过不是将商品住宅销售价格指数直接纳入居民消费价格指数 CPI 的统计范围，而是用居民住房的房租、水、电、燃料、购买商品住宅贷款利率、住房维护修理费用、建房及装修材料等的价格变动情况来间接反映居民居住消费价格的变动情况。[2]

2. 房地产融资的方式

（1）房地产融资按融资对象区别的方式主要有：内部融资和外部融资。①内部融资。主要是房地产企业的自有资金，包括一些抵押贴现的票据、债券，以及在近期内可以收回的各种应收账款，近期可以出售的各种物业的付款；或者开发企业向购房者预收购房定金，以及开发企业向内部员工筹集的资金。②外部融资。外部融资可以分为间接融资和直接融资。间接融资主要是从金融机构获得的资金，主要是房地产开发贷款，解决房地产开发中短期的资金需求。直接融资主要是从资本市场获得的资金，主要满足中长期投资的资金需求，包括证券市场的股权融资、债券融资、房地产投资基金、房地产信托和信托基金等多种融资方式。

（2）房地产融资按融资性质区别的方式主要有：政策性融资和商业性融资。①政策性住房融资。政策性融资是根据国家的政策，以政府信用为担保的，对住房项目提供优惠性质的融资支持。世界各国政府对于社会居民的普通住房融资大都提供不同程度的政策性融资安排，将住房的公共政策与政策性住房融资相结合。例如，英国的住房互助会储蓄贷款，新加坡的强制性公积金住房贷款，德国的住房储蓄银行贷款和我国的住房公积金贷款等都属于这类性质的政策性住房融资。②商业性房地产融资。一般是指除了政策性住房融资以外的其他融资方式，其利率水平由市场情况所决定，通常高于政策性融资的贷款利率。例如，我国普通职工在购买住宅时，如果自己是按期缴存了住房公积金的购买者，

---

[1] 侯成琪，龚六堂.住房价格应该纳入通货膨胀的统计范围吗.统计研究，2012(4)：8-15.
[2] 郑京平.商品房价格指数不应纳入 CPI 统计范围. http://www.xinhuanet.com. 2005-06-23.

则可以选择具有优惠利率的住房公积金贷款,不足部分可以采用商业性的住房贷款。

1.2.3 政策性住房融资的国际比较

像住房产品既具有投资属性也具有消费属性一样,住房金融具有两重属性:商业经营性和社会政策性。因此,为了保障社会公民的居住权,许多国家都设有政策性住房金融机构为符合条件的城市居民提供购买普通住房的融资服务,把它作为政府的一项基本公共政策。但是,由于各国政府对住房金融政策的效率和公平的权衡考虑,存在三种不同的政策性住房融资体制:开放式、混合式和封闭式。它们在效率和公平上各有利弊。

(1) 开放式政策性住房融资。以美国的住房抵押贷款模式为代表。是一种商业性较强的市场化住房金融模式,主要为市场经济比较发达的国家所应用。美国的政策性住房金融机构包括联邦国民抵押协会(Fannie Mae,房利美)、联邦住房贷款抵押公司(Freddie Mac,房地美)、联邦住房贷款银行系统、联邦住宅局退伍军人局、政府全国抵押贷款协会等机构。由于美国的住房抵押贷款同时存在一、二级市场,一级市场以商业性金融为主导,二级市场以政策性金融为主导,同时政府通过提供相关保险担保服务对住房金融体系实施了有力的间接干预。发达的二级市场通过资产证券化解决了住房抵押贷款一级市场的流动性风险问题,同时拓宽了资金来源渠道,改善了借贷条件,因而抵押贷款的交易成本大大降低。然而2001年美国网络经济泡沫的破灭,使得布什政府选择的住房投资再次成为拉动经济的增长点。但是,当时大多数美国中产阶层已拥有住房。向低收入、少数族群倾斜的住房融资政策,为他们购房提供融资便利导致次贷等高风险贷款大幅增加,最终引发了全球金融危机的出现。

(2) 混合式政策性住房融资。以德国的住房抵押贷款模式为代表。德国是世界上住房金融信用化程度较高的国家之一。它采取契约系统、存款系统和抵押系统三者相结合的住房组合贷款的方式。它的住房储蓄计划是一种混合模式的抵押贷款计划,通常一个购房者的住房贷款的组合是:55%~60%来自抵押银行,15%~20%来自住房互助储蓄贷款社团,5%~10%来自商业银行,其余10%~20%来自家庭的自身积累。同时德国还实施审慎的抵押贷款证券化,与美国的模式相比,德国的银行将证券化的抵押贷款仍然放在银行的资产负债表中进行管理。一旦出现违约风险,抵押债券的投资者具有对抵押贷款的直接追索权。因此,它的住房抵押贷款模式既考虑了住宅融资的准公共性和安全性,也考虑了市场效率。

(3) 封闭式政策性住房融资。以新加坡的住房抵押贷款模式为代表。新加坡以强制性的公积金制度为基础,政府兴建的住房占市场的比重维持在90%左右,政府制定的房屋价格对市场的影响很大。中央公积金是公共住房顺利建设的重要融资渠道,其资金用来购买政府债券以盈利,也直接为建屋局提供贷款。新加坡是成功解决了社会住房问题的国家之一,被人们认为是许多发展中国家学习的楷模[1]。但是,中央公积金制度也存在着弊端,它是所谓的"退休基金社会主义"制度,实际上是一种强制性的自我长期储

---

[1] 联合国与适足住房. http://www.un.org/zh/development/housing/slum7.shtml.

蓄[1]。它使得社会公众的财富资源主要掌握在政府手中,长期以来公积金的存款利率仅为2.5%(考虑到过去30年间新加坡平均1.9%的通货膨胀率,这样的利率可以说是相当的低),城市居民的财富增长缓慢,公积金不能随意提取,且使用受限。以至于新加坡退休居民被称为"资产富裕,现金贫乏"(Asset rich and cash poor)的人[2]。由于新加坡中央公积金存款的实际回报过低,加之新加坡人口的预期寿命和人口老龄化程度的持续提高,养老保障不足的问题日益严重。有研究表明,2000年一个中等收入的新加坡公民退休后的养老金替换率约为28%,远远低于75%的国际标准[3],中央公积金制度的社会保障职能面临着前所未有的挑战。因此,新加坡政府不得不开始进行中央公积金制度的改革。

1.3 房地产市场的相关概念

1.3.1 房地产市场的内涵

房地产市场是房地产产权交易关系的总和。它具有市场的一般特征,但也有其特殊性,其特殊性在于产品在位置空间的不可移动性。房地产市场是由若干市场变量组成的集合体。从房地产生产、交换、分配消费的经济过程来看,可划分为房地产资本市场、房地产开发市场、房地产使用和经营市场以及房地产存量市场。当然,如果细分下去还可以有很多的分类方法。例如,从房地产交易客体构成分析,有房地产金融市场、土地出让转让市场、土地开发市场、房地产交易市场、房地产租赁市场、房地产劳务市场、房地产技术和信息市场等。

1.3.2 房地产市场的功能

由于房地产市场所形成的各类价格向人们提供了信息和各种激励,房地产市场形成了一个有价值的经济调节机制。它可以通过向生产者、投资者、消费者和政府发出的各种信号来引导资源的有效配置。市场通过价格变动来引起一系列的资源配置变化,最后形成新的市场均衡价格。

1.3.3 房地产市场的界定

一般而言,"市场"是指买卖双方相互作用的机制,它并不仅仅指某一交易场所或买卖地点。因为一般商品是同质的且可以低成本流动。例如,一件在网上订购的电子产品,对于全国各地的消费者而言是具有相同价格的(不考虑运输成本)。但是,房地产资产的异质性和空间的位置属性,使得它在实际上不存在全国性的房地产市场(尽管理论上可能存在)。房地产的投资者和参与者倾向于在他们最熟悉的地域投资和消费。房地产价格对于越是按地域细分的市场越是有意义。例如,对于一个广州市天河区的购房者而言,全国

---

[1] 杨伟,吕元礼. 新加坡中央公积金制度改革分析. 东南亚纵横,2008(8):17-20.
[2] David McCarthy, Olivia S Mitchell, John Piggott. Asset Rich and Cash Poor: Retirement Provision and Housing Policy in Singapore. PRC WP 2001-10, Pension Research Council Working Paper.
[3] 孙旦. 新加坡中央公积金制度改革成效分析. 经济师,2011(8):77-83.

的平均房价是没有太多参考价值的,而研究广州市的平均房价,甚至天河区的平均房价才是有意义的。因此,房地产的市场界定实际上是一个基于地域划分的多层次市场界定。即房地产市场是一个地区性市场,越是邻里区域(Neighborhood)的市场变化,对我们所要研究的目标物业越会产生直接的影响。正是由于房地产市场的地区性差异和非均衡特性,使得在一个国家内既有房地产价格稳定上升的区域,也有价格持续下降的地区。当城市的房地产供应与需求差异很大的时候,会出现一个国家内既有"高房价、高地价"地区,也有"空城"或"鬼城"的存在,甚至在一个城市内也会存在着房地产需求和供给的明显差异。

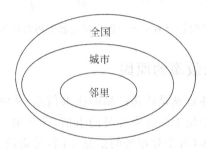

图 1-5 房地产市场的层次

1.3.4 房地产市场的结构

房地产投资与融资领域的研究以经济学基本原理为基础,因而本书所述的房地产市场结构也属于经济学的研究语境。现代经济学理论认为市场结构有四种:完全竞争、完全垄断、垄断竞争和寡头市场。根据房地产市场各个主体的性质,房地产产品位置的不可移动性,产品的相对稀缺性,以及产品生产、流通的交易成本较高,产品的信息搜寻成本较高的特性,房地产市场的市场结构是一个垄断竞争的价格搜寻者市场(Price searcher's markets)。价格搜寻行为的理论基础起源于斯蒂格勒(Stigler,1961)的研究,他将价格搜寻定义为"某消费者要购买某商品时,会询问许多商家以确定最适合的价格,这种现象称之为价格搜寻[1]"。在价格搜寻者市场,每一个市场参与者都必须时刻注意他们各自的价格决策。市场效率越差,价格搜寻程度就越高,同时市场的价格也越高,如图 1-6 所示。在价格搜寻者的房地产市场,市场研究显得尤为重要。谁对市场未来空间位置投资价值判断得越准确,就越容易在竞争的市场中获得超额利润。

Stigler(1961)的研究得到了以下结论:在搜寻边际效益固定、搜索成本不固定的情况下,最优搜寻次数是搜索成本及价格离散程度的函数。若搜索成本提高,则搜索次数会减少;价格离散程度高或商品本身价值高时,搜索边际收益会提高,搜索次数也会增多。结论的一个佐证就是购买住房的消费者的搜寻次数比买菜的消费者的搜寻次数会更高。[2]

---

[1] 美国经济学家斯蒂格勒(G. J. Stigler)于 1961 年在《政治经济学杂志》上发表题为"信息经济学"的著名论文中提出信息搜寻理论的概念。
[2] 喻辉,纪汉霖.搜索成本理论研究述评.当代经济,2009(3):143-145.

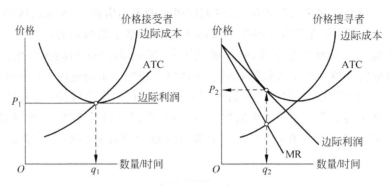

图 1-6 价格搜寻者市场与价格接受者市场的长期均衡比较

1.3.5 房地产市场无效率的原因

市场的一个重要功能通常就是传递产品的供求信息,从而使市场的参与者能够做出合理的决策。这些在证券市场上是非常容易的事情,在房地产市场上却非常困难。房地产市场的信息获取比较困难(各个分市场的信息不同,价格缺乏可比性,获得信息的时间延滞)、交易成本较高、产品异质(卖方的垄断,位置的不可移动,可替代产品数量有限)等因素阻碍了市场效率的提高。

1.3.6 房地产市场中介的作用

鉴于房地产市场的无效率,使得搜寻市场信息、降低交易成本变得有利可图,房地产中介就扮演了这个角色。由于为一宗交易所搜寻的信息是可以重复使用的。因此,将这类信息集中,并在市场参与者中传递,那么搜寻信息的平均成本会大大降低。实际上,房地产经纪人、估价师和物业咨询顾问等从业人员在信息传递和降低交易成本方面发挥着重要的作用,经纪人的佣金和估价报告的费用就反映了房地产中介提供信息供决策者使用的成本。因此,理论上房地产市场中介的作用就是降低信息成本和交易费用,以及提高了市场效率。但是,如果通过法律形式设置一些障碍(如资格准入制度),阻止更多的人低成本进入中介领域,则可能人为地将搜索信息成本保持在较高水平。这类法律手段包括各种越来越难的资格考试,对中介从业人员有更高的学历和从业经验要求。

1.4 房地产投资的研究视角

1.4.1 需求与房地产资产价格变动

(1) 由于房地产资产的特殊属性,以建筑物和土地构成的房地产资产实际上可以被看作是一个中间产品(Intermediate Product),其价值取决于它对其他产品的贡献。因此可以说作为资产的房地产产品的需求是一种引致需求(Derived Demand)。

进一步地,我们可以把房地产市场的供求关系也看成是一种引致的供求关系,因而导致房地产市场供求关系发生的原因会比较复杂,既有宏观的、中观的因素,也有微观的原因。例如,房地产价格的上涨经常是因通胀引起的,但是,正如美国著名经济学家米尔顿·弗里德曼所说的那样:"无论如何,通货膨胀无一例外都是货币现象(Inflation is always and everywhere a monetary phenomenon)[1]。"因此,房价的上涨也可能与货币政策有关。

(2) 由于资源的有限,高的价格对需求有抑制作用。加之房地产资产的异质性和稀缺性,使得随着价格的上涨,一些潜在的购买者将会选择更便宜的替代产品。因此,对房地产资产的需求在空间上会形成一条以某一位置为中心的资产价格竞租曲线。这条曲线描述了在特定时间、特定人口数量条件下,对某类特定物业的竞争需求情况。

(3) 市场中具有经济学意义的均衡价格(Equilibrium Price)是指市场上有足够的产品供应,正好满足所有消费者的需求,而且又不至于出现过剩的价格。这个均衡价格的出现使得房地产市场的各个参与者对房地产资产的供给和需求达到一个均衡的状态。一般情况下,房地产资产的需求会围绕这个均衡点前后波动。

(4) 对房地产资产的需求既可能在房地产租赁市场出现,也可能在房地产资产交易市场、房地产开发等市场中出现。它既可以表现为是使用需求,也可以表现为是投资需求。

1.4.2 供给与房地产资产价格变动

供给是在某一特定时间内,市场价格和房地产生产者所愿意提供产品数量之间的关系。房地产资产供给取决于土地的自然增值性(Unearned Increment),以及供给产品的相对稀缺性(Relative Scarcity)。由于房地产产品的生产时间较长,因此短期内供给曲线比需求曲线更稳定。长期来看,房地产资产的供给曲线受到开发成本的影响较大。例如,当房地产开发市场中的生产者看到资产价格的上涨有利可图,会刺激他们投入更多资源进行开发,结果导致了供给曲线的移动,并引起租赁市场、资产等市场的变化。经过房地产各个市场中各类参与者的不断调整后,才能形成新的资产供给均衡价格,市场才达成了新的平衡和稳定。

1.4.3 房地产投资研究视角的构建——四象限模型

由上所述,房地产市场资产价格的决定和判断非常复杂,它是由房地产各个子市场的各类参与者对市场的反应不断变化和动态调整后形成的,不是由单一因素所决定的。那么如何客观、全面地研究房地产投资市场的变化,预估市场的短期、长期变化趋势,就需要构建一个联系和发展的研究视角,这似乎成了房地产投资分析的难点和关键问题。

(1) 迪帕斯奎尔和惠顿(Dipasquale and Wheaton)在1992年提出了一个房地产市场价格动态调节机制的经济学模型试图去解决这个问题[2],人们也将这个模型称之为"四

---

[1] Friedman Milton. Inflation: Cause and Consequence. New York: Asia Publishing Publishing House,1963.
[2] Dipasquale D, W Wheaton. The Markets for Real Estate Assets and Space: A Conceptual Framework. Journal of the American Real Estate and Urban Economics Association,1992,1: 181-97.

象限模型"(4-Quadrant Diagram Model)。

其作用机理是：整个房地产资产市场体系由四个市场所组成。从房地产存量市场出发，房地产租赁市场所决定的租金水平通过资本市场转化为房地产价格。这些资产价格的变动，反过来会促使生产者开发新的房地产资产，来供给房地产存量市场，最终产生新水平的房地产存量。当存量水平起始与终点相同时，资本市场和房地产存量市场达到均衡；如果终端的存量水平不同于起始的房地产存量水平，从而租金、价格、建筑开发量和房地产存量不会完全平衡。如果开始端的价值超过终端的水平，租金水平、价格和建筑开发水平必定要上升至新的均衡状态的水平；反之，三者的水平则下降到原均衡状态之下去形成新的均衡。这四个市场能够联系起来的关键是基于经济学的假设："市场出清"。当新的均衡形成后，一四、三四象限的供给量和需求量是均衡的，一二、二三象限的价格也是均衡的。当然，这种假设是比较严格和理想的，在现实生活中是很难达到的。但是它可以粗略地反映出房地产资产价格变动的影响机制，体现房地产资产与金融资产之间的一定关联性，为人们研究房地产投资提供了一个很好的分析视角。

(2) Dipasquale 和 Wheaton 的"四象限模型"用联系和发展的观点来分析房地产资产供求变化的各个市场参与者的影响，使得我们在分析房地产投资问题时考虑更全面，做出投资决策时更加审慎和理性。"四象限模型"的构思虽然简单，但是它的每一个象限的数量关系内涵都十分丰富，解释也比较合理，如图 1-7 所示。例如，第一象限为房地产租赁市场，租金决定的需求曲线是关键。第二象限代表房地产资本(资产)市场，其资产价格曲线是由公式 $P=R/i$ 所决定，这个公式实际上是一个房地产资产的定价公式(收益法的公式)。它把房地产资产价格 P 与净租金收益 R 和资本化率 i 联系起来，而资本化率(Capitalization Rates)与货币政策的工具——贷款利率又有密切的关系。第三象限房地产资产开发市场，房地产资产的开发成本与资本市场上的资产价格一致(在水平轴上)，房地产资产开发供给曲线既反映了房地产资产开发的固定成本较高的情况，又反映了开发成本的变动对房地产价格的影响。第四象限是房地产存量市场，存在一条供给曲线，$S=C/\delta$，其中 δ 代表着建筑物的折旧率、损耗率(Depreciation Rate)，它表明从第三象限开发市场生产出来的房地产资产并不能完全变成新增的供应量，它要替代部分由于建筑物老化、损耗而退出存量市场的那部分房地产资产，新增的供应量为 $\Delta S=C-\delta S$。

(3) 房价、地价与租金的互动关系。从"四象限模型"可以看出房价、地价与租金之间存在着互动关系，这种互动关系既是空间的，也是时间方面的。因此，房价、地价、租金价格的变化具有时空性。这种具有时空属性的价格互动机制为房地产融资(包括房产抵押融资、土地融资、租赁现金流融资)提供了想象空间，是房地产金融产品创新的理论基础。

(4) "四象限模型"可以用来分析和解释房地产市场上各个参与者的要素变动对房地产市场体系的影响和联动机制，便于人们在房地产投资分析时能够发现市场变化的趋势，审慎考虑市场中某一因素变化对其他市场变量的影响，并给出合理的解释。但是由于它是以经典经济学的基本假设为条件的，因此在实际运用中还有其局限性，对于比较复杂的问题，需要参考其他研究方法予以综合分析，从而得出更为科学合理的解释。

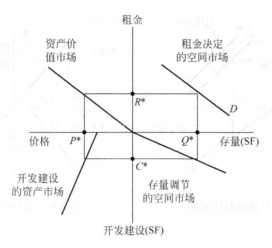

图 1-7 Dipasquale 和 Wheaton 的"四象限模型"

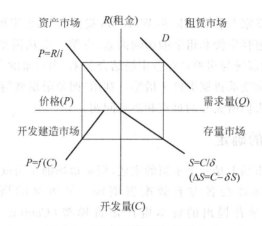

图 1-8 "四象限模型"的变量关系

例题 1-2 试用"四象限模型"分析当房地产需求扩张时,对房地产市场价格和供给的影响。

解:(1)当房地产需求扩张时,需求曲线从 D_0 移动到 D_1,租金从 R^* 上升到 R_1。引致房地产资产价格从 P^* 上升到 P_1。反映到开发市场中,使得开发供应量上升。传导到存量市场中,使得上市的实际的房地产资产供应增加。房地产市场呈现扩张繁荣局面,如图 1-9 所示。但是,这种市场变化是不稳定的,随着供应量的增加又会导致租金水平下降。

(2)市场的不均衡状态是暂时的,最终市场的各个参与方会达成新的平衡(新的闭合虚线框)。这时新的均衡价格会产生 P^{**},市场达到了"出清"状态,如图 1-9 所示。我们可以得出这样的结论:在房地产需求扩张的情况下,市场规模比原先的均衡规模要增大许多,资产价格也会上升,开发成本随着供应量的增加而增加。市场处在"繁荣期"内(见图 1-10)。

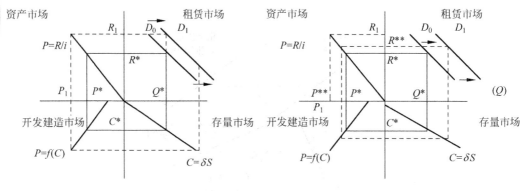

图 1-9　需求出现扩张的非稳定状态　　　　图 1-10　新的均衡出现的情况

1.5　问 题 研 究

美国房地产经济学家 Dipasquale 和 Wheaton 提出的"四象限模型",试图从经济学一般均衡理论的基础上解释房价和租金的影响因素,它第一次从模型上将房地产使用市场与资本市场、开发建设市场与房地产存量市场结合起来,为后来的学者从更复杂的角度解释房地产价格的形成和变动机制提供了借鉴。利用"四象限模型"我们可以概略地分析讨论房地产投资领域中人们所关心的难点和热点问题。

1.5.1　资本化率的确定

资产定价在资本市场上是一个永恒的主题,资本市场的作用就是为资产定价,通过资产价格的变动来指导社会各方有效配置资源。最著名的资产定价模型是夏普(W. Sharpe,1964)等学者提出的资本资产定价模型(Capital Asset Pricing Model,CAPM)。在资本资产定价模型(CAPM)中最难把握的是 Beta 系数的计算,它是对一项资产系统风险的估计。而在房地产投融资领域,对房地产资产价格的判断是最困难的工作,也是最基本的工作。对一项收益性房地产资产的定价,利用的公式是 $P = R/i$(无限年收益法公式),它是利用某项资产未来收益的现值之和来计算出该资产的理论价格。其中,资本化率 i 也是最难估计的。

(1) 对资本化率的选择,体现了投资者对该项资产未来经营风险的考量。选择较低资本化率表明投资者对未来的资产价格比较乐观,而选择较高资本化率表明投资者对未来的资产价格持谨慎态度。为什么?

(2) 为什么对资本化率较高的房地产资产通常会由熟悉当地情况的投资者持有,而对养老基金和 REITS 的管理者而言则宁愿选择资本化率较低的房地产资产持有?为什么当一项物业的资本化率大于 10% 时投资者通常会采取谨慎的态度?[1]

(3) 确定资本化率的方法有多种:①基于风险收益说,如安全利率加风险调整值法、

---

[1] Global Hotspots in the Real Estate Business. http://www.knowledgeatwharton.com.cn.

投资收益率排序插入法、资本资产定价模型及收益风险倍数法等;②基于利率说,如实际利率法、复合利率法(亦称加权平均法);③基于租售市场数据提取说,如市场提取法、实际利率调整法等。什么才是适合房地产资产投资分析的资本化率确定方法?

1.5.2 地价与房价的关系

房价与地价的问题似乎一直是中国房地产市场的热点问题,究竟是房价带动地价,还是地价推动房价,二者的关系一直处于学者们研究争论中。房价与地价的问题也是房地产投资中需要着重分析的问题,同时对它的研究也启发了人们在房地产融资和资产定价时的想象空间。运用"四象限模型"可以分析房价与地价的关系问题,但是它的解释是有限的。

(1) 若用"四象限模型"推论出房价的变动引起地价的变动,有哪些理由?又有哪些缺陷?

(2) 若用"四象限模型"推论出是由于地价的变动引起了房价的变动,有哪些理由?又存在哪些缺陷?

(3) 房价和地价的短期关系与长期关系是否相同?你能否阐述其作用机制?

1.6 案 例 分 析[1]

1.6.1 租赁市场的价格决定

假设市区 A 级办公楼单位面积租金与需求量关系如表 1-4 所示。

表 1-4 单位面积租金与需求量关系

租金(每平方英尺每年)($)	需求量(百万平方英尺)
20	3.0
21	2.9
22	2.8
23	2.7
24	2.6
25	2.5
26	2.4

(1) 假定本地区 A 级办公楼需求量为 290 万平方英尺。如果没有任何市场参与者能够影响市场价格,而且所有市场参与者都能迅速获得一切市场相关信息,那么短期内该类办公楼的租金水平将是多少?

(2) 假定现在有一个新的投资者进入该市场,他先买下一些办公楼之后,宣布对所有新租户和所有续租的租户租金一律为每平方英尺 $23。分别在下列情况下,短期内将对这位投资者的总租金收入产生哪些影响:

---

[1] 盖伦·E.格里尔.房地产投资决策分析.龙胜平等译.上海:上海人民出版社,2005:51-52.

① 如果他能控制该地区 3% 的办公楼面积；
② 如果他能控制该地区 50% 的办公楼面积。

1.6.2 交易价格和谈判区间的确定

甲某在 10 年前以 \$100 000 买下了一个停车场。他平均每年获得的净经营收入为 \$14 000。现在他考虑将该停车场出售。乙某喜欢这个停车场的区位，于是开始与其进行购买谈判。

甲某指出本市最近停车费用已经上涨，而且已经注意到他的停车场每年净经营收入可望达到 \$20 000。他还注意到他过去每年净收入相当于每年获得 14% 的投资回报。他认为这是一个很好的回报率，而且认为乙某能够做得和他一样好，每年能够获得 \$20 000 的净经营收入，因此售价应为 \$143 857。

乙某反驳道，甲某一旦出手该停车场之后所获得的收益率是确定的，而她自己却要承担预期收益能否实现的风险。因此，乙说她需要有相应的风险补偿。所以她认为她应该获得 18% 的收益率，因此价格应为 \$111 111。

虽然双方都认真地阐述了他们各自认为公平合理的价格，但是他们在最终确定价格方面存在明显的分歧。

问题分析：

(1) 他们的谈判区间在哪个范围变动？他们能达成成交价格吗？

(2) 对于甲乙双方的谈判理由，你认为哪些是合理的？你能否帮他们拟定一个合理的价格？

1.7 本章小结

本章通过介绍房地产投资、房地产融资和房地产市场的基本概念，概略地阐述了房地产资产在国家财富、企业资产、金融业和个人财富中的地位和影响。从一个宏观视角让人们客观地了解房地产投融资原理研究的意义、研究的范畴和层次，以及各个概念之间的关系。在微观层面，在房地产融资的部分详细介绍了国际上三种政策性住房融资模式比较，评价了各自的优劣和发展变化。使人们能客观地看待各类政策性住房融资的合理性，有助于学生和教师进行讨论研究相关理论和现实问题。在房地产市场性质和特征方面，介绍了房地产市场的价格搜寻特征，以及区域性市场的性质，使人们能够理解房地产市场和商品与一般市场和商品的区别。在房地产投资分析方法论上，介绍了"四象限模型"的理论和应用，并在问题研究中提出了若干现实生活的具有挑战性的难点问题以供讨论。此外，本章还将理论研究思路和原理分析应用到案例分析题和拓展思考题中。

1.8 本章拓展思考题

(1) 为什么说房地产市场是一个区域性的市场？这个市场为什么具有垄断竞争的特性？

（2）在企业经营中，为什么房地产资产管理是企业价值管理的重要内容？

（3）如何基于房地产资产市场的视角来解释"中国之谜"？一国的货币政策是如何影响房地产市场价格的？

（4）投资价值、市场价值、最可能销售价格和交易价格有何区别？它们之间的关系如何？

（5）为什么说房地产市场是一个价格搜寻者市场？房地产市场交易成本是如何影响市场价格的？

（6）新加坡的住房保障模式被认为是中国学习的榜样，你认为中国有可能实现新加坡模式的住房保障吗？你认为中国应当采取何种政策性住房融资模式？请结合推荐阅读文献"Asset Rich and Cash Poor: Retirement Provision and Housing Policy in Singapore"讨论之。

（7）试用 Dipasquale 和 Wheaton 的"四象限模型"讨论下列问题：①当政府提出"限贷"政策时对房地产市场的影响；②地方政府的"旧城改造"或者"城中村改造"政策对房地产市场的影响。

（8）为什么对房地产市场的投资分析要采用联系和发展的视角？房地产开发市场中的房地产价格如何在资本市场中体现？

1.9　主要参考文献

[1]　盖伦·E.格里尔.房地产投资决策分析.龙胜平等译.上海：上海人民出版社，2005.

[2]　W B 布鲁格曼，J D 费雪.房地产金融与投资.李秉祥等译.大连：东北财经大学出版社，2000.

[3]　张红，殷红.房地产金融学.北京：清华大学出版社，2007.

[4]　刘俊民，王千.中国房地产业的发展与宏观经济稳定的关系.房地产市场，2006(2)：6-9.

[5]　刘洪玉，郑思齐.住宅资产——居民家庭资产组合中的重要角色.经济与管理研究，2003(4)：39-41.

[6]　吕晖蓉.住房金融模式的国际比较及启示.金融学术动态，2011,4. http://www.sinoss.net/qikan/2012/0117/12780.html.

[7]　王长江，常春，周寅康等.如何认识房地产估价中的资本化率.财会月刊，2010(29)：56-57.

[8]　卢文清，黄多文.房地产业对金融市场的带动作用分析.东方企业文化，2012(5)：88-89.

[9]　汪丽娜."两房"与美国住宅金融市场.金融评论，2011,5：99-111.

[10]　任志安.德国的住房组合贷款及其借鉴.城市开发，2000(2)：35-36.

[11]　刘华，王艳.德国房地产金融政策介评.银行家，2011(1)：99-100.

[12]　孙旦.新加坡中央公积金制度改革成效分析.经济师，2011(8)：77-83.

[13]　陈炳才.新加坡的中央公积金制度——兼谈中国能否实行公积金制度.经济研究参考，1993(Z3)：18-31.

[14]　刘琳，刘洪玉.地价与房价关系的经济学分析.数量经济技术经济研究，2003(7)：27-30.

[15]　严金海.中国的房价与地价：理论、实证和政策分析.数量经济技术经济研究，2006(1)：17-26.

[16]　David McCarthy, Olivia S Mitchell, John Piggott. Asset Rich and Cash Poor: Retirement Provision and Housing Policy in Singapore, PRC WP 2001-10. Pension Research Council Working Paper. http://unpan1.un.org/intradoc/groups/public/documents/APCITY/UNPAN018299.pdf.

[17]　George J Stigler(1961). The Economics of Information. Journal of Political Economy. 1961,69.

(3): 213-225.

[18] Dominique Achour-Fischer. An Integrated Property Market Model: A Pedagogical Tool. Journal of Real Estate Practice and Education. 1999, 2.(1): 33-43.

阅读材料 1.1

新加坡中央公积金制度改革成效分析[1]

一、新加坡中央公积金制度的主要内容

新加坡中央公积金制度始于1955年,是一项由政府、雇主和雇员共同参与的强制性储蓄保险。经过几十年的发展和完善,现行的中央公积金制度包括的范围除养老保险外,还涉及住房、医疗、教育、投资等多个方面,被认为是世界上最为全面的社会保障制度之一。

(一) 中央公积金会员账户

中央公积金会员账户有四种类别,分别是普通户头、医疗户头、特别户头和退休户头。会员在55岁之前的账户由前三种户头组成。其中普通户头中的存款可用于住房、保险、获准的投资和教育支出,医疗户头用于医疗费用的支出以及相关金融产品的购买,特别户头用于养老和紧急支出。会员到55岁之后,其普通户头和特别户头合并为退休户头。会员可从退休户头中自由提取公积金存款,但必须保留一个政府规定的最低存款(目前为S＄123 000),以保障其退休后的基本生活。

(二) 缴费率

雇主和雇员共同向中央公积金缴费。公积金制度制定之初的缴费率为10%(雇主和雇员各缴纳5%),随着时间的推移缴费率逐渐升高,最高曾经达到50%。在亚洲金融危机之后缴费率又开始降低。目前对于一个50岁以下的会员来说,其缴费率为35.5%,其中雇主缴15.5%,雇员缴20%。

(三) 公积金存款利率

公积金存款的利率是由政府决定的。其中,普通户头中的存款利率是以新加坡几家主要的国内银行一年期定期存款利率的算术平均值来制定的,目前为2.5%。而特别户头、医疗户头和退休户头上的存款利率则稍高于普通户头,原因是这三个账户中存款的期限较长。55岁以下的会员可以动用普通户头中的存款进行中央公积金局指定的投资,包括购置政府组屋、购买政府批准的国内股票、债券等。

二、新加坡中央公积金制度所面临的问题

新加坡中央公积金制度一直以来都为新加坡人民提供了非常完美的社会保障。然而近年来随着新加坡社会经济的持续发展,人民的生活水平也逐渐提高,随之产生的各种变化对中央公积金系统产生了很大的冲击。下面简单分析一下改革前中央公积金制度所面临的问题。

---

[1] 孙旦.新加坡中央公积金制度改革成效分析.经济师,2011(8):77-83.国研网 http://www.drcnet.com.cn/eDRCnet.common.web/docview.aspx? docid=2660771&chnid=4287&leafid=16341.

(一) 公积金投资回报率低

新加坡中央公积金存在着回报率低的问题,一方面中央公积金局自身的投资过于保守,另一方面会员自主投资的收益也很不理想。20世纪80年代以前,新加坡中央公积金由中央公积金局直接管理,其投资仅限于国债。然而投资国债虽然风险小,但实际收益却很低。之后中央公积金局放宽了会员的自主投资,允许一部分资金投资于国内股票、公司债券和一些指定国家的股票等,旨在提高中央公积金的收益,然而实际效果却差强人意。从1994年到1997年,只有不到20%自主投资的成员获取的收益率高于中央公积存款金利率。在1998年,相应的比例仅有10%。过低的公积金投资回报率在一定程度上限制了公积金的存款利率。在改革之前,新加坡中央公积金的利率分别为普通户头2.5%,联合户头4%。考虑到过去30年间1.9%的通货膨胀率,这样的利率可以说是相当的低。这也致使部分低收入会员到55岁时其退休账户中的资金甚至少于政府所规定的最低存款。

(二) 人口的预期寿命持续提高

人口平均预期寿命提高是经济发展、社会进步、人民生活水平提高的表现,但对于中央公积金制度却产生了不小的冲击。原有的公积金制度为会员设定了一个强制性的最低存款,会员在55岁的时候可以提取其退休户头中除最低存款外的所有资金。最低存款只能用来购买养老年金或者存储在退休户头中作为会员退休后的生活保障。然而这个最低存款计划只能为会员提供20年左右的每月入息。这样一来,假设会员在62岁退休时开始接受最低存款所提供的每月入息,到82岁的时候公积金中的存款就已耗尽。如若他自身没有很强的理财能力的话,他的个人积蓄将难以维持今后的生活。

在2009年,新加坡人口的预期寿命已经高达81.4岁,并且还在持续的增长,这也就意味着上述情况的发生在今后将会是一个大概率事件。根据中央公积金局的预测,到2030年新加坡65岁以上的老人将近80万人,而这些人口中将有相当大一部分人面临着过早提取完公积金存款的问题。

三、改革的主要措施

由于新加坡中央公积金存款的实际回报过低,加之新加坡人口的预期寿命持续提高,养老保障不足的问题日益严重。有研究表明,2000年一个中等收入的新加坡公民退休后的养老金替换率约为28%,远远低于75%的国际标准,中央公积金制度的社会保障职能面临着前所未有的挑战。因此,政府近年来推出一系列的改革措施,旨在解决这些问题。

(一) 将公积金存款利率与市场挂钩

2007年,为了让公积金会员享有更高投资回报,新加坡政府推出了新的公积金利率制度。新的利率制度将部分户头的存款利率同金融债券利率挂钩,完全颠覆了过去几十年来所采用的固定利率的模式。在新的制度下,公积金特别户头、医疗户头和退休户头的存款利率为10年期新加坡政府证券(10YSGS)12个月的平均收益加1个百分点,最低不低于4%。另外,公积金账户中的首个6万新加坡元存款也可以多享有1个百分点的利率。

(二) 推出公积金终身入息计划

中央公积金制度改革的第二个大的方面即推出公积金终身入息计划。这项计划的主旨就是让会员从最低存款提取年龄开始可以获得每月入息直到终老。公积金终身入息计划分为4种,分别是终身入息增值计划、平衡计划、基本计划和终身纯入息计划,会员可以根据其期望每月入息的多少以及是否愿意留下遗赠来自由选择。下面以终身入息平衡计划为例对终身入息计划做一个简单的介绍。

假设会员在55岁时选择加入终身入息平衡计划,其退休户头的存款将有30%被用于支付年金的保费,剩余70%将保留在他的退休户头里,用于支付会员从最低存款提取年龄到80岁前的每月入息。而他所购买的年金,将为他提供80岁之后的每月入息直到终老。会员能够获得的每月入息的数额取决于其选取加入的终身入息计划类别、加入时的年龄以及会员的性别等。例如一个选择加入终身入息平衡计划的55岁男性会员,如果他的退休户头存款超过S$100 000,那么他65岁之后的每月入息大概为S$810~S$900新加坡元。

四、改革的不足之处及建议

从上述分析可以看到,近期的改革在一定程度上解决了中央公积金制度所存在的缺陷。特别是公积金终身入息计划的提出,很大程度上解决了由新加坡人口预期寿命提高所带来的养老保险金不足的问题。但是也应该看到这些改革措施的不足之处。公积金利率的改革并没有从根本上解决其投资回报率低的问题。改革至今的几年中新的利率计算方法始终未能突破政府所规定的4%的最低利率,利率的改革形同虚设。下面笔者针对现行的公积金制度的不足之处提出几点建议:

(1) 改变保守的投资策略,使公积金投资多元化,规划管理个人自主投资。

目前公积金存款并未摆脱其投资低风险政府债券的偏好,公积金联合户头中的存款全部投资于特别政府债券(SSGS)。如果政府能够使公积金的投资多元化,考虑引入更多的投资项目,比如新兴发展中国家的股票、债券等,公积金的投资回报率将会有很大的提升。另外对于公积金逐步开放个人自主投资,笔者持否定态度。一方面新加坡政府给目前所谓的自主投资施加了诸多限制,除投资房产外,会员只允许购买经过政府许可的国内股票、债券等。这种有限制的自主投资给会员带来的收益甚至远远低于公积金存款利率。另一方面如果政府未来完全放开公积金自主投资的管制,又会加大个人的投资风险。因此笔者建议中央公积金局对个人自主投资作更为规范的管理,关闭风险较大的投资项目,将自主投资限制于房产等满足个人需要的项目,使会员逐步放弃自主投资,将获取更高回报率的希望寄托于中央公积金局的统一投资上。

(2) 将最低存款提取年龄与会员退休年龄挂钩。

新的公积金终身入息计划规定:会员将从最低存款提取年龄(对于1954年后出生的公民为65岁)开始获得每月入息。这一规定的出发点是鼓励会员推迟其退休年龄,这样一方面可以增加会员退休后的储蓄,另一方面也可以减轻养老保险所需要维持的年限。但是由于目前大多数的新加坡公民的退休年龄为62岁,按照此规定会员在62岁到65岁之间将完全失去收入来源,那些储蓄不足的低收入家庭将难以维持生计。笔者建议让会员在55岁加入公积金终身入息计划时,根据其预期的退休年龄自由选择最低存款提取年龄,然后中央公积金局再根据会员选取的最低存款提取年龄来计算他日后所能领取的每月入息。这样一来就能够杜绝会员收入脱节的现象。

五、结语

中央公积金制度的改革成效有目共睹，新推出的公积金终身入息计划很好地解决了人口预期寿命增长所产生的问题，使得中央公积金制度有能力保障每一个会员老有所养。然而此次改革也存在着很多不足之处，其一：利率的改革并未产生很好的效果。其二：最低存款提取年龄的硬性规定使得会员在退休后有可能产生了一段时间的"收入真空期"。针对以上的问题，笔者提出两点建议。首先，中央公积金局应该改变其过于单一的投资策略，大胆地选择收益更高的投资组合，从根本上解决其投资回报率过低的问题。其次，政府应该采用加大福利津贴的办法鼓励人民推迟退休年龄，而不是采用一些半强制性的手法来达到这一目的。

阅读材料 1.2

地价与房价的关系研究述评[1]

城市地价与房价是房地产价格体系的主体，它们具有截然不同的特点，因此三者之间的关系十分复杂。同时，地价与房价作为反映房地产市场信息的重要指标，它们的关系是否协调不仅对城市土地利用效率和房地产业运行影响重大，而且对于政府进行宏观调控、规范房地产市场也有着十分重要的现实意义。笔者旨在系统梳理中国关于地价与房价关系的理论研究与经验研究，以期理顺地价与房价的关系，并拓展此问题的研究空间。

一、地价与房价关系的研究背景

伴随着中国住房制度的改革，20 世纪 90 年代末中国的土地供应制度也实行了一系列重大变革。1999 年，国土资源部颁发的《关于进一步推行招标拍卖出让国有土地使用权的通知》拉开了土地出让制度变革的序幕。2001 年，国务院发布《关于加强国有土地资产管理的通知》，国有土地使用权招标拍卖制度从东南沿海到中西部地区逐步推开。随后，国土资源部在 2002 年、2003 年和 2004 年又分别下发了《招标拍卖挂牌出让国有土地使用权规定》、《协议出让国有土地使用权的规定》和《关于继续开展经营性土地使用权招标拍卖挂牌出让情况执法监察工作的通知》，中国的土地市场在一定程度上得到了较好的调节和清理，土地出让制度的改革也进一步深化，地价随之持续上涨。根据观察到的事实，自 2003—2007 年以来，中国土地交易价格指数与上年同期相比分别上涨 8.3%、10.1%、9.1%、5.8%、12.3%。与此同时，房地产销售价格指数分别上涨 4.8%、9.7%、7.6%、5.5%、7.6%。地价与房价趋于同步的上扬趋势引起人们对二者关系的极大争议，主流观点分为三类：①地价决定房价，主要理由是政府推行的经营性用地招标拍卖、挂牌出让方式是导致地价飙升从而引起房价快速上涨的主要原因；②房价上涨是引起地价上涨的原因，主要理由是房地产需求引致土地需求，房价上涨直接引领地价上涨；③地价与房价是相互影响的，主要理由是房价与地价的关系是循环关联的，地价、房价到底谁决定谁在不同的条件下有不同的结论。

---

[1] 孔煜.地价与房价的关系研究述评.重庆大学学报(社会科学版)，2010(2)：21-26. http://www.chinareform.org.cn/Economy/macro/Forward/201009/t20100913_43350.htm.

二、地价与房价的关系：理论解释

国内学者关于地价与房价关系的理论研究是多视角的，笔者尝试将这些理论文献分别进行归纳，通过比较来阐述该领域研究的进展和发展趋势。

（一）从成本构成的角度分析地价与房价的关系

用成本法的公式分析地价构成：地价＝土地取得费＋土地开发费＋税费＋利息＋利润＋土地增值收益；房价构成：房价＝土地取得成本＋开发成本＋管理费用＋投资利息＋销售税费＋开发利润。因此，建设部政策研究中心在《怎样认识当前房地产市场形势》中提出：地价上涨是当前房价上涨中的重要因素。而国土资源部发布的《2004年中国重点地区和主要城市地价动态监测报告》则指出，虽然地价和房价均呈上升趋势，但地价上涨幅度小于房价上涨幅度。报告认为，房地产市场需求强劲，房屋供不应求，房价上涨使开发商对土地的需求增加，并拉动地价上涨。二者的观点基于两个方面的认识，一是地价是房价的重要组成部分之一；二是房地产价格是由它的供求关系决定的。

利用房价与地价数据及房地产开发过程中的成本构成，许多学者通过分析地价与房价的变化规律、地价占房价的比例及开发利润率等，阐明了地价与房价之间的关系。邹晓云指出由于地价概念不统一，将土地成本和土地所有权收益价格混淆起来，造成了目前关于中国房价中地价所占比例偏高的错误判断。尽管近年来中国地价和房价变化趋势基本一致，但二者的变化方向和速率却并不一致，很难找到地价与房价之间变化的必然关系。从成本结构来看，土地成本和构成房价的其他成本在房价形成中所起的作用一样，因此，地价不是房价偏高的决定性因素。

郭辉指出目前地价占房价的比重过高，地价的变动将会对房价产生较大的影响。目前中国房价飞速攀升，从某种程度上说正是土地出让制度改革所导致的地价上涨的推动作用造成的。

刘润秋、蒋永穆认为虽然成本法公式反映了地价是构成房价的要素之一，但不是唯一要素，其他要素同样对房价产生影响，尤其是开发利润的影响，因此地价与房价并不存在绝对的相关关系。他们认为基于三方面的原因地价不能决定房价：①土地产品的价格决定地租；②房市过热条件下地价对房价无约束力；③决定房价的因素是市场行情而非成本。而基于另外两方面的原因可以认为房价是地价的决定性因素：①需求是拉动房价上涨的动力，房价上涨是推动地价上涨的原动力；②地价生成机理的实证分析表明房价是地价形成的决定性因素。

张文新、蒋立红从国际视角探讨发达国家地价与房价的比例关系时发现，二者的关系较为复杂，可以分为四类：地价低房价也低、地价低房价不低、地价高房价不高、地价高房价也高。张清勇的研究指出：各国地价占房价的比例呈现随时间不断上升的态势，而各国内部不同区域间地价占房价的比例也有很大差异。因此，简单的成本决定论并不能解释地价与房价之间的因果关系。

（二）从市场供求以及运行的角度分析地价与房价的关系

刘琳、刘洪玉首先从需求角度出发，指出由于土地的自然供给没有弹性，并且土地的供给是由政府垄断的，因此中国土地市场所决定的地价更倾向于是一种需求价格。与此不同的是，增量市场中的房价则由供给和需求共同决定，不仅是买方愿意购买的价格，更应是卖方愿意出售的价格。因此,从需求角度看,地价主要是一种需求价格。在同一时点,地价高是房价高的结果而不是原因。然后,他们从供给角度出发,指出由于土地的开发经营成本首先发生,然后经过一个建设周期形成最终的房价,因此,地价作为房价的成本之一,地价上涨是导致房价上涨的一个因素。最后,利用"四象限模型",他们分析了地价与房价在土地市场和房地产市场的相互作用中的转化过程,得出结论:笼统地说,房价高决定了地价高或地价高决定了房价高都是片面的,对房价和地价的因果关系要从不同的角度不同的时点来分析。

周京奎从房地产供给和需求的角度、金融支持的角度研究影响房价变化的因素,提出三条地价与房价的互动传导路径。路径一:货币供应量→银行贷款→房地产投资→房价;路径二:房地产投资→居民可支配收入→房价;路径三:土地购置面积→地价→房价。路径一体现了金融支持对房价的影响;路径二体现了房地产需求增加带动房价上涨,导致房地产供给增加,进一步影响房价的路径循环;路径三体现了中国土地出让制度改革影响地价与房价的路径循环。这三条路径都直接影响房价,并通过房价影响地价,而地价对房价的影响只能通过路径三来实现。

(三) 从市场结构变化分析地价与房价的关系

实行土地招拍挂出让后,学者们开始将研究视角转入到从市场结构的变化来分析地价与房价的关系。姚先国、黄炜华认为政府对土地一级市场上的垄断虽然使地价发生了变化,但不一定影响房价,只不过使政府、房地产开发商和购房者之间利益分配格局发生了变化。招标拍卖出让实际上主要是重新调整了政府与房地产开发商之间的利益分配关系,政府收回了本该属于土地所有者所有而被房地产开发商占有的部分土地收益,并结束了房地产开发的暴利现象。与此观点截然不同的是,浙江省企业调查队课题组指出,市场化的招标拍卖方式造成土地交易价格连续上涨,高额地价直接推动房价上涨,形成"高地价→高房价→高地价"的恶性循环。但是,更多的观点则认为,实行土地招拍挂出让后,土地市场和增量房地产市场竞争性的加强带来了两方面的影响:一是地价回归到真实的价格水平,但并未引起房价上涨;二是地价的变动对房价的影响将降低。如:毛中根、林哲认为土地招拍挂的实施,一方面,实现了交易地块本身的市场价格,保证了国家土地所有权收益更好地实现;另一方面,土地显现出了自己的真实价格,这个价格相对于协议出让下的土地,价格是有显著的提高,但事实证明,地价与房价的关系复杂,地价高并一定对应着房价高,地价低也不一定对应着房价低。因此,认为过高的房价是由于过高的地价造成的观点是没有理论根据的。

严金海认为,协议出让方式对房地产市场结构的影响表现为两个方面:一方面,土地市场因为缺少竞争机制和公开、透明的操作程序,将使得开发商购买土地的支付意愿下降,并且由于政府违规批地、随意压低地价等违法行为也将使得土地供给弹性变大;另一方面,协议出让方式有利于"关系开发商"垄断房地产市场并对房价施加影响。"四象限模型"的分析也印证了这一事实,因此他指出,在协议出让方式下,土地市场的买方竞争不足和房地产增量市场的卖方垄断带来了两方面的影响:一是较低地价的土地经过开发建设后形成的增量房地产的价格并没有降低,反而使得企业凭借垄断地位获得了一部分本应属于土地所有者所有的土地效益;二是地价一定比例的变动引起的增量房地产价格的变动幅度会增加。

(四) 从空间经济学角度分析地价与房价的关系

况伟大通过构建一个环形城市的空间竞争模型，证明了空间垄断是房价居高不下的根本原因。遗憾的是，研究者只考虑了需求者之间的竞争，没有考虑供给者的行为。但随后他对研究工作进行了完善。考虑到房价与地价涉及住房市场与土地市场的相互作用问题，况伟大在空间经济学的基础之上，兼顾考虑住房市场与土地市场的供给者行为，构建了一个结合住房市场与土地市场的空间竞争模型，分析了当住房市场与土地市场均衡时，房价与地价的关系，得出以下发现：①当土地市场供大于求时，土地市场的引致需求越大，在其他变量不变时，住宅的供给量越大，房价越低，即房价与地价是负相关关系；②当土地市场供小于求时，住宅市场的需求越大，对土地市场的引致需求越大，在其他变量不变时，从而地价越高。另外，当土地市场供小于求时，开发商拥有垄断力量，将成本转嫁给消费者，从而房价越高。因此，当土地市场供小于求时，房价与地价是正相关关系，二者相互作用，不能简单地说"房价决定地价"还是"地价决定房价"。

鉴于土地市场与住房市场受到政府的严重规制，况伟大进一步引入规制因素，对基本模型进行拓展，讨论规制对房价、地价及其关系的影响。研究结论为：在土地市场规制情形下的房价和地价高于无规制情形下的房价和地价，因此政府规制是造成高房价和高地价的一个原因。

三、地价与房价的关系：经验研究

经验研究一直是关于地价与房价关系的研究重点，经验研究因各研究者选取的研究对象、样本时间段、变量取值和计算方法的不同而大相径庭。笔者尝试将已有的实证文献按三个类别进行归纳，通过比较来阐述该领域研究的进展和发展趋势，其分类依据为估计关键变量的取值、研究方法、研究结论。

(一) 研究对象的选择

长期以来，国内学者大多是针对全国范围的房价和地价进行实证检验，如高波、毛丰付、况伟大、黄健柏、江飞涛等，他们都是采用全国房屋销售价格指数和土地交易价格指数作为研究房价和地价相互关系的变量，存在的弊端表现为：①采用全国年度平均数据容易混淆地价与房价关系的实质；②不能反映地区差异，难以体现房价与地价关系的区域特征；③样本数据相对较少，可能会影响研究结论的正确性。为克服此弊端，最近国内已有学者开始从城市层面或以个别城市为案例进行地价与房价关系的探讨，典型的研究如下：

周京奎指出房地产作为一种投资品，价格在一年内将发生显著变化，仅用年度数据难以反映这种变化，应尽量使用季度或者月度数据。同时，使用全国整体数据并不能反映局部的差异，使用城市级数据是最佳选择。他以1999年1月—2005年9月期间的季度数据为基础，对全国整体地价与房价的关系做实证分析。另外，以2001年7月—2005年9月期间的季度数据为基础，实证检验了中国20个城市地价与房价的关系。

严金海虽然也采用全国房屋销售价格指数和土地价格指数为样本数据检验地价与房价的关系，但为了判断土地招拍挂出让对房价与地价关系的影响，他选取较早推行土地招拍挂出让政策的深圳市作为样本城市，收集深圳市2000年1季度~2005年1季度共21

个季度的季度数据考察了土地制度改革后土地市场结构变化对地价与房价关系的影响。

郑娟尔、吴次芳选取中国 1908 年 1 季度～2005 年 4 季度的房地产价格指数,包括房屋销售价格指数和土地交易价格指数、商品住宅销售价格指数和居民住宅用地交易价格指数、普通住宅销售价格指数和居民普通住宅用地交易价格指数、豪华住宅销售价格指数和豪华住宅用地价格指数 4 组数据,定量分析了全国地价与房价的关系。并且,通过收集 1998 年 1 季度～2005 年 2 季度的房屋销售价格指数和土地交易价格指数,对全国 23 个城市地价与房价的关系进行了经验分析。

艾建国、丁烈云等认为房地产市场是一个地区性市场,不同城市的房地产市场由于受多种因素的影响而表现出较大的差异性,房价和地价的关系也会表现出很强的区域性。他们选择北京(政治文化中心)、上海(经济中心)、武汉(中部城市)三个典型地区的房价和地价数据为研究对象进行计量检验,揭示各城市房价和地价的关系存在一定的区域差异。而曾向阳、张安录则以武汉市为个案,对武汉市地价与房价的关系进行了检验。

(二) 实证方法的演变

对中国地价与房价关系进行正式实证研究始于高波、毛丰付的论文的发表,他们首次使用 Granger 因果检验分析方法讨论了全国房价与地价的相互关系,但是在 Granger 因果检验过程中并未给出单位根和协整检验的说明,这有违 Granger 因果关系的检验规则。

况伟大的研究对此进行了改进。他首先运用单位根检验法发现住宅价格指数和住宅用地价格指数的水平值同为一阶单整变量,在此基础上采用 EG 两步法对房价与地价两个变量进行协整检验,判断出两变量之间具有协整关系。然后,选择基于误差修正模型的 Granger 因果关系探讨住宅价格与住宅用地价格之间的因果关系。

随后,关于地价与房价相互关系的实证研究方法也多采用基于向量误差修正模型(VEC)或向量自回归模型(VAR)的 Granger 因果检验。类似的经验研究如周京奎、严金海、郑娟尔、吴次芳等。但是,随着国内学者对计量方法认识和掌握程度的提高,运用这类方法进行经验分析时国内学者容易犯的错误和忽略的问题也渐渐被觉察出来。郑娟尔、吴次芳指出在 Granger 因果关系检验过程中有很多环节需要处理:①判断房价和地价时间序列的平稳性问题多以单位根检验法为主,尤其是 ADF 方法的运用,但是在单位根检验过程中,对时间趋势、截距和滞后项的处理上应特别注意;②进行 Granger 因果关系检验之前,必须对时间序列进行协整检验。这方面主要有 EG 两步法和 Johansen 检验法。在运用 Johansen 检验法之前,还要确定 VAR 模型的最优滞后期;③进行 Granger 因果关系检验时可视三类情形作不同的处理,如果两变量都是平稳序列,那么可直接进行 Granger 因果检验;如果两变量不是稳定序列,可将其差分,直到成为稳定变量为止;如果两变量都是一阶单整序列,且两者之间存在着协整关系,那么应该考虑使用存在误差修正模型。

另外,近年来国内学者也开始注意到 Granger 检验虽然是重要的因果关系分析工具,但是在深入描述房价和地价相互关系时存在局限。黄健柏、江飞涛认为该方法的弊端具体表现如下:①Granger 检验的结果无法推断一个变量变动导致另一变量变动的方向;②Granger 检验不能说明变量间相互影响的强度和整个动态过程,即该方法不能回答地价与房价相互影响的强度怎样、随时间有何变化、新土地出让政策的实行导致了二者相互关系发生了什么变化等一系列细节问题。为此,他们采用基于向量自回归类模型的方差分解法对 Granger 因果分析检验方法进行完善。

(三)实证结论的差异

综观国内学者关于地价与房价关系的若干经验研究,即使运用同一种计量经济学方法,对同一来源的数据进行检验,仍会得到大相径庭的结论。

严金海认为,在房地产市场上,短期内房价决定地价,长期内二者相互影响。与协议出让方式相比,土地招拍挂出让通过促进土地市场的买方竞争,降低房地产市场的垄断性,在显化土地价格的同时,降低了地价对房价较高的影响程度。

周京奎的研究发现:房价对地价有显著影响,地价对房价的影响度较小。地价上涨不是房价上涨的唯一因素,金融支持、土地政策在地价与房价变动中扮演着重要角色,所以抑制房价不能只控制土地价格,还应从金融支持、投资等方面着手,制定更严格的信贷制度,增加房地产交易税和提高居民可支配收入。

郑娟尔、吴次芳指出,就全国而言,房价与地价之间互为长期和短期 Granger 原因,但房价的变动对地价变动的影响力更大些。而对23个大中城市的计量研究表明,各城市地价与房价的关系不是唯一确定的,房价的增长更多地受自身因素而不是地价的影响。地价与房价的关系是复杂且因地而异的,以一个案例的分析结果来断定两者的关系有失偏颇。

宋勃、高波在考虑通货膨胀的条件下发现:短期而言,房价对地价没有影响,而地价是房价的 Granger 原因;长期来说,房价和地价存在双向因果关系。因此,要控制房价,短期内关键是抑制地价过快上涨;长期则要通过合理安排土地供给,加强住宅的建设规划引导,从而避免房地产价格的大起大落。

按照时间顺序,将已有关于地价与房价之间相互关系的实证研究的主要文献整理成表1,研究结论的差异显而易见。

表1 地价与房价的关系研究的主要成果列表

作者	数据	主要变量	方法	结论
高波、毛丰付(2003)	1999年1季度~2002年4季度	全国房地产销售价格指数、土地价格指数、房屋租赁价格指数	Granger 因果检验	长期内房价决定地价,短期内两者相互影响
况伟大(2005)	1999年1季度~2005年1季度	全国住宅销售价格指数、住宅用地价格指数	基于误差修正模型的 Granger 因果检验	短期内房价和地价相互影响,长期内地价是房价的 Granger 原因
严金海(2006)	①全国1999年1季度~2005年1季度 ②深圳市1999年1季度~2005年1季度	①全国房屋销售价格指数、土地价格指数;②深圳市房屋销售价格指数、土地价格指数	Granger 因果检验和误差修正模型	短期内房价决定地价,长期内二者相互影响。土地制度改革在显化地价的同时,降低了地价对房价的影响

续表

作者	数据	主要变量	方法	结论
周京奎（2006）	①全国1999年1月~2005年9月期间的季度数据；②20个城市2001年7月~2005年9月期间的季度数据	全国和20个城市的土地交易价格指数、房地产销售价格指数	①双变量VAR模型和截面数据双变量回归模型；②多变量VAR模型和截面数据多变量回归模型	房价对地价有显著影响，地价对房价的影响较小
曾向阳、张安录（2006）	2000年1季度~2005年2季度	武汉市土地交易价格指数、武房指数中住宅指数	Granger因果关系分析	短期内，武汉市房价与地价互为因果，其中地价对房价的影响更大；长期内，房价与地价之间没有显著的因果关系
郑娟尔、吴次芳（2006）	①1998年1季度~2005年4季度；②1998年1季度~2005年2季度	①全国房屋销售价格指数和土地交易价格指数；②23个城市的房屋销售价格指数和土地交易价格指数	Granger因果关系分析和误差修正模型	从全国层面而言，房价与地价互为长期和短期Granger原因，但房价对地价的影响更大一些；从城市层面而言，各城市之间的地价与房价的关系各异
宋勃、高波（2007）	1998年3季度~2006年2季度	全国住宅销售价格指数、住宅土地交易价格指数、居民消费价格指数	基于误差修正模型的Granger因果检验	短期内，房价对地价没有影响，而地价是房价的Granger原因；长期内，房价和地价存在双向因果关系
黄健柏、江飞涛（2007）	1999年1季度~2006年1季度	全国房屋销售价格指数、土地交易价格指数	基于误差修正模型的Granger因果检验、脉冲响应函数和方差分解	土地出让制度改革后，房价的上涨拉动了地价的上涨，而地价上涨对房价上涨的拉动作用并不明显
油永华（2007）	山东省2001年1季度~2005年4季度	山东省房屋销售价格指数、土地交易价格指数	—	—
Granger因果检验	短期内房价决定了地价，长期内房价与地价具有一定的独立性	—	—	—

续表

作者	数据	主要变量	方法	结论
艾建国、丁烈云等（2008）	北京、上海和武汉2000年3季度～2006年4季度	房屋销售价格指数、土地交易价格指数	Granger因果检验	各城市房价和地价存在互动关系，同时表现出一定的区域差异

郑娟尔、吴次芳将造成这一差异的原因归纳为四个方面：①变量选择不同。部分研究采用土地交易价格指数和房屋价格指数，部分则采用住宅价格指数和住宅土地交易价格指数，或者是普通住宅销售价格指数与普通住宅用地指数；②时间序列长短不一样。现有的文献中，部分研究的时间数列过短，可能影响了研究结论的准确性；③数据处理结果不同，尤其在历年指数的迭代上，部分研究是错误的；④Cranger因果关系检验过程中存在问题，部分研究未进行单位根和协整检验。

四、结语

地价与房价的关系一直是中国学术界研究的热点问题之一。尽管已有不少学者对地价与房价关系的理论研究和实证研究进行了积极探索，但迄今为止，关于两者之间关系的研究并没有最终形成一致的结论，因此，未来继续研究地价与房价之间的关系仍然具有比较重大的理论价值与实践意义。

关于地价与房价的关系，仍存在有待进一步研究的地方。一是构建更规范化的模型，模型必须既要考虑宏观上的相关关系，又要建立在微观基础之上；二是在实证方法上，必须进一步完善。现有的实证大多数局限在利用全国平均数据对地价与房价进行简单的相关关系分析，忽视了各个地区之间存在的差异情况，因此，必须了解各地区存在的差异，提出切实可行的政策。另外，结合中国政策的研究也是不容忽视的。

第 2 章 土地区位与房地产价值

2.1 土地利用与房地产服务功能

从投资的角度来看,某一房地产资产是否值得投资,很大程度取决于其产租能力(因此"四象限模型"中以租金为重要影响因素)。而对某项房地产投资的评估,既包括对现时的租金流估计,也包括对出售时的市场价值判断。房地产的产租能力是决定房地产资产投资价值的关键因素之一,因而市场研究显得格外重要。

由于房地产投资价值与其空间区位有很大关系,因此,通常采用城市经济学、区域经济学或空间经济学的研究方法来做区位分析。

2.1.1 城市房地产发展的动力机制

尽管对区位的选择受到区域规划和政治因素的影响,但是一个城市的发展模式还是主要由其内在的基本经济动力所左右。经济动力的一个重要作用就是土地利用功能的专业化(Specialization Of Function)。随着城市的成长,用途相近的房地产向某些特定的功能区域集聚的趋势变得越来越明显。这也类似于产业集聚的原理,产业资本的各种要素在地理空间范围内不断集聚,不仅可以分享因分工而带来的高效率,而且还由于空间的相邻性,大大降低因行动主体间频繁交易而产生的交通成本。结果在适宜居住的地域,形成了若干房产规模、居住质完全不同的住宅街区;在适宜商贸流通的区域,也形成了明显的若干同类商业物业在某一区域内集聚的现象,不同性质的金融机构在一起集聚形成金融服务一条街的情形。例如,对于住宅区的集聚,使得同一类工作人群或同类需求和偏好的人群集聚在一起,能够共享社会服务、教育文化和交通资源;又如,一条繁华商业街的商家集聚,可以吸引更多的消费者并节约通勤成本,提高了采购效率和满足购买选择的多样性,形成了集聚的规模效应。在产业集聚的情形下,投资主体要想在不完全竞争市场中选择到理想的位置则需要市场动力的推动,这种市场动力是形成竞租曲线的重要影响因素,即形成商业、制造业"中心"—农业"外围"的区域产业格局的动因。经济动力决定了对一个投资区位的需求程度,市场动力决定了相互竞争的租金水平和物业价值的大小。而由于经济动力带来的人口集聚力,市场动力带来的投资动力则成为城市房地产发展的主要驱动力量。

政府的政治意图影响会对城市房地产发展产生一定的影响,当政府的政治意图符合区域经济动力发展趋势时,它会促进城市房地产业的良性发展,反之则会造成经济上的损失。例如,20 世纪 90 年代浦东新区的开发,形成了中国新的金融和科技集聚区;而由于

GDP连年攀升、增长竞争力位列全国第一的鄂尔多斯市,耗时5年、耗资50亿元,开发面积达32平方千米的新城市中心——"康巴什"却成为一座空城(见图2-1)。[1][2] 这两个鲜明的对比案例也说明,由人口集聚力主导推动的城市化是城市产业结构自身演进发展的结果,而仅由行政力主导推动的城市化则可能带来产业空心化、资源浪费的后果。

图2-1 内蒙古鄂尔多斯市"康巴什"新城区
资料来源:东北新闻网,2010-04-02.

由于企业或者生产要素在既定区域空间聚集带来的市场竞争效应,产业集聚到一定规模时,集聚的规模效应会减少,外部负效应会增加,这样就向外产生扩散力,从而形成新的城市中心和产业集聚区域,即多中心城市和区域城市群的产生。

2.1.2 人口集聚对城市房地产发展的影响

一个区域的经济发展中最重要的是人的集聚,经济动力带来的人口集聚力是生产要素集聚的重要原因。从工业革命开始,世界范围内出现了人口向城市集聚的现象。1820年,伦敦成为第一个人口超过100万的近代城市。1900年,有11个城市的人口超过100万;截至1950年,这样的城市增加到了75个;到1976年,人口超过100万的城市达到了191个。目前世界上大城市规模继续扩大,出现了地域上连片的大城市群。大城市以其特有的空间优势和集聚效益吸引着产业和人口的集中。目前有许多的城市人口超过1000万,如世界范围的纽约、东京、伦敦、墨西哥城、圣保罗等这样千万人口的特大城市,我国的人口超过千万的特大城市有北京、上海、广州、深圳、天津和重庆等城市。某个地区的经济增长和产业结构调整带来了更多的资源和人口,而人口的集聚对城市房地产业的发展起到非常大的促进作用。例如,1990年,东亚的总人口约为16亿人,日本只拥有东

---

[1] 鄂尔多斯50亿新城如鬼城,成房产泡沫最佳展示品.东北新闻网,2010-04-02.
[2] 王千原雪.鄂尔多斯市长:待售住宅4万套,3年内不新建商品房.人民网,2014-03-07.

亚总面积的3.5%和总人口的7.9%,但其GDP却占了东亚地区的72%;而日本经济又主要由东京、大阪和爱知县三个都市区所控制,它们的人口占了日本国总人口的33%。[1]因此,研究房地产业的发展和房地产投资趋势应当关注人口的迁徙,关注人口在特定地区的集聚和人口结构的变化。人口迁移会显著地影响房地产价格水平(Bramlhy,1993),当人口大量迁入一个城市时会导致该地区的房地产价格上涨,反之则该地区房价会下降或滞涨[2]。从宏观和长期的视角分析,一个国家的人口规模的长期稳定和人口结构的优化,不仅对其国家经济发展有重要影响,而且对城市房地产市场稳定发展也会产生重要影响,美国经济学家科斯(2013)甚至认为一国人口生育长期控制政策将会导致其民族的消亡[3]。

1. 胡焕庸线——中国人口分布线

1935年,中国地理学家胡焕庸提出黑河(瑗珲)—腾冲线即"胡焕庸线",首次揭示了中国人口分布规律,即自黑龙江黑河市至云南腾冲画一条直线(约为45°),线东南半部36%的土地供养了全国96%的人口;西北半部64%的土地仅供养4%的人口。二者平均人口密度比为42.6∶1。2000年第五次人口普查发现,东南、西北两部分的人口比例还是94.2%∶5.8%。与当年的比值相比虽然相差不大,但是线东南的人口数量已非四亿多人,而变成十二亿多人,人口增长了2倍。其间种种自然和人为力量导致的人口迁徙,并没有撼动"胡焕庸线"确定的人口分布格局。[4]目前,线东南的我国长三角、珠三角和京津唐的城市圈和山东半岛、辽中南、中原、长江中游、海峡西岸、川渝和关中等城市群构成了我国未来经济发展的主要区域,人口向东、向南迁徙的趋势仍没有改变,但却更加集中在有重要现代社会资源的特大城市和重点城市(例如,北上广深等城市),这些地方未来的房地产业也会有较大的发展空间。

2. 人口的动态集聚与房地产投资

对房地产的需求主要是通过人们对居住、使用和投资的需求来体现,城市产业的发展和集聚带动了人口的动态集聚,分析和把握人口的动态集聚趋势可以较准确地进行房地产投资分析,规避风险。美国在建国初期是一个农业国,主要城市在东部大西洋沿岸,主要是农产品出口的集散地。自美国产业革命以后,产业集聚和人口集聚都显现出由东向西移动的态势,19世纪五六十年代,德国移民中大批的工程师和科学家在芝加哥、密尔沃基和圣路易等西部城市建立了钢铁、啤酒、纺织、家具、印刷、玻璃和钢琴制造等工业。[5]而20世纪的航天、军工产业和高科技产业的发展使人口重心又向西南部移动。美国西部和南部在北纬37°以南的地区被称为"阳光地带"(Sunbelt),在20世纪,"阳光地带"的高新技术产业发展迅猛异常,成为美国宇航业、航空业、电子工业、信息产业、生物工程等的

---

[1] 藤田昌久等.集聚经济学——城市、产业区域与区域增长.刘峰等译.成都:西南财经大学出版社,2004.
[2] 陈岩鹏,应辽产.温州房价跳水楼盘频现腰斩,六成投资客被套.华夏时报,2012-11-18.
[3] 科斯罗纳德.计划生育是最奇葩的政策.网易财经:意见中国——网易经济学家访谈录,2013-01-16(111). http://money.163.com/13/0116/17/8LC151Q100254T39.html.
[4] 张林."胡焕庸线"解释的人口规律仍然未被打破.科学时报,2010-01-20.
[5] 刘建芳.美国城市化进程中人口流动的特点及影响.新疆师范大学学报(哲学社会科学版),2004(3):124-127.

研究和生产基地。从 1940—1970 年,全国有 49 个大城市人口增长率超过全国平均水平,西部和南部就囊括了其中的 40 个,其中西部和南部的城市人口增加近 4 000 万人。到 1980 年,美国西海岸地区的贸易额首次超过了东海岸地区的贸易额。西海岸的经济发展速度和城市化水平远远高于东部和全国的平均水平,西海岸大都市区已经成为美国新的经济中心。[1]

经济的快速发展也带动了房地产投资的发展,西海岸的洛杉矶等城市的房地产价格也赶上或超过了东海岸一些城市的房地产价格,如表 2-1 所示。

表 2-1 美国 20 个大城市的房地产价格指数

Metopolitan Area	March 2012 Level	March/February Change(%)	February/January Change(%)	1-Year Change(%)
Atlanta	82.53	−0.9	−2.5	−17.7
Boston	145.92	−0.2	−1.1	−1.0
Charlotte	109.40	1.2	−0.4	0.4
Chicago	102.77	−2.5	−2.5	−7.1
Cleveland	94.65	0.4	−1.4	−2.4
Dallas	114.49	1.6	0.0	1.5
Denver	123.66	1.5	−0.9	2.6
Detroit	66.66	−4.4	−0.8	2.3
Las Vegas	89.87	0.0	−0.4	−7.5
Los Angeles	159.73	0.1	−0.8	−4.8
Miami	140.76	0.9	0.6	2.5
Minneapolis	109.21	−0.9	−1.0	3.3
New York	157.87	−0.9	−1.0	−2.8
Phoenix	106.38	2.2	1.2	6.1
Portland	129.01	−0.5	−0.3	−2.8
San Diego	149.68	0.4	0.2	−2.7
San Francisco	125.94	1.0	−0.7	−3.0
Seattle	131.23	1.7	−0.8	−1.3
Tampa	125.49	1.3	−0.2	−1.0
Washington	176.48	1.0	−1.3	−0.6
Composite-10	146.61	−0.1	−0.9	−2.8
Composite-20	134.10	0.0	−0.8	−2.6

资料来源:S&P Indices and Fiserv Data through March 2012.
http://www.standardandpoors.com/servlet/BlobServer? blobheadername3.

但是,中部原有的工业城市却由于产业衰退,人口外迁导致房地产市场逐渐萎缩,甚至出现了像底特律那样的奇怪现象:一辆汽车的价格超过了一栋房屋的价格,如图 2-2 所示。[2]

美国城市产业发展和结构调整历史表明:城市居地产业的发展与城市产业结构的调

---

[1] 纪伟昕.借鉴美国经验积极推动我国西部大开发.团结,2000(1):42-48.
[2] 美国城市底特律:汽车价格竟然超过房价.人民网,2007-03-21. http://world.people.cn/GB/1029/42355/5495311.html.

整息息相关,产业结构的调整提高了城市对各类资源的吸引力,带来了新的人口流动和集聚,推动着城市房地产业的发展。

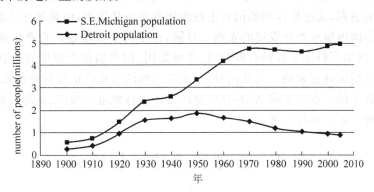

图 2-2　1900—2005 年美国底特律市和密歇根州东南部人口变动趋势
资料来源:Southeast Michigan Council of Governments. http://www.epa.gov/med/grosseile_site/indicators/population.html.

中国自改革开放以来,由于东南部的产业快速发展并率先向外资开放,中国的人口重心的移动方向开始明显地向东南方向发展,珠江三角洲和长江三角洲成为主要的迁入地,中西部地区成为主要人口迁出地。由于历史原因,中国重工业布局长期偏重北方,经济、文化中心分布也以北方为多。因此,科技人员重心长期偏离于总人口重心。在 1990 年以后,随着国有企业改革的深入和沿海开放特区经济的快速发展,带动科技人员人口重心明显向东南部方向移动,总人口重心与科技人员人口重心趋向一致[1]。

例如,1978—2007 年,广东常住总人口由 5 064.15 万人增加到 9 449 万人,增加了 4 384.85 万人,增长 86.59%,比全国同期增长 37.26% 的幅度高一倍多,省外迁入人口占了相当大的比例。由于常住人口规模持续快速增长,2007 年年末广东常住人口已从 1978 年的居全国第六位上升为居全国首位。改革开放 30 年,广东不仅成为全国经济总量第一大省,同时也是常住人口第一大省。根据 2005 年全国 1‰ 人口抽样调查资料反映,全省常住人口中,受过大专以上教育的人口为 498 万人,比 2000 年增加 190 万人,比 1982 年增加 471.79 万人。每 10 万人拥有的本科以上学历人口由 2000 年的 3 557 人,增加到 5 411 人。高学历人口比例的持续上升,一方面是全省高等教育不断取得新进展的表现;另一方面也是广东产业集聚和新兴产业发展吸引了大批受过高等教育的外省户籍人口投身广东经济建设的结果。[2]

在广东成为人口第一大省的同时,广东的经济总量也持续多年成为全国第一。2000 年广东实现 GDP 1 295 亿美元,位居世界各国和地区第 31 位;2005 年广东实现 GDP 2 754 亿美元,位居世界各国和地区第 27 位,到 2008 年,再跃升至 18 位。在与"亚洲四小龙"的对比当中,2007 年广东 GDP 已实现对台湾地区的超越,高出台湾地区 248 亿

---

[1] 徐艳艳,赵军.1982—2003 年间中国科技人员重心动态变化特征分析.云南地理环境研究,2007(3):140-143.
[2] 王彪.1978—2007 年广东人口发展情况综述.广东统计信息网,2008-08-20.http://www.gdstats.gov.cn/tjfx/t20080820_60713.htm.

美元;仅次于经济总量最大的韩国。[1] 2012年珠三角国内生产总值达47 897.25亿元,占广东比重的84%,占全国比重的9.2%[2]。广东的房地产业发展自改革开放以来也一直处于全国的前列,无论是深圳的国有土地出让首次公开拍卖,还是越秀房地产信托基金在港上市都是国内房地产业发展的先例。目前,在中国上市房地产企业中规模效益最好的一些企业,例如万科企业股份有限公司、金地集团、招商局地产控股股份有限公司等也都是从广东开始发展起来的。与此同时,广东珠三角的房地产市场价格也是稳定上涨,市场开发规模在全国一直处于前列,并且房地产市场运行规范。深圳、珠海等地成为港澳居民理想的房地产居住和投资之地。

2.2 土地利用的区位理论

2.2.1 区位理论在土地开发中的应用

新古典区位理论主要是从经济学基本假设和原理(市场均衡理论、地租理论、边际效用理论)出发,研究区位的形成、演化规律以及区位选择决策等问题。新古典区位理论的代表人物有德国经济学家杜能、韦伯,美国经济学家阿隆索等。

(1) 德国经济学家杜能(Johann Heinrich von Thünen)在1826年出版了《孤立国同农业和国民经济的关系》(简称《孤立国》)的著作,在这本著作中根据现实的德国农业和市场的关系,探索出因地租不同而引起的农业中各个产业的分布,创立了农业区位理论。杜能提出假设:①肥沃的平原中央只有一个城市,马车是唯一的交通工具;②土质是均匀的,自然条件和运输条件是相同的;③工业产品供应仅来源于城市,而城市的农产品供给则仅来源于周围土地;④市场是出清的。

杜能以农业生产者利润最大化为目标函数,农产品的利润 $V=P-(C+T)$。其中,V为利润,P为农产品价格,C为生产成本,T为运输费用。由于P是市场价格,C在(同类农作物)生产条件相同情况下也是一样的。所以,利润的最大化的决定因素是运输距离,即从生产地到市场的距离。农场生产什么样的产品利润最大,与自然条件关系不大,而与到消费市场的距离有很大关系。这样由于土地距离不同而产生的利润也就可以看作地租的收入。则农产品生产利润最大化问题就转化为地租收入最大化问题。

地租收入公式为

$$R = PQ - CQ - KtQ = (P - C - Kt)Q \tag{2-1}$$

其中,R为地租收入,P为农产品的市场价格,C为农产品的生产成本,Q为农产品的生产量,K为距城市(或市场)的距离,t为农产品的运费率。

这样,随着从城市(市场)与生产地距离的不断增大,地租也在不断降低,农业生产者选择最大的地租收入的农作物进行生产,形成了农业土地合理应用的"杜能圈"结构,如图2-3所示。

---

[1] 广东广播在线.广东经济总量已经连续多年排名全国第一. http://www.rgd.com.cn/newrgd/gdgbxw/gdxw/2010/11/220709.shtml.

[2] 黄伟,曾妮,何又华.珠三角城市群,离世界级有多远.南方日报,2013-10-31.

"杜能圈"表明,农业生产离城市越近集约化程度越高,越远则经营越粗放。农业的产业布局中,与距离有关的地租和运费是关键的决定因素。

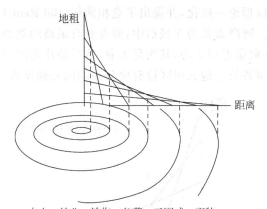

自由、林业、轮作、谷草、三圃式、畜牧

图 2-3　杜能圈结构与地租曲线

杜能的农业区位理论的建立具有划时代的理论意义,它使得经济学从纯粹的理论抽象进入到地理空间,为后来的学者发展工业区位理论和现代区位理论奠定了基础,现代的城市经济学、区域经济学和空间经济学(甚至国际贸易理论)等学科发展都离不开农业区位理论这个基础。

(2) 德国经济学家韦伯(A. Weber)1909 年出版了《工业区位论:区位的纯理论》的著作,创立了工业区位理论。韦伯也采取了类似杜能的研究方法和假设:一个孤立的国家或地区,内部的自然条件、技术条件和工人技艺都相同,影响工业区位布局的因素只有经济因素。但是它的理论包含的要素比农业区位理论要多一点,包括了劳动力费用、运输费用、地租以及特殊区位的因素(如湿度、水质)等。它的目标是寻求生产成本最小化。经过分析、筛选,韦伯确定运费、劳动力费用和集聚因子为三大主导因子。韦伯分三个阶段建立构建其工业区位论:

第一阶段,假定不存在运费以外成本区域差异,影响工业区位的因子只有运费一个,根据运费指向来确定运费最低点,形成工业布局的初优区位。

第二阶段,以前一阶段为前提,加入劳动力费用因子的影响,即考察运费和劳动力费用合计为最小时的区位。可以使运费指向的初优区位格局发生第一次偏移,形成工业布局的较优区位。

第三阶段,再将集聚因子加入,考察对劳动力费用指向所决定的较优区位影响,区位模式发生第二次偏移,形成工业布局的最优区位。

韦伯的工业区位理论将抽象和演绎的方法运用于工业区位研究中,建立了完善的工业区位理论体系;提出最小费用区位原则,为后来的产业集聚理论、跨国企业生产理论发展作出了基础性的理论研究贡献。

(3) 美国经济学家威廉·阿隆索(William. Alonso)在 1964 年的著作《区位与土地利用:关于地租的一般理论》中提出了城市土地竞租模型(The Bid-Rent Model),他认为各种经济活动在使用土地方面是彼此竞争的,这决定了影响各种经济活动区位选择的主要因素是其所能支付地租的能力,通过土地供给中的竞价决定各自的适宜区位,最终形成有序的产业布局,促进城市土地资源的最优配置,使土地利用的潜在效益得到最大发挥。

阿隆索将农业区位理论一般化,并提出了竞租曲线(Bid Rent Curves)概念,这是城市土地利用理论的核心。阿隆索认为在城市中,商业具有最高的竞争能力,可以支付最高的地租,所以商业用地一般靠近市中心,其次是工业,然后是住宅区,最后是竞租力较低的农业。这样就得到了城市各类土地利用区位有序分布的同心圆模式(见图2-4)。

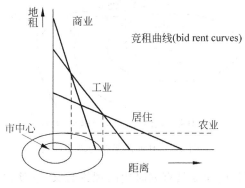

图2-4 阿隆索的竞租曲线

阿隆索建立的城市竞租模型中,城市是一个无任何特征的平原,所有的就业中心和商品以及服务都在市中心,区位是到市中心的距离表示。阿隆索分析的是地价的形成过程,其地价的内涵是竞标地价,这不同于探讨土地本质问题的地租,也不同于现实地价[1]。与其他新古典经济学理论一样,该理论的两大前提假设是:"理性人"假设和市场均衡假设。克鲁格曼(1995)认为其模型框架是所有经济地理研究中最接近标准新古典主流的理论。所谓的"竞租"是以替代理论为基础。由于距离变化引起的交通成本的变化,通过土地价格相应的改变,使得土地使用者在任何位置均取得正常利润或获取相同效用。土地使用者为不同位置的土地彼此竞争,他们根据所能支付的地租和在该块地块上可能获得的最大收益权衡决定愿意支付的价格,称为竞租。不同类型的土地使用者的偏好不同,竞租曲线的斜率不同,而土地所有者希望将土地卖给或租给出价最高者,在土地通过利用价格制度进行调节的社会环境中,原则上城市每块土地都归愿意支付最高租金的人使用。在市场出清时,没有土地使用者会因为通过改变其位置或通过改变购买的地块数量(面积)获得更大的利润或效应;也没有土地所有者通过改变其地价增加收益。[2]

阿隆索的城市竞租理论为以后的城市产业布局理论、土地和房地产估价中的基准地价理论,以及城市规划理论都奠定了部分思想基础,至今还影响着现代城市土地开发和利用的实践活动。

区位理论的精粹是在经济活动中寻求:①最低运输费用和最低生产成本;②最低的购买价格;③最优市场区位和最大利润;④最优地利用社会经济基础;以求获得最佳的生产、生活条件和适宜环境。

---

[1] [2] 康琪雪.西方竞租理论发展过程与最新拓展.经济经纬,2008(6):12-14.

现代区位理论是在新古典区位理论的基础上发展起来的,研究也由微观的静态的分析转向宏观的动态的研究,其理论体系日趋成熟。在20世纪50年代的新古典区位理论,主要有廖什(A. Losch)市场区位论和艾萨德(W. Isard)区位指向论;20世纪60年代的行为区位理论,代表理论有史密斯(D. M. Smith)的收益性空间界限分析和普雷德(A. Pred)行为矩阵;20世纪70年代以后的区位理论,主要有以麻斯(D. Massey)为代表的结构区位理论,产品生命周期理论,柔性专业化理论,克鲁格曼(P. Krugman)的动态空间模型,波特(M. E. Porter)的钻石模型,库克(P. Cooke)的区域创新体系等。对现代区位理论思想创新影响最大的学者是保罗·克鲁格曼及迈克尔·波特。1990年波特出版的专著《国家竞争优势》,打破了几十年来区位理论研究的沉闷局面,引导了西方经济学理论界研究区位理论及产业集聚理论的新趋势。从1990年开始,克鲁格曼也相继出版了一系列专著:《收益递增与经济地理》、《地理与贸易》、《发展、地理学与经济地理》、《空间经济:城市、区域与国际贸易》,这些理论研究成果对于推进现代区位理论的发展起到积极的作用(从区位选择演进到空间集聚),并对全球的产业集群发展和区域创新系统的实践起到了很好的理论指导作用。

2.2.2 区位理论在城市规划和土地开发中的指导意义

城市土地利用的实质即是对土地区位价值的开发利用。由于城市是一个复杂、动态的社会经济体系,因而城市经济活动的各个主体在空间上的竞争便形成了复杂的土地空间区位利用格局。城市土地的良好区位通常表现为三个优势:地理、地貌和地质的区位优势,交通条件的区位优势,以及资源获得的区位优势。一般来说,城市中的重要商贸企业总是占据城市的最优经济区位(运输成本最小),同时商贸企业的规划布局又在很大程度上决定城市其他土地区位的优劣顺序。城市中的文化、教育单位一般占据着城市较优的自然环境区位,但同时它们又在创造着良好的人文环境区位。对城市基础设施和公共服务设施而言,它们是形成城市土地区位的一般物质基础,其规划和布局情况从某种程度上影响着土地区位的优劣,从而直接和间接地影响城市的级差地租,同时对当地的房地产价格起重要的影响作用。因此,城市政府可以通过制定合理的基准地价政策,调整城市基础设施布局,来吸引有竞争力的商贸企业向规划的中心区集聚,同时疏导传统的工业企业向郊外新的工业集聚区发展。通过限制土地用途来控制中心区人口,以及吸引科技型企业在文教区集聚,发展现代产业和调整城市产业结构,提高城市的经济竞争力和综合实力。

2.3 房地产的区位和价值

2.3.1 房地产区位的内涵

房地产资产是地理空间区位、物业资产、资产权益的混合体,房地产资产的不可移动性,使得其区位具有很强的排他性和垄断性。因此,房地产所处的地理空间区位的价值就会影响它自身的价值。无论是投资还是自住使用,受益者首先要考虑的就是地段(区位)。因此,国际上房地产行业有一句谚语:Location, location and location。就说明了地段(区位)对房地产资产价值的重要性。

房地产区位是指房地产实物资产在城市空间的区域位置,它不仅反映了房地产资产的地理坐标,还强调了其空间位置与周围环境、人类经济和社会活动之间的相互关系。区位本身是具有价值的,由于土地的空间地理结构属性,加之人们在土地上所进行的投资开发产生的附加值(投资活动产生的级差地租),形成了不同土地区位经济租金的差异。房地产资产的增值性,在很大程度上是由土地的增值程度所决定的,而土地增值能力的大小、利用程度的好坏,都与区位密切相关。当土地区位的客观属性被正确认识和使用(合理的用途确定)时,且当其使用属性和投资价值被消费者和投资者所认识时,它的综合价值就能够实现。这样,土地区位的问题就转化为房地产区位的问题。对特定用途的房地产项目选择合适的土地区位,是房地产区位价值最大化的首要条件,也是房地产项目投资能否成功的重要条件。不同的土地用途由于其用地特点,有着不同的房地产区位要求。对商业用途最佳的繁华城市中心区位,对高品质住宅小区而言却并不一定是最好的区位,而对于现代制造业来讲,交通便捷的城市郊区往往要优于人口和商业高度集聚的城市中心。

2.3.2 房地产区位的价值分析

(1) 对房地产区位的价值分析是一个多层面的综合研究,它既包括了对区位的经济价值分析,而且也包括了对房地产区位的环境和社会影响等无法量化的收益分析。并且这种价值分析受行动主体主观价值判断和认知程度的影响很大,具有动态变化的特性。常见的房地产区位价值影响因素有:①交通运输条件。这是寻求运输成本最小化和时间成本节省的主要路径,因而交通便捷、通达程度好的房地产区位则房地产资产的价值就较高。②自然、人文和社会环境。自然环境好,人文素养高,以及社会公共品供给水平高的区域(如社会治安、教育和医疗等),由于其稀缺性使得其房地产区位价值也较高,是开发居住物业小区的良好区域。③商服繁华程度。城市的商业中心是商贸企业集聚的区域,因而其商服繁华程度较高,是级差地租最高的区位,其经济吸引力强和辐射范围大,因此房地产区位价值也最高。

(2) 如何理解城市间房地产价格的差异?目前学者们普遍采用的是 Rosen(1979)和 Roback(1982)提出的开放城市体系(An Open System of Cities)中劳动力市场和住房市场的空间互动均衡理论(Spatial Equilibrium of Labor and Housing Markets)[1]。该理论指出,在均衡状态下,如果劳动力是可以充分流动的,那么一个城市房价的溢价(即相对于基准城市高出的部分),必须足以体现出其经济发展水平(通常用城市平均工资来反映)的溢价以及城市生活质量(或称宜居程度)的溢价[2]。这就是 Rosen-Roback 模型(Rosen-Roback model)。其模型的简单意思是:城市住房价格溢价=城市工资溢价+城

---

[1] Rosen, Sherwin (1979) "Wages-based Indexes of Urban Quality of Life," in P. Mieszkowski and M Straszheim, eds. Current Issues in Urban Economics, Baltimore: John Hopkins Univ. Press Roback, Jennifer (1982) "Wages, Rents, and the Quality of Life." Journal of Political Economy, 90, pp. 1257-1278.

[2] 郑思齐. 如何理解城市间房价的巨大差异. 21世纪经济报道,2010-10-26.

市生活(环境)质量溢价。从这个理论模型我们可以理解为什么一些有较高工资水平和较好就业发展机会的城市(例如美国的纽约、波士顿等城市;中国的北上广深等城市),或者一些有优美环境、高质量公共服务(例如教育或医疗)的城市会产生明显高于周边城市的房价。

2.3.3 房地产价格形成的空间属性分析

房地产价格的空间属性研究是城市经济学、空间经济学研究的范畴,正是由于杜能的区位理论将房地产价格形成的供求关系从平面抽象分析引入到区位空间分析,才使房地产价格的空间属性得以丰富。

从城市经济学视角研究房价的空间属性,是考虑到房地产价格的变动受到其区位的竞租影响,这种区位竞租的影响正是城市经济发展的动力。在城市房地产市场上区位的差异造成了房地产资产的价值和社会属性不同。对房价空间属性的研究在国际上是从考虑单中心城市的家庭交通费用的租金模型入手的,而住宅的租金价格受到城市经济增长、人口变动和公共投资、税费和社会服务等因素的影响。因而在研究城市空间的房地产价格形成时 Hedonic 特征价格模型就被经常运用(Butler,1982)[1]。未来的研究可能会从空间经济学(Fujita,Krugman,Venables,1999)[2]和新经济地理学的理论成果中得到推进,并进一步拓展到与资本市场、政府管制、人口迁徙等方面影响产生联系,探索房地产价格空间属性的动态变化过程。

2.4 地租变动与城市发展

2.4.1 由竞租曲线形成的城市结构

(1) 由土地的竞价形成的多种产业使用土地的竞租曲线空间共存现象,使得城市的空间结构和产业结构发生着动态的演化。这种土地使用空间变化引致的城市空间结构变化是城市经济学和城市规划学研究的重要内容。美国经济学家阿隆索(1964)提出的城市土地竞租模型,以及阿隆索、米尔斯(Mills,1972)和穆斯(Muth,1969)提出的单中心城市模型成为用竞租曲线研究城市空间结构的理论基础,此后许多西方学者对于城市土地竞租模型进行了解析和改进(从静态到动态),从社会学和经济学的角度,关注城市土地开发区位配置、竞租曲线构成,以及城市空间结构的演变影响因素等问题。美国学者卡波扎和海尔斯利(Capozza,Helsley,1989;Anas,1978;Wheaton,1982;Ding,2001)等人对城市竞租曲线进行了理论解析,使人们了解到竞租曲线的价值构成。某一点城市区位的土地价值由农业地价、城市开发费用、城市地租的增值和城市级差地租所构成(见图2-5)。

通过这个竞租曲线价值构成,国内外许多学者还将竞租曲线的研究扩展到城市研究的其他方面。例如,①研究城市轨道交通对沿线房地产价格的影响。城市轨道交通的建

---

[1] Richard V Butler. The Specification of Hedonic Indexes for Urban Housing. Land Economics,1982,58(1):96-108.

[2] 藤田昌久(Masahisa Fujita),克鲁格曼·保罗(Paul Krugman),安东尼·J.维纳布尔斯(Anthony J Venables),空间经济学:城市、区域与国际贸易.梁琦译.北京:中国人民大学出版社,2005.

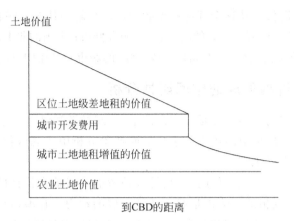

图 2-5 城市竞租曲线的解析
资料来源：Capozza and Helsley，1989，丁成日，2002.

设提升了城市级差地租和增加该地块的城市开发费用,因而导致了该地块竞租曲线的上移,引致沿线房地产价格上涨。②研究居民在通勤成本和住房成本之间的权衡行为,从而得到城市空间一般均衡状态及其调整状态,并能够很容易地被扩展到多中心城市。单中心的城市模型研究重点是就业高度集中下的居住选址行为,得出居民愿意为每个房地产区位支付的意愿租金,在空间上形成"竞租曲线",或"竞租函数"。用模型可推导出,通勤成本与住房成本具有此消彼长的关系,随着与 CBD 距离的增加,竞租函数及建筑密度具有空间负梯度,人均住房消费量具有正梯度。受到住房消费量和建筑密度的共同作用,城市人口在单中心城市内部也会呈现具有规律性的空间分布特征——人口密度随着与 CBD 距离的增加而降低。在单中心城市模型中,人们的就业高度集中,因此用人口密度及其梯度可以基本反映城市空间结构特征,因而成为城市经济和社会学者在研究城市空间结构和社会阶层结构时最关注的变量。世界上很多城市人口密度的研究结果都遵循着两条规律:第一,人口密度随着到城市中心距离的增大而减小;第二,人口密度梯度随时间而降低,显示出郊区化特征。[1]

(2) 城市空间结构与资本密度、就业密度和劳动生产率的关系。资本密度的度量是单位土地面积上的资本投入,在市场经济条件下,土地开发商根据土地与资本的相对价格,来选择土地的投入量和资本的投入量,以达到利润最大化的目的。这一规律源于土地与资本间的可替代性和追求最大利益为驱动的市场原则。当地价上升时,资本变得相对便宜,开发商会增加资本量,减少土地使用量,这样就会提高建筑密度、容积率和资本密度;当土地相对便宜时,资本就会变得相对昂贵,开发商就会增加土地使用量,减少资本使用量,这样就会降低建筑密度、容积率和资本密度[2]。因此,城市土地价格越高的地区资本密度也越高、容积率也越高。此外,资本密度高的地区就业密度也高,劳动生产率也高。这是因为资本密度高的地区,生产和商务活动也越集约,人力资本密度也高。区域内

---

[1] 郑思齐,孙聪.城市经济的空间结构:居住、就业及衍生问题.中国城市化期刊,2012(3).http://www.curb.com.cn/dzzz/sanji.asp?id_forum=013271.

[2] 丁成日.空间结构与城市竞争力.地理学报,2004-10(59):85-92.

大量的高技术和高资本投入的活动也越多,因而劳动生产率也就较高。一般而言,世界大都市的城市土地价格、资本密度、建筑密度、容积率、就业密度和劳动生产率都会比较高,城市中心地区也会如此,如图 2-6 所示。例如,丁成日(2004)的研究发现,纽约的中城商业区在 3.11 平方千米内集聚了 73.9 万个就业机会,就业密度达到 23.4 万人/平方千米。香港在 1.67 平方千米的中心区集聚了 19.3 万多个就业机会,就业密度达到 17.1 万人/平方千米。而 2012 年占地只有一平方英里的伦敦金融城产值占英国国民总收入的 3.7%,其中伦敦金融城的金融行业收入占全国金融行业收入的 21.4%,最高峰时期这里有将近 80 万金融从业者上下班[1]。在世界性的城市商业中心(CBD),高的就业密度提高了人面对面交流的机会,各种信息和思想的交流是高科技产业、金融业和文化创意产业发展的必要条件,因而区域内的劳动生产率就会很高,创新发展的价值会很高,个人的薪酬也会较高。例如,理财周报记者 2012 年 7 月采访北京某银行业内人士,指出由于银行在商业区获得大额存款比居民区更容易,因而在商业区的银行网点职员奖金就高得多[2]。

图 2-6 城市就业密度的空间曲线——美国洛杉矶市(1990)
资料来源:Alex Anas, Richard Arnott and Kenneth A. Small,1998.

*2.4.2 城市经济动态模型[3]

卡波扎和海尔斯利(Capozza、Helsley,1989),以及丁成日(2002)等学者构建和发展了城市经济动态模型,运用该模型可以研究城市增长和土地价值增长等动态问题。在城市经济动态模型中,城市空间增长是一个渐进的过程,土地利用强度取决于城市土地开发时的经济状况。

城市经济动态模型假设:①资本是可持久的(durable);②土地拥有者对未来有完全的可预见性。则用经济学中广泛利用的效用函数,土地价值就是时间上累积的、折合成现值的土地地租[4]。

则土地价格

$$P^d(t, x) = \frac{1}{i}\left[r_a + i_D + \frac{k}{L}(X-x)\right] + \frac{k}{i \cdot L} + \frac{1}{i}\int_t^\infty r'(t)e^{-i(z-t)}\mathrm{d}z \quad (2-2)$$

其中,P^d 为土地价格,i 为折旧率,i_D 代表银行贷款利息(假设拥有者从银行贷款总额为 D,利息率等于折旧率),人均土地消费为常数 L,土地地租为 r,其他所有消费的单价为 1。

---

[1] 黄倩蔚.一平方英里撬动 GDP 伦敦金融城引"凤"有方.南方日报,2013-06-07.
[2] 张伟湘.为什么他们赚得比你多.理财周报,2012-07-02.
[3] *为本科生选学章节——全书章节类似标注意思相同。
[4] 丁成日.土地价值与城市增长.城市发展研究,2002,9(6):48-52.

在时间(t)点上,设城市边界为 X,r_a 为代表非城市(农业)土地地租。

式(2-2)显示城市土地价值由4部分构成:(1)农业土地价值$\left(\dfrac{r_a}{i}\right)$;(2)土地开发成本($D$);(3)可达性的经济价值$\left(\dfrac{K}{i\cdot L}(X(t)-x)\right)$;(4)可预见的未来土地地租增值所带来的价值$\left(\dfrac{1}{i}\int_1^\infty r'(t)e^{-i(z-t)}\mathrm{d}z\right)$。第4部分也称作城市增长土地价值溢价(Growth Premium)。

城市经济动态模型揭示了城市增长与土地价值间的关系,在经济和人口快速发展地区,未来城市土地地租增长的期望值是很高的。这将使土地价格持续上涨。根据 Mills 和 Hamilton(1984)的估计,如果城市人口增长速度为2%的话,城市增长土地价值溢价占土地价值的27%。如果城市人口增长速度为4%的话,城市增长土地价值溢价占土地价值可高达59%。显然,城市增长土地价值溢价是城市土地价值的主要组成部分。城市经济动态模型同时也部分地解释了城市间土地价值的差别。假设有两个城市,它们在除了城市增长速度以外的所有方面都一样(人口、经济、规模等)。一个城市的发展速度慢于另一个城市,这样,发展速度快的城市的土地价值增长得也快。当然,城市间土地价值的差别也受人均可支配收入,产业结构变化,劳动生产率,交通通勤费用,城市周围的农业土地收益,以及地方政府的税收政策等因素影响(Brueckner,1987)。

2.5 地方政府和房地产价值

2.5.1 蒂布特(Tiebout)模型与地方政府职能

(1)在现今的全球经济发展进程中,不论是发达国家还是发展中国家,财政的分权化(Decentralization)趋势越来越明显。财政分权理论是为了解释地方政府存在的合理性和地方财政存在的必要性而提出来的。1956年美国经济学家蒂布特(C. Tiebout)在《地方支出的纯粹理论》一文中构建了一个地方政府模型,认为假设居民可以在区域间自由流动,地方政府提供地方服务的公共品,城市居民为此而纳税。地方政府只有有效率地提供人们需要的公共产品才可获得相应的税收——财产税。否则,人们会迁移到能更好地满足他们偏好的地区。这样,地区间的竞争将使资源能够有效配置,实现帕累托最优,从而达到社会福利的最大化。这就是所谓的"以脚投票"(Voting By Foot)理论。蒂布特模型为第一代财政分权理论(First Generation Fiscal Federalism)的建立作出了开创性的理论贡献,为以后的地方税收竞争理论和地方治理理论奠定了基础。

蒂布特模型说明了地方政府的职能就是提供地方服务,地方政府对辖区管理得好坏,提供公共服务的效率和质量水平的高低可以影响一个地区居民房地产价值,进而影响地方财政税收,财产税的税负相当于地方政府提供公共服务的价格。由于在西方国家的地方政府财政收入中财产税占有较大比例,因财政税收的激励竞争使得地方政府会"向下负责",更加关注辖区居民的公共福利。这是中国当前政府职能转变过程中应当向西方国家地方政府学习的方面,即建立公开、透明和服务型政府。

(2)地方政府提供公共服务的内容对区域房地产价值有重要影响。地方政府通常是辖区内基础教育、公共安全、公共卫生和地区商业活动市场化管理的服务提供者,是对辖区自然环境的改善和维护服务的责任人。辖区内的基础教育水平是吸引居民迁入的重要原因,当一个地区的基础教育水平越高时,房地产价值也越高,相应的财产税收就越多。辖区的犯罪率、火灾发生率也是影响居民财产价值的重要因素,政府的警察和消防的服务水平,决定了该地区是高收入人群集聚还是低收入人群的集聚。通常高档住宅区周围的治安环境较好,生活质量较高,因而房地产价值也较高。此外,政府对商业活动提供的便利服务也可以提高辖区内的商业地产价值。

2.5.2 地方政府行为对房地产市场的影响

第二代财政分权理论(Second Generation Fiscal Federalism)认为地方政府也是"经济人",在缺乏约束的情况下可能存在寻租行为。同时,为了在地方竞争中胜出,地方政府也有利用管辖区域资源来获得更多财政收入的动机。在中国目前地方政府管辖税种(财权)与其事权不匹配,以及支配地方土地资源的情形下,地方政府对区域房地产市场的管控和调节就成为地方财政收入的重要渠道。

(1) 平新乔和陈敏彦(2004)的研究认为中国政府尤其是地方各级政府,通过三个主要政策工具,即土地价格的决定、银行资金的供应以及与"经济适用房"开发相关的"优惠"政策在直接或间接地推动着房地产市场中的供给、价格与市场需求。土地价格的决定,事实上是房地产开发商与政府之间谈判、交易的结果。[1]

(2) 地方政府可以通过调整城市规划和进行城市基础设施投资来改善房地产区位价值,进而获得新开发区域的土地价格增值收益和房地产开发及交易的相关税收。在城市化初期,地方政府的这种行为带来的收益更为明显,地方政府有较强的提高区域城市化水平的驱动力。

(3) 中国的地方政府可以通过建立地区房地产交易市场信息系统来监控房地产市场运行,在房地产市场不景气时,通过降低交易税费、简化交易手续来引导市场活跃;在房地产市场过热时,通过限制购买资格和提高交易税费等政策措施来调控市场。

2.6 地租变化与城市发展

自工业革命时代开始,城市成为社会经济发展的中心。城市经济活动促使城市不断外延式扩张,城市内的企业和居民收入增长和交通设施投资使得区域地租不断增长,而地租的变化又使得城市发展呈现出不同的趋势。首先,城市经济的发展使得区域整体的地租呈现长期增长的趋势,如图2-7所示。有学者认为即使是日本那样的国家,目前房价自最高点跌去了一半,但是它的日元升值了一倍多。如果用美元计算,它的房价也没有下降。[2] 这说明其城市地租长期来看仍然呈增长趋势。

---

〔1〕 平新乔,陈敏彦. 融资、地价与楼盘价格趋势. 世界经济,2004(7): 3-10.
〔2〕 白益民. 日本隐藏的经济实力远超出我们的想象. 搜狐财经,2012-09-29. http://business.sohu.com/20120929/n354206887.shtml.

其次，城市的发展既有城市化（Urbanization）也有郊区化（Suburbanization），它们的效应是不同的。城市化提升了城市的经济竞争力和人口的集聚力；而郊区化则使得城市的扩散力加强，可能形成新的人口集聚中心，同时提升了郊区的土地利用价值。丁成日（2005）认为存在两种不同的城市空间扩展的动力机制：一是由于城市化和收入的增加导致城市土地地租曲线向外平移，另一个是在城市总人口不变的情况下由于交通的发展（如高速公路的建设）使城市土地地租曲线逆时针地旋转。前者是城市化带来的空间外延，后者是城市郊区化带来的空间外延。[1]

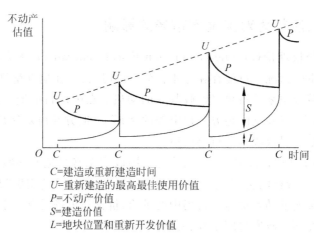

C=建造或重新建造时间
U=重新建造的最高最佳使用价值
P=不动产价值
S=建造价值
L=地块位置和重新开发价值

图 2-7　土地价值的长期增值导致房地产资产的长期增值

资料来源：Copyright © 2007 Thomson/South-Western，Geltner/Miller/Clayton/Eichholtz，2e. http://www.ba.ncku.edu.tw/yong/REI/Geltner/Geltn

（1）城市化提升了城市的经济活力和对人口的吸引力，使得城市内产业有效率地配置土地资源，提高了产业的发展收益和人们的经济收入。因此，城市化带来的竞租曲线发生了外移，它是城市社会发展收入效应的体现，如图2-8所示。城市中心企业的高盈利、优越的商业环境，就业人员的收入增加使得更多的企业和人口愿意向城市集聚，导致了商业和其他产业的发展（产业结构发生变化），住宅区的扩大，加之交通设施的建设使得通勤成本的下降，形成了城市竞租曲线的外移。这样，城市中心土地会被再开发（资本密度加大），城市规模会沿着交通路线向外扩张，形成更大的都市，如图2-9所示。如果一国城市经济能够持续发展，并且人口规模保持稳定，其结果在长期来看也能引致房屋价值持续地随着经济发展而增长，如图2-10所示。

（2）由于城市的连续扩张有资源的限制，过大的城市在环境污染、人口规模、住房价格、通勤和运输效率方面都会存在巨大的压力。因此，在单中心城市规模达到一定的门槛后（从集聚效应的边际报酬递增变化到边际报酬递减），会出现城市产业功能替代和人口的外移现象，形成城市发展的扩散力。它是城市社会发展替代效应的体现，如图2-8所示。在一个大的城市中心周边形成一系列分中心，原城市郊区的土地地租将会上涨，多中

────────
[1]　丁成日.城市"摊大饼"式空间扩张的经济学动力机制.城市规划，2005(4)：56-60.

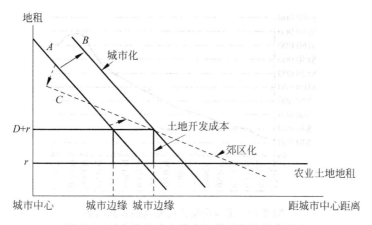

图 2-8 城市化的收入效应与郊区化的替代效应

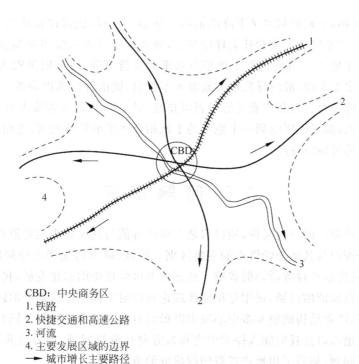

CBD：中央商务区
1. 铁路
2. 快捷交通和高速公路
3. 河流
4. 主要发展区域的边界
→ 城市增长主要路径

图 2-9 单中心城市沿交通路线的扩张

心的大都市或城市群将会出现。在一国或一个地区产业结构调整的阶段，这种城市更新、城市产业转移和结构调整的现象尤为突出。城市内的各个产业通过土地竞租、劳动生产率竞争、环境竞争和资本竞争使得落后的产业退出、先进生产率的产业进入，达到产业结构调整和城市更新发展的目的。

（3）城市产业结构与城市土地租金水平的关系。当一个地区的产业结构随着经济形势变化而调整，其土地地租也随之变动。城市经济结构调整成功的地区，人口集聚和产业结构将会达到新的发展阶段，土地地租会持续增长；反之，则会出现城市人口和企业流

第 2 章　土地区位与房地产价值

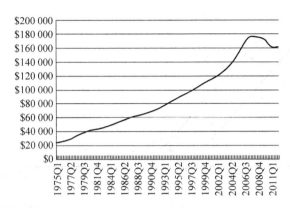

图 2-10 美国房屋价值变动的长期趋势

资料来源：http://www.lincolninst.edu/subcenters/land-values/land-prices-by-state.asp

出，产业结构失调，土地地租水平下降的情形。例如，美国的底特律市正是由于在产业结构调整过程中，产业转型失败和社会环境变差，导致高素质人口流出和高盈利企业流出，新兴产业无法立足[1]。进而使得土地租金水平和房价下降，政府财税收入减少，公共服务和社会治安水平下降，最终导致地方政府入不敷出，城市管理难以为继[2]。因此，一个地区的产业结构是否合理和产业发展是否可持续，社会环境是否能够吸引高盈利企业和高素质人口进入，都可能影响到一个地区的土地租金水平的持续发展，进而影响到整个城市经济和社会的可持续发展。

2.7 问题研究

由于房地产资产的空间属性，使得房地产资产价值与其区位土地价值有密切的关系。这也是房地产资产与其他金融资产的主要区别。因此，研究房地产区位问题就显得尤为重要，它决定着房地产投资活动的成败。从新古典区位理论的演化发展，我们可以了解到房地产资产区位价值的内涵，运用竞租曲线理论可以对不同用途房地产的区位选址决策，对于城市更新、产业结构调整和多中心城市群形成有合理的理论诠释。同时，对房地产区位问题的研究也可以让我们深入探索中央和地方财政分权问题，地方公共服务与房地产资产价值关系问题，拓展了房地产投资问题研究的范围。

2.7.1 竞租曲线——理论与现实的差异

阿隆索(Alonso,1964)提出的竞租曲线概念对于现代城市的城市规划和产业布局有重要的理论指导意义。在阿隆索当时的研究看来商业企业具有最高的竞租能力，往往占据单中心城市的中心位置(CBD)，而商业地产中写字楼的竞租能力又高于购物中心，其次是制造业的竞租能力高于住宅物业，最后是住宅小区的竞租能力高于农业区域的竞租能

---

[1] 刘艳艳.底特律汽车产业转型失败及启示.世界地理研究,2012(3):101-109.
[2] 底特律政府即将破产.都市快报,2013-03-04.

力。以后,西方城市的竞租曲线又演化成"商业→住宅→工业→农业"的顺序。但是,在中国现代城市的土地竞租曲线构成却与此不同,尽管地方政府在制定基准地价时仍然按照商业→住宅→工业的顺序,但在广州这样的全国超大城市的CBD中却往往是住宅用地的出让成交地价高于商业用地的出让成交地价,CBD区的住宅物业售价也往往高于写字楼物业[1][2][3]。直到2011年由于政府的住宅限购政策出台,才出现CBD区公寓式写字楼物业价格接近住宅物业价格的趋势[4]。

(1) 你如何解释广州的这种城市竞租曲线构成?它与一个城市的产业结构变化有何关系?

(2) 全国其他中心城市是否也有类似情况[5]?国土部中国土地勘测规划院副总工程师邹晓云通过调查,在可获取有效数据的28个城市中,北京、天津、上海、南京、杭州、宁波、广州等共计14个城市居住地价房价比高于商业地价房价比。邹晓云认为,这种反常现象说明,现阶段我国住宅市场化程度较商业物业市场化程度更高[6]。而学者唐健则认为是住宅用地不足所造成的[7]。你认为他们的观点是否合理?

(3) 那么,你认为它究竟是受由何种力量影响所致?未来会如何演化?

2.7.2 中国地方"土地财政"问题

如上所述,房地产资产的价值高低与地方政府的公共服务及管制规划关系密切。在中国由于1994年分税制改革,中央和地方的财权事权不对等(财权上收、事权下放)。地方政府开始积极从预算外、尤其是从土地征收和出让中为自己聚集财力。由于当时中国的城市化水平较低,土地开发潜力较大,"城市化"开始成为地方政府发展经济的新增长点。[8] 在地方政府的每年财政收入中,土地出让收入占到了相当大的比重,有些地方比重甚至超过了50%。这种地方财政收入构成被称为"土地财政"。中国发达地区地方政府财政的基本格局是:预算内靠城市扩张带来的产业税收效应,预算外靠土地出让收入。[9] 但是,我们经常听到和看到的是地方政府通过低价出让土地,甚至附加财政补贴来"招商引资",这显然与地方"土地财政"的理论假说不一致。

(1) 你如何看待地方政府通过低价出让土地来"招商引资"问题?

(2) 地方"土地财政"对房地产资产价格会有什么影响(短期和长期的影响)?

(3) 你认为中国应如何治理地方土地财政问题?

(4) 在城市化水平达到50%以后,地方政府能否继续利用城市化来推动经济的增长?

---

[1] 宅地底价高过商业用地.新快报,2010-11-06.
[2] 李婧,穗房宣.广州住宅基准地价涨幅最大最快 两年攀升36%.广州日报,2008-10-07.
[3] 天河多个全新写字楼项目将推出 价格平过住宅.新快报,2008-04-21.
[4] 李琳.广州新中轴线写字楼价格"洼"地突围.新快报,2011-12-16.
[5] 刘秀浩.商业用地遭冷落,上海长宁商业地价不足宅地三成.东方早报,2009-07-09.
[6] 刘宇鑫.国土部租价比统计警示楼市泡沫.北京日报,2010-03-10.
[7] 唐健等.中国商业用地价格倒挂及产生机理.中国土地科学,2011(1):22-29.
[8] 周飞舟.分税制十年:制度及其影响.中国社会科学,2006(6):100-115.
[9] 李剑阁等.土地制度、城市化与财政金融风险——来自东部一个发达地区的个案.改革,2005(10):12-17.

2.8 案例分析

2.8.1 万科在北海的选择

有两位房地产经营管理专业的研究生甲和乙在讨论教授布置的案例研读作业,这份作业是摘录于王石等所著有关万科企业房地产开发历程的传记题材著作——《道路与梦想》,讲的是万科如何规避房地产投资风险的故事。书中的相关简要内容如下:

撤退北部湾[1]

1992年夏天,北海市委书记王季路和市长帅历国到深圳招商,邀请万科参与北海房地产开发。待我(指王石,以下同)带着郭兆彬拜访帅市长时,帅市长为难地摊开双手:"你们动手晚了,北海市区的土地已经瓜分光了。"在市长过问下,国土局给万科挤出不到3万平方米的两块地,都在新建的火车站附近。

以当时万科的胃口,这样的地块自然不够分量。北海有一个名为罐头岭的山峰,景色很美。登到顶峰,凉风习习。望着山脚下的海湾,沙滩、椰树、海浪。"哎,这一片如何?""啊,地块已经被中信王军划去了。"

晚饭桌上,我向市长介绍了万科在上海的开发情况后,市长略一沉吟,"这样吧,有一块40平方千米的土地,地价可以象征性地付一点,就算送给万科建设开发吧。"

我对帅市长的表态既感到惊讶又兴奋,在深圳不能实现的宏伟蓝图,在北海可以大展身手了。返回深圳,召开房地产营业部会议研究帅市长的建议。说来奇怪,在图纸上,40平方千米同50 000亩地块的感觉差不多。换句话,面对如此巨大的面积,我一点感觉也没有。

为了吃透北海政府对这块土地的规划意图,我邀请了经济学家汤学义、城市规划专家孟大强先生一起前往北海。

在北海建委会议室,帅市长请两位专家给建委讲课。汤学义从基础设施投入分析讲起:"深圳特区目前总共开发了70平方千米的土地,'三通一平'每平方千米需要两三个亿,70平方千米的'三通一平'用去了近200个亿,也就是说地面上什么还没有就用去了200个亿。再看北海这40平方千米的荒地滩涂开发,即使这里的劳力、建筑材料比深圳便宜,每平方千米土地也得1.5亿~2亿元,40平方千米就得60亿~80亿元,如果算上地面上的投资,厂房、公建、发电厂、水厂,少说还得80亿元,加起来就是140亿~160亿元。问题不在投入,更重要的是产出和消费。北海目前的人口不到15万,一年的产值不足10个亿,如何支撑这么大规模的基本建设?"

听着汤教授的课,后脊梁渗出冷汗。我侧身对孟大强先生耳语:"这一算如醍醐灌顶,40平方千米的土地不能要啊。"本来请专家给政府上课,却结结实实给狂热的王石上了一堂课。好在有这堂课,否则万科盲目上马,后果不堪设想。

---

[1] 王石,缪川.道路与梦想.北京:中信出版社,2006. http://www.feishu8.com/book/full/id/359.

甲研究生认为,从城市房地产发展动力机制分析,北海在当时确实不具备成片区域房地产开发的条件,自然资源也有先天的不足,不利于发展制造业和集聚人口。从区位理论分析,北海不是中心城市,未来也无法发展成中心城市的副中心,因而发展高端产业地产(如金融地产)的条件也不具备,因此,万科当时的决策是正确的,它规避了1993年北海的房地产泡沫危机的影响。

乙研究生则有不同的看法。他认为从区位来看北海自然条件很好,又有北海港这样的中国西南重要港口存在,虽然在当时房地产开发的条件还不成熟,但是当时地价较低(地方政府只让万科象征性地付点钱),考虑到土地的长期增值性,未来的发展潜力很大。并且在北海还可以像美国的佛罗里达那样开发养老地产,也有很好的开发前景。总之,万科应该进驻开发,坐享未来土地升值和房地产投资的多重收益。

问题分析:

(1) 你如何评价甲、乙两位研究生的观点?哪位的观点更合理?

(2) 王石先生会后悔当年没有在北海拿地吗?

(3) 从城市房地产发展的动力机制来分析,北海房地产开发有哪些潜力?

2.8.2 "华南板块"的形成

"华南板块"是广州市番禺区的一块大型住宅小区用地片区的简称,是中国房地产"大盘时代"的代表。在中国房地产行业,"大盘"是指开发面积较大的开发项目,一般是指占地50公顷以上,大的占地甚至超过三四平方千米;而"板块"实指较多房地产"大盘"开发项目在一定的地理范围内扎堆开发所组成的"块状片区"[1]。华南板块位于广州番禺区的西北方向,范围包括钟村镇和南村镇的全部辖区,西邻顺德区,东依石基镇,北接大石镇、新造镇,南与洛溪板块相接。华南板块是番禺较大的住宅楼盘聚集区,以广州雅居乐、华南新城、星河湾、华南碧桂园等著名开发商开发的大型住宅物业小区为代表。它占地约2万多亩,有12个主要的大型社区(占地约15.63平方千米),分属不同的开发商开发。

广州"华南板块"早期的房地产开发提供了一个由于县(区)级政府和市级政府利益博弈与空间管制转型空白期间,政府土地规划前瞻性不足和公共服务缺位的典型案例。是有实力的开发商通过研究城市未来发展区位,抢先拿到大面积低价土地,"运营"楼盘建设和提供部分公共服务,并获得高额开发利润的分析样本。2000年以来,广州"华南板块"房地产以"大盘"开发闻名全国,成为新世纪广州城市建设领域的第一个"热点"。而新型的公寓式住宅、大量的廉价优质别墅、令人动心的园林设计和珠三角地区居民超强的购买力也成为当时中国房地产界的一大"亮点",成为当时全中国房地产开发的"实验田"和"样板间"(袁奇峰,魏成,2011)。在华南板块发展的一些地产商也纷纷将此大盘模式复制到全国各地,如奥园集团挥师上海建上海奥园,珠江合生在北京开发珠江骏景、珠江绿洲、珠江帝景等重头项目,星河湾的开发商宏宇集团也北上京城发展。[2]

---

[1] 袁奇峰,魏成.从"大盘"到"新城"——广州"华南板块"重构思考.城市与区域规划研究,2011(2):1-12.

[2] 张评,吴世建.华南板块神话渐灭 广州番禺原书记被查.广州日报,2003-09-22.

(1) "华南板块"形成的原因之一——地方辖区变迁及政府竞争

20世纪80年代,珠江三角洲地区开始大规模工业化进程,城市间的发展竞争激烈,地方政府要加快经济建设,通过推进城市化获得土地财政以支持招商引资就成为大都市周边地区发展的共同选择。当时的番禺县政府为争取资金建设大桥,就采用了"以土地换资金,用空间换发展"的模式。2000年以前,番禺是县级市(一级政府),由省政府委托广州市代管。由于广州市对原番禺市(县级市)只有代管权,却没有财政管理权。20世纪90年代末期,广州市行政区划调整在即,由于担心原属县的一级财政管理权可能会因"撤市改区"而"财权上收",原县级番禺市政府利用政策尚未明确的时机,通过协议方式将番禺北部地区大部分城市建设用地以极低的价格"突击"转让给开发商,为县级市财政争得了巨额土地出让收益。因此,原番禺市政府在行政区划"突然"即将变更的情形下,为争取自身利益最大化而主导的"突击"卖地。反映了在行政区划调整过渡期间,县级市政府与市政府之间的利益冲突和博弈。这是"华南板块"开发商能够快速、低价和大规模获得土地的政府竞争层面的原因。

(2) "华南板块"形成的原因之二——开发企业对城市经济的研究和发展区位的预判

广州市是中国珠三角区域经济和政治文化发展的中心城市,在改革开放后,成为中国经济改革的试验地区,经济快速发展、产业集聚和人口集聚现象明显。但是,原有的广州辖区面积过小,限制了广州对华南区域经济发展的影响力和辐射力。因此,广州的城市辖区扩大成为经济发展空间扩展的必然选择。从广州的区位、自然条件和传统的"云山珠水"格局,以及世界上一些著名大都市的发展格局分析,广州未来的发展空间向南"出海",演变成最有发展潜力的"山城田海"城市格局。许多有实力的开发企业通过聘请的专家学者研究发现番禺区最有可能成为广州产业扩张的首选之地,加之霍英东家族早已在当时属于番禺的南沙拿地开发。因此,当看到番禺政府大规模突击批租土地时,尽管当时批租土地的周边城市配套设施缺乏,开发运营楼盘的风险较大,仍有不少开发企业敢于大胆接纳大规模的地块。后来的城市发展事实证明,这些开发企业的区位选择是有预见性的,他们的成功不是偶然的。番禺区国土局一位官员承认,在华南板块早期用地上,当地政府确实给了相当多的优惠政策,这是地产商的主要利润来源之一。"像祈福新村,在1 000万元利润中,如有600万元是自己经营赚来的,那么就有约400万元是通过土地赚来的。"而一位地产业人士指出,"2002年广东出让88平方千米土地,收取出让金94亿元,算下来每平方米地价只有107元,价格很低。而华南板块中即使是最后批的华南新城地价只是每平方米120元,折合每亩约8万元,雅居乐则是90元每平方米,折合每亩仅为6万元,价格低得惊人"。[1]

原来的"华南板块"由于城市基础设施配套薄弱,住宅小区与广州市中心的交通连接是由开发商经营的"楼巴"来承担,它只是广州居民假日的"中央居住区"。现在通过近十年广州市在番禺和南沙等南部地区的产业布局和基础设施配套建设,例如,大学城和广州新客站,地铁三、四号线建设,"亚运会"项目的建设,"华南板块"楼盘的城市公共服务配套水平有了大幅提升,该地块的物业对于广州城市居民而言仍然是不错的居住选择,房地产

---

[1] 张评,吴世建.华南板块神话渐灭 广州番禺原书记被查.广州日报,2003-09-22.

资产价值也有了较大的上升空间。

问题分析：

(1) 通过"华南板块"的案例,你认为一个房地产开发项目成功的要素有哪些？

(2) 既然通过科学的区位选择和产业经济学分析,能够预计到未来城市发展的路径选择,为什么我国房地产企业的标杆——万科集团当时并没有选择在离它的总部（深圳）很近的"华南板块"拿地开发？还有哪些非正式的制度环境因素影响了优秀房地产企业的开发选择？

(3) 地方"土地财政"将如何影响房地产资产价值？如果番禺不被划入广州,"华南板块"大规模开发房地产项目有何风险？

(4) 对比"华南板块"的发展,你认为另一著名的房地产企业——合生创展在天津宝坻开发京津新城项目[1]能否获得较好的投资收益,面临的投资风险有哪些？[2]

(5) 从区位理论分析,"华南板块"的发展是广州市"城市化"的结果还是"郊区化"的结果？"城市化"的收入效应和"郊区化"的替代效应都有哪些表现？

2.9 本章小结

本章通过研究城市房地产发展的动力机制,介绍人口集聚力观点、区位理论和城市竞租曲线构成,以及城市经济学和区域经济学的研究方法,较为详细地分析了房地产投资区位选择的思想。本章也探讨了影响地租变动和城市发展的主要因素,探讨了城市化和郊区化的经济学原因。进而将问题引入地方公共服务和地方土地财政方面,并对地方公共服务水平与房地产资产价值关系问题进行了探讨。本章在"问题研究"部分对西方城市竞租曲线理论与中国城市发展实践中的不一致现象进行分析,以供教师和学生讨论；对于中国地方政府土地财政问题的探讨,引出地方政府对房地产市场治理和对房地产资产价格的影响问题。房地产投资分析最重要的内容之一就是区位分析,本章的案例分析、思考拓展题围绕着房地产投资区位选择提出问题,这些问题来源于实践,对理论研究成果既有应用也有局限性的质疑,需要读者用联系和发展的眼光来分析问题,为读者打开了一扇房地产投资区位分析的"门",为今后的房地产投资市场分析进行理论铺垫。

2.10 本章拓展思考题

(1) 房地产市场研究的方法为什么要借助于城市经济学和区域经济学的理论？

(2) 为什么对于城市房地产业的发展而言,人口集聚力的影响非常重要？

(3) 城市房地产发展的动力机制是什么？

(4) 城市土地竞租曲线的意义是什么？

---

[1] 明鹏. 合生创展兵败"亚洲最大空城". 大经贸, 2011(11): 53-55.

[2] Mandy Zuo. 3 000 villas, but no one's home: Inside the Jing Jin ghost city. South China morning post, 2013-09-11.

(5) 地方政府在房地产市场发展中的影响和作用有哪些？

(6) 能否运用 Hotelling（1929）的空间竞争模型来分析城市的产业集聚现象？它与城市竞租模型有何区别？

(7) 试运用本章知识解释一个城市 CBD 建成后其相邻地区的开发模式。

(8) 从经济学视角分析，地价和劳动生产率在城市产业结构调整中扮演着哪些要素功能？

(9) 试用经济学和人口学的理论来分析，城市化（Urbanization）发展政策对区域房地产价格的长期影响有哪些方面？

2.11 主要参考文献

[1] 王春艳,吴老二.人口迁移、城市圈与房地产价格.人口与经济,2007(4):63-67.

[2] 藤田昌久,克鲁格曼等.空间经济学——城市、区域与国际贸易.梁琦译.北京:中国人民大学出版社,2005.

[3] 毕宝德.土地经济学.北京:中国人民大学出版社,2006.

[4] 蔡孝箴.城市经济学.天津:南开大学出版社,1998.

[5] 威廉·阿隆索.区位与土地利用:关于地租的一般理论.梁进社等译.上海:商务印书馆,2007.

[6] 康琪雪.西方竞租理论发展过程与最新拓展.经济经纬,2008(6):12-14.

[7] 刘茜茜,刘畅,王远.房地产区位价值影响因素分析.沈阳建筑大学学报（社会科学版）,2011(3):296-298.

[8] 张景秋,陈叶龙,孙颖.基于租金的北京城市办公活动经济空间结构解析.地理科学,2010(6):833-837.

[9] 武文杰等.转型期北京住宅用地投标租金曲线的空间形态与演化.地理科学,2011(5):520-525.

[10] 丁成日.土地价值与城市增长.城市发展研究,2002(6):48-52.

[11] 丁成日.城市"摊大饼"式空间扩张的经济学动力机制.城市规划,2005(4):56-60.张伟等.对土地竞租曲线形态及其变化的再认识.地理科学进展,2009(6):905-911.

[12] 宋博,崔汀汀,宋蛰存."大盘"基础设施配置问题的制度解析——以"华南板块"为例.城市发展研究,2011(12):21-24.

[13] 袁奇峰,魏成.从"大盘"到"新城"——广州"华南板块"重构思考.城市与区域规划研究,2011(2):1-12.

[14] 吴红专.京津新城发展中存在的问题和对策.天津人大,2010(9):28.

[15] 明鹏.合生创展兵败"亚洲最大空城".大经贸,2011(11):53-55.

[16] Bramlhy G. Land-use planning and the housing market in Britain: the impact on house-building and house prices. Environment and Planning A. 1993,25: 1021-1051.

[17] Yeung-Nan Shieh, Wilhelm Launhardt and Bid-Rent. Journal of the History of Economic Thought. 26(4): 537-542.

[18] Mills, E S Urban Economics, Belnview, Illinois. Scott Foresman,1972.

[19] Muth, R F Cities and Housing. Chicago: University of Chicago Press,1969.

[20] D R Capozza, R W Helsley. The fundamentals of land prices and urban growth. Journal of Urban Economics. 1989,26(3): 295-306.

[21] Warren R Seyfried. The Centrality of Urban Land Values. Land Economics. 1963,3: 275-284.

[22] Alex Anas, Richard Arnott and Kenneth A Small. Urban Spatial Structure. Journal of Economic

Literature. 1998,36,No.3:1426-1464.
[23] E S Mills,B Hamilton. Urban Economics. Glenview,IL:Scott,Foresman,1984.
[24] Brueckner J. The Structure of Urban Equilibria:A Unified Treatment of The Muth-Mills Model Handbook of Regional and Urban Economics:Volume II. Edited by E S,Mills, Elsevier Science Publisher,B V,1987.

阅读材料 2.1

外国直接投资与美国城市化(1970—1990)[1]

一、引言

20世纪70年代至80年代是美国经济发展中极具特色的时期。首先,人口统计的结果表明美国郊区人口自1920年以来首次超过城市人口,在美国社会引起极大轰动。人们甚至断言郊区化将成为城市的主导趋势,城市发展进入新的历史转折时期。与此同时,西部和南部城市发展迅猛,一批新兴城市脱颖而出,呈现出生机勃勃的发展势头。如1970年到1974年在持续扩展的大城市中,有93%是在西部和南部。其次,进入70年代以来,由于美元地位下降和贸易不平衡,美国的国际收支不断出现逆差,1978年已高达154.3亿美元,创下了70年代的最高纪录。与此同时,外国在美国的直接投资不断增长,以1986年为例,外国在美国资产增达13 315亿美元,比美国在国外资产总额的10 679亿美元高出25%,使美国负外债2 636亿美元。大量外资的涌入对美国的社会经济产生了极大影响,美国与其他国家因为贸易产生的摩擦,一直是学术界关注和探讨的问题。本文试从外国直接投资的区位选择、产业选择、方式选择三个方面,探讨外国直接投资对美国城市化的影响。

二、投资的区位选择对城市化的影响

对外直接投资是国际资本流动的一种重要形式,是指一国投资者以有效控制企业经营管理权为核心,以获取利润为主要目标,以对外投资为媒介并通过在海外设立独资企业、合资企业、合作企业等形式而进行的一种特殊复杂的投资行为。因此,在哪个国家投资、投资的区位选择,都最终受获取最大利润这个主要目标的约束。1970年至1990年外国资本在美国进行直接投资时,在区位选择上,主要集中在大西洋和太平洋两岸,虽然各国的侧重点不同,但总的趋向是:欧洲国家偏重大西洋沿岸,日本偏重太平洋沿岸。在大西洋沿岸,东南部、东北部是投资的热点地区,其中,东南部的投资逐年递增;太平洋沿岸,投资最大的特点是西南部的投资迅速增长,从1974年的5.9%增长到1983年16.1%,总体来看,东西两岸投资都有向南发展的趋势。这恰与美国的城市化进程相吻合,美国的城市化体现在西部和南部的快速发展,尤其是南部城市化发展更快。20世纪70年代起,南部因工资水平低、工会力量弱、税收政策优惠等因素,吸引了外国在美国近一半的投资份额。外资大量流入南部,在南部地区投资、建厂,高位指数出现在南卡罗来纳州、田纳西州、弗吉尼亚州和得克萨斯州。在南卡罗来纳州,年工业投资的40%来自外

---

[1] 王小侠.辽宁大学学报(哲学社会科学版),2005(3):44-47.

国资本。南卡罗来纳州皮德蒙特地区的法国米舍兰轮胎公司,在20世纪70年代末共雇佣5 500名当地工人。外国直接投资密集地集中于西部和南部,加速了两地的城市化进程。首先,从城市化的发展水平上,第二次世界大战前美国南部城市化的步伐大大落后于全国其他地区,1940年只有佛罗里达一个州实现了城市化,到80年代,人口普查的结果显示,佛罗里达州(84%)、得克萨斯州(80%),都高于全国平均水平的76%。除北卡罗来纳州(48%)、密西西比州(47%)城市人口仍少于农村人口外,其余各州人口比例则在1/2到3/4之间。基本上实现了城市化。其次,从人口变化特征上,1960—1980年西部和南部是人口净迁入较多的地区。全国净迁入人口最多的15个州中,6个在西部,5个在南部。南部和西部人口在全国人口中所占比重1970年是48%,到1990年上升到55.6%。在西部和南部的增长中,南部东区增长最快;西部西海岸地区增长最快。这也与外国直接投资的方向极其吻合。最后,从大城市的地区分布上,1970—1988年美国最大的50个城市中,加利福尼亚州占7个,得克萨斯州占6个。1980—1988年人口增长率最高的10个城市为:弗吉尼亚滩、奥斯丁、萨克拉门托、圣迭戈、埃尔帕索、圣安东尼奥、杰克逊维尔、圣何塞、图森、夏洛特。除弗吉尼亚滩外,全部位于美国西部和南部。以上分析表明,外国直接投资与美国城市化呈同向、同步运动的特征,外国直接投资的重点是美国的西部和南部,美国人口增长最快的州也位于西部和南部,人口增长最快的城市还在西部和南部,二者在诸多方面的一致性揭示了外国直接投资对美国的城市化进程直接而强烈的影响。

三、投资的产业选择对城市化的影响

跨国公司海外直接投资是在国际分工基础上按比较利益原则展开的。海外直接投资的动机多种多样,相互交织,不能截然分开。但是,投资动机具有明显的行业和地区倾向。如市场追求型投资集中于制造业,主要投向市场容量大和市场潜力大的国家和地区。自然资源追求型投资集中于初级产业部门,主要投向自然资源丰裕国。劳动力追求型投资一般集中于加工制造业,多投向劳动力资源丰裕国等。1972年日本外务省组织的跨国公司调查团,曾对法国、联邦德国、美国等10国总共170家跨国公司进行了调查,发现跨国公司海外直接投资的最大动机是保证和扩大本公司的市场、实现企业的发展,尤其是利润的增长。外国在美直接投资以市场追求型为主,市场追求型海外直接投资的目的,在于巩固、扩大原有市场、开辟新市场,避开各类贸易保护壁垒,直接或间接进入当地市场。外国在美直接投资主要分布在制造业、石油业、金融保险业、批发和零售贸易等产业部门。其中,制造业投资始终处于投资的第一位;70年代外国投资的产业排序为制造业、石油业、金融保险业、批发和零售贸易业之后,批发零售业投资猛增,从1980年起超过石油和金融保险业,位居第二,整个20世纪80年代这种位次没有改变;20世纪80年代中期起服务业发展迅速,金融保险业的投资开始超过石油业,并且差距越来越大,到1990年金融保险业投资额为584.37亿美元,石油业仅为380.04亿美元,这样,四个产业的投资排序变为:制造业、批发和零售业、金融保险业、石油业。20世纪70年代起美国的国内制造业持续下滑,制造业在美国被称为"夕阳产业",制造业带被称为"冰雪带"。外国利用此时进行投资,主要因为此时占领市场所需成本更低、成功入侵可能性更大。在众多投资国中,德国是美国的主要投资者之一,1983年年底德国对外直接投资的1/4是投放在美国的。德国对美国直接投资主要在制造业,1990年年底制造业的直接投资占德国对美国直接投资累计余额比重的 54.9%；其他国家的情况是，英国 48.9%、荷兰 37.9%、加拿大 33.6%、日本 18.2%。可见，各国对美直接投资中制造业都占很大比重，德国尤为突出。日本是另一个在美国投资的大国，日本在美国投资额最大的是汽车制造业。1983 年，日产汽车公司投资 7.45 亿美元在美国田纳西州的士麦那开设了一家年生产能力达 24 万辆的小汽车和卡车的工厂。1984 年日本最大的丰田汽车公司和资本主义世界最大的美国通用汽车公司在加利福尼亚州的弗里蒙特合资建立了一个"新联汽车制造公司"，这家新公司的丰田"皇冠"系列小轿车的年生产能力为 25 万辆。日本跨国公司和部分专业化程度很高的中、小企业，还在其他一些制造部门加紧兴建新企业和购买美国现有的企业，并广泛地与当地的美国公司建立合资企业。其中，最大一次收购活动是大日本油墨化学工业公司，以 5.5 亿美元购买了美国太阳化学公司的印刷和油墨业务。1986 年年底日本在美国的直接投资已增加到 234 亿美元，占外国在美直接投资总额的 11.5%，日本在美拥有的工厂已增加到 435 家，比 1980 年增加了 1 倍。外国直接投资大量进入制造业，极大地改变了美国制造业的分布和就业状况。1965—1977 年全国制造业就业增长率不到 6%，而南部高达 37.3%。1970—1977 年间，伊利诺伊州、纽约州、宾夕法尼亚州、新泽西州和俄亥俄州这些制造业带的核心地区共失去了 84.6 万个就业岗位，而南部各州制造业部门在同期则增加了 76.2 万个就业岗位。伴随着南部、西部新的重要经济地区的开发，制造业在美国重新定位，一改东北部和中西部作为美国制造业中心的分布状况。一般情况下，工业化的水平可以由国内生产总值中制造业的份额来度量，所以，工业化与城市化之间的关系，一定程度上表现为与制造业的关系，城市化的产业支持是制造业的发展。制造业产业的集中和企业的集聚产生的最重要效应，就是放大了就业需求，引起劳动力和人口的加速集聚，进而有效地推动城市化。在制造业发展的带动下，服务业获得巨大的发展。作为后工业化社会的支柱产业，服务业在西部和南部发展也较快，并已拥有明显的优势，从 1946—1982 年，东北部和中西部在全国服务业中所占比重由 60% 下降到 51%，而西部和南部由 40% 上升到 49%。到 1990 年西部和南部已达到 53% 以上。其中，住宅、餐饮和生活消费等与人们的衣食住行有关的服务产业迅速崛起；为生产服务的销售、市场策划和推广、技术与信息咨询以及相关中介服务组织相应发展，服务业创造的就业机会不断增多，甚至超过了制造业，中心城市产业结构逐渐软化，开始由工业经济向服务型经济转换，尤其是金融与高级服务业经济。以纽约为例，在大部分制造业消失的同时，1978 年在金融服务领域创造了大约 11.8 万个新职位，大约占这个地区所有新职位的一半，其中在所有公司目录中我们可以看到，投资经纪公司的增长率最高。纽约证券行业的就业人员，从 1980 年的 9 万个增长到 1986 年的 13.8 万个，从根本上重组了当地的社会和经济。

钱纳里和塞尔奎因在研究各个国家经济结构转变的趋势时，曾概括了工业化和城市化关系的一般模式：工业化演进导致产业结构转变，产业结构转变带动城市化进程。城市化率上升主要与就业结构变化相联系，且与非农产业的就业比重上升联系更为密切。因此，工业化带动了非农化，非农化带动了城市化。美国西部、南部城市化进一步验证了这一理论模式。

四、投资的方式选择对城市化的影响

一般地讲,跨国公司海外直接投资的进入方式主要有两种,一种是创建新企业,即所谓的"绿地投资";另一种是指通过购买东道国已有企业的股权以"兼并和接管"该企业。第二次世界大战前创建新企业是跨国公司进入东道国的主要方式,第二次世界大战后并购方式日益重要,逐渐成为当代跨国公司海外直接投资的主要进入方式。1970—1990年外国在美国的直接投资方式,总的来说是比较灵活的,不拘泥于一种方式。由于投资国家不同,投资的地区也不同,因此采用的方式也存在明显差异。从地区角度看,投资新工厂在东南部地区占主导地位;大湖和中东部地区在新技术上占更大比例,接管和兼并是主要方式。从国家的角度看,德国是美国的主要投资者之一,1983年年底德国对外直接投资的1/4是投放在美国的。德国对美国的直接投资,在投资方式上采取"绿地投资"和"兼并和收购"并举战略。"绿地投资"就是建立新企业或扩建原有工厂规模,其中,宝马汽车公司在南卡罗来纳投资10亿美元建立两家汽车厂是这方面的典型例子;"兼并和收购"就是购买部分或全部东道国企业的股份,从而得到该企业的经营控制权,这方面的实例以德国赫希斯特公司收购美国马利公司最为经典。与德国相比,日本投资更倾向于把重点置于技术方面,日本为了追踪与寻觅最新电子工业技术,在高技术部门,日本跨国公司采取行动。到1986年年底,日本的有关公司在美国电子业中已有约400笔投资。日本富士通公司同意购买主要供应军用集成电路块的费尔柴尔德半导体公司80%的资产,从而引起了美国产业界领导人和国防部官员的担心。另一资料显示,1984年欧洲化学工业巨头之一英国帝国化学工业公司出资1.5亿美元买下美国食品化学工业公司"维亚特尼斯公司的化学生产部",主要是因为化学工业是美国高度发达的部门,尤其是维亚特尼斯公司在航空和宇航领域用的复合材料生产方面在世界领先,购买这家企业就可获得其高技术,并进而掌握美国所研究出来的先进工艺及管理经验。可见,外国对美国直接投资与"技术吸收"密切相关。但是,无论采取何种方式,外国在美国直接投资都带有"偏爱都市"的特征,投资基本集中在大都市区。首先,美国56%的新工厂坐落在全国10%的高度城市化地区,即使不在大都市,也在都市或都市交通要道上。在城市化程度不高的南部地区,大多数的工厂仍然集中在接近大都市的通道上。其次,在高科技领域,外国在美国的投资更是集中在许多高度城市化地区,进一步强化了产业向大中城市集中的趋向,对大型大都市区的发展起了催化作用。到1990年,百万人口以上的大型大都市区人口,占美国总人口的比例达53.4%,美国成为一个大型大都市区为主的国家。至于郊区化倾向,如果我们把它放在历史的进程中就会发现,郊区化是大城市本身规模无限扩展、延伸,把周边的郊区囊括进去,以构成大都市区的过程,郊区化是城市功能外延的产物,是城市功能的有机组成部分。

阅读材料2.2

从"大盘"到"新城"——广州城市发展战略视野下的"华南板块"重构[1]

在"计划经济"时代,城市建设是中国各级政府和部门的事务,包括从住房建设到各类

---

[1] 袁奇峰,魏成.从"大盘"到"新城"——广州城市发展战略视野下的"华南板块"重构.规划创新:2010中国城市规划年会论文集,2010:1-13.

公共服务设施以及基础设施的投资、施工与管理,体现了高度的"政府性"。1990年年初,随着社会主义市场经济体制的确立,以及城市土地使用权转让制度的运行,城市建设开始由纯粹的政府事务转变为"市场运作、企业参与"的新格局。城市住房建设在此影响下,几乎完全走向"市场化",成为20世纪90年代后期以来城市空间拓展与城市建设的"主力军",以至于对城市空间结构产生深刻影响。特别是与城市空间发展和城市"公共性"等议题有密切联系的有关住宅区的规模、选址、公共服务配置等,成为政府、企业博弈的"前台"。而广州"华南板块"早期的居住"大盘"开发则提供了一个由县(区)级政府和市级政府利益博弈与空间管制转型期间,任由开发商"运营"楼盘建设,政府缺位和不作为的原因而导致"城市公共性"丧失的分析样本。近年来,随着人口的大规模集聚、轨道交通建设和城市重大项目引发的广州城市南拓,促使该地区出现了积极层面的变化。而新一轮广州城市发展战略研究所提出的番禺"北部新城"理念,有望重构"华南板块",以弥补"城市公共性"的缺失。

1 "华南板块"的形成及其后果

1.1 "大盘"和"华南板块"的形成

2000年以来,广州"华南板块"房地产以"大盘"开发闻名全国,成为新世纪广州城市建设领域的第一个"热点"。而新型的公寓式住宅、大量的廉价优质别墅、令人动心的园林设计和珠三角超强的购买力也成为当时中国房地产界的一大"亮点"。作为当时全中国房地产开发的"实验田"和"样板间",这个地区为正在全面市场化的中国房地产行业贡献了两个对未来中国社会有着重大而深刻影响的概念——"大盘"和"板块"。

在房地产界,"大盘"是指开发面积较大的开发项目,一般是指占地五十公顷以上,大的占地甚至超过三四平方千米;而"板块"实指较多房地产"大盘"开发项目在一定的地理范围内扎堆开发所组成的"块状片区"。20世纪90年代初,祈福新村(1991年)和丽江花园(1992年)的开盘,并未引起地产界的广泛关注。但随着1998年广地花园的开盘,番禺"撤市设区"的酝酿,华南快速干线的建设和通车,以及广州概念规划拟定的"南拓"方案,致使这片介于广州和原番禺市北部之间的未开发区域,迅速被市场"嗅觉"敏锐的房地产开发商相中,"两万多亩地一下子瓜分完了"。2001年4月28日,华南快速干线桥南的星河湾正式开盘,以一句颇具影响力的广告语"华南板块掀起你的盖头来",宣告了"华南板块"浮出水面,并在广州地产和中国地产界刮起一阵旋风。随后,南国奥林匹克花园、华南碧桂园、锦绣香江和华南新城以及雅居乐也"粉墨登场"。由于这些"大盘"主要沿着华南快速干线周边开发,故名"华南板块"。"华南板块"仅12个最大的楼盘就占地15.63平方千米,平均每个楼盘约有1.3平方千米。

1.2 "华南板块"的成因:市、区博弈

1980年,珠江三角洲大规模工业化开始启动,城市之间的发展竞争激烈,政府要加快经济建设,急需大量资金改善基础设施,通过推进城市化获得土地财政以支持招商财政就成为大都市周边地区发展的共同选择。当时的番禺县政府为争取资金建设大桥,打通与广州的陆上联系,就采用了"以土地换资金,用空间换发展"的模式。

促使"华南板块"真正涌现的是2000年前后数年内。番禺北部地区"华南板块"之所以短期内快速浮现,与番禺"撤市设区"以及广州的"南拓"方案有着重要的联系。2000年

以前,番禺是县级市(一级政府),由省政府委托广州市代管。由于广州市对原番禺市(县级市)只有代管权,却没有财政管理权。1990年末,广州市行政区划调整在即,由于担心原属县的一级财政管理权可能会因"撤市改区"而"上收",原县级番禺市政府利用政策尚未明确的时机,通过协议方式将番禺北部地区大部分城市建设用地以极低的价格"突击"转让给开发商,为县级市财政争得了巨额土地出让收益。2000年以前,原番禺市用于房地产开发的大规模土地出让主要通过两种方式获得土地指标:①广东省是全国建设用地指标统筹市场试点,可到省内经济相对落后地区如湛江、云浮等地,通过支付荒地开垦费等购买建设用地指标。因此,番禺本来准备作为产业用地的这些指标基本全数集中投放在北部地区,作为房地产开发用地;②通过省国土厅以建设经济适用房名义,直接向国土资源部申请划拨用地指标,虽然实际开发的并不是经济适用房。因此,原番禺市政府"处心积虑"所储备的建设用地,本想为产业发展腾挪更多空间,但在行政区划"突然"即将变更的情形下,为争取自身利益最大化而主导的"突击"卖地,可以说是一种"情绪化反抗"。而广州市政府无法预计和及时控制这种"透支"卖地的局面,反映了在行政区划调整过渡期间,县级市政府与广州市政府之间的利益博弈关系。这是"华南板块"得以快速浮现的真正原因。

1.3 "华南板块"的后果:城市公共性的缺失

"华南板块"开发之前,这片未开发的区域还没有整体的城市规划和市政设施建设计划,因此崛起于"农田"之中的房地产开发只能采用"大盘"开发模式。正如王志纲所言,"在郊区开发的楼盘必须是大盘化,小盘由于没有城市公用设施的依托和配套,无法独立生存。而大盘的开发者就意味着它必须要扮演很多政府应该扮演的角色,包括负责公用设施建设、配套、学校、商业等。"以至于马来西亚的杨经文设计大师在为华南新城这个2平方千米的"大盘"做规划方案时,竟然难以把握其尺度,提出用轻轨来连接各个组团的"新城"建设方案,让精于算计、投资精明的开发商避之不及。尽管"华南板块"的土地出让金按照规定应该包含地块及周边市政、公共服务设施配套建设的费用,但实际情况是在行政区划调整的过渡时期,市区财政投入和权责还未能充分理顺,县级番禺市政府也几乎无暇顾及。于是在这片"特殊的地区"出现的公共设施与服务的真空地带,也几乎由开发商来填充(以迎合市场需求)。商业资本的特点在于对利润的追逐,办教育、办医院、办交通,都是需要高资本投入,并经过长期运作才可能产生利润,开发商可以为卖楼做一时之力,却难以持续下去。比如楼巴(一种由开发商提供的准公共汽车),在楼盘销售初期开发商宁愿赔钱补贴,一旦房子卖完,楼巴经营者就需要足够的乘客规模,以支付和维系相应水平的交通服务。而楼巴的每次试图提价都几乎遭遇业主的游行示威反对。在政府缺位下,开发商主导城市开发,很多的社会事务也要由开发商包办,留下了大量社会问题。如道路、公共交通、供水、污水处理、垃圾处理等市政基础设施缺乏统筹;学校、医院社会基础设施严重缺乏。同时,有限的公共设施和服务大多是画地为牢、垄断经营,必然导致读书难、乘车难、看病难等问题。例如,开发商承建的教育设施产权状况很复杂,大量教育设施属于经营性的"民营贵族学校",平均一年学费都在1.8万元至2.5万元间,其中祈福新村英语实验学校的小学收费每学年为3.5万元,初中高达3.7万元,是普通公校(278元/学期)的几十倍。2007年,番禺洛溪岛的问卷调查(回收660份,有效问卷571份)显示:

洛溪岛房地产楼盘中的居民多是以从广州市区和外地迁入为主,番禺的原住民很少。而迁入的时间从1990年开始,并集中于2000年之后,被调查人员中(含老人、小孩)在广州市区工作的超过30%。绝大部分公共服务仍只能从广州市区获取,且居民认为洛溪岛最突出的问题是缺乏公共服务设施、缺乏公园及游憩场所,如图1、图2所示。

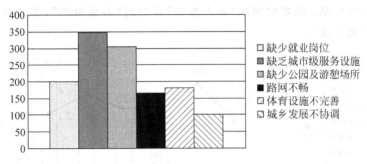

图1 洛溪岛居民认为最突出的问题(作者自绘)

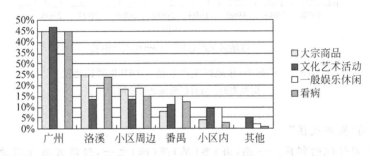

图2 洛溪岛居民获取各类服务的地区分布(作者自绘)

公共设施建设的滞后,导致大量的公共服务需求回到中心城区,进一步抑制了本地服务设施和公共中心的发育,"华南板块"成了真正意义上的"卧城"。2004年,《南方都市报》推出了《番禺新移民之困》系列报道,并发表社论尖锐地指出原番禺市政府面对城市发展已经丧失了责任,将公共设施与服务之困转移给社会。而要求政府能够提供更好的配套设施和公共服务的呼声越来越高。

2 广州"南拓"与"华南板块"的边缘化

2.1 广州城市发展的跨越

2000年,行政区划调整解除了广州长期以来城市发展空间局促的困境,使市政府直接管辖的面积从调整前的1 443平方千米跃升至3 718.5平方千米,为城市产业和空间拓展提供了巨大的平台。顺应行政区划调整,广州迅速组织编制了城市发展战略规划,实施了"拉开结构、建设新区、保护名城"的城市空间发展战略,按照"南拓、北优、东进、西联"的八字方针,使广州从"云山珠水"走向"山城田海",引导城市重点向南、向东拓展。

2000年后,广州城市空间外拓的战略为产业拓展和升级提供了大量土地储备,对于提高城市竞争力十分关键。由于采取"再工业化、重型化"的经济发展战略,2000年后的广州重点发展装备制造和工业,经济实力迅速提升。2004年,重工业比重首次超过轻工业;2008年地区生产总值(GDP)增长到8 216亿元人民币,如图3所示。三大日系汽车产业的引进给广州经济插上了翅膀,南沙新港区的建设给了广州大工业基地梦想,广州大学城的建设维护了广州作为中国高等教育基地的地位。借力亚运会,市政府又通过亚运村建设启动了战略规划中确定的广州新城建设。从而广州基本上实现了城市空间拓展和经济发展的双重跨越:城市空间从"云山珠水"跨越到"山城田海",产业结构从"商贸轻工"提升到"重化工业"。

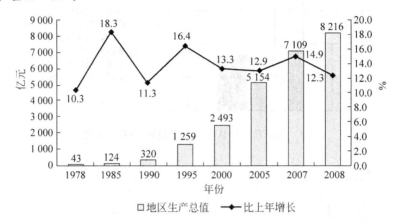

图3 广州30年地区生产总值(GDP)及增长速度

资料来源:引自广州统计信息网.

2.2 番禺"撤市设区"

番禺是广州传统的郊区——南(海)番(禺)顺(德)之一,经济发展呈现典型的大城市郊区农村社区工业化特征,是自下而上、各自为政、以村镇经济发展为主体的发展模式,就地城市化的典型地区。这种发展模式在20世纪八九十年代曾极大地促进了番禺社会经济的高速发展,有效地调动了地方发展经济的积极性;但在工业化进程进入资金密集、技术密集型的中期阶段,已不能适应形势发展和广州城市空间南拓的要求。由于地处岭南水乡,交通不便,番禺没有赶上1980年珠三角"四小虎"的发展,但是1990年后由于交通条件改善,"锅底地"正变为发展热土。"撤市设区"前,番禺不仅享有县级市的外经贸权限,还享有其余广州八区三市所没有的出口退税审批权和外商投资企业营业执照审批权(包括3 000万美元以下投资的审批权);在规划审批方面,原番禺市享有县级市的城市规划管理审批及核发辖区内建设用地规划许可证的权力;在土地审批与收益方面,原番禺市享有土地使用、变更、发证等权力,而且土地使用的有关费用绝大部分由番禺安排使用。

广州市在"撤市设区"时曾提出过构建"两级政府、三级管理"的设想,承诺在三年过渡期内各区基本保留原有的管理权限。由于1999年番禺GDP仅占广州全市的13.13%,又由于城市战略南拓的大量市级财政项目都落在番禺境内——大学城、南沙新港区、亚运村等亟须统筹,市政府不到三年就将原番禺市的审批权(如土地审批、项目审批)、决策权、财政权等上收了。更因为华南板块的历史原因,对番禺建设用地审批实行特别严格的控制。在组织架构方面,市政府对区政府的部分职能部门还实行了垂直管理。2005年,广州再次进行了行政区划调整,在东部设立萝岗区、在南部设立南沙区,实际上从行政区划上肯定了战略规划实施后形成的新的城市空间结构。

2.3 "华南板块"的边缘化

2000年行政区划调整后,无论是从区位价值还是基础设施建设的条件来看,广州城市空间南拓最佳的选择应该是从1990年就开始培育的新的城市级中心——天河中心区和珠江新城(CBD),经由既有的城市交通主轴——广州大道、华南快线,延伸到海珠区,到华南板块,到番禺区的中心城区——市桥,再到南沙经济技术开发区。但是番禺北部(华南板块)的战略性土地资源几乎却已经全部控制在开发商手中了。在目前中国城市政府的财政体制下,可经营的土地就是城市政府的"存款"。更何况广州市政府对行政区划调整的理想不仅仅止于增加土地财政,还期望通过控制战略性空间资源为21世纪城市经济的持续发展提供强大的产业税收支持,提升城市竞争力,这一点从随后的南沙港产业新城、大学城和亚运城(广州新城)的开发可以证明。以房地产开发为主要动力的"华南板块"显然无法承担如此重要的任务,因此无论从城市土地经营还是产业发展支持上,番禺北部地区都成为了城市南拓发展的"鸡肋"。为完善广州城市功能结构,强化区域中心城市地位,增强城市竞争力,战略规划不得不跳过这个地区,另辟蹊径,重新选择新的南拓轴:在番禺的东部地区以市级财政建设轨道交通四号线、南沙港快线、广珠高速东线等客货运交通干线,重新构筑一条将广州科学城、奥体中心、琶洲会展中心、广州生物岛、广州大学城、广州新城、南沙深水港区等串联起来,重点布局新兴产业和港口工业用地的新"南拓轴"。同时为保证不再重蹈番禺北部地区华南板块"市—区"博弈的覆辙,广州市政府明确通过《番禺片区规划》,将原番禺行政区域分割为由市政府主导开发的城市"重点发展区"和由区政府主导的"调整完善区""农业产业区"。将新南拓轴上的广州大学城、广州新城、南沙经济技术开发区、龙穴岛深水港区全部土地划为"重点发展区",置于市政府的直接管制之下。

由于将大部分精力都放在了战略性空间资源的拓展上,广州市政府自然没有多少余力去做修补"华南板块"这样比较精密的社会工程。由于"南拓轴"的东移,番禺片区从"华南板块"到市桥这个地带被定义为"南部转移轴",被广州城市发展、公共治理和财政"边缘化"了,即被"南拓"战略"跨越"了。

3 "华南板块"的重构:从"卧城"到"新城"

3.1 广州战略拓展检讨:双重"外溢回波"效应

2000年行政区划调整后,广州中心城市发展的巨大动力得以释放出来,城市发展的区域化倾向日益明显。城市外拓以产业区拓展为先,在各个方向都制造了大量单一功能的新区——科学城、广州经济技术开发区、南沙经济技术开发区、大学城……以城市战略拓展为名的单一功能"外溢",进一步加剧对中心城区的综合功能"回波"。而市域交通网络格局,继续沿着以往中心放射形结构发展,其结果是单一功能的城市组团在市域的广域分布和放射形交通网络方面的结合,使得各组团(新区)对中心城区的依赖日益加剧。这种大尺度的"外溢回波"加剧了城市中心区的困境。

对照2000年"多中心、组团式、网络化"的城市结构设想,2007年的广州已经完成了单一功能的"多组团"拓展,但是"多中心"体系建设却远远没有达到,由于放射形交通网络的格局使得"网络化"的目标根本无法达到。再对照2000年"拉开结构、建设新区、保护名城"的城市建设总体战略,"拉开结构"基本完成,"建设新区"正在推进,但是由于"外溢回波"加剧了城市中心区的困境,"保护名城"面临巨大挑战。经过七年的发展,不但中心城区内部的外溢回波不仅没有得到减缓,而且还增加了中心城区与外围地区产业新区之间的外溢回波效应,从而形成双重的外溢回波效应,如图4、图5所示,加剧了外围新发展区与中心城区的钟摆式交通。

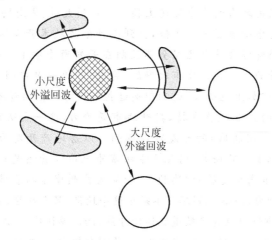

图4　广州的双重外溢回波(作者自绘)

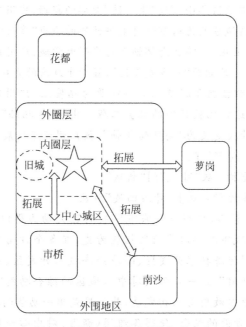

图5　广州城市结构解析(作者自绘)

3.2　应对"外溢回波"效应的"多中心"建构

在城市化快速发展期,广州作为华南中心城市,必将承担更大的责任。广州在城市空间战略性拓展基本完成的前提下,在巨尺度的"外溢回波"的被动局面下,发展战略应该从

"积极构筑空间据点"转向"全面提升优化"。从"拉开结构、建设新区、保护名城"转向"多极提升、内调外优、保护名城"。

上述情况表明,城市空间规模的拓展不会自然推动城市结构的优化,后者要求城市规划的主动干预:通过空间结构的调整,建设"截流中心"和"反磁力中心",推动多中心网络化城市结构的形成,进而疏导中心城区功能、缓解外溢回波效应,从而达到"提升城市质量、提升城市竞争力"的总体发展目标。该目标具体为:在市域层面积极培育远郊新城,构筑"多极提升"的反磁力体系;在城市中心区外围建设市级副中心,优化结构,构筑截流体系;在历史城区控制开发,保护名城,突显特色。显然,广州南部"截流中心"最好的选址就是华南板块所在的番禺北部地区。

3.3 从"卧城"到"新城"的"华南板块"重构

城市战略拓展会增加土地储备,如果城市财政不能同步持续增长,城市规模的扩大无疑带来较大的财政压力。"华南板块"以房地产开发为主,是典型的一次性收益长期服务的开发项目,但土地出让金已经流失了。如当时突击协议出让的"华南板块"土地价格甚至低至每亩 20 万元以下,如通过招拍挂,价格约为 400 万~500 万元/亩。虽然这一切是原番禺市"惹的祸",在设区十年后的今天,已经成为广州的问题了,而历史问题只能在发展中解决——"华南板块"从"卧城"到"新城"的重构。实际上,"华南板块"转型的因子早已经在聚集。

(1) 虽然广州战略拓展的目标是南沙新港区,但是由于番禺处在中心城区到南沙的主通道上,"华南板块"还是从城市的南拓中得到了不少红利。轨道交通三号线和四号线、新光快速路、西部干线、南沙港快速等客货运交通干线的建设,都极大地改善了该地区的交通条件。交通设施的拓展大大提高了地区的可达性,产生许多中间机会,华南板块已经在享受市政府公共财政投入的外部效益。

2010 年开通的武广铁路广州新客运站这个交通枢纽则是"华南板块"近期面临的最大"区位"利好,新火车客运站及其周边地区应该是番禺北部地区的交通中心、服务中心、就业中心之一。2011 年地铁二号线的开通将为这个地区转型提供新的"生长点"和"催化剂"。整合服务体系、市政交通体系和就业体系,用轨道交通上物业发展的机会建设番禺北部地区的商业中心、服务中心和就业中心,最终成为市级副中心,将"华南板块"自建自管的楼盘有机组织起来,将一棵棵"树木"集合成"森林"。

(2) 2000 年的"五普"资料显示,原番禺区 1 313.8 平方千米,户籍人口 92 万人,外来人口 68 万人。而 2009 年上半年的最新统计数据则显示,番禺区行政区划调整后的 786.15 平方千米土地上,常住人口已经达到 97.9 万人,外来人口 105.4 万人。仅以前述 12 个最大的楼盘计算,以平均每户 100 平方米建筑面积,每户 3.5 人计算,可以容纳 76 万多人。人口既是公共物品的使用者,也是商业服务的消费者,而这些消费者多是从广州疏解出来的"白领",消费能力较高。正因为有着如此众多的优质消费人群,已经有沃尔玛、麦德龙、欧倍德、吉盛伟邦等大量商家涌入"华南板块",商业税收将极大补充地方政府收入。

(3) 近年来,番禺区政府也提出了建设番禺"北部新城"的设想,设定了三大发展区域:大石、洛浦调整完善区,新客运站为交通运输中心和商贸中心,汉溪、长隆、万博为总部经济、商贸区、休闲度假区等。目前,政府的规划与开发商的积极性配合得很好,如果能够按此设想发展,华南板块的商业用地开发将超过266公顷。正是这些综合性的城市级服务中心的出现,使得华南板块有可能从目前单一功能的"卧城"走向综合功能的"新城"。

4 结语

改革开放三十多年以来,中国的城市化速度惊人,特别是东南沿海城市的高速发展超出了所有人的想象,面对如此高速且持续的发展,很难有精确的估计。另外,要求城市政府在高速发展中要同时改革自身的观念、体制,又要不断供给新的政策以适应变革的需要,确实不是一件容易的事。本文所讲述的广州番禺华南板块的故事,既有房地产开发初起的"汹涌之势",市级政府与县(区)级政府之间的博弈,也有城市政府土地财政的短期利益和长期责任,更关注到广州城市发展战略的构筑及其对"城市公共性"缺失的修正。

目前城市建设中公共利益被侵蚀的案例随处可见,迫切需要精致的制度设计和良好的法律体系来保护。可是在目前利益格局错综复杂,许多城市还冀望靠房地产拉动GDP的增长,城市各级政府还要依赖"土地财政"以获得土地收益的情况下,城市规划在维护公权上无疑面临巨大的压力。对于番禺北部地区的"华南板块"而言,可能的途径就是重建公共性,用城市政府主导的"新城"去重构房地产商主导的"板块"。

第3章 房地产投资开发需求预测

由于房地产资产需求通常是引致需求,因此对房地产投资价值的判断,需要对未来资产市场发展前景进行研究。不同类型的物业市场的需求有很大区别,因而需要针对不同的影响因素分别进行研究和分析。房地产投资的需求预测不是对某个时间点的房地产价格进行精确的估计,而是对房地产需求的变化趋势和价格的发展方向进行定性和定量的分析判断。

3.1 商业物业投资开发的需求分析

3.1.1 商业地产的概念

(1) 商业地产广义上通常指用于各种零售批发、餐饮休闲、文化娱乐、健身养生等经营用途的房地产形式。以办公为主要用途的地产项目,也属商业地产范畴。狭义的商业地产通常泛指主营为零售业的房地产资产形式,它是商业地产中投资经营最复杂、业态变化最多和管理要求最高的房地产资产类别。因此,它在理论研究和实践运营中都被予以重视。

(2) 商业地产的形式,主要包括百货商店、购物中心、超级购物中心、大卖场(仓储市场)、商业街、品牌专卖店、专业市场、写字楼等。

(3) 商业地产的特征,是资本与地产的结合,是以获得稳定现金流为目的的收益型物业。商业地产对资金流的运作要求比住宅地产要高,首先要求前期有大量的资本金投入,还要获得银行和其他金融机构(如基金和信托公司)的信任,给予足够的长期信贷支持。通过全部或部分持有物业,改善经营环境和调整业态组合,吸引优秀的商业经营者租赁物业,获得长期的投资回报。商业地产因为其客户需求的特殊性、利益协调的多样性和开发商投资盈利模式的复杂性,所以更需要在开发前期进行市场需求分析和投资效益研究。

(4) 商业地产的经营模式通常有三种形式:第一种是"只租不售",通常在商业物业建成以后形成独立的产权,进行招商合作,它以租金收入作为主要的项目盈利来源。它需要开发经营企业有雄厚的资金实力、较高的招商管理能力、融资和资本运营能力,能不断通过改善营商环境、调整业态组合来提高商业物业项目的盈利水平和租金水平,从而整体上提升商业物业的价值(业内称之为"养商"),获得源源不断的投资收益。国内外的一些著名的商业物业通常都是采取这种经营模式。例如,广州天河城广场在1996年开业时年租金收入3 700万元,到2004年年租金收入达到3.6亿元,在不到十年时间增长近十倍。[1] 第二种是"全部出售",这种模式通常是在商业地产开发的初期阶段或者开发企业

---

[1] 段宏斌.最佳购物中心操盘标本.哈尔滨:黑龙江美术出版社,2008.

是中小房地产企业的时候采用。由于开发企业资本不雄厚,管理能力和抗风险能力不强,不愿意持有物业的情况下,采取"卖铺"形式将物业分散给小投资者。这种经营模式只能获得一次性的销售收益,对于未来的商业物业整体经营规划不利,目前多用于商业街的开发。第三种是"租售并举",通常是投资开发商把其中的部分物业出售,其他自行经营的模式,通过卖掉一部分物业后套现,减轻了开发企业的资金压力和引进战略投资者,出租的部分也为后期的资本融资留下后路,有利于提升企业形象,获得金融机构的资金支持。这种商业地产的经营模式是第一种和第二种经营模式的综合,许多著名的房地产开发企业都采用这种模式。

(5)商业地产的"类金融"特性。由于商业地产是由零售业和餐饮休闲业等业态模式构成了其主要的盈利模式,每天会有稳定的现金流产生,可以设计多种的金融产品。又由于商业地产的经营可以采取预付消费、延迟供应商货款支付等方式获得大量的无息资金来进行经营扩张和资金周转。因此,可以称商业地产的经营具有"类金融"特性。它还可以像金融企业那样通过发放预付消费卡的模式筹集经营资金,因此也有人认为商业地产的经营具有某些金融企业的经营特性。截至2011年年底,中国国内的预付消费规模已经超过1.4万亿元,其中单用途商业预付卡发卡规模超过6 000亿元。有业内估算称,中国的预付消费正在以每年近20%的速度增长。另据不完全统计,全国33个省(市)的283个地级以上城市的主要商场都发行过单用途商业预付卡。[1]

3.1.2 零售业商业模式的演进

研究商业物业的开发需求应当去分析引致该类资产需求的商业模式的变化情况,这样就可以前瞻性地了解到商业物业开发的未来价值变化和市场需求变化,从而可以灵活地改进商业物业设施以适应商业业态的变化,规避投资风险。

(1)自从1852年世界上第一家百货商店Bon marche(廉价商店)在巴黎诞生,西方国家零售业经历了从成长期到成熟期的发展历程,相继出现了超级市场、连锁商品、折扣商店、便利商店、仓储俱乐部、购物中心、大型mall和无店铺销售等零售业态形式。对于零售业态演变的过程和原因,国外学者进行了相关的理论研究。归纳起来主要的理论学说有:一是关于零售业态的生命周期理论;二是关于零售业态内部基本组成要素的变化理论;三是关于零售业态的竞争选择理论[2]。

第一种理论流派的主要代表是零售业态的生命周期理论,如图3-1所示。零售生命周期假说(Retail Life Cycle Hypothesis)是1976年由美国的戴韦森(W. R. William Davidson)、伯茨(A. D. Bates)和巴斯(S. J. Bass)等人共同提出的[3]。它解释了现有零售业态是如何发展的(每种零售业态经历导入期、成长期、成熟期和衰退期这四个阶段向前发展),以及该零售业态由于何种竞争原因导致了这样的发展方向。该理论把零售生命周期变化的动因归之于不同的因素:如价格周期、市场环境、宏观经济波动等(见图3-1)。

---

[1] 何欣.预付消费超1.4万亿,单用途预付卡管理办法近日出台.经济参考报,2012-07-13.
[2] 晏维龙.零售营销策略组合及零售业态多样化.财贸经济,2003(6):83-86.
[3] 赵萍.国外零售组织演进假说及其局限性分析.经济理论与经济管理,2006(1):30-35.

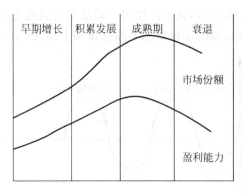

图 3-1 零售业态的生命周期理论示意图

第二种理论流派的主要学说是零售之轮理论和手风琴理论。零售之轮理论是由哈佛大学教授马尔考姆·麦克奈尔(Malcolm. P. McNair,1958)在 20 世纪 50 年代提出来的。它是至今为止中国学者最为熟知的零售业组织演变理论,该学说认为各种零售业态变化都是由价格诉求引起商品组合诉求,再转向服务内容诉求的反复运作过程,零售业态变革的周期性就像一个旋转车轮的发展过程(见图 3-2)。①带有一些创新性质的新零售业态,以低价销售的经营方式进入零售业。新、旧零售业态之间竞争的结果是,新零售业态占据了旧零售业态的大部分市场;②新零售业态门庭若市促成其他零售企业竞相模仿,新零售业态各企业间的竞争转趋激烈,先前赖以竞争的低价销售方式逐渐丧失优势;③为了拥有更具差异性的竞争优势,新业态便朝扩增商品组合、店铺更新设计、扩大服务性商品项目等方向努力,提升商店格调,造成价格上升的压力;④价格竞争力衰退后,市场上又让那些以低价作为策略的更新零售业态有机可乘。结果零售市场上,最新零售业态和先前的新零售业态之间又展开新的抢夺市场的竞争。[1]

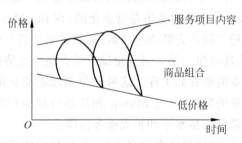

图 3-2 零售业态的循环过程示意图

手风琴理论是由布兰德(E. Brand)首先提出的,再经豪尔德尔(Hollander,1963)加以发展并命名[2]。该理论是从商品组合的角度,论述零售业态演变的过程,以商品组合宽窄幅度的变化,来说明零售业态的兴衰原理。该理论将商品组合的宽度视同手风琴的形状,随着时间的推演,商品组合宽度大的业态经营一段时间之后,商品组合宽度较小的新

---

[1] 晏维龙. 零售营销策略组合及零售业态多样化. 财贸经济,2003(6):83-86.
[2] S C Hollander. "Retailing: cause or effect?", in Decker, W. S. (Ed.), Emerging Concepts in Marketing. American Marketing Association, Chicago, IL, 1963:220-232.

业态将会随之出现,但不久之后,又会产生另一商品组合宽度更大的新型零售业态。依循商品组合宽度大小的变化,新的零售业态不断在市场上出现,如图 3-3 所示。

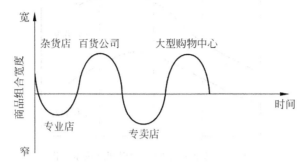

图 3-3 零售业手风琴理论示意

第三种理论流派的主要学说是生态竞争理论或者自然选择理论(Natural Selection),是杰斯特(Gist,1971)将达尔文的生物进化论移植到流通领域,强调环境变化在零售组织结构演变中所起的作用,只有最能适应当前环境的零售企业才最有可能避免失败。这是一种经济学上的自然选择过程。[1] 德理斯曼(Dreessman,1968)认为零售业态与生物物种具有相似性,二者都能正确地把握其产生的时间与地点,革新或突然变异的边界很清楚,二者只有适应时代或环境的变化才能生存[2]。

除了上述理论流派,还有其他的零售业态发展学说如"真空地带理论""两极化理论""环境与冲突理论"等,这些理论都有其合理的内容和对现实问题解释不足情况的存在。近些年,对零售业的理论研究发展到对其整体结构的分析方面,形成了所谓的 Big Middle 理论。Big Middle 一词可以理解为"大规模中间市场",它并不是指某一种具体的零售业态,而是指在零售市场上各种零售特征如服务、价格等方面均处于中间状态的一个市场区域或空间。[3] 该理论认为零售业的竞争是常态化的,在 Big Middle 的这种有较高服务水平和较低商品价格水平的中间状态的市场区域,集聚了最多潜在的消费者,也吸引了众多的零售业经营者进入,市场竞争的结果是大量缺乏综合竞争优势的中小商家被淘汰,只有一些成功的大型零售企业能够在此生存。这种竞争是动态变化的,它不断地更新着零售业的业态和推动零售企业的发展。Big Middle 理论还可以解释在网络信息时代,零售企业如何利用网络技术来降低价格水平和扩大服务范围。

总之,尽管零售业态演变的理论有许多流派,但是目前的发展深度和广度非常有限,还难以形成一套完整的理论体系,需要继续研究和丰富。

(2) 零售业商业模式的演变受到消费者需求、生活方式、社会经济发展和商业竞争的影响很大。消费者对百货店的诉求主要是商品的丰富程度,对便利店的诉求主要是日用小商品的供给,消费者对超级市场、仓储市场的诉求主要是大量、低价和标准化日用品,以

---

[1] R R Gist. Marketing and Society: A Conceptual Introduction [M]. New York: Holt, Rinehart and Winston,1971.

[2] A C R Dressman. Patterns of Evolution in Retailing. Journal of Retailing,1968.44:64-81.

[3] 韩耀. Big Middle:国外零售业演化理论新发展. 世界经济与政治论坛,2008(1).

及对开架自选销售的满足感,对连锁店和专卖店的诉求是对特选商品的品质和式样的满足。随着人们生活水平的提高、社会活动和闲暇时间的增多,人们对商品购买的需求增加了许多新的元素,这就对购物环境、购物文化、购物休闲提出了更高的要求。人们对商品购买服务的需求变化导致了零售业的商业模式更加复杂,商业地产的业态组合、经营模式也不断地变化,推动了城市商业地产的创新发展(如表3-1所示)。从购买形式单一的百货店、便利店,到集聚大量低价、优质日用品的超级市场、仓储市场,再到目前在国内城市发展迅速的、商品门类繁多的、集购物休闲、餐饮、文化娱乐和公共空间于一体的城市综合体的出现,以及在国外以 HOPSCA[1] 形式出现的、占地规模巨大、带有"城市更新"(Urban Regeneration)意味的集购物休闲、餐饮、文化娱乐、城市公园、写字楼、酒店和高档住宅区、公交捷运系统为一体的商业地产集群(见图3-4),商业地产的开发形式越来越复杂和高级化,涉及的建造技术、信息化技术、融资手段和管理手段更加高端化,对管理现代化商业物业资产的能力要求也越来越高。

表3-1 零售业商业定位与业态选择

业态	购物中心	百货商店	超市	专业店	专卖店	便利店	仓储店
定义	多种零售店铺、服务设施集中在一个建筑物内或一个区域内,向消费者提供综合性服务商业集合体。分市区、社区、城郊型	经营日用工业品为主的综合性零售商店	以顾客自选方式经营的大型综合性零售商场,又称自选商场	以经营某一大类商品为主,且拥有具备丰富专业知识的销售人员和提供适当售后服务的零售业态	专门经营或授权经营某一主要品牌商品为主的零售业态	是一种用以满足顾客应急性、便利性需求的零售业态	以经营生活资料为主的,储销一体、批量销售、实行会员制的商店
规模	5万～15万平方米为宜	规模大,营业面积在5 000平方米以上	标准超市:500～1 500平方米;大型综合超市:2 500～5 000平方米;超大型:6 000～10 000平方米	具备一定规模,根据具体市场和产品特性而定	根据具体经营的商品而定,一般在50～600平方米	面积在100平方米左右	规模较大

---

[1] HOPSCA 是指集酒店、办公楼、生态公园、商业购物、捷运系统、高档住宅于一体的城市综合体,它1986年最先诞生于法国巴黎的拉德方斯,目前在国际上一些超级大城市的城市更新中逐步出现。一个成功的 HOPSCA 项目的开发及运营,会带来巨大的社会效益,为开发运营商带来巨大的商业价值,同时作为地产物业的 HOPSCA,随着城市的不断发展,其物业自身也具有升值潜力。

续表

业态	购物中心	百货商店	超市	专业店	专卖店	便利店	仓储店
产品/业态	内部结构以百货店或超市为核心店,集零售、餐饮、娱乐于一体,核心店面积不超过总面积的80%	商品结构以服装、家庭用品为主,种类齐全	以食品为经营重点,满足食品一次性购全	商品结构体现专业性和深度性,品种丰富,选择余地大,主营商品占经营商品的90%以上	商品结构以著名品牌、大众品牌为主	以速成食品、饮料、小百货为主	经营范围广,如食品、日用品、耐用品

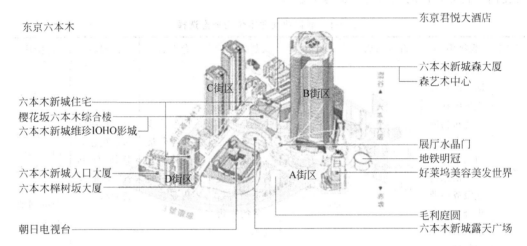

图 3-4 日本东京六本木的 HOPSCA

3.1.3 商业地产开发需求分析的步骤和重点

1. 分析步骤

第一步,为某一商业区位地块寻找最合适的商业业态模式和种类,以获得最大的产租效益。

第二步,分析该商业物业的目标客户和客流来源,划定商圈范围。商圈范围的确定也称为交易范围(Trade Area)的确定,"主要商圈"包括了约70%左右的目标顾客群,"次要商圈"包括了约20%的目标顾客群,"边缘(或称边际)商圈"包括了约10%的目标顾客群(见图 3-5)。

对于不同的商业业态模式,有不同的商圈时限,西方国家一般以车程来计算。例如,对于"日用百货店"主要范围,5分钟车程的顾客,贡献了60%～70%的商品销售额;而对"区域购物中心",则10～15分钟车程的顾客,贡献了主要的商品销售额。

第三步,估计人口规模和流动趋势,分析人均收入和社会商品零售总额,对潜在租户

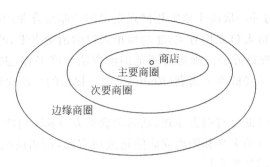

图 3-5 商业物业的商圈范围示意

和竞争对手的调查,对消费者行为的实地考察和分析。

第四步,了解该地区的政府商业规划,计算和分析该商业物业合理规模、业态组合、单位商业面积的平均销售水平和坪效指标,提出具体开发建设意见。

2. 商业地产开发需求分析的重点

一是对目标客户群的分析,分析消费者的偏好是商业物业安排业态组合、确定商圈范围的主要依据;二是对人均可支配收入的研究,只有人均可支配收入持续增长的地区(排除通胀因素)才有可能吸纳新的商业物业;三是对社会商品零售总额的研究,以发现新的商业物业增长的区域。这些重点反过来也是对商业地产投资区位选择的要点,通过分析这些要素的变化(例如,人口流动、集聚的趋势),可以帮助投资者找到未来合适的投资区位,规避投资风险。

3.1.4 商圈的界定和影响

(1) 商圈(Trade Area)通常是指一个零售店或商业中心的营运能力或销售扩散能力所覆盖的空间范围,也可以说是可能来店购物的顾客所分布的地理区域。一般可归纳为三点:第一,商圈是一个具体的区域空间,是一个大致可以界定的地理区域;第二,商圈是一个具体的商家销售空间,同时又是一个具体的消费者购买空间,而且这个地理区域空间很容易在地图上标示出;第三,商圈内各种销售辐射力和购买向心力构成一个类似物理学中"场"的概念,即"商业场",购与销的商业活动就是在这个"商业场"的范围进行。

(2) 商圈按影响范围可划分为:①核心商圈:对消费者的吸引力最大,消费者在人口中所占的比重最高,一般可达商业企业消费者总数的55%~70%;②次要商圈:位于核心商圈的外围,对消费者的吸引力较小,通常占商业企业消费者总数的15%~20%;③边缘商圈:处于商圈的最外层,属于商圈的辐射圈,对消费者的吸引力最小,其消费者是零星的、偶然的。因此,对商业地产的业态组合研究应针对核心商圈的目标客户,对消费者行为的分析也应以主要商圈的消费者为主,其他消费者为辅。

(3) 影响商圈大小和形状的因素。理论上的商圈是规则形状、均匀分布的,但在实际生活中除了上面我们讨论过的人口规模、行程(距离)之外,有许多多因素在影响着商圈的大小和形状。高速公路可以扩大商圈,而交通拥挤则减少商圈,此外通路接口的质量,有无禁行和左拐的标志等,这些因素都对商圈的大小有影响。从经济方面看,还取决于商圈内竞争对手的数量,如果竞争对手较多,某个商业中心或零售网点的服务半径就会减少,甚至无法立足。另外还取决于该零售网点组织的产品组合和产品线是否具有竞争力。商圈的范围不仅与城市人口规模有关,还与城市人口的消费水平、消费偏好密切相关。

(4) 确定商圈的理论方法。确定商圈范围的方法有许多种,主要有零售吸引力法则(又称雷利法则,美国学者威廉·雷利(Reilly,1931)提出的)、商业饱和理论和哈夫的"概率模型"等。

零售吸引力法是借助万有引力原理,从确定商圈人口和距离两个变量进行分析,商圈规模的大小是由于人口的多少和距离商店的远近决定的,商店的吸引力是由最临近商圈的人口和里程距离共同发挥作用。

$$D_{ab} = \frac{d}{1+\sqrt{\frac{P_b}{P_a}}} \tag{3-1}$$

式中:d 为 A 城市到 B 城市的距离,P_a 为 A 城市人口规模。P_b 为 B 城市人口规模;D_{ab} 为该商业物业在 A 城市的商圈边界距离。

则

$$D_{ab} + D_{ba} = \frac{d}{1+\sqrt{\frac{P_b}{P_a}}} + \frac{d}{1+\sqrt{\frac{P_a}{P_b}}} = d \tag{3-2}$$

商业饱和理论是通过计算零售商业市场饱和系数,测定特定商圈内某类商品销售的饱和系数程度,通过其计算与该区域内同行业商场的销售平均水平相比是过多还是不足。

$$IRS = (C \times RE) \div RF \tag{3-3}$$

式中:IRS 为饱和度指数,C 为每年内的购买顾客总人数,RE 为全年每一位顾客的平均购买额,RF 为商圈内商场的营业面积。

哈夫的"概率模型"(Huff's Model)则从消费者的立场出发,认为消费者利用某一商业设施的概率,取决于表现商品多样性的营业面积,以及为购物所消耗的时间和商业设施的规模与影响力。

$$P_{IJ} = \frac{\frac{S_J^\mu}{T_{IJ}^\lambda}}{\sum_{J=1}^{n} \frac{S_J^\mu}{T_{IJ}^\lambda}} \tag{3-4}$$

式中:μ 表示卖场魅力或商店规模对消费者选择影响的参变量,λ 表示需要到卖场的时间对消费者选择该商店影响的参变量,通常 $\mu = 1, \lambda = 2$;$P_{IJ} = $ I 地区消费者到 J 商店购物的概率;$S_J = $ J 商店的卖场吸引力(卖场面积、知名度、促销活动等);$T_{IJ} = $ I 地区到 J 商店的距离阻力(交通时间、交通系统等);$\lambda = $ 以经验为基础估计的变数;$n = $ 互相竞争的零售商业中心或商店数。

3.2 住宅物业投资开发的需求分析

相对于商业物业,住宅物业的投资需求分析比较简单。主要是选择人们愿意居住的区域,分析该项目的目标客户,以及相同的项目竞争状况,从而获得判断投资开发是否可行的主要依据。

3.2.1 目标市场分析

(1) 住宅的使用功能是满足人的居住需求,因此住宅项目的目标市场分析主要是对目标客户的需求分析,即拟建项目在哪些方面能够满足目标客户的功能需求和心理期望。住宅项目的目标客户通常是指那些在市场上具有购买能力和需求的目标人群,他们是该项目的潜在客户。具体而言,所谓的目标市场分析就是针对潜在客户的分析,分析客户的购买需求和可能的价格定位,分析该类住宅的主要户型、功能、环境,以及建筑外观风格、小区规划和配套等,使得项目在建成后能够得到目标客户的认同,以减少投资风险、获得较好的投资回报和社会效应。例如,目标客户是较高知识水平的中产阶层家庭,他们对子女教育和居住环境要求较高,则在户型设计中要重视书房的功能设计,小区宜靠近优质的中小学教育机构,小区的环境设计应考虑安静、幽雅和有文化内涵等。

(2) 目标市场区的分析通常也要遵循经济学的基本假设,即认为假设在该地区所有的居住单元都是互相关联和可替代的,是同质的、竞争性的商品。因此,对该市场区最有效率和效益的建筑产品应当予以关注,并加以总结归纳,在拟建项目中加以复制利用,或者形成某类特定人群或者特定区域位置的住宅建筑产品线(例如,万科的城市花园系列、四季花园系列产品等)。同时,还可以进一步据此开发超出客户满意度的创新产品,提高客户的产品附加值。

(3) 潜在客户的通勤时间和就业范围分析。"物以类聚,人以群分"。住宅物业有一个最显著的特点就是职业或文化取向趋同的人群多半会对同一类住宅物业感兴趣。因此,在分析潜在客户群时就要考虑客户从就业地到该物业的通勤时间,以获得该物业市场区的影响范围数据和人口数据。对于目标客户(包括租户)的需求和收入状况也应进行分析,以便对小区的环境和户型进行有针对性的规划。通常快捷和低成本的公共交通系统会减少客户的通勤时间和成本,这样住宅物业的市场区就会扩大,可能吸引的客户就会增多。例如,城市公共交通系统的建设会扩大"职—住"的通勤距离,在地铁站附近的住宅物业会吸引更多客户的关注。

(4) 住宅项目投资的区位分析。由于人们的生活质量与环境的优劣有很大关系,因此对于住宅投资项目的选址就有很高的要求。通常在一个城市中,绿化好、环境安静、地势高和处于城市上风向的地块是比较理想的住宅开发用地。例如,广州市的常年主导风向是北向和东南向,所以北部的从化地区和东南部的番禺地区是理想的居住小区的开发区域。进一步的区分还可以发现,广州从化地区由于属城市上风向、城市水源地、绿化率高和无工业开发区,则比广州市番禺地区更有住宅项目的开发优势。

3.2.2 竞争对手分析

(1) 竞争性物业是指在与拟开发住宅物业有相同市场区的住宅项目。它会吸引同类目标客户,因而就构成了该项目的竞争对手。研究拟开发项目周边的同类项目状况,例如,竞争性楼盘的小区规划、园林道路、建筑风格、租售价格、主力户型和面积等信息。研究竞争性物业的共性和特性,以便在拟投资项目中采用针对性措施或汲取经验。

（2）竞争性对手的战略分析。要评价竞争性住宅物业的优劣性，就需要进行竞争性对手的战略分析，分析它的营销策略、开发策略、产品创新策略等。从而有效调配企业的资金和人力资本，有针对性地制定自己的开发战略，生产出更能吸引目标客户的住宅产品，获得投资的成功。

3.2.3 目标客户的需求结构分析

住宅物业的户型由于建筑规划条件限制和工程成本的优化限制，不能完全一致。而同类需求人群尽管文化取向基本相同，但是由于年龄、收入和家庭背景的差异，仍然可以进行分层。通过在市场区范围内对不同层次目标客户人群的估测，形成拟建项目的家庭需求结构和收入支付结构，它有助于在项目开发中区分主力户型和次要户型，挖掘项目潜力，形成初步的小区建筑开发规模和总投资额，从而能够更科学地利用土地、资金和小区空间，获得更高的投资效益。

*3.2.4 住宅价格研究的计量模型[1]

由于住宅是一种典型的异质性商品，住房价格的微观环境影响因素研究就成为国内外学者研究某一地区住房价格规律的经典方法。它是基于某一地区一定的宏观和中观经济环境影响的条件下，人们对住宅选择所产生的价格差异分析。在日常生活中面积、结构、质量等完全相同的住宅因所处环境不同而产生巨大的价格差异。例如，位于市内商业和政治中心的住宅单价要远远高于其他地区，地铁站等交通设施附近的住宅价格要高于周边的物业，面向公园、学校、绿地或水面的住宅价格要高于周边此类住宅的价格。这些现象说明人们对于住宅周边环境的要求导致了住宅价格的显著差异。对于这类住宅价格影响的研究，国内外经济学者通常采用的是 Hedonic 住宅价格模型，即通过特征价格（Hedonic Price）视角构建回归模型来研究房地产市场价格的影响因素。一般认为 Hedonic 住宅价格模型是由兰开斯特（Lancaster，1966）和罗森（Rosen，1974）提出，其中兰开斯特的新消费者理论指出商品的市场价格是由商品的特征属性而不是商品货物自身决定的，它为住宅价格研究的新古典经济学理论提供了基础。而罗森提出了具体的 Hedonic 住宅价格模型理论框架，从理论上分析了差异产品市场的短期均衡和长期均衡，为特征价格理论的建模、特征价格函数的估计奠定了基础，在住宅价格与居住环境的研究中得到了广泛应用。可以说，Hedonic 住宅价格模型是城市经济学中常用的经济计量模型。

Hedonic 住宅价格模型主要包括影响住宅价格的因素，通常影响住宅价格的因素有三大类：区位（Location）、建筑结构（Structure）和邻里环境（Neighborhood）。因此，Hedonic 住宅价格微观影响关系方程可以写成如下形式

$$P = F(L, S, N) \tag{3-5}$$

式中，P 为住宅价格，L 为位置影响因素，S 为建筑质量相关因素，N 为邻里环境影响因素。

---

[1] *为本科生选学章节——全书章节类似标注意义相同。

由于消费者对住宅影响因素属性的支付意愿是从住宅价格间接得到的,通过回归分析获得模型的参数估计就得到属性的隐含价格,因此人们可以估计哪些因素对购买者的选择影响较大。

基于研究的需要,通常使用 Hedonic 住宅价格模型进行实证研究的有下列函数形式,如表 3-2 所示:

表 3-2　Hedonic 住宅价格模型常用函数形式

线性模型	$P = \alpha_0 + \alpha_1 L + \alpha_2 S + \alpha_3 N + \varepsilon$
对数模型	$\ln(P) = \alpha_0 + \alpha_1 \ln(L) + \alpha_2 \ln(S) + \alpha_3 \ln(N) + \alpha_1' L' + \alpha_2' S' + \alpha_3' N' + \varepsilon$
半对数模型	$\ln(P) = \alpha_0 + \alpha_1 L + \alpha_2 S + \alpha_3 N + \varepsilon$

资料来源:王德,黄万枢.Hedonic 住宅价格法及其应用.城市规划,2005(3).

表中,P 为住宅价格,L 为位置影响因素,S 为建筑质量相关因素,N 为邻里环境影响因素,ε 为误差项,a_0 为常数项。L'、S'、N' 为无法取对数的位置、建筑、邻里属性的 0-1 变量。

从 20 世纪 90 年代到现在,特征价格模型得到了广泛应用,许多实证研究对该模型进行了完善。研究较多的是房地产特征价格模型和对一些非市场物品(如资源、环境等)价值的评估。技术上对特征模型的改进主要有以下两点:一是估计方法,包括半参数、非参数回归技术,并有人讨论样本选择偏差、函数形式的选择,还有人利用 GIS 来研究空间变量的量化和表示。二是有不少研究结合使用其他理论或模型进行比较分析,如离散选择模型、神经网络、Count 数据模型、权变模型、混沌理论、旅行成本模型(Travel Cost Model)等。[1]

3.3　写字楼物业投资开发的需求分析

由于写字楼物业的需求受到的影响因素比较复杂,以及影响传导链条较长,既有国家宏观经济的影响,也有地区产业发展程度、政府对企业的管制和税收政策的作用,还有写字楼投资者和企业租户的行为影响。因此,在土地开发决策中,估测商业办公用房需求是最困难和最不准确事情。[2]

3.3.1　写字楼物业的竞争情况调查

(1) 写字楼物业的集聚状况分析。写字楼物业与商业物业有类似的有趣现象,即喜欢集聚在一起竞争。在城市中,写字楼集聚区往往在中心区的重要节点处——中央商务区范围(见图 3-6)。由于企业的销售规模和竞争力不同,写字楼价格与环境也呈分级状态,甲级写字楼在城市中的最重要商业地段,租金价格最高,进驻的企业也最有影响力,它们成为城市写字楼的价格和服务的"领导者"。其他级别的写字楼则在城市的其他次要商

---

[1] 贾生华,温海珍.房地产特征价格模型的理论发展及其应用.外国经济与管理,2004(5):42-44.
[2] 盖伦·E.格雷尔.房地产投资决策分析.上海:上海人民出版社,1997:96.

业区位节点处分布,租金价格低于甲级写字楼,以吸引中小企业租用。

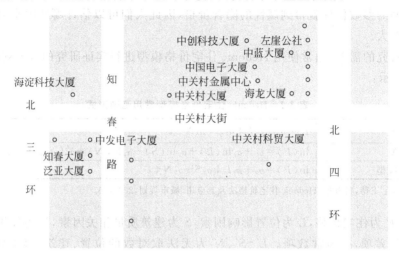

图 3-6 北京中关村写字楼集聚示意图

(2) 城市写字楼集聚区域的竞争演化。在一个城市的发展演化过程中,总是伴随着产业结构的调整,它导致了城市土地利用空间的不断变化,不同产业企业的进入和退出,形成不同的企业办公集聚区域。它既反映了城市扩张的轨迹,也反映了城市产业结构变化的趋势。因此,在城市写字楼需求研究中要发现其演化规律和趋势,这样才能在投资项目选址上把握先机,提出可行的开发方案。

例如,广州市在改革开放后首先形成的是以环市东路为核心的中央商务区(CBD),单纯的写字楼物业比较少,主要是以五星级酒店作为企业的办公用房,花园酒店等一些星级酒店承担了城市写字楼的功能,并成为了旧的广州城市中轴线上的重要的商务区域;20世纪 80 年代末(1987)广州借全国六运会的时机和政策,开发建设了新的中央商务区(CBD),形成了天河北、体育西路的写字楼集聚区,极大地提升了广州市的形象,以中信广场(建筑高度 333 米)为地标建筑的甲级写字楼群吸引了国际著名的 500 强企业入驻,广州市的产业结构也从轻工业向重化工业转型;21 世纪初在广州的珠江新城和琶洲地区,在广州市新的城市规划指引下,以及城市腹地大幅扩张的情况下,形成了新的中央商务区,金融、保险、高新技术产业企业成为新的 CBD 的进入企业,商贸、旅游和会展业企业也在此形成集聚,总部经济和商圈初见端倪。2010 年广州亚运会前建成的广州西塔(广州国际金融中心,建筑高度达 437.5 米)成为了新的地标建筑(见图 3-7),与中信广场一起形成了广州新中轴线和城市发展趋势轴。而过去的环市东路 CBD 则逐渐演变成为了次要商圈,从城市高档写字楼的区域竞争中逐渐退出。

3.3.2 写字楼需求变化分析

(1) 写字楼需求的根源在于宏观经济的景气程度和企业的经营状况。在国家宏观经济状况繁荣时期,企业经营状况较好,企业成长的速度加快,企业会加快投资步伐,扩大生产规模并招募新的雇员。这样企业无论从扩大公司规模和资产投资规模,还是从补充公

图 3-7 广州西塔(广州国际金融中心)

司资源和提升企业市场影响力考虑,都要购买或租用新的办公场所,以满足生产和补充新员工的需要。反之,当宏观经济整体不景气时,企业将大量裁员,减少投资规模,收缩业务网点和减少经营成本,这时写字楼的空置率是最高的。因此,国际上以研究考察城市写字楼的雇员就业率来判断写字楼的需求变化。例如,在四象限模型中,Office Demand＝$\alpha_1 ER^{-\beta_1}$,其中,$E=$ office employment[1]。但是,Dipasquale 和 Wheaten(2002)认为尽管写字楼使用行业的就业人口增长率与物业的净吸纳量有明显关系,但这种关系并非完美[2]。由于写字楼市场中租用客户占据了主要的市场份额,所以写字楼市场的需求波动最为频繁,投资者和租户的情况难以充分地调查分析,并且预测未来的市场变化也较为困难。

(2) 写字楼的中远期需求分析。由于写字楼需求、供应变化较大,加之投资者通常采用出租模式进行投资经营。因此,短期的需求和供应变动变得相对不重要,投资者更应关注的是中长期的写字楼市场需求,应当分析城市经济的未来发展趋势和产业结构变化,分析城市高级管理人员、知识阶层人群就业率的增长趋势和发展空间,以及写字楼租金的变化趋势,这样才能发现城市写字楼需求的未来增长空间,坚定长期投资经营的决心。

*3.3.3 写字楼需求计量模型

由于写字楼的需求影响因素较多,对写字楼需求的研究主要是通过城市产业结构变化、从事智力密集劳动人群和服务业就业的人口的增长趋势等方面来分析。Mills(1967)以制造型企业为主要研究对象,指出写字楼有聚集的趋势。认为企业有向运输以及信息成本最小的地方聚集的趋势。但是随着区域产业的升级转型,城市经济活动逐渐转变为在写字楼里进行的商务活动(包括金融、市场营销和生产性服务等);Clapp(1992)指出写字楼的空间需求聚集效应可由变化复杂的经济计量模型来分析,其影响因素包括交通便利程度、写字楼分布密度、建筑特征、建筑物品质、对人力资源的接近性、财产税和租赁契

---

[1] 参见 MIT open course ware: Real Estate Economics.
[2] 引自 D Dipasquale, Willam C Wheaten . 城市经济学与房地产市场. 经济科学出版社,2002:298.

约等；Howarth(1992)将影响写字楼市场的变量分为内生变量和外生变量，内生变量为写字楼的供给量、写字楼的空间需求、租金和空置率等，外生变量为办公室雇佣情况、建造成本、利率等，研究表明影响写字楼需求的主要因素是就业人数和中心的集中程度[1]。Dipasquale 和 Wheaton(1996)认为在服务业中有以下行业是使用写字楼的：广告、计算机和数据处理、公共服务、零售业、法律和社会服务业、商务服务业、工程业和管理服务等行业。因此这些服务业的就业人数上升就会显著地使得写字楼的需求面积上升。上述这些研究基本上与 Dipasquale 和 Wheaten 的四象限模型中对写字楼的需求分析相同，大都认为需求与城市的产业结构、相关产业的就业人口相关，例如 BFI(Banking、Finance、Insurance Sector)等产业的就业率。

在写字楼需求的定量分析方法上，常用的预测方法有比例法和预测方程法。比例法假设劳动者参与率、失业率、产业和职业组成结构和每个雇员使用的写字楼空间保持是常数，因此基于可以得到的人口和就业比例这样的数据来预测写字楼的需求量。Jennings(1965)最早提出了写字楼需求的比例模型：$D_{t+1} = \left(\frac{S}{P}\right)P_{t+1}$，其中，$D$ 是写字楼需求量，S 代表写字楼存量，P 代表就业人口规模。此模型最大的缺点是 S/P 的数值会随着产业结构和就业结构而改变，他建议用历史的存量和未来经济变化的最小二乘法的趋势曲线来分析写字楼的需求。Clapp(1989)采用"入驻面积/就业人口"指数来评估每年写字楼的需求量，需求量用吸纳量来表示。预测方程法的是利用写字楼雇员和新增雇员所占空间的变化来分析写字楼需求。Kimball 和 Bloomberg(1987)用总就业人数来预测，用劳工部的数据来提取办公室是使用面积的占有人数，再通过 SIC 目录数据进行分类，然后分配一定的比例给独立的写字楼。Rosen(1984)将租金和空置率引入到写字楼的需求预测模型 $CHNGOSF_t = f(ESRENT_t, VAC_t, COST_t, INT_t, TAX_t)$，建立了估计租金、空置率、建造成本、利率、税收之间的函数。其中，$CHNGOSF_t$ 是 t 时刻写字楼的增量，$ESRENT_t$ 是 t 时刻租金水平，VAC_t 是 t 时刻的写字楼空置率，$COST_t$ 是 t 时刻的写字楼建造成本，INT_t 是 t 时刻的利率水平，TAX_t 是 t 时刻的写字楼税负。Schmitz(2001)总结了写字楼市场需求量的预测方法有如下三种：第一，就业增量预测法。就业增量预测法通常把预期办公室职位的增加量乘以每个办公室雇员占用的平均面积，得到将来写字楼的需求量。采用这用就业增量预测方法估计未来写字楼的需求量，第一步是预测就业情况，第二步是估计每个雇员平均占用多少面积。第二，市场吸纳量分析法。这种方法是通过分析市场区域内各种不同类型的写字楼的出租情况和净吸纳量的变化来预测需求的方法。净吸纳量表明了市场是稳定还是疲软，而租赁活动则是市场内部的变化。比较吸纳量和租赁活动的变化趋势，分析者可以总结出写字楼市场的潜力和稳定性。第三，综合研究方法。这种方法既考虑了现实的吸纳量和就业状况变化趋势，也考虑该国家和当地商业周期的发展阶段，以及新的阶段会对市场区域中写字楼的需求产生什么影响；既要对将来的需求进行一般性的预测，还要找出具体的写字楼的需求的来源，并对其进行项目评估，从而发现潜在租户的范围。

---

[1] 张佳.杭州写字楼需求的影响分析与预测.浙江理工大学硕士论文,2012.

3.4 问题研究

对房地产资产投资的需求分析,是投资分析的基础内容和投资决策的关键要素。需要有开阔的视野和坚实的城市经济学、产业经济学理论基础,同时对使用者、投资者的需求层次和心理研究有深刻的认识。由于商业地产的投资和运营比较复杂,因此既需要学习相关的零售业理论,了解零售业运营知识,也需要结合企业实力和资本运作能力来确定其经营模式。而对于住宅物业的投资分析,则更需要对客户心理、效用价值理论做深入的研究。

3.4.1 Big Middle 理论与 HOPSCA 的开发——理论与实践的差异

Big Middle 理论是对零售业发展演化解释得比较清晰的新理论,它认为在零售市场上各种零售特征如服务、价格等方面均处于中间状态的市场是最有潜力的零售市场,也是占据市场份额最大的零售市场。只有一些成功的大型零售企业才能够在 Big Middle 中长期生存并得到发展。所以从长期来看 Big Middle 实际上也就是处于领导地位的零售商所占据的市场。[1] 这种市场面对的是既注重服务水平,同时也追求较低价格的消费者,采取的策略组合是适中的价格和适宜的服务,它能够满足大多数消费者的需求变化。但是,从国内外的一些重要城市的商业物业演化进程来分析,类似 HOPSCA 之类的城市综合体的开发随着城市更新而方兴未艾。它们通常是在过去城市的繁华街区,占据巨大的城市空间,并吸引城市的大量的人流和物资流在此集聚。这些地方的地价较高,劳动力成本和资本密度也较高,显然不是 Big Middle 的理想区域。

(1) 你如何看待 Big Middle 理论?为什么说它能够较好地解释一些大型零售企业成功发展的原因?

(2) 在现实的商业实践中,实体商店与网上销售的盈利模式有显著的差别,你能否用 Big Middle 理论解释无店铺销售的网上零售业务?其有哪些局限?

(3) HOPSCA 以及城市综合体的出现,反映了零售业与其他商业经营模式,以及社会公共空间的融合演化到一个更高级的阶段,从消费者需求的视角应当如何分析这种变化?

3.4.2 住宅需求——使用还是投资

由于房地产使用的长期性和空间位置的不可移动性,房地产商品既有消费品使用属性,又有投资品的资产属性。这使得个人和企业对房地产资产的需求既有使用需求,也有投资需求。首先,人们对个人和家庭生活条件的基本需求是住房的使用需求,既包括功能的也包括环境改善的;其次,由于出租的房地产有连续的租金产出,以及资产本身的耐久性,使得房地产资产在产权得到保护的情况下成为了良好的资金融通抵押品。这样,房地产资产又具有了金融资产的属性,成为了一种投资品,也有人称为"凝固的货币"。正是由

---

[1] 韩耀. Big Middle:国外零售业演化理论新发展. 世界经济与政治论坛,2008(1):112-118.

于房地产资产的多重属性,使得人们在研究房地产资产需求时产生了许多的困惑:是鼓励支持还是限制选择。

(1) 住宅物业既有使用功能,也有投资属性。你能否区别个人或家庭在购买房地产资产是出于使用需求还是投资需求?在什么情况下,个人和家庭对住宅物业的需求从使用转向投资?

(2) 既然房地产资产能够产生现金流,能否直接将房地产资产看成是金融资产?两者的差异在哪里?

(3) 由于居住权是基本的人权,政府应当满足人们的基本需求。因此,政府应当满足人们购房自用的最低需求。政府是否可以限制人们住房条件的改善需求?杜绝人们的住房投资需求?假设政府杜绝了人们的住房物业投资需求,二手房租赁市场是否还会存在?对整个社会福利增进而言是正收益还是负收益?

3.5 案例分析

3.5.1 城市产业竞租:集聚还是扩散

2010年5月28日广东省政府常务会议通过珠三角地区五个一体化规划,着力推动珠三角地区基础设施、产业布局、基本公共服务等一体化,以实现珠三角地区深层次融合连接,打造世界级城镇群。规划期限为2009年至2020年。作为一体化"软件设施"规划,《珠江三角洲基本公共服务一体化规划》提出基本公共服务的范围、目标路径和实现步骤,并强调要打破行政区划壁垒和障碍,形成一个有利于资源要素有效配置和自由流动的体制化环境,使区域内公民所享受到的基本公共服务最终达到统一标准。规划指出公共基本服务范围包括公共教育、公共卫生、生态与环境等十个方面,目标路径为资源共享、制度对接、待遇互认、差距缩小城乡统一和指挥协同等,分为初步实现阶段(2009—2012年)和全面实现阶段(2013—2020年)两个阶段。[1]

从城市经济学的视角分析,当两个相邻城市之间的某些制度和经济门槛被消除,通勤成本降低后,它们中的商业物业竞争会在基本相同的条件下进行,过去处于竞争劣势的城市商业物业会快速发展起来。基于这种理论的分析,当广东珠三角城市一体化政策开始实施,地铁等快捷公共交通系统开通后,会促使更多的广州市民选择在周边城市生活和购物消费,广州周边的城市如佛山等地将会出现商业购物中心零售额快速增长、住宅地产价格上涨等现象。广佛都市区是珠三角地区经济的核心之一,有媒体预计如果两城一体将带来2万多亿元的工业产值、1.25万亿元的GDP总量,超北京而逼近上海。但是现实是,广佛同城化以及城市间地铁通车后,人们希望的情况并未完全出现。确实有一些广州居民选择在佛山居住,但是佛山的购物中心商业零售额并未显著快速增长,反而是更多的佛山居民选择到广州购物消费,促进了广州的商业购物中心的快速发展。形成了"抽水

---

[1] 新华社吴涛. 广东规划珠三角基建产业一体化打造世界级城镇群,中央政府门户网站 2010-05-28. www.gov.cn.

机"现象。[1]

问题分析：

（1）在城市群的公共服务趋同，产业功能扩散、通勤成本降低的情况下，为什么中心城市的商业集聚力仍然大过扩散力，而居住的扩散力却大于集聚力？

（2）类似的情况在长三角城市群是否也存在？在城市群发展的哪个阶段才会出现中心区域的商业的扩散力超过集聚力？

（3）从消费者需求理论分析，为何次级城市的居民在购买高档商品时愿意选择到中心城市购物，而不是选择就近区域商业中心购物？

3.5.2 网上商城与实体商业物业的竞争

电子商务中的网上商城，通过为顾客提供双向互动式的信息交流，开辟新的交易平台，为消费者提供了一种新的购物方式。这种方式可以使消费者购物时间随意、购物成本低、支付过程便利，从而对传统零售实体商店造成巨大冲击。零售之论假说认为，新型的零售商业模式的变革有着一个周期性的发展趋势，新的零售模式采用机构最初都采取"低成本、低毛利、低价格"的经营政策。当它取得成功时，必然会引起许多人的效仿。结果引起这种新型模式的零售商家之间的竞争，零售业无论采取何种经营模式都必须同社会经济环境的变化相适应，才能继续存在和发展，否则就不可避免地被淘汰。[2]

与网上商城的快速发展处境不同的是，传统的实体商店受到了很大的冲击。首先是图书行业的当当网、卓越亚马逊的图书营业额占据了主要的地位，老牌的图书商家新华书店现在也难以撼动它们的地位[3]。现在又发展到家电行业的著名零售商苏宁身上。苏宁发布2012年上半年业绩快报披露，1~6月份公司实现营业总收入471.91亿元，同比增长6.69%；归属于上市公司股东的净利润17.44亿元，同比下滑29.49%；基本每股收益0.2494元。报告期内，苏宁在内地新进地级市8个，新开连锁店79家，但门店总数仅净增5家，因期内置换/关闭连锁店74家。境外市场门店布局也有调整，在香港地区置换/关闭连锁店2家；在日本市场新开店1家。家电业资深观察人士刘步尘认为，门店置换、关闭或是苏宁自主调整的意味。他认为这是对早年规模布局战遗留问题的清理，苏宁也到了结构调整的关键期，一是梳理线下门店布局，加力渠道下沉；二是推动零售业务向线上迁移。正因如此，苏宁自身大力投入电商发展，此前提出了到2020年，线上营收要达3 000亿元的目标。业绩快报显示，2012年上半年，苏宁线上业务"苏宁易购"收入同比增长105.53%，达到52.8亿元（含税）。[4]

一些专家认为，商业地产的主要业务就是营造良好的购物环境，出售或出租门店。当门店逐渐被网络所替代时，商业地产很可能就面临贬值了。[5] 2012年12月12日，2012CCTV中国经济年度人物评选颁奖盛典在北京举行。电商巨头马云与同台领奖的

---

[1] 广佛地铁：是"抽水机"还是"收割机".南方日报，2012-08-17.
[2] 陈卫东.网上商店不能替代传统零售企业.湖南商学院学报，2002(3)：55-56.
[3] 徐楠.新华书店淘宝开店难撼卓越、当当地位.北京商报，2009-12-14.
[4] 徐洁云.苏宁转型路途"坎坷" 上半年净利下滑29.49%.第一财经日报，2012-08-01.
[5] 尹中立.苏宁电器股价跳水给我们的警示.http://yinzhongli.blog.sohu.com/.

商业地产领袖王健林在现场互相调侃,王健林、马云双方约定10年后,如果电商在中国的整个大零售市场份额占50%,王健林将给马云一个亿,如果没到马云还王健林一个亿。[1]

但是,也有的业内人士却认为,网上商店永远也不会代替实体商店。从某种角度来说,实体店一定会受到网店的冲击,但网店不可能摆脱实体店的互相支撑的关系。所以未来的实体店与网店是一种互相衔接的关系。比如,为什么全世界最大的实体店零售商——沃尔玛百货有限公司(以下简称沃尔玛),在网络时代还能成为了世界500强的领跑者?原因很简单,所有人还是倾向于体验式的销售。此外,高档商品和奢侈品,以及对新鲜程度和品质要求较高的食品类商品也很难在网上扩大销售。因此,未来的商业地产还会存在,但是会采取类似苏宁的做法——实体商店销售和网上电子商务共同发展的模式。

问题分析:

(1) 网上商城的销售竞争力有哪些?为什么它能快速成长起来?

(2) 你如何评论马云与王健林之争?

(3) 你同意有关商业地产会逐渐衰退的观点吗?为什么沃尔玛能够持续地成功?

(4) 依据零售之轮理论和 Big Middle 理论,未来商业地产的发展趋势如何?

3.6 本章小结

本章从分析零售业的相关理论着手,介绍了商业地产的有关概念,阐述了商业物业需求、住宅物业需求和写字楼物业需求的研究方法和步骤。其中,对商圈的概念、写字楼需求的关键因素都做了详细的分析。本章在"问题研究"部分,对现在世界各国在城市更新中商业地产与公共服务空间的结合——城市综合体现象,进行研究提问;以及对城市居民旺盛的住宅需求进行提问,引出政府的相应政策措施并对其进行反思。有些问题是开放性和前瞻性的,教师和学生可以跟踪研究相关的文献和理论来进行思考和判断,提出不同的见解。进一步地,本章的案例分析、思考拓展题对商业地产开发需求与城市功能演化、城市一体化等现实城市经济发展问题进行探讨,为业内专业人士的开发选址研究提供了新的视角。同时,对电子商务发展与零售业实体商店发展的关系也提出了前瞻性的问题,有助于学生和教师进行探索性研究。

3.7 本章拓展思考题

(1) 在商业物业的需求分析中为什么特别关注商圈的影响范围?一个商业购物中心的商圈的影响范围主要随哪些因素变化?

(2) 既然每个住宅都是独一无二的,为什么住宅物业需求分析中,假设在该地区所有

---

[1] 王健林、马云对赌1个亿:十年后电商份额将占50%. 人民网,2012-12-13. http://finance.people.com.cn/stock/n/2012/1213/c67815-19883738.html.

的居住单元都是互相关联和可替代的?

(3) Hedonic 住宅价格模型的原理是什么?在实证研究中存在哪些缺陷?如何解决?

(4) HOPSCA 之类的城市综合体开发的需求分析主要考虑哪些因素?

(5) 21世纪初为什么国际上一些著名的房地产业基金如摩根斯坦利、荷兰国际集团、新加坡政府 GIC 地产基金和德意志银行房地产基金先后选择北京、上海等中国特大城市的商业地产项目进行投资,而不选择其他省份的省会城市投资商业地产项目?

(6) 为什么房地产业内人士常说"开发住宅地产的开发企业是小学生,能够开发经营商业地产的开发企业才是大学生"?商业地产开发的难点在哪里?

(7) 家乐福和沃尔玛都是世界著名的零售企业[1][2],它们在商业物业选址策略上有何区别?它们的商圈和目标客户有何不同?

(8) 城市写字楼需求为什么较难预测?为什么企业愿意选择在中心城市商务办公楼的集聚区域内购买和租用写字楼?

(9) 如图 3-8 所示,你还能发现哪里能够开发商业物业,现有的区域存在有几个商圈?此外,可能的城市发展轴在哪里?

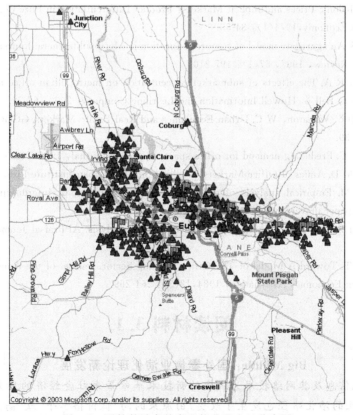

图 3-8 国外某城市的商业物业及人口分布图

注:三角符号代表居住区,小旗符号代表已有商业物业

---

[1] 李飞,刘明葳,吴俊杰.沃尔玛和家乐福在华市场定位的比较研究.南开管理评论.2005(3):60-66.

[2] 顾列铭.家乐福中国的"十字路口".中国外资,2010(10):52-54.

(10)由于计算技术的发展和互联网的广泛应用,人类活动的各种信息都会被记录和整理分析,这被人们称为"大数据时代"到来,那么在"大数据时代"人们的居住、商务需求将会如何被分析?对住宅、商业物业的开发将会产生哪些新的影响?你能从中考虑到何种创新性的房地产投资需求分析方法?

3.8 主要参考文献

[1] 晏维龙.零售营销策略组合及零售业态多样化.财贸经济,2003(6):83-86.
[2] 韩耀.Big Middle:国外零售业演化理论新发展.世界经济与政治论坛,2008(1):112-118.
[3] [美]盖伦·E.格雷尔.房地产投资决策分析.上海:上海人民出版社,1997.
[4] 贾生华,温海珍.房地产特征价格模型的理论发展及其应用.外国经济与管理,2004(5):42-44.
[5] 李飞,刘明葳,吴俊杰.沃尔玛和家乐福在华市场定位的比较研究.南开管理评论,2005(3):60-66.
[6] [美]D. Dipasquale, Willam C Wheaten. 城市经济学与房地产市场. 经济科学出版社,2002.
[7] Lancaster, K J. A new approach to consumer theory. Journal of Political Economy, 1966, 74: 132-157.
[8] Fosen S. Hedonic Prices andImplicit Markets: Product Differentiation in Pure Competition. Journal of Political Economy, 1974(1): 34-55.
[9] Mills, E S. An aggregate model of resource allocation in Metropolitan aera. Journal of the American Economics Review, 1967, 57(1): 197-210.
[10] Howarth, R A. The effects of submarket concentration on metropolitan office market dynamics. Ann Arbor: Bell & Howell Information and Learning Company, 2000, 67-78.
[11] Denise, D & Wheaton, W C. Urban Economics and Real Estate Markets. GGGG: Prentice-Hall: 1996, 24-39.
[12] Jennings, C. Predicting demand for office space. Appraisal Journal, 1965, 7(2): 77-82.
[13] ClaPP, J M D. Amies of Office Markets. Washington. DC: Urban Institute Press, 1993.
[14] Clapp, J M. Empirical analysis of office market. An evaluation of Interdisciplinary. Research. Working paper university of Connecticut, 1992(17): 235-260.
[15] Kimball, J R & B S Bloomberg. Offices Paee demand analysis. APPraisal Joumal, 1987, 55(4): 567-577.
[16] Rosen K T. Toward A Model of The Office Building Sector. Journal of the American Real Estate and Urban Economics Association, 1984, 12(3): 261-269.

阅读材料 3.1

Big Middle:国外零售业演化理论新发展[1]

以计算机信息及其网络技术为代表的新技术革命带来社会经济的巨大变革,在这一背景下,零售业的演化路径也发生了改变,由原来的向"低价格水平"或"高服务水平"两极化发展转变为向"较低的价格和较高的服务"的中间化发展,由此形成了一个新的以现代技术,尤其是信息、网络技术为支撑的"大规模中间市场"。本文在介绍关于零售业演化

---

[1] 韩耀.Big Middle:国外零售业演化理论新发展.世界经济与政治论坛,2008(1):112-118.

的 Big Middle 理论的基础上,对于 Big Middle 的形成机理进行了分析,进而从技术进步的角度说明 Big Middle 形成的条件,并就 Big Middle 与信息技术的应用之间的关系进行了探讨。

一、零售业演化理论的简要回顾

自工业革命以来,零售业取得了巨大的发展,而这一过程又以零售业态的变革为标志。从 19 世纪开始,由原来的杂货店到百货店,再到超级市场以及折扣店、仓储店、购物中心等,零售业的业态形式发生了一系列的重大变革,推动了整个零售业的发展。为了说明新型零售业态形成的机理,探索零售业演化的规律和趋势,许多学者从不同的角度,提出了一系列关于零售业的演化的理论,其中比较有影响的理论有零售之轮理论(Wheel of Retailing Hypothesis)、真空地带理论(Vacuum Hypothesis)、手风琴理论(Retail Accordion Hypothesis)和辩证法理论(Dialectic Hypothesis)等。

关于零售业演化最著名的理论要数麦克奈尔(M. P. McNair)于 1958 年提出的零售之轮理论。麦克奈尔认为,各种零售业态都是由价格诉求进而向商品组合诉求转变,再往服务内容诉求变动的反复运作趋势,零售业态的变革有一个周期性的像一个旋转车轮般的发展过程。新的零售组织最初都采取低成本、低毛利、低价格的经营策略,而当它取得成功时,其他经营者纷纷进行效仿,致使低价格策略原有的竞争优势逐渐丧失,使其不得不采取价格以外的竞争策略,诸如增加服务、改善店内环境等,这势必增加费用支出,使之转化为高费用、高价格、高毛利的零售组织。与此同时,又会有新的以低成本、低价格、低毛利为特色的零售组织开始问世,于是又开始了新一轮的演化过程。零售之轮理论较好地说明了超级市场、折扣商店、仓储式商店这一类以低价格、低服务水平为特征的零售业态的演化过程,但对诸如便利店、专卖店等以高服务水平、同时也是高价格水平为特征的零售业态的形成和发展却无法做出合理的解释,这也成为该理论的一个明显的缺陷。

相比之下,尼尔森(O. Nielsen)于 1966 年提出的真空地带理论对于不同类型零售业态的产生做出了更充分的解释。尼尔森认为,消费者对某一价格和服务水准会保持一定的偏好水准,不同偏好消费者的数量基本成正态分布,即大部分消费者属于中等的价格和服务偏好。为赢得更多的消费者的认同,原来采取不同策略的零售业会向中等价格和服务水平的区域集中,从而导致在高服务水平和低价格水平的两端形成真空地带。而真空地带的出现则意味着存在着新的市场机会,于是又有一些零售经营者开始进入两端的市场,并形成了以低价格、低服务水平为特征和以高价格、高服务水平为特征的新的零售业态。与零售之轮理论相比,真空地带理论不仅能够说明以低价格为特征的零售业态如何产生,也能够对以高价格为特征的零售业态的形成原因做出解释,并且真空地带理论还能说明为什么会有不同类型的零售业态在一个时期同时并存。

上述理论主要是就某种新型零售业态的形成原因进行分析,而忽略了新旧不同类型零售业态之间的关系。与之不同的是,手风琴理论和辩证法理论更多地是通过不同类型零售业态之间的相互关联和影响,来说明零售业态的演化过程。

手风琴理论早在 1943 年就有人提出,布兰德(E. Brand)于 1963 年对其进行完善,1966 年赫兰德(S. C. Hollander)将其命名为"零售手风琴"假说。赫兰德借助手风琴在演奏过程中重复地被张开和合起描述了零售组织产品结构的演变过程。他以店铺经营商品组合的宽窄为标志,认为零售业态的演化过程表现为由经营多种商品的综合商店到经营商品种类较少的专业店,再到经营商品更多、商品组合更为复杂的综合店的反复过程。例如,早期是经营商品种类较多的杂货店,之后出现经营商品种类较少的专业店,其后又演化出经营商品种类繁多的百货店,再其后则出现了只经营单一品牌的专卖店,而最后则出现了经营范围更广、经营内容更为全面的购物中心。

辩证法理论最早由吉斯特(R. R. Gist)于1968年提出。该理论是用黑格尔的辩证方法来分析零售业态的演化过程,认为零售业的演化也同其他事物一样,都是按照正→反→合,循环往复的逻辑过程进行的。原有的业态为正,新出现的业态为反。新业态出现后业态的演化并没有结束,新旧业态相互取长补短,又形成一种更新的业态,即合。合再重新转变为正,继续按照这一规律不断演化。按照这一理论,新的零售业态并不是对旧业态的完全否定,而是对旧业态的扬弃,即对传统经营形式的合理成分予以保留和发展,在此基础上容纳和吸收新的成分,从而形成一种全新的零售经营形式。例如,大型综合超市就是综合了百货店和超级市场的优点,从而成为一种新的零售经营业态。

有关零售业演化的理论还有零售生命周期理论(Retail Life Cycle Hypothesis)、自然选择理论(Natural Selection Theory)、环境理论(Environmental Theory)和生态理论(Ecology Theory)等,这些研究成果为分析零售业的演化和发展提供了理论基础。但这些理论所研究的对象大都是零售业态的单体,侧重于对单个零售业态的产生原因和机理的分析,而将不同零售业态作为一个整体所进行的研究明显不足。例如,在整体上各种不同类型业态的结构如何形成、占主体地位业态的演化过程与特征等,这些问题在以往的零售业演化理论中并没有得到深入的研究。而对于这方面问题的探讨,则是当前零售业演化研究的一个新的重要课题。

二、Big Middle 的概念及其内涵

Big Middle 是近几年出现的一种关于零售业演化的新理论。与以往的零售业演化理论不同,Big Middle 理论更多侧重于从整体上对零售业进行结构性的分析,说明在零售业中占主体地位零售形态(业态)的形成、变化及其发展趋势,从而弥补了以往零售业演化理论的不足。

按照字面的意思,可以将 Big Middle 一词理解为"大规模中间市场",它并不是指某一种具体的零售业态,而是指在零售市场上各种零售特征如服务、价格等方面均处于中间状态的一个市场区域或空间(Market Space)。由于 Big Middle 兼有较高的服务水平和较低的价格水平这样的特征,因此在这个区域中拥有最大数量的潜在消费者。同时,受规模经济、收入与利润增长的驱动,这个市场也吸引了许多的零售业经营者的进入,从而导致异常激烈的市场竞争。而竞争的结果,则是大量缺乏综合比较优势的小零售企业被淘汰,只有一些成功的大型零售企业才能够在 Big Middle 中长期生存并得到发展。所以从长期来看,Big Middle 实际上也就是处于领导地位的零售商所占据的市场。

对于 Big Middle 的内涵,利维等(M. Levy, D. Grewal, R. Peterson, B. Connolly, 2005)曾利用坐标图来加以更加直观的说明。在坐标图上,他们将服务水平作为纵轴,将价格水平作为横轴,再根据服务与价格水平的高低将零售市场分为四个区间:高服务水平区、低价格水平区、Big Middle 区和问题区(见图1)。

在这四个区间中,处于高服务水平区的零售商面向的是高服务偏好的消费者,其策略组合为高服务水平和高价格水平;处于低价格水平区的零售商则面向低价格偏好的消费者,其策略组合为低价格水平和低服务水平。而 Big Middle 区则介于二者之间,面对的是既注重服务水平、同时也追求较低价格的消费者,采取的策略组合是适中的价格和适宜的服务。最后一个区域是问题区,处于这一区域的零售商是以高价格水平和低服务水平

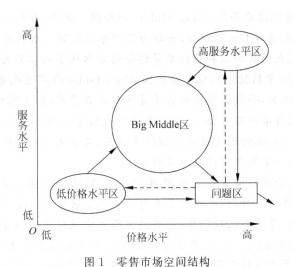

图1 零售市场空间结构

资料来源：M Levy,D Grewal,R Peterson,B Connolly.
The Concept of the Big Middle. Journal of Retailing,2005(2)：83-88.

为其特征。

在所有的消费者中,绝大多数人都希望购买到质优价廉的商品和服务,而只追求服务质量而不计较价格高低或只追求价格低廉而不计较服务质量的人毕竟只占很少的一部分,因此高服务水平区和低价格水平区的市场空间十分有限。当处于这两个区间的零售商要想进一步扩大市场规模时,就不得不对其策略组合进行调整,如属于高服务水平类型的零售商适当降低价格水平,属于低价格水平类型的零售商适当提高服务水平,以吸引更多潜在消费者的购买,从而加入到 Big Middle 类型零售商的行列。

与其他区间相比,Big Middle 区具有更大的市场空间,因而有可能使零售商形成最大的市场规模,从而产生规模经济效应,获得最大限度的收入和利润。但也正因为如此,Big Middle 区吸引了大量的零售商的加入,特别是一些处于领先地位的大型零售商的进入,从而使得这一区域中的市场竞争也就变得更加激烈。只有那些相对于其他零售商既具有服务优势、同时也具有价格优势的企业才有可能长期处于 Big Middle 区,因此,Big Middle 常为少数一些大型零售商们所占据。而一些小型的或年轻的零售商们更多是在高服务区或低价格区先占据一席之地,等到实力强大了再进入 Big Middle 与居于领先地位的领导者们进行竞争,以求在 Big Middle 中赢得更大的市场和更多的消费者。当然,在 Big Middle 区的竞争中,也必然会有失败者,部分零售商由于服务水平提不上去和价格水平降不下来,从而由 Big Middle 区下滑进入问题区,成为问题零售商。其中,一些问题零售商重新回到高服务水平区或低价格水平区,还有一些则因积重难返而最终被市场淘汰。

需要指出的是,Big Middle 的构成并不是固定的,而是不断变化的,这种变化主要表现为在 Big Middle 中占主导地位的零售业态在不断改变。因此,Big Middle 演化与零售业态发展之间存在着一定的关联性。按照利维等的分析,美国的 Big Middle 在 20 世纪六七十年代主要被以西尔斯·罗巴克公司(Sears,以下简称西尔斯)、JC 彭尼(JC Penney)为代表的传统百货店所占据,像沃尔玛(Wal-Mart,以下简称沃尔玛)、凯马特

(Kmart)等只是作为低价店而处于 Big Middle 的外围。从 20 世纪 80 年代开始,沃尔玛、凯马特等低价店开始进入 Big Middle,并与西尔斯等传统百货店展开竞争。到 20 世纪 90 年代,以沃尔玛为代表的折扣店和仓储店等综合超市取代了西尔斯为代表的传统百货店,取得了在 Big Middle 中的统治地位。在我国,Big Middle 的演化也有着与美国极为相似的过程。改革开放以来,早期零售市场占主导地位是百货店,位于零售业排行榜前面的均为百货店业态,如上海第一百货公司、王府井百货大楼等。而如今百货店已经风光不再,占据零售业排行榜前几位的则主要是连锁超市业态,其中又以大型综合超市业态为代表,如上海联华超市、上海华联超市以及苏果超市等。

从总体上看,无论是在国外还是在国内,在 Big Middle 中占主导地位的业态通常又都是一些具有综合特征的业态,即相对于当时的其他零售形式,Big Middle 主导业态在服务和价格等方面均具有综合比较优势,能够最大限度地吸引绝大部分消费者,从而取得了对 Big Middle 的统治地位。当然,不排除一旦更具综合比较优势的零售业态发展成熟,又会取代现在占主导地位的零售业态,带来 Big Middle 的进一步演化和发展。

三、Big Middle 形成与消费者选择

按照前面对 Big Middle 的定义,Big Middle 是绝大部分消费者集中的市场区间,可见 Big Middle 的形成与消费者的选择有关。消费的需求以及偏好的分布,是 Big Middle 形成的基础。

在正常情况下,每一个消费者都希望以最低的价格获得最多的服务,从而使其利益达到最大化。但对于零售经营者来说,服务水平与成本正相关,而成本的高低又决定了价格水平的高低。因此,零售商所能提供的价格/服务组合只能有三种,即高价格/高服务、低价格/低服务和中等价格/中等服务,消费者只能在这三种组合中进行选择。然而,对于消费者来说,低价格/高服务才是最理想的状态,而现实中这样的组合并不存在。在这种情况下,消费者便将这一最理想状态作为一种参照,将零售经营者实际提供的价格/服务组合与之相对照,并从中选择一种与理想状态差距最小的组合。

为了说明这一点,塞瑟罗曼(R. Sethuraman)和帕罗苏罗曼(A. Parasuraman)应用重物距离法(Weighted Block Distance Method)进行了解析(R. Sethuraman,A. Parasuraman,2005)。具体分析过程见图 2。

首先假定,对于消费者 m,其最理想状态为低价格/高服务,即图 3-10 中的 n 点,而零售经营者所能提供的价格/服务组合只能是高价格/高服务、低价格/低服务和中等价格/中等服务三种,分别以 i、j、k 后代表。$i'n$、$j'n$、$k'n$ 之间的距离分别代表了零售经营者 i、j、k 在价格方面与消费者理想状态的差距,ii'、jj'、kk' 之间的距离分别代表了零售经营者 i、j、k 在服务方面与消费者理想状态的差距。

再假定,$D(in)$、$D(jn)$、$D(kn)$ 分别代表了零售经营者 i、j、k 与消费者理想状态总的差距,它们分别为在价格方面的差距和在服务方面的差距之和,于是有

$$D(in) = ii' + i'n \tag{1}$$

$$D(jn) = jj' + J'n \tag{2}$$

$$D(kn) = kk' + k'n \tag{3}$$

根据图 2 中给定的距离分别代入公式(1)、(2)、(3)进行计算,可以得出

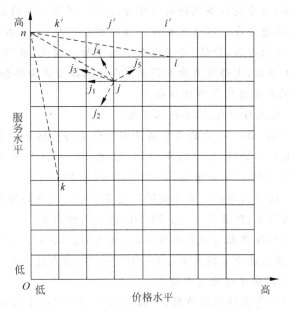

图 2 Big Middle 与消费者选择

资料来源：R Sethuraman，A Parasuraman. Succeeding in the Big Middle through Technology. Journal of Retailing,2005(2)：107-111.

$$D(\text{in}) = 1 + 5 = 6$$
$$D(\text{jn}) = 2 + 3 = 5$$
$$D(\text{kn}) = 6 + 1 = 7$$

通过比较，$D(\text{in})$上面只是对单个消费者进行的分析，而且这里假定该消费者对服务的偏好为1，即保持中等程度的服务偏好。如果分析的对象不是单个的消费者，而是所有的消费者，在消费者之间必然存在着服务偏好的差异。我们用系数β_m来反映消费者的偏好，上面的公式则改写为

$$D(\text{in}) = \beta_m(\text{ii}') + i'n \tag{4}$$
$$D(\text{jn}) = \beta_m(\text{jj}') + j'n \tag{5}$$
$$D(\text{kn}) = \beta_m(\text{kk}') + k'n \tag{6}$$

消费者对服务的偏好不同，则意味着系数β_m值不同。我们将高服务偏好的系数确定为$\beta_m=3$，将中等服务偏好的系数确定为$\beta_m=1$，将低服务偏好的系数确定为$\beta_m=0.3$，分别代入公式(4)、(5)、(6)，计算结果如表1。

表1 不同偏好消费者对零售商的选择

消费者类型	β_m	$D(\text{in})$	$D(\text{jn})$	$D(\text{kn})$	选择结果
高服务偏好	3	8	9	19	i
中等服务偏好	1	6	5	7	j
低服务偏好	0.3	5.3	3.6	2.8	k

从表1可以看出,对于高服务偏好的消费者,D(in)问题是不同偏好的消费者并不是平均分布,而是服从正态分布。零售服务与一般的商品一样,也存在着边际效用递减,也就是说,随着服务水平的提高,价格/效用比在不断下降。因此,在所有的消费者中,中等服务偏好者占了绝大多数,大部分消费者将更倾向于选择中等价格和中等服务的零售商,这就为Big Middle的形成奠定了市场基础。

四、Big Middle形成与信息、网络技术发展

严格地讲,处于Big Middle中的零售商并不仅仅是将价格和服务保持在中等水平即可稳操胜券的。按照利维等对Big Middle的定义,在Big Middle中的零售商并不只是简单地按照中等的价格提供中等的服务,而是以适度的(Moderate)价格提供具有创新性(Innovative)的服务,这种创新性的服务能够给消费者带来额外的增值价值。这样才能对更多的消费者产生吸引力,使其成为Big Middle零售商的顾客。

以相对较低的价格提供相对较优的服务,意味着Big Middle零售商必须在运营和管理上进行创新,通过技术进步来提高运营和管理的效率,因而技术的创新和新技术的应用对于Big Middle零售商就变得至关重要。

关于技术进步对零售业演化的作用,中西正雄(1996)有过十分独到的见解。中西正雄认为,在任何时期,零售价格与零售服务水平的组合都与当时的技术水平相适应且有一个限度,为了达到某一服务水平而设定必要的最低价格水平称为"技术边界线"。越是能够接近技术边界线进行价格/服务组合的企业,越具有竞争上的优势,而位于技术边界线左侧的企业则处于竞争的不利地位(见图3)。

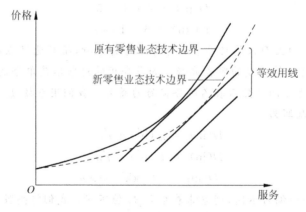

图3 零售业态演化的技术边界

资料来源.中西正雄,零售之轮真的在转吗?.商业经济文萃,2006(1).

新业态的发展在于对运营、管理等技术的革新,以突破原有的技术边界线,使之向右下方移动。只有新业态的引进产生巨大革新时,才会引起主要业态的变化。由此可见,新业态并不是以低价格把旧业态赶出去的,而是因技术边界线的移动而获得竞争上的优势。但是,新业态的优势只是短期的。当新业态企业因技术革新获得超额利润时,其他效仿的企业也会努力改善其营销组合,使自己的技术边界线也往右移,从而使超额利润消失。由此形成类似于"零售之轮"的循环,这一理论也被称为新零售之轮理论。

从历史上来看,无论是百货店还是超级市场,它们之所以能够在当时的条件下成为 Big Middle 的主导力量,都是因为在运营和管理上进行了创新,在技术上取得了突破性的进展,为消费者提供具有创新性的服务,使消费者获得比其他业态更多的价值和效用,从而成为零售市场的主流。特别是自 20 世纪 90 年代以来,大型综合超市开始占据 Big Middle 的主导地位,而这一变化更离不开技术的进步,其中,信息、网络技术的发展及其在零售业中的应用,更是起到了决定性的作用。

Big Middle 零售商的技术创新无非体现在两个方面:为降低价格的技术创新和为提高服务水平的技术创新。20 世纪后半期,信息、网络技术的飞速发展以及在商务领域的广泛应用,为 Big Middle 零售商的技术创新提供了有力的支撑。信息、网络技术的应用消除了信息沟通的障碍,改变了信息不对称的状况,一方面,使零售商与供应商以及其他合作伙伴之间实现了业务流程的无缝连接,通过供应链管理系统的应用,在信息共享的基础上实现了资源的共享,并形成相互合作的战略联盟关系,从而使企业的运营与管理成本大大降低;另一方面,使零售商与顾客的沟通更加便捷,相互的联系更加紧密,通过客户关系管理系统的应用,零售商可以更加深入地了解每一个顾客的需求,为其提供"定制式"的个性化服务,实行"一对一"营销,从而使消费者的需求得到更大的满足。总之,正是信息、网络技术的应用,才使一部分零售商突破了原有的技术边界,在运营和管理上发生了根本性的变化,从而成为在 Big Middle 中占主导地位的零售形式。

塞瑟罗曼和帕罗苏罗曼根据不同技术所产生的经济效应,对零售业中的各种技术进行了分类,如表 2 所示,并用箭头在坐标图上进行了直观的表示(见图 2)。

表 2 零售业技术应用分类及特性(序号、向量、技术类型、应用举例)

序号	向量	技 术 类 型	应 用 举 例
1	j_1	降低成本但不影响服务水平的技术	库存管理系统
2	j_2	降低成本但同时也降低服务水平的技术	自动售货和自助式服务
3	j_3	降低成本同时可以提高服务水平的技术	信息技术,如 CPFR、RFID 等
4	j_4	提高服务水平但不影响消费者购物成本的技术	自动识别和身份认证系统
5	j_5	提高服务水平但有可能增加消费者购物成本的技术	电子导航和电子支付系统
6	j_6	提高服务水平同时可以降低消费者购物成本的技术	电子商务

从表 2 中可以看出,几乎所有能够降低成本或提高服务水平的技术都与信息或网络技术有关。其中,一些建立在信息、网络技术基础上的管理信息系统的应用如供应链管理、客户关系管理以及电子商务等,具有降低成本和提高服务水平的双重效应,这就为实现 Big Middle 所要求的以相对较低的价格提供更具创新价值的服务创造了条件。

当前 Big Middle 的主导零售商——沃尔玛,就是信息、网络技术应用的一个典范。早在 20 世纪 80 年代,沃尔玛就投入大量资金,建立起覆盖全球的管理信息系统和网络,同时将各种最新的技术应用到企业运营和管理之中,实现了对全球连锁店和供应商的实时监控和管理,极大地降低了运营的成本尤其是物流成本,同时提高了管理的效率和企业的服务水平。信息、网络技术的应用不仅使沃尔玛一举成为 Big Middle 的主导零售商,而且也成为世界上最强大的企业之一。与之形成鲜明对照的是,曾经辉煌一时的凯马特由于在信息技术应用上的观念陈旧和反应滞后,没能实现在低价格基础上的服务创新,因而在与沃尔玛的竞争中败下阵来,以至被逐出了 Big Middle,沦落到问题零售商的境地。相反,一些传统的百货店业态零售商,如西尔斯、JC彭尼等,借助于信息技术的应用实现了自身的再造与超越,从而在大型综合超市为主的 Big Middle 中依然保留了自己的一席之地。

阅读材料 3.2

苏宁电器股价跳水给我们的警示[1]

2012年7月16—20日的一周内,苏宁电器股价大跌15%。16日开盘后不久就跌到跌停板,股价创2009年以来的新低。苏宁电器股价大跌的直接导火索是7月14日公司公布了业绩预告,预计2012年1月1日—2012年6月30日归属于上市公司股东的净利润为盈利173 211.78万~197 956.32万元,比上年同期下降20%~30%。

股价涨跌本是市场常态,但苏宁电器是中小板的"样板",曾经创造了中小板的无数个第一,也是深沪两市公认的蓝筹股,因此,它的跌停板具有特别的意义。

苏宁电器之所以创造辉煌,就是因为它抓住了中国电器零售行业发展与变革的契机,迅速在全国各城市扩张营业网点。中国有600多个地级以上的城市,有数千个县级城市,市场的容量具有无限的想象力。苏宁电器借助资本市场的融资便利,实现了网点的快速扩张,同时,业绩也保持持续的高增长,上市8年来净利润涨了26倍,股价涨幅超过20倍,应该说,在2011年之前,苏宁电器是中小板市场最成功的典范。

正以为如此,该公司成为众基金争相配置的对象,截至第一季度末基金持有该公司的股票达8.7亿股,占总流通股本的16%。

苏宁电器的成功是因为其网点的快速扩张,但随着该行业经营模式的迅速改变,以京东商城等网上购物模式的异军突起,苏宁电器曾经的优势很快成为劣势。因为网上购物无须实体门店的租金支出,也不需要雇佣很多工人,成本优势明显。苏宁电器早已发现了这一点,自己也开始创建了"苏宁易购",试图进行业务转型,但众多的门店成为业务模式转型的沉重包袱,房租及工资的快速上涨导致净利润大幅度下降。

同样的道理,网上购物方式的兴起还将对商业地产形成直接的冲击。商业地产的主要业务就是营造良好的购物环境,出售或出租门店。当门店逐渐被网络所替代时,商业地产很可能就面临贬值了。当前,最牛的商业地产公司要算是万达商业地产了(还没有上市),它的优势是打造城市综合体,其中的主要客户就是类似苏宁电器这样的零售商,无疑,苏宁电器的困境很快将传导到万达商业地产。

可见,网络技术的确是人类有史以来最重要的技术发明之一,它对我们经济与社会的冲击仍在进行之中,在此过程中,会有许多新的经营模式出现,有很多新的公司出现,股市里会出现新的蓝筹股,但毫无疑问,会使得很多已经上市的公司面临经营挑战,有些上市

---

[1] 尹中立.苏宁电器股价跳水给我们的警示,2012-07-21. http://yinzhongli.blog.sohu.com/.

公司甚至会破产。

技术进步是人类不断超越的关键,但技术进步对现有的公司来说就意味着风险。这是笔者从苏宁电器股价下跌中得到的启示。类似的经典案例是柯达公司,该公司曾经是全球最大的照相胶卷及照片冲洗企业,是最牛的蓝筹公司之一,但该公司发明了数码照相技术,该技术的问世结束了柯达公司的生命。柯达公司被自己发明的技术所淘汰,这就是技术革新的力量。

上市公司的经营活动就像大浪淘沙,不存在永远的胜者,一旦经济周期出现波动或行业经营模式发生改变,曾经优秀的公司可能很快被市场淘汰!这应该是我们从苏宁电器股价下跌中得到的警示。

阅读材料3.3

"体验式商业"应运而生[1]
——浅析电子商务与传统商业地产的冲突与合作

小米科技CEO雷军曾说,在未来,每一家产品企业都会有自己的电子商务平台。不可否认,电子商务的大幕已经拉开。与其说电子商务是一个新兴的行业,不如说它是一种创新的商业模式,这种模式对传统商业地产的发展已产生了冲突。

一、电子商务迅速兴起

近年来,随着阿里巴巴、京东商场、当当网、亚马逊等各种电子商务模式与电子商务服务的兴起,其对传统企业造成很大的冲击。过去5年,中国的网上零售额以每年平均增长99%的速度发展。其他国家的电子商务的销售也是同步增长的,所不同的是其电子商务的发展是为了配合实体店的销售以及物流业的发展。其实,中国的电子商务市场正逐步向B2C的市场靠拢,从2009年的商店至消费者仅8%的市场占有率到2012年B2C提升至30%,而消费者至消费者的市场占有率则从2009年的92%到2012年下滑至70%。这说明购物中心(传统商业至消费者的市场)受到极大的挑战。在这种背景下,B2C市场的前五名电子商务店应运而生。从1999年当当网的市场份额1.4%,总销售额37亿人民币到2005年京东商城的市场份额21.5%,总销售额320亿人民币,2007年淘宝天猫市场份额达到46.8%,总销售额960亿人民币,直至2012年阿里巴巴市场份额达52.4%,总销售额约1万亿人民币。这些无一不说明电子商务发展势头在未来会越来越快,目前运作模式主要有两种,即B2C及C2C模式。而实体店及网络平台共享模式如苏宁易购、银泰等。

二、传统零售受到挑战

同样,电子商务和传统零售店的竞争随着时间的推移亦愈演愈烈。电子商务销售量已影响传统零售店铺的营业额,尤其对没有品牌的街铺影响较大。同时,没有完整经营管理模式的零售店也会受到一定影响。当今零售市场面临电子商业的压力,现有街铺及管

---

[1] 戴德梁行(华北区),"体验式商业"应运而生——浅析电子商务与传统商业地产的冲突与合作.城市开发,2012(2):82-83.

理不良的零售店需转型使其具备新的竞争模式。众所周知,电子商务的消费群体是固定的。按照年龄层来看,电子商务的主要消费群体集中表现在18~40岁年龄层;按照电子商务的商品类别来分,主要体现在电子类、服饰类和家用品三大类;依据对消费单价的分析,可以发现针对电子类的产品,消费者主要考虑的价格因素要比实体店低5%以内,其中关键影响因素为品质保证以及退换货的便捷性;针对服饰类的产品,消费者关注的是其产品的多样化以及实惠的价格;针对家用品类的产品,消费者会优先考虑到其方便性,一般不高于卖场价格。

三、体验式业态占比突出

面对电子商务带来的挑战,购物中心在布局上不得不考虑体验式业态。所谓"体验式商业",是区别于传统商业的以零售为主的业态组合形式,更注重消费者的参与、体验和感受,对空间和环境的要求也更高。"体验式商业"最常见的载体是购物中心,因为购物中心在建筑设计、空间品质和经营模式上,更易于实现"体验式"的要求;同时,购物中心在业态组合上的丰富性和多元化,也为体验式业态的存在提供了契机。以现阶段商业零售业的发展来看,经常出现在购物中心中的体验式业态主要包括:电影院、冰场、健身会馆、电玩城、KTV、美容美体、儿童体验、儿童游艺等。体验式业态有很明显的优势,第一,集客能力强,互动性较强的体验式业态可以更好地吸引消费者参与其中,为购物中心提供人流支持;第二,有效缩短新项目市场培育期,比如一些品牌性较强的电影院和溜冰场,会在新商场开业前期有效地带来人流,加速项目成熟;第三,延长消费者的滞留时间,从而提高他们的消费可能性;第四,对其他业态消费带动显著,比如电影院这种业态,就会吸引很多前来观影的人群在其周边就餐或进行其他活动,这就会对影院周边的餐饮、书店这类业态起到极佳的推动作用。虽然电商与传统零售店冲突不断,但购物中心仍然有其优势,如多业种的组合、满足实体店挑选的购物心态、实际商品展示、试穿、试用的消费方式等,这些都是电子商务所无法比拟的。倘若传统零售店想保持其优势,则应调整和突破结构问题,例如应设计更多与消费者互动的活动、更灵活的价格策略与促销以及更完整的商品展示方式。随着政策和法律开始监管电子商务的长远平衡发展,它的优势与传统零售店的购物将缩小。

四、善于找寻商机

为了应对网上购物,传统商业的演变从单一的传统百货到如今的体验式商业占比突出的局面。有一组数字最能够说明传统百货与购物中心的本质区别:以百货为代表的传统商业,其零售类业态的占比能达到70%~80%,是商业体中的绝对主导;而在购物中心中,以休闲娱乐、儿童教育等业态为代表的"体验式"业态,在购物中心中的占比可达到10%~15%甚至更高,而零售类业态的占比降至45%~55%。因此,只要把握其相对优势,传统商业仍能提供可观的商机。对于投资者而言,可以对前期与运营期投资回报计划做相应调整;而对于开发商而言,对购物中心的规划设计需满足传统商业与电子商务的结合,尤其是停车场与提货设计方面;对于运营者而言,对整体购物中心活动设计、客户服务更能满足消费者习惯的改变;对于顾问行业而言,必须更深入了解消费者需求,结合以上整体计划性改变来做可被执行的建议和计划。

第 4 章 房地产投资财务杠杆与传统分析方法

在房地产投资分析中,财务分析和财务杠杆的运用是其中比较重要的工作。房地产投资的特点就是能够利用财务杠杆的效用来提高投资效率,投资效益的好坏又需要通过不同的经济指标来测算,这些经济指标既可以是动态的,也可以是静态的,它们反映了房地产项目投资的损益情况和所面临的风险程度。因此,对财务杠杆的认识和对投资分析指标的理解有助于正确地进行房地产投资的选择。

4.1 资金的时间价值计算

资金的时间价值(Time Value of Money)是指货币在投入生产和流通领域中随着时间而发生的价值变化,也是资金投入周转使用后的增值额。在经济分析中用以度量资金时间价值的"折现率""贴现率",是指贷款人在投资放贷过程中得到的利息率,或指企业使用贷款人的资金或自有资金来支付人力、物力耗费,用以经营企业所获得的收益率。折现率反映了投资者对未来货币价值所作的衡量。

资金时间价值的计算方法有静态和动态等两种形式,与有关利息的计算方法相类似。有两种利息计算方式,即仅就本金计算利息的单利(静态)分析方法;以及不仅本金要计算利息,利息也能生利,即所谓盈利再投资的,俗称"利上加利"的复利(动态)分析方法。相比较而言,复利分析方法更能确切和灵敏地反映本金及其增值部分的时间价值,所以房地产投资的相关分析方法通常采用动态的分析视角。

分析资金时间价值,需要引入"现值""终值"和"现金流量图"等概念,以表示不同时期的资金时间价值的大小和方向。现值,是指资金现在的价值,通常是指在项目投资之初的资本金价值。终值,又称本利和,是指资金经过若干时期后包括本金和时间价值在内的未来价值。通常有单利情形下的终值与现值计算、复利情形下终值与现值计算、年金终值与现值计算等。现金流量图(Cash Flow Diagram)是指将项目各年的资金投入或效益以时间(年)为横坐标,以金额为纵坐标,所绘制的图形。现金流量图能表示出各类现金流入、流出与相应时间的对应关系。运用现金流量图,可以全面、形象、直观地表现一个投资运营系统的资金运动状态,发现投资盈亏的时间点。

4.1.1 单利情形下的终值与现值

单利是指只对借贷的原始金额或本金支付(收取)的利息。我国银行一般是按照单利计算利息的。

在单利计算中,设定以下符号(以每个概念的英文单词第一个字母):

P——本金(现值);i——利率;I——利息;F——本利和(终值);n——期数。

1. 单利终值

单利终值是指本金与未来利息之和。

其计算公式为：

$$F = P + I = P + P \times i \times n = P(1 + i \times n) \tag{4-1}$$

例 4-1 将 100 元存入银行，利率假设为 10%，一年后、两年后、三年后的终值各是多少？（单利计息）

解得，一年：$100 \times (1 + 10\%) = 110$（元）

两年：$100 \times (1 + 10\% \times 2) = 120$（元）

三年：$100 \times (1 + 10\% \times 3) = 130$（元）

2. 单利现值

单利现值的计算就是确定未来终值的现在价值。

单利现值的计算同单利终值的计算是互逆方法。

其单利现值的计算公式为：

$$P = F/(1 + i \times n) \tag{4-2}$$

例 4-2 假设银行年存款利率为 10%，为在三年后获得 20000 元左右的现金，某人现在应将多少钱存入银行？

解得，$P = 20\,000 \div (1 + 10\% \times 3) = 15\,384.61$（元）

4.1.2 复利情形下的终值与现值

复利，就是不仅本金要计算利息，本金所产生的利息在下期也要加入当期本金一起计算利息，即通常所说的"利滚利"，或称盈利再投资。

在复利的计算中，设定以下符号：

F——复利终值；i——利率；P——复利现值；n——期数。

1. 复利终值

复利终值是指一定数量的本金在一定的利率下按照复利的方法计算出的若干时期以后的本金和利息。

例如，某人将一笔资金 P 存入银行，年利率为 i，如果每年计息一次，且利息加入本金进入下一次计息，则 n 年后的本利和就是复利终值。

一年后的终值为：

$$F1 = P + P \times i = P \times (1 + i)$$

两年后的终值为：

$$F2 = F1 + F1 \times i = F1 \times (1 + i) = P \times (1 + i) \times (1 + i) = P \times (1 + i)^2$$

⋮

由此可以推出 n 年后复利终值的计算公式为：

$$F = P \times (1 + i)^n \tag{4-3}$$

复利终值公式中，$(1 + i)^n$ 称为复利终值系数，用符号 $(F/P, i, n)$ 表示。例如 $(F/P, 10\%, 3)$，表示利率为 10%、3 期的复利终值系数。复利终值系数可以通过查"复利终值系数表"获得。

例 4-3 对例 4.2 题,采取复利计算,问现在存入 15 384.61 元,3 年后的本利和是多少?

解得,$F = 15\ 384.61 \times (1+10\%)^3 = 20\ 476.92$(元)

显然,在同等年利率的情况下,复利计算的本利和更高。

2. 复利现值

复利现值是指未来一定时间的特定资金按复利计算的现在价值,即为取得未来一定本利和现在所需要的本金。例如,将 n 年后的一笔资金 F,按年利率 i 折算为现在的价值,这就是复利现值。由终值求现值,称为折现,折算时使用的利率称为折现率。

复利现值的计算公式为:

$$P = F/(1+i)^n \tag{4-4}$$

公式中 $(1+i)^n$ 称为复利现值系数,用符号 $(P/F, i, n)$ 表示。例如 $(P/F, 5\%, 4)$,表示利率为 5%,4 期的复利现值系数。

4.1.3 年金的终值与现值

年金是指一定时期内一系列相等金额的收付款项。如分期付款赊购,分期偿还贷款、发放养老金、支付租金、提取折旧等都属于年金收付形式。按照收付的次数和支付的时间划分,年金可以分为普通年金、先付年金、递延年金和永续年金。

在年金的计算中,设定以下符号:A——每年收付的金额;i——利率;F——年金终值;P——年金现值;n——期数。

1. 普通年金

普通年金是指每期期末有等额的收付款项的年金,又称后付年金。

(1) 普通年金的终值

普通年金终值是指一定时期内每期期末等额收付款项的复利终值之和。例如,按图 4-1 的数据,假如 $i=6\%$,第四期期末的普通年金终值的计算,如图 4-1 所示。

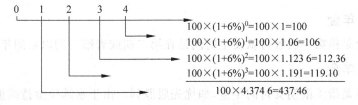

图 4-1 普通年金终值计算示意图

从图上的计算可以看出,通过复利终值计算年金终值比较复杂,但存在一定的规律性,由此可以推导出普通年金终值的计算公式。

根据复利终值的方法计算年金终值 F 的公式为:

$$F = A + A(1+i) + A(1+i)^2 + \cdots + A(1+i)^{n-1}$$

化简整理后得,

$$F = A[(1+i)^n - 1]/i \quad (4-5)$$

式中，$[(1+i)^n - 1]/i$ 称为"年金终值系数"，用符号 $(F/A, i, n)$ 表示。

(2) 普通年金的现值

普通年金现值是指一定时期内每期期末收付款项的复利现值之和。例如，按图 4-2 的数据，假如 $i = 6\%$，其普通年金现值的计算，如图 4-2 所示。

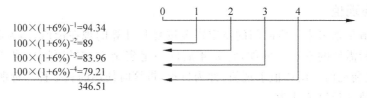

图 4-2 普通年金现值计算示意图

根据复利现值的方法计算年金现值 P 的计算公式为：

$$P = A \cdot \frac{1}{(1+i)} + A \cdot \left[\frac{1}{(1+i)^2} + \cdots + A \cdot \frac{1}{(1+i)^{n-1}} + A \cdot \frac{1}{(1+i)^n} \right]$$

化简整理后得，

$$P = A \cdot \frac{1 - (1+i)^{-n}}{i} \quad (4-6)$$

式中，$[1 - (1+i)^{-n}]/i$ 称为"年金现值系数"，用符号 $(P/A, i, n)$ 表示。

2. 先付年金

(1) 先付年金现值是指一定时期内每期期初收付款项的复利现值之和。

先付年金与普通年金的付款期数相同，但由于其付款时间的不同，先付年金现值比普通年金现值少折算一期利息。因此，可在普通年金现值的基础上乘上 $(1+i)$ 就是先付年金的现值。

先付年金的现值 P 的计算公式为：

$$P = A \cdot \frac{1 - (1+i)^{-n}}{i} \cdot (1+i) \quad (4-7)$$

3. 递延年金

递延年金是指第一次收付款发生时间是在第二期或者第二期以后的年金。

4. 永续年金

永续年金是指无限期支付的年金，如优先股股利。由于永续年金持续期无限，没有终止时间，因此没有终值，只有现值。永续年金可视为普通年金的特殊形式，即期限趋于无穷的普通年金。其现值的计算公式可由普通年金现值公式推出。

$$P = A[1 - (1+i)^{-n}]/i,$$

当 $n \to \infty$ 时，$(1+i)^{-n}$ 趋近于零，则

$$P = A/i \quad (4-8)$$

永续年金的概念在房地产资产估价和企业估值中有重要的作用，它是打通金融资产市场与房地产资产市场价值转换的一个"桥梁"。例如，当一栋物业每年稳定地产生 5 万

元人民币的租金收入,它在理论上相当于在年息 5% 的情况下 100 万元人民币的银行存款。那么,我们可以说这栋物业目前的公平市价是人民币 100 万元。

4.2 物业未来市场价值预测

由于房地产资产的耐久性,房地产资产交易不仅关注目前的市场价值,而且物业未来市场价值(即投资价值)的判断对资产交易的影响也非常大。因此,投资者和出售者对物业未来市场价值的判断会导致不同的折现率出现(例如,第一章的案例分析题 1.6.2 就是这一类情形)。由永续年金的现值公式 $P=A/i$ 可知,一般情况下投资者对物业未来前景越乐观,折现率 i 则越小,越悲观则 i 值越大。

但是,永续年金的现值公式 $P=A/i$ 一般只能用于有连续收益的物业价值估测(因此,它又在房地产估价理论中被称为收益法)。对于一些无法用收益法估测未来价值的房地产资产,只能用市场比较等方法,以及加上其他因素的修正来获得其未来物业市场价值。

4.3 房地产投资财务杠杆

财务杠杆(financial leverage)是指企业在投资活动中利用借贷资本调整自有资金投资收益的一种方式。财务杠杆是把"双刃剑",如果负债经营使得企业股本金利润上升,便称为正财务杠杆;如果使得企业股本金利润下降,通常称为负财务杠杆。由于房地产投资活动需要资金额巨大,利润率相对较高,当使用财务杠杆运作时,自有资金收益变化明显,故通常在房地产项目开发过程中大都使用财务杠杆。在企业经营或房地产项目投资中引入财务杠杆会形成不同的企业资本结构或项目资本结构(或负债结构),在不同的经济环境下,企业的资本结构(或负债结构)会有很大的不同。

4.3.1 财务杠杆系数

(1) 财务杠杆系数(DFL):反映财务杠杆的作用程度,是企业税后利润的变动率相当于息税前利润变动率的倍数。

$$\text{DFL} = \frac{\text{EBIT}}{\text{EBIT} - I} \tag{4-9}$$

式中,EBIT(Earnings Before Interest and Tax),即息税前利润。EBIT=净利润+所得税+利息,或 EBIT=经营利润+投资收益+营业外收入−营业外支出+以前年度损益调整,I 为利息。

财务杠杆系数的公式表明,其大小取决于项目的盈利能力 EBIT 和举债要支付的利息 I,财务杠杆系数是盈利能力的增函数,是利息的递减函数。投资者为项目支付的利息越多,财务杠杆系数就越大。因此它受到投资项目盈利能力和企业财务政策的约束。

(2) 财务杠杆的风险。一般用项目全部投资收益率 R_I、自有资金收益率 R_E 和贷款利率 R_L 三者的关系来说明财务杠杆和财务风险。

项目全部投资为 I,自有资金(或权益资本)为 E,贷款为 L,则有:

$$I = E + L$$

定义自有资金收益率为:

$$R_E = \frac{I \times R_I - L \times R_L}{E}$$

$$R_E = R_L + \frac{L}{E}(R_I - R_L)$$

只要 $R_I \geqslant R_L$,即全部投资收益率大于或等于贷款利率,必然有 $R_E \geqslant R_I$,即自有资金收益率大于或等于全部投资收益率。贷款和自有资金的比例 L/E 使 $(R_I - R_L)$ 成倍数放大,这就是财务杠杆作用,贷款越多,放大作用越大。若 $R_I < R_L$,则 $R_E < R_I$,而且财务杠杆使自有资金收益率 R_E 大大降低,物业投资者就有财务风险,即由于举债筹资而增加了投资股东的风险。因此,归纳起来财务杠杆有以下影响:①财务杠杆利益:投资者利用债务筹资,在单位息税前利润所负担的债务利息降低的条件下,给物业所有者带来的额外收益。②财务杠杆受欢迎的原因:在资产回报率大于借贷利率的情况下,放大股本金收益,放大节税效应,有利于放大资产处置时的收益。③财务杠杆风险:与投资者筹资相关的风险,尤其是指在筹资活动中利用财务杠杆可能导致股权资本所有者收益下降的风险,甚至可能导致物业投资者破产的风险。

例 4-4 财务杠杆运用的不同效应。

某项目有如下的财务杠杆收益和风险测算表,如表 4-1,表 4-2 所示。试分析之。

表 4-1 财务杠杆利益测算表 单位:万元

年份	息税前净收入		债务利息	所得税(33%)	税后利润	
	金额	增长率			金额	增长率
第 1 年	16		15	0.33	0.67	
第 2 年	24	50%	15	2.97	6.03	800%
第 3 年	40	67%	15	8.25	16.75	178%

表 4-2 财务风险测算表 单位:万元

年份	息税前净收入		债务利息	所得税(33%)	税后利润	
	金额	降低率			金额	增长率
第 1 年	40		15	8.25	16.75	
第 2 年	24	40%	15	2.97	6.03	64%
第 3 年	16	33%	15	0.33	0.67	89%

解读:①从财务杠杆利益测算表可知,当债务付息额一定和税率一定时,息税前净收入的增长率的变化比不上税后利润增长率的变化。说明即使每期收入在增加,但由于债务本金的不断减少,使得财务杠杆的利益快速变小。②从财务杠杆风险测算表可知,当债务付息额一定和税率一定时,息前净收入的降低率的变化比不上税后利润降低率的变化。说明由于息税前每期净收入的快速下降,税后利润的降低很快,财务风险在快速变大。总之,财务杠杆利益越大,其财务风险也越大。

例 4-5 美国某加油站的投资与贷款问题[1]

某加油站以租赁形式给一家公司,期限 25 年,每年可得净租金 10 万美元,到期后加油站将被拆除(拆除费用抵消补偿费用)。现有投资人愿意购买此加油站,银行可提供 70 万美元、利率 10%、25 年期限的贷款。该投资人的预期收益率为 15%。问投资人可能的购买出价为多少?

解得,① 房地产资产的价值 P=贷款现值 M+股本金现值 O;

② 画出项目的现金流量图,如图 4-3 所示。

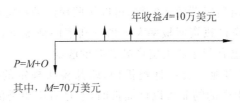

图 4-3 项目现金流量示意图

③ 求出每年的应还款额 PM

运用普通年金现值公式:$P=A(1+i)^n-1/i(1+i)^n$,其中,$i=15\%$;

则,PM=77 117.65(美元);

④ 求解股本金为多少?

由于每年的收益 10 万美元是由贷款还款额和股本金收益来分配,所以有 A=PM+PO;

则,PO=100 000−77 117.65=22 882.35(美元);再运用年金现值公式可得,投资人可能的购买出价为 O=147 915(美元)。

⑤ 所以,项目的价值 P=70 万美元+14.791 5 万美元=84.791 5 万美元。项目既满足了贷款利率为 10%,又满足股本投资者投资收益率为 15% 的要求。

4.3.2 偿债保证比

财务杠杆系数的大小取决于资本结构、各种负债的资金成本、负债结构三个具体因素。除各种负债的资金成本主要受客观因素影响外,资本结构和负债结构则取决于企业主观方面的筹资政策和具体的筹资方式。财务杠杆系数越大则风险越高。因此,在房地产投资中财务杠杆的运用要考虑偿债保证比的。

偿债保障比(Debt Coverage Ratio,DCR),偿债保障比=年净经营收入/年偿债额。

即

$$DCR = NOI/Debt\ Service \tag{4-10}$$

偿债保证比可以表征投资项目的借贷还款能力。当其比值大于 1 时,表明项目的现金收益可以偿还借贷本息,并有盈余。比值越大说明项目盈利能力越强。当其比值小于 1 时,表明项目的现金收益不足以偿付借贷本息,项目盈利能力较差。当年其比值等于 1 时,表明项目的现金收益仅够还本付息,抵御风险的能力较弱。对于一般的固定资产投

---

[1] W B 布鲁格曼,J D 费雪.房地产金融与投资.李秉祥等译.大连:东北财经大学出版社,2000:264.

资项目而言,DCR 在 1.1~1.3 之间,对于房地产项目而言,DCR 大于 1.2 则比较容易让金融机构接受其贷款申请。通常,抵押贷款的贷方通常会规定一个可接受的最低房地产偿债保障比,以限定他们将发放的贷款金额。

4.3.3 财务杠杆的其他收益

(1) 由于投资性房地产可以计提折旧或进行摊销扣除。为抵消房地产价值的逐年降低,一般允许每年从房地产租金毛收入中扣除一笔折旧。投资性房地产对应业务就是房地产出租业务。对用于出租经营的建筑物,可以按照税法的规定计提折旧,折旧允许在计征所得税之前扣除。在资产投资回报率大于借贷利率的情况下,财务杠杆可以放大股本金收益,放大节税效应,也有利于放大资产处置时的收益。

(2) 在美国,允许对房地产资产计提折旧,联邦税法规定的折旧年限:居住建筑为 27.5 年。在中国,自用生产的物业可以计提折旧,但是对出租类的房地产并不计提折旧,在计征房产税时予以一次性的原值扣减。例如:中国的房产税是对城镇、工矿区的房地产资产,向所有权人和承典人征收的一种税,计税依据:①房产余值:(房产原值一次减除 10%~30%后的余额)×1.2%,②房租收入:房产租金收入×12%。

(3) 在美国及一些西方国家,房地产投资的贷款利息可以抵扣应税收入,同时用贷款购买的房地产每年仍然可以享受折旧的税前抵减额。因此,在美国等国家用贷款购买房地产所能享受的应税收入抵减比仅用权益资本投资房地产所享受的抵减幅度要大得多。这也是西方国家居民愿意利用贷款购买房地产的重要原因,它放大了节税的效应。

(4) 当房地产市值增加时,有利的财务杠杆会使其增值所得大幅增加,这样就会放大资产处置时的投资收益。

(5) 对于企业而言,财务杠杆则是指企业的负债水平,它的表示方法有两种,①负债额/股东权益;②负债额/(负债额+股东权益)。在企业管理研究方面,通常采取第二种表示方法。对于一般的企业(金融类除外),一旦财务杠杆水平超出 50%,便可以认为其财务杠杆过高。但是,企业的成长阶段不一样财务杠杆的程度也不一样。例如,对于一个快速成长的企业,它的财务杠杆可以达到较高程度,然而对于一个已经处于稳定发展阶段的企业,则应该选择较低的财务杠杆,以规避和减轻财务风险对企业成长的影响。

4.4 传统房地产投资分析方法

传统的房地产投资分析方法一般是指静态的投资分析方法。它可以通过简单的分析比较,概略地刻画出一个房地产投资项目的收益和风险状况,从而为是否进一步进行动态投资分析或定性投资决策做出理性的抉择。

4.4.1 投资收益性财产的动机

凯恩斯将居民的储蓄动机归结为"谨慎、远虑、筹划、改善、独立、进取、骄傲和贪婪"等八个方面[1]。因而作为居民家庭的投资者投资收益性财产的动机一般也就有：预期的净收入、该资产的收益率、投资房屋的价格上涨，以及投资分散以降低风险等方面。这样，城市居民在选择投资性资产时所考虑的主要影响因素会成为其投资选择的重要判断指标，尽管这些指标会比较粗糙，但是却节约了判断成本，简明扼要。

4.4.2 比率分析方法

（1）收益乘数（Income Multipliers）。收益乘数分析注重的是价格与总收入或净收入之间的关系。在分析单户住宅出租经营时通常采用月收入，但是在分析奇特类型房地产时，则用年收入计算。收益乘数法不能充当独立的分析工具，但可以作为"过滤器"进行初筛工作，可以很容易地将那些明显不能接受的项目加以剔除。

公式：①总收益乘数（也称租金乘数）＝市场价格/实际总收入；

② 净收益乘数（Net Income Multipliers）＝市场价格/净经营收入。

比较而言，总收益乘数分析更为常用。因为净收益乘数需要事先确定净经营收益，稍微麻烦一些。对于出租类物业租金乘数一般小于12为宜，超过12则会出现投资风险。

例 4-6　国内某特大城市的西藏南路一小户型出租房产，2001年时售价22万元，月租金1500元，那么它当时的租金乘数是12倍左右（静态计算）。这套房子2005年的售价已经上涨到60万元，而月租金却仍不到2000元，租金乘数升到25倍左右（静态计算），折算成年收益率为4%，远低于当年该市房地产行业的投资平均收益率8%。显然单从投资收益的角度，该房产的投资价值不高。

（2）财务比率。财务比率一般用于所投资的同类物业相互间的比较。较为常用的财务比率有营业比率、损益平衡比率和偿债保障比率。

① 营业比率。也称经营比率，它是项目的经营支出占实际总收入的百分比。一般说来，营业比率越高代表营运的效率越差，反之则效率越高。

公式：营业比率＝经营支出/实际总收入×100%

因为营业比率与100%之间的差额就是营业时发生的损益。如果某项目的这一比率超过了100%，则显示亏本状况，反之，这一比率越小，则项目的纯利润越高，获利能力越强。

② 损益平衡比率。它是项目的经营支出与还本付息额之和占潜在总收入的百分比（也可以看成是物业的盈亏平衡比率）。这个比率越小，则潜在总收入越大，则项目现金流量出现负数之前的项目总收入水平可以越低。所以，损益平衡比率越低越好。

公式：损益平衡比率＝（经营支出＋还本付息额）/潜在总收入×100%

比率若小于1，表示有盈余，比率越小，盈余越多；比率越大于1，表示有亏损，比率越大，亏损越多。

③ 偿债能力比率。概念与4.3.2"偿债保证比"相同。

公式：偿债能力比率＝年净经营收入/年贷款应付本息。判定条件 DCR＞1，对于房地产项目一般要大于1.2。该倍数越大，则周转不灵的可能性越小，因而所面临的财务风

---

[1] 凯恩斯.就业、利息和货币通论（重译本），北京：商务印书馆.1999：113.

险越小,它表明了贷款的安全程度,所以该指标越大越好。

4.4.3 传统的房地产投资盈利能力判断方法的讨论

所有的传统投资盈利分析方法都有一个共同点,即试图用某种系统方式将现金投资与预期的现金回报联系起来。它们之间的一个差异就是一些方法忽略了风险问题,而其他方法则根据风险差异做出了初步的判断和调整。

1. 全面资本化率

又称为无债务回报率,它是一个有争议的判断指标。它表明了第一年的预期经营净收入占市场价格的比率。从公式来分析它不过是净收益乘数的倒数而已。但是,它无法考虑项目的融资条件,以及项目在一年后的经营风险。而在典型的融资谈判中,项目市场价格与融资条件一般成反比关系。因此,全面资本化率作为一种分析工具要受到许多限制。

2. 投资回收期

静态的投资回收期是投资人概略估算初始投资能被回收的合适时间。是初选项目的主要分析工具。它是假设每年的现金回报都一样,那么回收期就等于总的现金支出除以年现金回报。但是,大多数时间,每年的现金流量是不同的,要计算回收期就只有将每年的不同预期收益相加,不考虑资金的时间价值,看看何时能够冲抵初始投资,这就算出了静态的投资回收期。这种方法没有考虑回收期之后的所有现金流和资产升值的潜力,没有考虑项目利用财务杠杆所带来的时间节省。因而在选择项目时,真正回报大的项目有可能会落选。

4.5 问题研究

4.5.1 偿债保障比在资产证券化中的运用

通过举债方式进行项目融资,既要考虑资金成本对融资方式的影响,以保证投资者自有资金收益率最大化,又要考虑项目本身偿还债务的能力,以确定其最大的负债能力,保证债权人利益,建立延续借款的良好信用。偿债保障比的应用就是要解决投资项目的安全负债能力的问题,在资产证券化的过程中,偿债保障比是一个重要的控制指标。发达国家在进行证券发行额设计时常采用"偿债保障比"法(Debt Service Coverage Ratio, DSCR)来确定每一组资产支持证券的发行额度。而通常的偿债保障比 DCR 则是投资项目选择的工具。

(1) DSCR 比率是用整个资产池的"年净营运所得"(Net Operation Income, NOI)除以发行债券的"年本息支出",即

$$DSCR = \frac{NOI}{W \times (r + 1/T)}$$

其中 W 为证券发行额度,r 为证券发行利率,T 为证券期限。因此,这个比率越高,则债

权人越有保障,证券信用评级机构进行信用评级时都特别重视 DSCR 比率的大小[1]。那么,请问 DSCR 与 4.3.2 偿债保证比 DCR 的区别有哪些方面?它们的概念是否一致?此外,按照 Fitch Inc. 的观点,一个坏账证券化如要达到最高评级(AA),则 DSCR 必须达到 2.5 以上[2]。为什么?

(2) 为什么有人说"偿债保障比"DSCR 实质上为一种内部信用增级方式[3],相对于以政府担保为主的第三方信用增级方式更为合理,同时能保障资产池现金流量的平衡性?

4.5.2 合理的租售比如何确定

房地产的租售比与净收益乘数的概念基本相同,也是考察投资项目收益与风险比较的工具。租售比一般是指每平方米使用面积的月租金与每平方米建筑面积房价之间的比值,或该房产每个月的月租金与房屋总价的比值。通常对于房地产市场是否存在泡沫的研究主要集中在"租售比"这一问题上。中国社会科学院城市发展与环境研究中心在 2007 年发布《2006 房地产蓝皮书:中国房地产发展报告》中显示,2006 年我国部分大城市二手房的租售比已超过国际警戒线[4],从发达国家或地区的房地产市场规律来看,一般房屋租售比的警戒线是 1:200。这引起了国内业界人士和学者们的争论。国际的租售比警戒线真的有效吗?什么是合理的租售比?

(1) 世界上市场经济发达国家或地区的经验数据表明,房地产市场平稳发展时期,租金收入与房价之间确实存在一种正相关关系。单纯从经济学的效用理论,并基于成熟的市场经济条件下分析,合理租售比的确定原则是在房屋的整个寿命期内,消费者购房所需支付的全部费用与其租房所需支付的全部费用相等。以此原则,国际上计算的合理租售比标准一般为 1:100~1:200。如果该比值低于 1:100,表明该地区的房产投资价值被低估,投资潜力相对较大,房地产业未来的预期看好;如果高于 1:200,意味着该地区房地产价格中存在着一定泡沫。你认为这种合理的租售比确定原则适用于中国目前的房地产市场吗?合理的租售比确定原则应考虑哪些因素?

(2) 有一种观点认为,从投资选择的视角来看,合理的租售比应与当期的银行存款利率相适应。例如,租售比 1:100 对应的年收益率为 12%,1:200 对应的年收益率为 6%,它们都应与该地区的当期银行存款利率相对应来进行投资选择。显然,租售比的国际警戒线实际上仅是基于投资收益率比较上的理想概念。事实上,在许多发达国家和地区的大城市中,租售比超过 1:300 的出租类房产也是很多的,如表 4-3 所示。因此,在中国现在的低利率状况下,在房价上涨高于银行利率上涨的条件下,较高的住房租售比就有存在的基础。租售比偏高是可以被接受的。[5] 你接受这种观点吗?

(3) 有人认为中国的房屋土地使用产权最长只有 70 年,房屋的质量寿命约 50 年。

---

[1] Financing Distressed Commercial Real Estate. Fitch Research,1993-4.
[2] 何庆东.不良资产证券化信用增级方法初探.福建金融管理干部学院学报,2003(5):28-29.
[3] 李理.我国商业银行不良资产证券化的证券设计研究.中南大学硕士学位论文,2003:16.
[4] 房地产蓝皮书:大城市二手房租售比已超国际警戒线. http://news.gy.soufun.com/2007-05-05/1044511.htm.
[5] 鲜前航,张博.对我国住房租售比过高问题的探讨.华章,2012(15):42.

因此，房地产的价值从开始购买就是逐年递减的。因此，按照50年的房屋安全使用期来看，不考虑资金时间价值的最大的租售比不过1∶600。考虑到物业维护成本、房地产税费，以及资金的时间价值，合理的租售比应为1∶200和1∶300之间。但是，也有些人反对上述观点，他们认为在中国现在的城市化发展过程中，城市的房屋租售比较高是合理的。首先，根据物权法的相关条款，70年以后的房屋价值不会为零，土地可以续期，一些研究文献中假设房屋土地使用年限到期后价值为零是与实际情况不符的。其次，目前的中国城市房屋拆迁补偿成本都较高，需要考虑被拆迁人的各种成本和权益，远远超出了当初的购买价格，尽管那些房屋年代久远。[1] 即使是发达国家和地区的旧城改造也是如此，城市中具有产权垄断性质的房地产资产实际的价值也不会衰减。最后，由于通胀引起的物业价值的上涨较快，投资者可以忽略出租带来的收益，仅考虑出售收益，通过持有房地产资产来规避居民平均购买力下降的风险。[2] 你认为这两种观点那种更为合理？

（4）学者金岩石（2013）认为，运用房价收入比和租金回报率公式的假设前提是区域内人口不流动和货币总量不变，离开了这两个条件来分析房价的高低是不准确的。因为城市房价走势的决定性因素是人口与货币在流动中创造的空间稀缺性[3]。学者钟伟（2011）则更直接地表示，房价就是一种货币现象。[4] 老百姓在通胀的情况下保护自己的财富就会选择购买房产[5]。你如何理解这些学者的话？在研究房价收入比或租售比问题时，是否应当考虑其他相关的经济、社会等环境因素？例如，不同城市因社会公共投入水平差异所带来的隐形收益是否会导致租金售价比的不同[6]？以及政府货币政策对房价的影响？

表4-3　2003年美国城市住房价格、家庭收入和租金价格比较

City	House Price	Family Income	Annual Rent	Price/Income	Price/Rent	Above or Below Average	
						Rent	Income
Anchorage, Alaska	$195 209	$67 884	$9 420	2.88	20.72	−19.94	−5.97
Phoenix, Ariz.	140 072	43 872	7 140	3.19	19.62	−11.12	−10.99
Los Angeles, Calif.	345 737	44 479	8 700	7.77	39.74	116.40	80.31
San Francisco, Calif.	597 493	67 809	12 756	8.81	46.84	145.30	112.53
Santa Ana, Calif.	330 761	36 962	10 692	8.95	30.94	149.12	40.36
Denver, Colo.	225.337	51 686	7 788	4.36	28.93	21.37	31.28
Washington, D.C.	248 171	50 243	7 896	4.94	31.43	37.51	42.61
Miami, Fla.	183 808	28 623	6 432	6.42	28.58	78.77	29.66

---

[1] 余思毅.广州拆迁补偿破纪录　估价45.8万元/平方米.南方都市报，2012-11-16.

[2] 徐丹丹，任延芳.关于我国房屋租售比偏高的几点思考.现代商业，2008(6)：278.

[3] 金岩石.温州房价大跌意味着什么.理财周刊，2013-03-29.

[4] 编著者注——钟伟的这句话实际上源于米尔顿·弗里德曼的著名格言："通货膨胀时时处处总是一种货币现象"(Milton Friedman's famous dictum that "inflation is always and everywhere a monetary phenomenon.")。

[5] 钟伟：中国的房价是一种货币现象.意见中国，2011-07-27（62）．http：//money.163.com/special/zfzhongwei/.

[6] 鲁哲.《上海市居住证管理办法》将于7月1日起施行.新民晚报，2013-06-19(A5)．

续表

City	House Price	Family Income	Annual Rent	Price/Income	Price/Rent	Above or Below Average	
						Rent	Income
Atlanta, Ga.	160 059	40 614	6 780	3.94	23.61	9.71	7.11
Honolulu, Hawall	446 167	60 348	9 384	7.39	47.55	105.82	115.73
Chicago, Ill.	176 675	43 848	7 812	4.03	22.62	12.17	2.61
Indianapolis, Ind.	113 354	50 587	6 288	2.24	18.03	−37.62	−18.21
Louisville, Ky.	92 189	35 213	5 148	2.62	17.91	−27.12	−18.75
New Orleans, La.	79 838	38 510	5 772	2.07	13.83	−42.28	−37.24
Boston, Mass.	331 284	53 635	10 308	6.18	32.14	71.95	45.82
Detroit, Mich.	82 113	30 520	5 412	2.69	15.17	−25.10	−31.16
Minneapolis, Minn.	176 207	52 661	7 992	3.35	22.05	−6.85	0.04
St. Louls, Mo.	78 585	35 912	4 620	2.19	17.01	−39.08	−22.82
Las Vegas, Nev.	166 631	51 968	8 016	3.21	20.79	−10.74	−5.68
Albuquerque, N. M.	135 892	49 677	5 940	2.74	22.88	−23.85	3.8
New York, N. Y.	313 867	44 131	8 928	7.11	35.16	98.0	59.51
Columbus, Ohio	120 626	49 046	6 528	2.46	18.48	−31.53	−16.16
Oklahoma City, Okla.	94 856	44 565	5 124	2.13	18.51	−40.74	−16.01
Portland, Ore.	182 054	51 543	7 452	3.53	24.43	−1.67	10.85
Philadelphia, Pa.	72 716	41 577	6 348	1.75	11.45	−51.31	−48.03
Pittsburgh, Penn	67 988	46 157	5 832	1.47	11.66	−58.99	−47.11
Memphis, Tenn.	83 104	35 309	5 832	2.35	14.25	−34.48	−35.35
Arlington, Texas	117 867	57 156	6 624	2.06	17.79	−42.59	−19.26
Austin, Texas	163 027	51 519	8 124	3.16	20.07	−11.91	−8.95
Corpus Christi, Texas	79 977	50 613	6 240	1.58	12.82	−56.01	−41.85
Dallas, Texas	116 266	41 049	7 284	2.83	15.96	−21.15	−27.58
El Paso, Texas	77 633	36 338	5 436	2.14	14.28	−40.52	−35.2
Fort Worth, Texas	92 530	45 492	6 264	2.03	14.77	−43.38	−32.98
Houston, Texas	101 639	40 043	6 756	2.54	15.04	−29.34	−31.74
Pasadena, Texas	87 740	40 632	6 120	2.16	14.32	−39.88	−34.95
San Antonio, Texas	77 722	44 329	6 168	1.75	12.60	−51.19	−42.83
Virginia Beach, Va.	153 619	60 611	8 184	2.53	18.77	−29.44	−14.83
Seattle, Wash.	334 423	66 752	9 480	5.01	35.28	39.47	60.06
Milwaukee, Wis.	95 674	39 443	5 976	2.43	16.01	−32.47	−27.36
U. S. Average	174 961	47 846	7 515	3.59	22.04		

Sources: U. S. Census Bureau and Real Estate Center at Texas A&M University.

4.6 案例分析

4.6.1 1 000万未必够养老

2010年北京某高校学者钟伟写了一篇文章：1 000万未必够养老？[1] 这篇文章在国内引起了巨大的反响，许多报章和网络媒体纷纷转载和开展讨论，众说纷纭。这个问题之所以引起大家的共鸣，就是因为社会养老问题是在2008年美国次贷危机问题引发的全球金融危机后，中国货币超发问题严重的背景下提出的。钟伟认为，"千万元竟不足养老，这看起来有些匪夷所思，但这给出了中国人为什么一辈子辛劳，无法解脱的根本原因：币值不稳定。从1987—2007年间，M_2和M_1年均增速分别高达19.8%和17%。1990年，M_2、M_1和流通中现金的余额分别为1.53万亿元、6 950亿元和2 644亿元，到了2007年则分别为40万亿元、15.2万亿元和3.1万亿元，不到20年，分别增长了26倍、22倍和12倍。一个人少壮时候积攒挣下的钱，老来根本不值钱，是一生劳碌晚年难安的重要原因"。钟伟还认为，"现在离退休的5 000万老年人，基本上是由目前正在交纳养老金的1.5亿青壮年人养活着。目前养老金缺口大概在90%，未来20年养老金目前尚无着落。"

那么，在不考虑退休金支付困难的基础上，如何使得一个中国的城市居民在退休后获得体面的生活？大致的总费用是多少？如果可能的话，应该采用何种家庭投资方案来使自己的资产保值增值呢（十年来黄金价格走势如图4-4所示，全国房地产平均价格走势如图4-5所示）

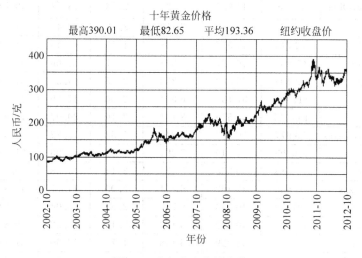

图4-4 十年黄金价格走势

问题分析

（1）以当前普通退休者的养老金水平为基准，作为维持最基本生活水平的标准。假

---

[1] 钟伟.1 000万未必够养老.英才.2010(3)：30.

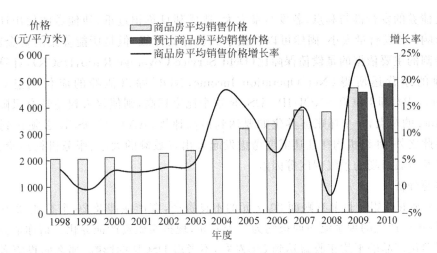

图 4-5 中国全国商品住房平均价格年增长率变化图

设当前参加社保的普通退休者的养老金标准大致为人民币 2 000 元/月。又假设某城市职工现在年龄 40 岁,20 年以后退休,预期寿命为 80 岁,资金的贴现率选取一年定期存款利率。那么请问在年通胀率为 4%、7.6% 和 10% 情况下该职工想要维持目前最基本生活水平的标准,分别需要准备多少退休生活费用?[1]

(2) 假设该职工目前全资购买了住房一套 120 平方米的新建住房,目前该市的平均房价为 1 万元/平方米,又假设该地区房价的年上涨幅度与通胀率持平,资金的贴现率选取一年定期存款利率。那么请问在年通胀率为 4%、7.6% 和 10% 情况下该套住房在他退休后的价值是多少?如果退休时,他将这套大房子换成 60 平方米的同类小套房子,能提供多少退休生活费用?他能否对自用住房采取反向抵押的方式向保险公司申领补充养老金以改善退休生活呢?

(3) 假设该职工目前在已有一套 120 平方米的自用住房的情况下,手里还有 60 万元现金欲进行投资保值以满足晚年退休生活的需要,是投资购买黄金还是购买一套 60 平方米的小户型用于出租?假设目前该地区平均房价为 1 万元/平方米,黄金价格 360 元人民币/克,该小户型的每月净租金收益 2 000 元人民币;请问在年通胀率为 4% 和 10% 情况下该职工应分别采取哪种投资方案收益最大(黄金价格趋势和房地产价格趋势均以 2000—2010 年的平均增长率为参考)?

4.6.2 不良资产证券化[2]

据中国银监会已公开的数据,截至 2003 年 6 月 30 日,华融、信达、东方、长城等四家资产管理公司累计处置不良资产 3 618.41 亿元(不含政策性债转股)。资产证券化是国外处理不良资产的主要手段之一。不良资产证券化过程中最重要的步骤是发起人必须规

---

[1] 习风.西施的财富Ⅰ:芝麻开门.广东经济出版社,2012.
[2] 何庆东.不良资产证券化信用增级方法初探.福建金融管理干部学院学报,2003(5):26-29.曹成.商业银行不良资产证券化方案设计与案例分析.复旦大学硕士论文,2005.

划各类债券的发行额与利息,若发行量太大,造成利息负担过重,使债券的信用评级受到负面影响;若发行量太小,固然可以轻松拿到较好的评级,但是所能募集的资金就减少。进行切割的主要依据的是偿债保障比(Debt Service Coverage Ratio,DSCR),计算公式是资产池的净营运所得(Net Operation Income,NOI)除以债券的应付利息(Interest Payment,IP),即 DSCR=NOI/IP。DSCR 这个比率越高,则债权人权益越有保障。按照 Fitch Inc.的观点,一个坏账证券化如要达到最高评级(AA),则 DSCR 必须达到 2.5 以上。除此之外,评级机构往往还需要考虑发起人出资数额的大小、服务机构经验、抵押品的状况及所属市场的景气程度等因素。

问题分析

(1) 某商业银行目前有账面 20 亿元的不良资产,资产池涉及 20 个行业、230 家贷款单位,每年可产生的现金流净回报约为 5 千万元,现拟实施资产证券化。请你估算一下若全部证券化产品的平均年收益达到 5%左右,不考虑 DSCR 的影响,那么向投资者转让的信托产品的设计价值为多少?若最低认购额每份为 100 万人民币,持续期为三年,则该证券化产品共有多少份额? 如果每年的贴现率为 10%,则该资产池的价值有多大?

(2) 假设该产品的信托结构分为 A、B、C 三级,若 A 级受益权产品的 DSCR 为 2.5、A 级债券的年利率为 5%,A 级受益权产品占总产品规模的 50%;B 级产品的 DSCR 为 2、B 级债券的年利率为 6%,B 级受益权产品占总产品规模的 30%;C 级产品的 DSCR 为 1.4、C 级债券的年利率为 6.5%,C 级受益权产品占总产品规模的 20%;则相应的每个受益权产品的规模有多大?

(3) 除了"偿债保障比"外,还有哪些方式可以为不良资产证券化的增信分级服务?

4.7 本章小结

本章涉及的房地产投资分析的技术问题,是房地产投资中常常使人困惑而又有趣的问题。本章从资金时间价值的理解,到传统的房地产投资选择静态评价方法都作了详尽的分析。对现实中的房地产投资争论的焦点问题,例如租售比问题,本文也尽量给出了不同的观点,以便教师和学生在课堂内外可以进行的深入讨论。对于房地产资产证券化中的一些涉及传统评价指标的问题(偿债保障比),本文也试图在此提出,以便大家未来在学习和研究房地产资产证券化等房地产融资理论时有更加深入地理解。这些观点在以往的教科书很少涉及,但是它有利于正确的学术观点的建立,有利于辨别一些片面观点的局限性,以便更好的建立一个客观的房地产投资视角,摆脱片面观点对我们认识的影响。在案例分析题中引入了具有当前中国社会矛盾背景不容回避的问题,容易引起讨论和深思,还可以结合前面章节的一些讨论问题的文献和观点,进一步地理解房地产投资的原理和概念。

4.8 本章拓展思考题

(1) 有人认为银行通常对储户的定期存款采取单利计息,则单利现值的计算公式应为:$P=F-I=F-F \times i \times t=F \times (1-i \times t)$;那么,仍以例 4-2 为例,假设银行存款利率为10%,为三年后获得20 000元现金,某人现在应存入银行多少钱?

解得:$P = 20\,000 \times (1 - 10\% \times 3) = 14\,000$(元)。

你认为这样的计算有道理吗?为什么?

(2) 某宗房地产是在政府有偿出让的土地上开发建设的,当时获得的土地使用年限为50年,至今已使用了6年;预计未来该宗房地产正常情况下每年可获得净收益8万元;该宗房地产的报酬率为8.5%。试计算该宗房地产的收益价格。

(3) 某高速公路欲以未来10年的收费发行证券售出,你认为应以何种证券化形式出售给投资者?如果预计某段高速公路未来十年每年的收费收益达到15亿元,地方政府提供5%的年收益率给投资者,问政府借此资产证券化可以获得多少收益?

(4) 投房地产项目投资,期初投资总成本1 000万元,预计每年毛收益400万元,项目运营费用每年250万元。若第4年该项目可以被转让,预计可获得收益900万元。某地产投资公司欲进行投资,其投资计划有两种:①自有资金400万元及贷款600万元,贷款利率7%;②自有资金100万元贷款900万元,贷款利率10%。假设该十年期贷款是等额还款方式偿还本息,若中途转手则要还清所有贷款余额,公司要求股本金收益率为10%。试求:a.项目的净现值和偿债保障比;b.公司在第4年处置资产时的项目净现值和偿债保障比。

(5) 为什么对于投资前景复杂、风险较高的投资项目,通常采取较高的收益率,反之则采取较低的收益率?而根据收益法,在年净现金流量不变的情况下,较高的贴现率对应着较低的物业估值,较低的贴现率则对应着较高的物业估值。请分析其中道理。

4.9 主要参考文献

[1] 中国银行业监督管理委员会.商业银行专业贷款监管资本计量指引,2008-09-18. http://www.cbrc.gov.cn/chinese/home/jsp/docView.jsp? docID=200810170D14AE6910E038E6FF06B4DC18740400.
[2] 钟伟.1 000万未必够养老.英才,2010(3):30.
[3] W B 布鲁格曼,J D 费雪.房地产金融与投资.李秉祥等译.大连:东北财经大学出版社,2000.
[4] 何庆东.不良资产证券化信用增级方法初探.福建金融管理干部学院学报,2003(5):26-29.
[5] 习风.西施的财富Ⅰ:芝麻开门.广州:广东经济出版社,2012.
[6] 徐丹丹,任延芳.关于我国房屋租售比偏高的几点思考.现代商业,2008(6):278.
[7] 朱劲松.我国"房产租售比"的特征、形成因素及效应研究.价格理论与实践,2010(1):47-48.

阅读材料4.1

我国"房产租售比"的特征、形成因素及效应研究[1]

"房产租售比"是国际通行用于衡量一个地区楼市运行是否良好的数据比例,以单套月租和总价比值,换算出租金与房价的差距。一般而言,国际标准的"房产租售比"为1:100~1:200。目前我国很多城市,尤其是一部分大中型城市已经超过这个比值,甚至

---

[1] 朱劲松.我国"房产租售比"的特征、形成因素及效应研究.价格理论与实践,2010(1):47-48.

是远远地超过这个数值。例如,2009年末,来自《中华工商时报》的数据显示:北京城区的租售比数据在2009年末创纪录地首次突破1:500,达到了1:525,部分区域甚至达到了1:700。迄今为止,理论界专门研究"房产租售比"的文章还很少。当人们提及这个问题时,多数只是为了证明我国部分城市房价偏高,并以此作为谴责高房价的依据;较少有人全面地,特别是从租价的一面探讨"房产租售比"偏高的问题。而事实上,如果我们不能对这个问题进行较全面深入的研究,就不能真正把握我国房地产中的"第二个价格"——租价的变化状况与规律。"房产租售比"偏高在我国的大城市已经是持续多年的现象。它为什么会发生和持续?如果从哲学的角度,按照"存在的就是合理的"的逻辑看问题,那么,这是否存在"合理性"呢?

一、"房产租售比"偏离常态的原因分析

房屋租金的存在,首先来源于房屋出租这一经济现象。如果不考虑政府出于保障低收入群体住房等目的对房屋出租市场的参与,那么,房产市场上出租房屋的来源只有一个,即投资者为投资获益的目的向市场提供的非自住型的居住房屋。这种出租房提供的数量多少,以及出租价格的高低,完全建立在市场供求基础上。如果某一时期出租房房源增多,租金价格就会下降,投资者向市场提供的出租房源就会减少,于是再度促使市场租金重回上升走势,直到市场供求均衡为止。既然出租房提供者的目的是获得投资收益,而作为出租房来说,获得收益的理论途径只有一个就是租金。那么,对投资者来说,合乎理性的选择就是:如果租金过低,出租房房东就会选择卖掉出租房转向其他投资领域。而租金是否过低的判断标准,就是"房产租售比"。所以,过高的"房产租售比"是一个正常的市场不应该存在的现象。如果它能存在的话,就一定有存在的特殊原因。

为回答这一问题,首先分析一下出租房合理的租金收益标准。一个众所周知的事实是,租金收益应该高于银行利率,否则,出租者就不如将房屋卖掉,把钱存在银行。除了利率的影响因素外,由于出租者对出租住房要付出"管理成本",因此租金收益应当包括"管理费用"。当然,由于管理成本的一部分属于出租者的"劳务付出",其大小还取决于出租者对自我劳务的评价。此外,租金大小还取决于出租后房屋的"磨损成本"。磨损成本的大小,除了取决于承租人的使用状况外,还取决于房屋出租时的"初始状况"。一般来说,越是新装修的住房,这种磨损成本就越大。

这样,就可以归纳合理租金的内容:房产投资额×利率(月)+管理费用+磨损成本。如果租金等于或高于这个合理数值,就可以投资于房地产,否则就投资于别处。以美国为例,多年的统计数据显示,住房的租金率一般为7%,而在我国,几乎没有一个大中城市的租金回报率会达到这一数值。我国大中型城市住房租金普遍达不到投资者所需要的合理水平。既然是这样,为什么我国投资者不出售住房而是继续以出租形式投资住房呢?显然,"房产租售比"偏高是关键。探讨这个问题,需要从另一个角度看问题,这就是投资住房的收益可以不完全来自于租金,而是来自于另外一个收益——房价上升。也就是说,如果一个城市房价是上升的,那么,住房投资者投资收益的来源就发生了变化。于是,在投资者看来,上面提出的所谓合理的租金标准就会发生变化。举例来说,如果房价上升超过银行存款利率,那么投资租房者不必通过出租住房收取租金,只要房屋产权不变,若干年后就会升值,出售时可能就会获得高于银行利率的收益。在这种情况下,出租房投资者就能够接受远低于通行标准的合理租金值。同时,由于人们对高收益的追逐,大量进行住房投资,导致市场上出租供给大于需求,市场的供求机制又自发地保证了低房租会成为现实。

房价上涨只要超过银行存款利率,投资者就可以不必出租,也可以获得投资收益。这样,投资者就不会把钱放在银行,而会放在房地产上,其结果是银行资金会大大减少。当然,这未必会导致银行资金来源的枯竭。原因就是普通民众投资于住房毕竟存在一些天然制约。例如,投资房产需要的资金起点过高;房产变现比股票等其他金融资产要困难等。其中一个最重要的因素就是房价存在下跌风险,并且房价越高,投资者的投资热情越高涨,房价下跌的风险就越大。这就会阻止那些谨慎的投资者继续向房地产投资。这实际上也是一种均衡机制,它导致资金在各个投资领域均衡分配,而不会过分集中于某一领域。这种市场自发形成的机制又会影响到租金的水平,因为它导致房地产市场的投资者不会多到使出租房供给极大地大于需求的水平。

房价持续地以高于银行利率的水平上升,租金是否存在以及租金水平高低,都不会影响投资者的收益,但这并不意味着承租人可以免费租到房子,甚至也不意味着承租人可以以很低的租金租到房子。原因主要有以下几方面:第一,出租者要获得管理费用。租房的管理费很多情况下表现为一种对劳务投入的回报,劳务是需要有收益的,正如市场上许多人是靠提供劳务赚钱一样。第二,承租者要支付房屋的磨损成本。即使考虑房价上涨的收益能够抵消磨损成本,出租者也不会让承租人免费磨损自己的住房。第三,往往也是最重要的,就是出租人要获得稀缺性溢价。房地产的价值取决于土地价值,而作为房屋承载基础的土地价值又是一种"位置价值",也就是不同位置的土地为使用者带来的收益不一样。例如,有些(住房)交通便利、配套设施齐全、距学校和医院较近的住房,承租人可能就愿意为此付出额外的价值进行承租。而出租人当然也会事先根据自己房屋的某些稀缺性特点来设置自己的价位。

二、高"房产租售比"在我国可能持续存在的原因

通过分析市场经济条件下"房产租售比"的形成机制,我们可以得出结论:如果一国较长时间存在房价上涨高于银行利率上涨的条件,那么该国高的"房产租售比"就具备了存在的基础。高"房产租售比"已经是我国房地产市场的一个既定事实,而现在需要注意的是这一现象是否还会持续存在。依据研究结论,关键的问题在于是否存在房价上涨的条件(考虑到我国银行的利率一直不高,除非发生严重通货膨胀,今后也难以有大幅度提高,因此房价只要稍有上涨,就会超过银行利率)。要研究这个问题,必须排除一些影响我国房价的短期因素或不确定因素(例如,目前我国存在的地方政府与开发商的不理性行为等),因为这些因素可能是难以长期持续的。如果排除这些短期或不确定因素,那么,引起我国房价长期上涨的因素主要包括以下四个方面:①通货膨胀,②土地短缺,③城市化,④收入增长。这四种因素在我国都存在。然而,通货膨胀在时间上存在不确定性,也可能多年不发生。土地短缺在不同城市间表现出不均衡。城市化表面上看影响很大,但是当房价较高时,来自农村的低收入居民往往买不起房子。因此,也最持续、稳定地影响我国所有城市房价上涨的因素应是第四种,即收入因素。收入增长必然导致市场销售房价的上涨。当然,承认在经济发展中房价会上涨并不等于鼓励高房价,也不意味着鼓励房价非

理性式的暴涨。那种脱离居民收入增长以及其他基本国情变化的房价上涨,只能导致房地产市场的泡沫,使房地产市场成为投机者的乐园,最终导致泡沫破裂,殃及国民经济。如果上述四个因素会在未来相当长一段时间在中国发挥作用,那么无法否认的现实是,作为世界上发展最快的发展中国家之一,我国未来相当长一段时间房价存在持续上涨的基础,"房产租售比"偏高的现象也存在长期持续的条件。

三、低租金对我国住房政策制定的意义

"房产租售比"偏高必然导致城市租房租金的偏低。那么,低租金对我国政府住房政策的制定具有什么意义呢?

实际上,考虑到我国政府的财力,依靠政府提供保障性住房的能力有限。低租金住房可以同样视为民众住房保障领域的一个组成部分。

在高房价、低租金的背景下,完善租房市场是建立符合我国国情的住房保障市场的一个重要组成部分。目前我国租房市场面临的主要问题是,租房者需求与出租者供给的不匹配。这集中表现为租房者长期稳定的需求与出租者短期供给的矛盾。从有关方面对我国城市租房者的调查来看,租房者对租房不满意的情况主要不是集中在租金上,而是集中在房主出租期限的不确定性上。这造成出租者难以对承租的住房按照自己的要求进行修饰,且经常面临房东临时解约的风险。与此相关的另一个问题是,房东与房客过多的面对面直接接触,也容易引发两者之间的矛盾。

解决这个问题的方法就是政府介入租房市场。由政府直接出面,或者在政府监管下,委托中介部门与房主建立尽可能长期的租赁关系,由相关部门与房主直接签订代管合同,而普通租户则从这些部门手中承租房屋。当然,考虑到物价上涨的因素,要适时调整租价。另外,考虑到不确定的情况难以避免,合同还应规定对中途变更者,可以要求支付一定的违约金,对房主或租户损失进行补偿。上述方案的最大优势是:出租市场会重新变得有吸引力,会引导一部分不具备条件,或暂时不具备条件的买房者转入租房市场。

阅读文献 4.2

房地产公司业绩与财务杠杆的实证研究[1]

一、资本结构理论

资本结构是指企业全部资金来源中权益资本与债务资本之间的比例关系。资本结构理论研究的是这一比例关系对企业价值的影响,以及是否存在最优资本结构问题的理论。最早提出该理论的是美国经济学家戴维·杜兰德(David Durand),他认为企业的资本结构是按照净利法、营业净利法和传统法建立的。1958 年莫迪格利尼(Franco Modiglianni)和米勒(Mertor Miller)又提出了著名的 MM 理论。在此基础上,后人又进一步提出了权衡理论、信息不对称理论。

1. 净利法

净利法认为,利用债务可以降低企业的综合资本成本。这是因为,负债在企业全部资

---

[1] 王敏,程旭芬,周敏李.房地产公司业绩与财务杠杆的实证研究.商场现代化,2007(7):365-367.

本中所占的比重越大,综合资本成本越接近债务成本,又由于债务成本一般较低,所以,负债程度越高,综合资本成本越低,企业价值越大。

2. 营业净利法

营业净利法认为,如果企业增加成本较低的债务资本,即使债务成本本身不变,但由于加大了企业风险,也会导致权益资本成本的提高。这一升一降,刚好抵消,企业综合资本成本仍保持不变。由此推导出"企业不存在最优资本结构"的结论。

3. 传统法

传统法是对净利法和营业净利法的折中。它认为,企业利用财务杠杆尽管会导致权益成本上升,但在一定限度内并不会完全抵消利用成本较低的债务所带来的好处,因此会使综合资本成本下降、企业价值上升。但一旦超过这一限度,权益成本的上升就不再能为债务的低成本所抵消,综合资本成本又会上升。此后,债务成本也会上升,从而导致了综合资本成本的更快上升。综合资本成本由下降变为上升的转折点,便是其最低点,此时,资本结构达到最优。

4. MM 理论

MM 理论认为,在没有企业和个人所得税的情况下,任何企业的价值,不论其有无负债,都等于经营利润除以适用于其风险等级的报酬率。由于权益成本会随着负债程度的提高而增加,这样,增加负债所带来的利益完全被上涨的权益成本所抵消。因此,风险相同的企业,其价值不受有无负债及负债程度的影响。但 MM 理论认为在考虑所得税的情况下,由于存在税额庇护利益,企业价值会随负债程度的提高而增加,股东也可获得更多好处。于是,负债越多,企业价值也会越大。

5. 权衡理论

权衡理论以 MM 理论为基础,又引入财务危机成本概念。它认为,当负债程度较低时,不会产生财务危机成本,于是,企业价值因税额庇护利益的存在会随负债水平的上升而增加,风险加大,潜在的财务危机成本提高;当负债达到一定界限时,负债税额庇护利益开始为财务危机成本所抵消;当边际负债税额庇护利益等于边际财务危机成本时,企业价值最大,资本结构实现最优;此后,若企业继续追加负债,过犹不及,企业价值因财务危机成本大于负债税额庇护利益而下降,负债越多,企业价值下降越快。

6. 信息不对称理论

Myers 基于逆向选择理论认为公司融资结构存在"啄食顺序"。首先是通过延留收益融资,其次外部融资顺序是债券融资和股权融资。这一理论推论公司绩效同资本结构存在反向关系。公司绩效增加,则公司财务杠杆比率下降。Jensen,Meckling(1976),Jensen,Hart,Moore(1994)通过代理成本理论研究公司资本结构,认为公司管理层会过多关注私人收益,通过债务可以施加企业破产的压力,改变他们的机会主义行为。由此得出的推论是公司绩效同资本结构存在正向关系。Ross(1977),Leland,Pyle(1977)讨论了公司的资本结构可以起到向市场发送信号的功能,投资者会认为具有良好业绩的公司将会有较高的杠杆率,因此得出可供检验的结论:公司业绩同公司资本结构正相关。

综合上述几种理论可以看出,关于公司业绩或企业价值与资本负债率的关系并不是确定的。本文将通过对房地产上市公司的业绩与资本负债率的关系进行实证研究,来发现在房地产行业资本结构与公司业绩的关系。

二、房地产行业公司业绩与资本结构的实证分析

本文选取了2004年房地产行业的国内39家上市公司作为研究样本,为保证结果的准确性与客观性,在选择样本时剔除了2004年所有被ST的公司,而且所选样本均为A股上市公司。我们知道,影响公司业绩的因素多种多样,本文将着重分析资本结构对公司业绩的影响。公司业绩的衡量指标选择使用的是总资产收益率,影响因素选择的是资产负债率(分为流动负债率和长期负债率两个指标),净资产规模,主营利润增长率和总资产周转率。各指标定义如下:

总资产收益率 $y=$ 净利润/总资产

流动负债率 $x_1=$ 流动负债/总资产

长期负债率 $x_2=$ 长期负债/总资产

主营利润增长率 $x_3=$(本年主营业务利润—上年主营业务利润)/上年主营业务利润

总资产周转率 $x_4=$ 销售收入/平均总资产

净资产规模 x_5,取其对数进行回归分析

初步分析。在所选样本中,总资产收益率排在前三位的是恒大地产[1],空港股份,亿城股份。它们的总资产收益率分别为7.567 6%,7.008 5%,6.869 8%,而它们的流动负债率分别为26.193 8%,19.988 4%,49.884 8%。而流动负债率排在前三位的莱茵置业,沙河股份,倍特高新分别为78.109 6%,75.028 2%,71.522 9%,它们的总资产收益率分别为1.672 1%,2.736 3%,0.115%。由此可见流动负债率越高的公司其总资产收益率越低。

长期负债率排在前三位的东华置业,中远发展,苏州高新分别为22.839 4%,22.180 8%,18.766 5%,它们的总资产收益率分别为2.719 6%,0.843 2%,2.931%。长期负债率为0的上市公司有9家,它们的总资产收益率在6%以上的有3家,在3%~6%之间的有2家,在3%以下的有4家。由此可推测也许长期负债率与总资产收益率之间存在反向关系。

主营利润增长率排在前三位的亿城股份,上实发展,和银基发展的主营利润增长率分别为169.439 5%,159.229 4%,145.503 8%,它们的总资产收益率分别为6.869 8%,2.881 9%,3.631 2%。排在最后三位的长春经开,利嘉股份,珠江实业的主营利润增长率分别为0.970 4%,0.466 2%,1.891 3%。由此可以推测主营利润增长率越高,总资产收益率越高。但这种关系并不十分明显。

总资产周转率排在前三位的亿城股份,金地集团,恒大地产的总资产周转率分别为1.016 6,0.594 7,0.541 2,它们的总资产收益率分别6.869 8%,4.611 6%,7.657 6%,排

---

[1] 2002年8月,许家印以5 442.38万元借壳A股上市公司琼能源(000502.SZ)。许家印将其控制的广州市花都绿景房地产开发有限公司的资产注入琼能源,并将股票简称更名为"恒大地产"。但是,由于无法解决琼能源遗留的问题,于2006年以7 889万元将其"恒大地产"的股权悉数转让。2009年11月5日,恒大地产(03333)在香港联交所主板挂牌上市,发行价:每股3.5港元。——编者注

在最后三位的是中远发展,浙江广厦,长春经开的总资产周转率分别为 0.145 6,0.122 8, 0.105 5,而它们的总资产收益率分别为 3.287 6%,0.316 1%,0.970 4%,由此可见总资产周转率越高,总资产收益率也将越高。

净资产规模排在前三位的陆家嘴,招商地产和金地集团的净资产规模分别为 6 022 860 794 元,3 451 290 272 元,2 546 378 029 元,它们的总资产收益率分别为 5.813 8%,5.004 7%,4.611 6%;排在最后三位的是天创置业,海鸟发展和莱茵置业,它们的净资产规模分别为 247 618 962 元,197 332 258 元,146 374 416 元,而它们的总资产收益率分别为 4.230 7%,0.075 7%,1.672 1%。所以可以推测净资产规模越大,总资产收益率越高。

综合上述分析,作出如下假设,以总资产收益率为被解释变量,流动负债率,长期负债率,主营利润增长率,总资产周转率,净资产规模为解释变量,对其进行回归分析。

假设一:流动负债率越高的公司其总资产收益率越低。
假设二:长期负债率越高,公司的总资产收益率越低。
假设三:主营利润增长率越高,公司的总资产收益率越高。
假设四:总资产周转率越高,公司的总资产收益率越高。
假设五:净资产规模越高,公司的总资产收益率越高。

由上述回归结果可以发现,总资产收益率与流动负债率,长期负债率成反比关系,与主营利润增长率,总资产周转率,净资产规模成正比关系。但是由于 x_2,x_3,x_5 均不能通过 t 检验,所以长期负债率,主营利润增长率,净资产规模对总资产收益率的影响并不十分明显。同时,流动负债率,总资产周转率这两个解释变量可以通过 t 检验,因此,这两个因素对总资产收益率的影响是明显的,而且,流动负债率越高,总资产收益率越低;总资产周转率越高,总资产收益率越高。

三、结果分析

由回归结果可以得出:盈利能力越高的公司流动负债水平越低,而盈利能力越低的公司流动负债水平越高。总资产周转率越高的公司盈利能力越强。而长期负债率,主营利润增长率和净资产规模对房地产公司的盈利能力影响却不明显。本文着重分析的是房地产上市公司的财务杠杆对公司业绩的影响,所以将主要分析流动负债率和长期负债率对总资产收益率的影响。按照前文所述的权衡理论,当公司的盈利能力较强时,企业应借入更多的资金,利用负债的财务杠杆效应来增加公司的盈利能力,反之,则应减少负债水平,减小公司所面临的风险水平。但为什么流动负债率越高,总资产收益率越低呢?而且,为什么同样是负债,流动负债对总资产收益率的影响要比长期负债率对总资产收益率的影响要明显,影响程度要大呢?

(1) **流动负债率越高,总资产收益率越低**:通过样本分析我们知道,房地产公司的财务杠杆比例是较高的,这是由这一行业的特殊性所决定的。房地产的开发在前期需要投入较多的资金,一般不可能由企业自有资金全额提供,大多数公司都是通过负债来筹集资金,而且负债的源头大多为银行,但是由于银行为了防范自身的风险,不可能贷出房地产公司所需要的房地产开发的长期资金,贷出的大多是流动资金,房地产公司利用这一流动资金作为周转的资金,虽然是流动负债,但是每年从银行贷得流动资金,因此流动资金也就起到了长期资金的作用。当盈利能力不高时,也就更依赖于流动负债来维持公司的发展,反之,对其依赖性则较低。

(2) 流动负债对总资产负债率的影响程度大于长期负债率:流动负债是短期贷款,因此急需用企业的资金来偿还,企业必须提高经营业绩,所以流动负债对公司的督促作用较大。而长期负债的偿还对企业来说就不是那么紧迫了,企业偿还长期债务的意识淡薄,因此对公司的业绩影响也就较小了。

第 5 章 房地产投资现金流贴现分析

传统的房地产投资分析方法尽管简单和易操作,但是它最大的缺点是未考虑资金的时间价值,因而也就无法估计投资资金的机会成本和时间风险。具体而言,传统分析方法的不足主要是:①忽略了整个持有期内所有的预期的现金流量,而仅仅集中在经营期的第 1 年,最多也是前面几年的经营情况。②未考虑(或者很少考虑)投资期末处理(即销售)物业所带来的现金流量。对于有些物业投资来说,期末转让或销售物业的收益或许在整个物业投资收益中占有更大的比重。③忽略了净现金流量的时间问题和投资的机会成本问题。

1958 年,莫迪利安尼和米勒(Modigliani and Miller)提出了股利与公司股价无关的 MM 理论。该理论认为,在严格意义的假设条件下,股利政策不会对企业的价值或股票价格产生任何影响,一个公司的股价完全是由其资产或投资的获利能力所决定[1]。莫迪利安尼和米勒的理论框架是现代投资价值分析的思想源泉。人们随后的研究发现"自由现金流"能够代表企业的获利能力。现代投资价值分析方法首先被用于企业价值的研究,然后才被应用到投资项目财务分析领域。这个对未来的现金流的评估过程被称为现金流贴现分析(Discounted Cash Flow Analysis,DCF)法。投资者在进行投资项目决策的时候,可以通过评估未来的现金流和其风险,并把风险因素评估纳入分析,然后计算出现金流的现时价值,来完成项目的现金流贴现分析。在分析中要考虑到机会成本贴现率的分配,它包括了现金流的风险、普遍水平的收益率和现金流的时间测定等方面。在投资项目评估中,净现值法和内部收益率法是常用的两种方法,有时还要计算动态的投资回收期。相对于传统的房地产分析方法,现金流贴现分析的分析结果更为科学、合理。

5.1 现值、净现值与内部收益率

5.1.1 现值与净现值

(1)现值的概念在第四章已有阐述,这里我们主要研究净现值的方法。净现值是指按照投资者最低可接受的收益率或设定的基准收益率 i_c(合适的贴现率),将房地产投资项目在计算期内的各年净现金流量,折现到投资期初的现值之和。

公式,

$$\text{NPV} = \sum_{t=0}^{n} (\text{CI} - \text{CO})_t (1+i_c)^{-t} \qquad (5-1)$$

---

[1] F Modigliani, M H Miller, The Cost of Capital, Corporation Finance and the Theory of Investment. American Economic Review,1958-6,48(3):261-297.

式中：NPV：净现值；CI_t：第 t 年的现金流入量；CO_t：第 t 年的现金流出量；i_c：行业或部门基准收益率或设定的目标收益率；t：项目计算期。净现值可以通过财务现金流量表计算求得。

（2）对净现值含义的理解：

① 关于净现金流量的使用，在各项目之间进行比较的时候需要统一可比基础。

② 关于基准贴现率 i_c，基准贴现率就是项目净现金流量贴现时所采用的利率。它反映了资金的时间价值。在我国，它一般由行业或部门制定基准收益率作为基准贴现率；如果没有规定的基准贴现率，可以根据银行中长期贷款的实际利率确定；也可以根据投资者要求的目标收益率或最低回报率来确定。

项目分析评价人员在确定财务基准收益率时，一般综合考虑以下因素：当前整个国家的经济发展状况，银行贷款利率，其他行业的投资收益率水平，投资者对项目收益增长能力的预期，项目风险的大小，项目的寿命期长短等。

（3）净现值指标的作用

净现值指标是用来判别投资项目可行与否。净现值评价标准的临界值是零。

当 NPV＞0 时，表明投资项目的预期收益率不仅可以达到基准收益率或贴现率所预定的投资收益水平，而且尚有盈余（即大于贴现率）；

当 NPV＝0 时，表明投资项目收益率恰好等于基准收益率或贴现率所预定的投资收益水平；

当 NPV＜0 时，表明投资项目收益率达不到基准收益率或贴现率所预定的投资收益水平（即小于贴现率）或最低可接受的回报率，甚至可能出现亏损。此时项目不可行，应拒绝。

因此，只有 NPV≥0 时，投资项目在财务上才是可取的，值得进一步考虑。

5.1.2 财务内部收益率

（1）财务内部收益率的含义

从前面净现值的公式可以看出，如果现金流量不变，净现值将随折现率的变化而变化，而且两者变动的方向相反，即折现率与现值呈反向变动关系。

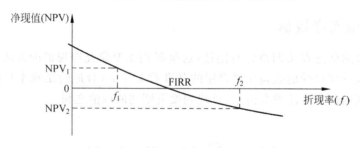

图 5-1　财务内部收益率计算图

（2）房地产投资项目的财务内部收益率是指房地产投资项目在计算期内各期净现金流量现值累计之和等于零时的折现率。其表达式为：

$$\sum_{t=0}^{n} (CI-CO)_t (1+FIRR)^{-t} = 0 \qquad (5-2)$$

式中 $(CI-CO)_t$：第 t 期的净现金流量；

FIRR：财务内部收益率，其他同前。

财务内部收益率的经济含义是指投资项目在这样的折现率下，到项目计算期终了时，当初的所有投资可以完全被收回。

(3) 财务内部收益率的作用。财务内部收益率是项目折现率的临界值。在进行独立方案的分析评价时，一般是在求得投资项目的内部收益率后，与同期贷款利率、同期行业基准收益率相比较，以判定项目在财务上是否可行。

① FIRR 与 i 比较，反映项目的盈亏状况：

FIRR $>i$ ，项目盈利；

FIRR $=i$ ，项目盈亏平衡；

FIRR $<i$ ，项目亏损。

② FIRR 与 i_c 比较，反映项目与行业平均收益水平相比的盈利情况：

FIRR $>i_c$ ，项目盈利超出行业平均收益水平；

FIRR $=i_c$ ，项目盈利等于行业平均收益水平；

FIRR $<i_c$ ，项目盈利低于行业平均水平。

例 5-1 某投资者以 10 000 元/平方米的价格购买了一栋建筑面积为 27 000 平方米的写字楼用于出租经营，该投资者在购买该写字楼的过程中，又支付了相当于购买价格 4% 的契税、0.5% 的手续费、0.5% 的律师费用和 0.3% 的其他费用。其中，相当于楼价 30% 的购买投资和各种税费均由投资者的资本金（股本金）支付，相当于楼价 70% 的购买投资来自期限为 15 年、固定利率为 7.5%、按年等额还款的商业抵押贷款。假设在该写字楼的出租经营期内，其月租金水平始终保持 160 元/平方米，前三年的出租率分别为 65%、75% 和 85%，从第 4 年开始出租率达到 95% 且在此后的出租经营期内始终保持该出租率。出租经营期间的运营成本为毛租金收入为 28%。如果购买投资发生在第 1 年的年初，每年的净经营收入和抵押贷款还本付息支出均发生在年末，整个出租经营期为 48 年，投资者全项目投资和资本金的目标收益率为分别为 10% 和 14%。试计算该投资项目全部投资和资本金的财务净现值和财务内部收益率，并判断该项目的可行性。[1]

解：

(1) 写字楼购买总价：27 000 平方米×10 000 元/平方米＝27 000 万元

(2) 写字楼购买过程中的税费：

27 000 万元×(4%＋0.5%＋0.5%＋0.3%)＝1 431 万元

(3) 投资者投入的资本金：27 000 万元×30%＋1 431 万元＝9 531 万元

(4) 抵押贷款金额：27 000 万元×70%＝18 900 万元

(5) 抵押贷款年还本付息额：

---

[1] 2012 年房地产估价师理论实务考点讲义，http://www.qnr.cn/Constructs/fj/lilun/fudao/201209/860106.html。

$$A = P \times i/[1-(1+i)-n] = 18\,900\,\text{万元} \times 7.5\%/[1-(1+7.5\%)-15]$$
$$= 2\,141.13\,\text{万元}$$

(6) 项目投资现金流量表，如表 5-1 所示。

表 5-1 项目投资现金流量表

年份	0	1	2	3	4～15(每年)	16～48(每年)
可出租面积(平方米)		27 000	27 000	27 000	27 000	27 000
出租率		65%	75%	85%	95%	95%
月租金收入(元/平方米)		160	160	160	160	160
年毛租金收入(万元)		3 369.6	3 888.0	4 406.4	4 924.8	4 924.8
年运营成本(万元)		−943.5	−1 088.6	−1 233.8	−1 378.9	−1 378.9
年净经营收入(万元)		2 426.1	2 799.4	3 172.6	3 545.9	3 545.9
全部投资(万元)	−28 431.0					
资本金投入(万元)	−9 531.0					
抵押贷款还本付息(万元)		−2 141.1	−2 141.1	−2 141.1	−2 141.1	
全部投资净现金流量(万元)	−28 431.0	2 426.1	2 799.4	3 172.6	3 545.9	3 545.9
资本金净现金流量(万元)	−9 531.0	285.0	658.2	1 031.5	1 404.7	3 545.9
还本收益(万元)		723.6	777.9	836.2	$723.6 \times (1+7.5\%)t-1$	0.0

(7) 全部投资财务内部收益率和财务净现值

① 求 FNPV。因为 $i_c = 10\%$，故

$$FNPV = -28\,431.0 + \frac{2\,426.1}{(1+10\%)} + \frac{2\,799.4}{(1+10\%)^2}$$
$$+ \frac{3\,172.6 + \frac{3\,545.9}{10\%} \times \left[1 - \frac{1}{(1+10\%)^{48-3}}\right]}{(1+10\%)^3}$$
$$= 4\,747.1\,(\text{万元})$$

② 求 FIRR。

a. 因为 $i_1 = 11\%$ 时，NPV1 = 1 701.6(万元)

b. 设 $i_2 = 12\%$，则可算出 NPV2 = −870.7(万元)

c. 所以 FIRR = 11% + 1% × 1 701.6/(1 701.6 + 870.7) = 11.66%

(8) 资本金财务内部收益率和财务净现值

① 求 FNPVE。

因为 $i_{E1} = 14\%$，故

$$FNPV = -9\,531.0 + \frac{285.0}{(1+14\%)} + \frac{658.2}{(1+14\%)^2}$$

$$+ \frac{1\,031.5 + \frac{1\,404.7}{14\%} \times \left[1 - \frac{1}{(1+14\%)^{15-3}}\right]}{(1+14\%)^3}$$

$$+ \frac{\frac{3\,545.9}{14\%} \times \left[1 - \frac{1}{(1+14\%)^{48-15}}\right]}{(1+14\%)^{15}}$$

$$= 789.8(万元)$$

② 求 FIRRE。

a. 因为 $i_{E_1} = 14\%$ 时,NPV E_1 = 789.8(万元)

b. 设 $i_{E_2} = 15\%$ 时,则可算出 NPV E_2 = -224.3(万元)

c. 所以,通过插入法可得 FIRRE = $14\% + 1\% \times 789.8/(789.8 + 224.3) = 14.78\%$

(9) 因为 FNPV = 4 747.1 万元>0,FIRR = 11.66%>10%,故该项目从全投资的角度看可行。

因为 FNPVE = 789.8 万元>0,FIRRE = 14.78%>14%,故该项目从全投资的角度看也可行。

(10) 讨论:在计算资本金盈利能力指标时,由于没有计算抵押贷款还本付息中归还贷款本金所带来的投资者权益增加(还本收益),因此资本金内部收益率指标与全投资情况下差异不大,说明此处计算的收益只体现了现金回报而不是全部回报。如果考虑还本收益,则资本金的财务净现值将增加到 7307.7 万元,财务内部收益率增加到 21.94%。

5.1.3 净现值法与内部收益率法的比较

(1) 净现值法(NPV),内部收益率法(IRR),动态投资回收期法等方法是大部分公司进行投资分析的首选方法。一份对美国大型跨国公司调查报告的结果表明,在全部回复问卷的公司中有80%使用净现值法或内部收益率法。美国著名财务学家 Ross 认为:其他方法"都不如净现值法"[1](Net Present Value:First Principles of Finance)[2]。就净现值法而言,主要有以下三个特点:

① 净现值使用了现金流量。公司可以直接使用项目经营所获取的现金流量。

② 净现值包含了项目的全部现金流量。其他一些投资决策方法往往会忽略某一特定时期之后的现金流量。

③ 净现值对现金流量进行了合理的折现。内部收益率具有净现值的一部分特征,本身不受资本市场利息率的影响,而是取决于项目的现金流量,是每个项目的完全内生变量。

(2) 内部收益率能够为人们所接受,主要的原因在于它用一个数字就能够概括出项

---

[1] Stephen A Ross,Randolph W Westerfield,Jeffrey F. Jaffe1 公司理财(Corporate Finance 2002 年英文第 6 版).北京:机械工业出版社,2003.

[2] http://finance.wharton.upenn.edu/~acmack/Chapter_04_app.pdf.

目的特征,涵盖项目的主要信息,这一点净现值却无能为力。通过这一简明扼要的收益率,人们就可以很方便地对项目进行分析评价。但用内部收益率法会也存在一些问题:

① IRR 反映的只是平均收益率。在市场利率有变化的情况下,不能单凭一个 IRR 指标来判断投资项目的优势。

② 多重收益率的情况,即在 IRR 的计算中,有时会出现两个或两个以上的结果。

③ 有些投资项目 IRR 无解。

④ 有些投资项目,尽管 IRR 较大,但由于投资规模小,所以无足轻重;有些项目 IRR 较小,但规模很大,所以举足轻重。与 IRR 相比,NPV 较为科学,在计算中不会像 IRR 出现多解和无解的问题。使用 NPV 所遇到的难点是贴现率的确定。这个指标一旦确定,最终的决策就变得非常简单,NPV 为正可行,为负不可行。

(3) 为了使内部收益率(IRR)法和净现值(NPV)法的选择结果相一致,学术界一般采用保留 NPV,改进 IRR 法,使用差额增量内部收益率法。[1]

差额增量内部收益率法是指在两个原始投资额不同方案净现金流量差额的基础上,计算出差额内部收益率,并与行业基准贴现率进行比较,进而判断投资方案优劣的一种评价方法。差额内部收益率的计算与内部收益率指标的计算方法是一样的,只不过所依据的是差额净现金流量。通常认为,当差额内部收益率指标大于或等于行业基准收益率时,原始投资额大的方案较优;反之,则投资少的方案为优。但是,这种评价方法有时并不能精确地择优,还需要净现值法来最后评价,即净现值比率大的方案为最优方案[2]。

总之,投资项目的财务评价要解决的是对未发生的事件的预测,未来事件的发生总是带有不确定性,内部收益率(IRR)法和净现值(NPV)法与其他财务评估指标一样,均具有一定的偏差和失真。若两者结合起来运用,并用静态法、敏感性分析法等辅助作全面分析,不失为项目财务评价中较好的综合技术分析方法。

5.1.4 动态投资回收期

在考虑货币时间价值的情况下,以房地产投资项目净现金流量现值抵偿原始投资现值所需要的全部时间。即项目从投资开始起,到累计折现现金流量等于零时所需的时间。其公式为:

$$\sum_{t=0}^{P_t}(CI-CO)_t(1+i_c)^{-t}=0$$

式中的变量基本类同于内部收益率的公式变量含义,但 i_c 为基准收益率。也可以按如下公式计算:

$$P_t=(累计折现值出现正值的年数-1)+\frac{上年累计折现值的绝对值}{当年净现金流量的折现值} \quad (5-3)$$

动态投资回收期尽管考虑了资金的时间价值,优于静态投资回收期评价法。但它仍然具有主观性,同样忽略了回收期以后的净现金流量。当未来年份的净现金流量为负数

---

[1] 吴芸,赵国杰.净现值法和内部收益率法的比较.科学技术与工程,2005(18):1294-1297.

[2] 胡月亭.对利用"差额投资内部收益率法"进行方案比较的质疑.技术经济,1992(Z2):37-39.

时,动态投资回收期的指标计算可能变得无意义。因此,用动态投资回收期法评价一个项目的投资回收期限是不是一个完整的评价指标,通常只宜用于项目可行性的辅助评价。

5.2 投资价值与投资决策

投资的目的是为了获得收益,在实际生活中,无论是企业还是个人,都面临着多种不同的投资方案,对企业而言主要是项目投资方案,对个人而言主要是投资理财方案。项目的投资价值判断对投资者的正确决策具有举足轻重的地位,而对投资价值的判断则因人和因事而异,它主要由收益和风险两个要素决定,依靠贯彻上述理念的现金流贴现法,以投资未来收益在投资风险水平下的贴现值作为对其真实价值的估计。但是,对于房地产投资而言,既要考虑经营的风险和可能实现的未来投资收益贴现,考虑投资者的不同阶段和项目生命周期的不同阶段,还要考虑哪些未来可能实现的无形收益和风险的影响。影响房地产投资的内外部环境的因素很多,既有人口集聚和人的生命周期,以及产业发展、社会偏好等方面,又有政府管制、宏观经济和地理位置等方面。因而投资决策是十分复杂的,在不同的投资阶段有不同的投资决策。没有绝对的最优决策,只有相对于当时投资内外环境下的较优决策权衡。因而,投资价值的判断也是因人、因事、因时而异的。既可以以简单的投资可比方案来估计,也可以用现金流贴现法、实物期权的方式来判断,每种方法都有其优势和局限性。通过不同的方法判断,可以为不同目的的投资决策提供具有时效性的参考依据。

5.3 问 题 研 究

5.3.1 现金流贴现技术的应用

就现金流贴现技术而言,投资价值取决于未来收益和潜在风险,对上述两个要素的估计构成了这种方法应用的核心。其中未来收益体现为自由现金流量,潜在风险体现为贴现率,收益在风险基础上的调整,即自由现金流量的贴现值便形成了对投资价值的合理估计。

对于房地产的投资价值,投资价值 $= \sum_{t=1}^{n} \frac{CF_t}{(1+r)^t}$。其中:$n$ 为资产的年限(或期数),CF_t 为 t 年的现金流量,r 为包含了预计现金流量风险的折现率。

对于公司的投资价值,公司价值 $= \sum_{t=1}^{t=n} \frac{CF_t}{(1+WACC)^t}$。其中:CF 为公司现金流,WACC 为公司整体平均资金成本——加权平均资本成本[1],WACC 可用来确定具有平均风险投资项目所要求的收益率,项目的收益率必须不低于 WACC。因为投资者之所以以一定水平的要求回报率(这里等同收益率)将资金投给风险既定的企业,其资金成本本

---

[1] 宋常,吕兆德.加权平均资本成本的现实思考与理性分析.电力技术经济,2001(4):55-60.

身就包含了对该企业未来风险的预期,因而 WACC 可以作为企业价值公式中的贴现率指标。

显而易见,现实中对现金流贴现技术的使用并不简单,房地产投资价值的判断取决于对各种参数的假设[1],对房地产价值的高估和低估归根结底是由对上述这些参数估计的差异所导致的。而对这些参数的估计则取决于对房地产行业内在规律的深入分析和对宏观经济及行业发展趋势的洞察力。对房地产企业的价值判断也是如此。

(1) 有人说现金流贴现法可以告诉我们在既定的基本面假设下投资的内在价值是多少,但却无法解释已经偏离投资内在价值情况下的市场价格,你认为这种说法正确吗?

(2) 又有人认为现金流贴现法的计算公式有缺陷,它没有体现出一次性出售房地产资产带来的收益对该房地产投资价值的影响。这与现实中房地产资产的投资收益既有日常经营收益,又有一次性出售收益的现实不符。并且在我国,房地产出售时的收益较大,而租金收益相对较少(因为房价上涨率高于租金增长率[2])。因而公式需要改进。你认为这种说法合理吗?如果要改进公式,将如何修改?

(3) 对于房地产公司这种重资产型企业的投资价值而言,能否利用公司价值的计算公式来分析?它有什么样的限制条件?WACC 如何计算?

5.3.2 房地产投资分析中的主要财务报表

对一个房地产投资项目财务评估过程主要是对项目投资状况、财务指标、财务风险进行定量和定性分析计算的过程,主要是通过对拟投资项目的投资、财务成本费用的确定,根据社会或行业财务标准,判断项目是否值得投资。项目财务评估用到的财务报表根据作用不同,可分为基本财务报表和辅助计算财务报表。基本财务报表主要包括项目资金来源与运用表、项目损益表、项目资产负债及其偿还表、项目现金流量表等。项目评估辅助用表,是对主表数据的补充,如项目成本费用核算表等。在这些财务报表中,最主要的三张表是损益表(也称利润表)、资产负债表和现金流量表(见本章附表),从这三张表基本可以判断出房地产项目投资的收益状况和存在的风险,以及项目管理者的经营水平(见附表 5.1、5.2、5.3)。

(1) 房地产投资项目的现金流量表包括全部投资现金流量表和资本金现金流量表,它反映了房地产开发项目经营期内各年的现金流入和流出情况。试问:它们分别在财务评价中能够用于计算哪些财务分析指标?一般而言,如果一个房地产项目值得投资,其资本金的投资收益率比全部投资收益率是高还是低?为什么?

(2) 房地产投资项目的资产负债表主要用于考察项目资产、负债、所有者权益的结构,进行项目清偿能力分析。试问:房地产投资项目负债率高对项目的投资收益、投资风险有何影响?为什么对比海外的房地产企业,中国的房地产企业偏好采用高负债经营的模式进行房地产项目投资开发?此外,经营模式以开发型为主的房地产企业负债率与以出租型为主的房地产企业负债率有何不同?房地产项目资产负债表中的账面价值是否通

---

[1] 张金清,亓玉洁. 利率、租金与房价合理程度的测定. 统计与决策,2007 (6):43-45.
[2] 杜丽红. REITs 对地产投资人结构及房地产市场价格的影响. http://betafact.com/realestate.htm.

常都会低于市场公允价值?

(3) 房地产投资项目的损益表(利润表)主要用于反映企业在某一会计期间的经营成果,提供该期间的收入、费用、成本、利润或亏损等信息的会计报表。试问:从损益表中能否发现一个房地产开发项目的成本?这对于该项目的平均销售房价制定有什么意义?能否通过损益表计算资本金的投资收益率?项目投资利润率?

5.4 案例研究

5.4.1 在建工程转让的估值

房地产项目的在建工程转让需要进行价值评估,可用的评估方法通常主要是基于效用理论的假设开发法、收益法和市场比较法(在一些无法使用上述方法的项目中可以使用重置成本法)。因此,房地产项目在建工程能否被顺利转让的基本条件是:开发项目建成后未来的市场价值现值与承接者后期投入比较后是否存在正的收益。如果存在正收益则能够被转让,否则转让交易则会被搁置。

某在建工程,土地使用权年限为 50 年,自取得权证日起开工。预计该项目建成后的建筑面积为 17 500 m^2,年净收益为 350 万元。目前该项目已建设 2 年,估计至项目建成还需 2.5 年。已知市场同类房地产项目投资报酬率为 7%[1]。投资者考虑在建成后予以转让。

问题分析:

(1) 该项目续建完成时的总价值现值是多少?

(2) 在什么情况下该在建工程项目完工后的评估值高于账面价值?

(3) 如果该项目在建成后又经营 2 年再转让,在使用收益法评估项目总价值现值时是否考虑转让前的项目收益?转让总价现值又是多少?

5.4.2 中国房地产企业负现金流现象分析[2]

1998—2007 年间国内房地产行业在高存货、低周转的经营战略下普遍呈现持续负现金流状态,但是对国际房地产企业经营的比较研究显示,对于一个健康的企业来说,负现金流的状态是不可持续的,房地产周期高峰中不断延长的存货周期通常是危机的前兆。香港地产商靠混业经营下的高利润率和稳定租金收益维持着长期中的现金平衡,日本地产商在低谷中靠高周转延续着资金链;反观中国的房地产企业,一直在乐观的囤地扩张,似乎每家企业如果不为未来四五年每 50% 以上的扩张速度储备足够的土地就是消极增长了。在过去几年中,整个房地产行业在不断吞噬金融体系的资金。与美国地产企业相比,我们的营运资金周转天数更长(平均达到四百多天,是美国地产领先企业的两倍),资产周转速度更慢(平均仅为 0.3 倍,是美国地产企业的 1/3,虽然利润率略高,但成长速

---

[1] 案例例题部分改编自 2006 年全国房地产估价师考试试题。
[2] 本案例改编自"杜丽虹.地产企业现金流的国际比较". http://betafact.com/realestate1.htm.

度却更快(平均达到 27%,大型企业甚至达到 50%以上),结果,企业的持续负现金流问题更加严重。这种负现金流的状态已经持续了 10 年(1998—2007 年),而且在最近 5 年(2003—2007 年)显著加剧。美国地产企业在 10 年的高投入后泡沫破灭了,中国的地产企业这种持续负现金流的状态还能持续多久?

在过去几年中,整个地产行业在不断吞噬金融体系的资金,A 股上市地产公司为例,2003 年净融入资金 64 亿元,2004 年净融入资金 57 亿元,2005 年遭遇宏观调控,净融入资金 2.5 亿元,2006 年净融入资金跃升至 240 亿元,2007 年进一步上升至 454 亿元!地产行业整体正陷入持续的现金投入状态,即使是万科集团(以下简称万科),过去 5 年年均的融资前现金缺口(净经营活动现金流入+净投资活动现金流入)仍达到 40 亿元,其他大型地产公司更是陷入了持续负现金流的陷阱。保利地产过去 5 年每年的净经营现金都是负的,年均融资前现金缺口 33 亿元;招商局地产股份有限公司(以下简称招商地产)过去 5 年的净经营现金也是持续为负,年均融资前现金缺口 20 亿元;金地集团(以下简称金地),过去 5 年有 4 年的净经营现金流是负的,年均融资前现金缺口 20 亿元;金融街控股股份有限公司(以下简称金融街),过去 10 年有 8 年的净经营现金流是负的,年均融资前现金缺口 5 亿元;其他一些中型的地产公司也都呈现现金流正少负多的状态;一些从出租物业向住宅开发转型的地产公司,如中粮地产股份有限公司(以下简称中粮)、中航地产股份有限公司(以下简称中航地产),在转型后也出现了持续的负现金流。

地产行业为什么会出现持续的负现金流状态?从现实情况分析是由于土地储备模式下的高存货与低周转经营模式所致。高存货与低周转导致企业在扩张过程中需要不断追加营运资金,虽然房地产行业的利润率也很高,但是年均 11%的净利润率仍不足以填补这个资金缺口,于是中国的房地产行业成为一个高度依赖外部融资来推动增长的行业。

问题分析:

(1) 从财务评价的视角分析,房地产公司负的净现金流量有何风险?

(2) 中国的房地产企业为何愿意融资借贷来大量囤积土地?这种降低资产周转率的经营模式对于企业成长有何影响?

(3) 试解析"高存货与低周转"如何导致一个房地产项目出现负净现金流的情形?

5.5 本章小结

本章学习的内容主要是房地产投资的动态分析经济指标,对于净现值、内部收益率、动态投资回收期等方法应予以熟悉和掌握。在问题研究部分,要了解房地产投资分析的主要财务报表,以及在建工程的估值分析方法,这对于理解和研究企业房地产投资行为是非常有益的。本章案例研究的重点是对房地产企业"负现金流"问题进行分析,需要结合本章给出的阅读材料予以综合分析,以了解中国房地产企业的负债经营行为,并对其风险有一定的理性认识。

5.6 本章拓展思考题

(1) 某高速公路拟以未来10年的收益发行证券售出,假如该公路每年收益15亿元,地方政府提供3%的收益率给证券投资者,若能顺利地将其证券化售出,问地方政府借此能够获得多少现金?为什么仅以3%的收益率给投资者?地方政府在什么情况下愿意提高此项目收益率?

(2) 2013年某上海居民目前拥有4套住宅,有2套是继承夫妇两家老人留下来的物业,2套是自己家庭举贷买下来的(贷款已还清)。其中除了自己家庭住的1套外,其余3套全部出租,每个月可以收七千元左右的租金。这4套房子的特点是面积都不大,目前市场价值大约在一千万元左右。请问,对比投资收益和资产结构状况,是否应该继续持有还是出售部分房产?如果假设未来每年上海平均房价以5%的速度上升呢?

(3) 动态投资回收期在评价投资项目时有哪些局限性?对于城市地铁这类公用事业投资项目能否使用动态投资回收期来进行财务分析?如果不行,应当如何评价该类投资项目的经济效益?

(4) 请分析在财务评价中使用净现值法和内部收益率法的利弊为何?有人说房地产投资存在暴利,甚至其投资收益率可达到100%。试问:这时所指的投资收益率通常是股本收益率还是全部项目的整体收益率?为什么?你能否举例说明?

(5) 如何使用差额增量内部收益率法?它比净现值法和内部收益法有哪些优点?有何局限性?

5.7 主要参考文献

[1] 张金清,亓玉洁.利率、租金与房价合理程度的测定、统计与决策,2007(6):43-45.

[2] 吴芸,赵国杰.净现值法和内部收益率法的比较.科学技术与工程,2005(18):1294-1297.

[3] 胡月亭.对利用"差额投资内部收益率法"进行方案比较的质疑.技术经济,1992(Z2):37-39.

[4] Stephen A Ross, Randolph W Westerfield, Jeffrey F Jaffel. 公司理财(Corporate Finance 2002年英文第6版).北京:机械工业出版社,2003.

阅读材料 5.1

房地产企业现金流存在的问题及对策[①]

一、房地产企业现金流概述

(一) 现金流的概念 现金流是用于记录企业在商品销售、提供劳务、对外出资以及支付税款等日常经营活动中的现金流动的状况情况。在众多指标中,现金流能够全面的反映一个公司在一定会计期间内经营活动、投资活动以及筹资活动的情况。

---

① 田金玉,刘媛.房地产企业现金流存在的问题及对策.财会通讯,2012(9):71-72。

(二)房地产企业现金流特点主要包括:

(1)资金需求量大。由于房地产行业项目本身的特点,决定了该行业在资金需求量上比较大大。因此,仅靠企业的自有资金,房地产开发公司是不能维持日常运转的。同时,由于房地产企业的开发建设资金在支出上具有集中性的特点,但资金的来源却比较分散,使得该行业企业必须拥有更大规模的现金流入。在我国,房地产企业"以小博大"的发展模式,使得该行业企业对银行资金的依赖度长期以来居高不下。照此发展下去,企业的资金链很容易被拉断,对于中小企业将是更加严峻的挑战。

(2)周转周期较长。对任何一个房地产开发项目而言,从开始选择位置,到房屋竣工验收直至出售,一般均需要3年到5年的时间。此外,房地产商品要想收回成本获取利润,只能是等该楼盘销售到一定数量之后才能获得,这就造成了房地产企业资金周转比较长的特点。

(3)资金占用风险大。房地产项目的资金一旦投入,就具有不可移动性。因此,房地产开发商就很难根据发生的各种变化对资金用途及时的加以改变和调整,使得现金流的投入风险性加大。

二、房地产企业现金流存在的问题

(一)房地产行业现金流现状为了能够更好地研究我国房地产行业上市公司现金流现状,选取14家该类行业的上市公司进行分析比较。其中营运指数是反映一个企业现金流质量非常重要的指标,对这14家房地产上市公司2007—2010年的现金流量进行分析计算,得出每家公司三年的营运指数并进行加权平均,因此得出每个上市公司近三年的平均营运指数,进而得出整个房地产行业的营运指数,如表1所示:

表1 房地产行业上市公司营运指数表

上市公司简称	营运指数
招商地产	−2.997
中粮地产	−0.632
中航地产	−0.594
宜华地产	0.499
绿景地产	3.461
万方地产	−0.159
国兴地产	2.526
保利地产	−4.541
中江地产	0.932
大龙地产	−19.736
卧龙地产	0.786
华业地产	−0.598
万通地产	1.967

经计算得出:房地产业上市公司平均营运指数为−9.477。

通过对这些上市公司的营运指数进行分析,不难看出:近10家上市公司的营运指数均小于1,占到所调查总数的71.43%,说明该行业上市公司的经营性现金流质量并不是很好；而只有四家上市公司的营运指数大于1,现金流质量较好,仅占调查总数的28.57%。通过以上数据结果显示,我国房地产行业上市公司的现金流质量普遍不太理想。此外,在所选的14家房地产上市公司中一共有7家上市公司存在着连续三年经营净现金流量为负的情况,占到所调查公司总数的50%；而有5家上市公司在这三年内均出现过经营净现金流量为负值的情况,只有2家上市公司连续两年经营净现金流量为正。不难看出：在我国房地产行业的上市公司中,经营现金流量存在着不可忽视的问题。

（二）房地产企业现金流问题分析主要表现在：

（1）经营活动产生的现金流量为负值。经营活动产生的现金流量为负值是目前房地产企业的一个共性问题。据统计,42家房地产上市公司2007年的经营活动产生的现金流量净额为－365.99亿元；万科、招商地产、金地集团、保利地产四大上市地产开发商,2007年的每股经营性现金流均为负值,并且均为各公司5年来的最低值。房地产企业经营性现金流的负值越大,表明该行业经营性活动的现金流越低。

（2）资金短缺现象较为普遍。由于缺乏有效的成本管理制度,房地产开发项目在开工前,没有对该项目进行组织设计以及制定成本计划。在工程进行过程中,缺乏严格的成本控制措施,因此造成了很多不必要的现金流出,导致亏损。同时,房地产开发企业在开发过程中,没有全面的权衡企业成本,导致了后来的经营风险加大以及资金流紧张。此外,历史原因以及不良资产等诸多因素的影响使得资金短缺的现象更加普遍。

三、房地产行业现金流问题完善对策

（一）制定与现金流现状相符的发展战略房地产企业在制定发展战略时,应合理地考虑现金流的去向,使得该企业现金流与所制定的发展战略相符合。企业应努力做到：战略要充分考虑本公司的现金流状况,现金流也要为该企业的发展战略所服务。因此,房地产企业应当紧密结合自身的实际状况来制定发展战略,而不是进行盲目扩张。若只是盲目扩张,极易出现资金周转困难的问题。对于房地产企业这样的资金密集型企业而言,一旦资金的周转出现问题,就会危及公司的生存。

（二）保持现金流平衡由于房地产企业投资回报期比较长,且投入资本比较巨大,所以很容易出现资金周转不灵的情况。笔者认为：房地产企业可以将不同投资回报期、不同回款方式的业务进行组合,这样便可以有效地分散风险,降低该行业企业发生现金周转不灵的概率,维持现金流的平衡,防止出现现金流断开的情况。

（三）加强现金收入管理销售开发的商品房所产生的现金流入是房地产开发企业的主要收入来源。笔者认为：加强现金收入的管理,能够有效的提高房地产企业现金流质量,降低现金流断开的可能性。可以通过以下途径来加强现金收入的管理：协调各方关系,加快项目开发进度,使其房屋尽快达到预售标准,缩短现金回款的周期；加大应收账款的催收力度,促进房款回笼；开展灵活多样的促销措施,使资金按预期回笼。

（四）提高资金使用率由于房地产企业是典型的资金密集型企业,所以对该类企业应当加速资金周转,加强对资金筹措的管理。笔者认为：该类企业应当事先编制资金筹措计划和相关的费用支出预算,盘活不良资产和呆滞的资产,提高资金使用率,增加企业的经济效益。总之,有效提高资金的使用率,能够减少资金短缺发生的概率。

（五）缩短工程项目开发周期如果房地产行业能做到既不影响整个战略发展,还能适当地缩小投资规模,缩短工程项目的开发周期。这样既可以降低房产开发的资金需求量,也可以根据市场情况的变化及时调整销售策略。笔者认为:在不影响企业发展战略的同时,适当缩短项目开发周期,可以有效地提高资金回笼速度,还可以提高售价。对于房地产开发企业来说,是非常有利的。

此外,房地产企业还可通过以下方式加强现金流管理,降低资金风险:适度增加投资性房产的规模,这不仅可以维持现金流的稳定,还可以在资金紧缺时将该房产作为融资的抵押资产或者直接变现;积极拓宽融资渠道,例如第三方资产抵押贷款、内部职工集资等。

阅读材料 5.2

如何查看公司主要财务报表[1]

查看公司财务报表先从利润表开始,再到资产负债表,最后到现金流量表。

1. 查看利润表

利润表报告企业一段期间内的收入、费用和净收益或净损失,如表1所示。

表1 OS公司利润表　　　　　　　　　单位:千美元

		利润表(调整后)	
		年度止于2008.12.31	年度止于2007.12.31
1	净销售收入	9 054 462	6 507 825
2	费用		
3	销售成本	5 318 218	4 021 541
4	广告费用	419 000	175 000
5	折旧费用	326 036	269 706
6	其他经营费用	1 658 329	1 190 311
7	利息费用	13 617	−2 975
8	税前收益	1 319 262	854 242
9	所得税	494 723	320 341
10	净利润	824 539	533 901

一个普遍原则:大多数企业选择将会计年度止于12月31日。OS公司的利润表报告了两个财政年度的经营成果,2007年和2008年。2008年度,OS公司的销售净额从65亿美元涨至超过90亿美元(见第1行)。净利润从5.34亿美元涨至8.25亿美元(第10行)。净收益的持续上升趋势会使公司的管理层和投资者受益。

我们利用下式,带入收入和费用来计算净收益:

净收益=收入和利得总额-费用和损失总额

收入:2008年度,OS公司的销售净额为$9 054 462 000(第1行)。

费用:销售成本$5 318 218 000(第3行),表示OS公司在其销售给顾客的商品上的

---

[1] 庞东升.如何查看公司主要财务报表.统计与咨询,2010(4):32-33.

耗费。

其他主要的费用项目有广告支出、折旧和其他营业费用：①广告支出（第4行）使企业在报纸、电视和其他广告媒体上进行产品促销的花费。②折旧（第5行）是使用企业所拥有的建筑、设备和家具的费用。③其他营业费用（第6行）范围较宽，包括付给员工的工资、公共事业支出（电、天然气和电话），购物中心的租赁财产租金和顾客收据之类的商店日常支出。营业费用是那些与OS的核心业务直接相关的费用支出。④利息费用是借贷资金的成本。2007年，OS公司的利息费用是1 360万美元。注意在2007年，公司没有利息费用，相反公司获得了297.5万美元的利息收入。

所得税前收益总共是13亿美元（第8行），所得税费用（通常简写为"所得税"）从公司利润（第9行）中拿走了4.95亿美元。2008财政年度，OS公司补偿所有费用支出后的净利润为8.25亿美元。

2. 查看资产负债表

资产负债表，有时也称为财务状况表，报告三大类的项目：资产、负债和所有者权益（股东权益）。资产负债表重点看资产质量，如果存货和应收账款过高，说明资产质量低。固定资产看有没有升值空间，无形资产要看有无实际市场价值。

OS公司的资产负债表，如表2所示。

表2 OS公司资产负债表　　　　　　　　　　　　　单位：千美元

		资产负债表（已调整）	
		2008年12月31日	2007年12月31日
	资产		
	流动资产：		
1	现金	565 253	913 169
2	库存商品	1 056 444	733 174
3	预付费用	250 127	184 604
4	流动资产总额地产和设备	1 871 824	1 830 947
5	租赁资产改良工程	1 040 959	846 791
6	家具和设备	1 601 572	1 236 450
7	土地和建筑物	405 796	220 718
8	地产和设备总额	3 048 327	2 303 959
9	累计折旧	−1 171 957	−938 713
10	地产和设备净额	1 875 370	1 365 246
11	无形资产和其他资产	215 725	141 309
12	资产总额	3 963 919	3 337 502
13	短期应付票据	90 690	84 794
14	应付账款	684 130	416 976
15	应计费用	655 770	406 181
16	应付所得税	122 513	83 597
17	流动负债总额	1 553 103	991 548

续表

		资产负债表（已调整）	
		2008年12月31日	2007年12月31日
	资产		
	负债		
	流动负债		
	长期负债		
18	长期借款	496 455	496 044
19	其他长期借款	340 682	265 924
20	长期负款总额	837 137	761 968
	股东权益		
21	普通股	398 912	254 884
22	留存收益	3 121 360	2 392 750
23	库藏股	−1 902 400	−1 010 251
24	其他权益	−44 193	−53 397
25	股东权益总额	1 573 679	1 583 986
26	负债和股东权益总额	3 963 919	3 337 502

资产分为两大类：流动资产和长期资产。流动资产是指企业计划在一年内或在超过一年的正常营业周期内转化为现金、出售或使用掉的资产。公司的流动资产包括现金、库存商品和预付费用（第1～3行）。公司没有应收款项，也就是应从他人处收回的款项。大多数企业在现金项下紧接着列示应收账款。2008年12月31日，公司的流动资产总额约为19亿美元（第4行）。公司有超过5.65亿美元的现金。现金是速动资产。库存商品（第2行）是公司最大的流动资产，总值超过10亿美元。长期资产的主要项目是地产和设备（第5～8行）。无形资产没有物质形态，如商标和专利权。负债也分为流动负债和长期负债两类。流动负债（第13～17行）是将在一年或在超过一年的企业正常营业周期内到期的债务。公司的主要流动负债项目是短期应付票据、应付账款、应付费用和应付所得税。长期负债一年后到期。短期应付票据（第13行）是公司承诺在一年或不到一年的期限内进行偿付的本票。应付账款（第14行）是公司购买商品和服务所欠的货款。2008年12月31日，公司共有$1 553 103 000（第17行）的短期债务要在几个月内偿还。不要忘了，流动资产总额达19亿美元。一年内，如果你有19亿美元的流动资产去偿付16亿美元的流动负债，你是否觉得安全呢？大部分大企业经理会认为是安全的，因为流动资产的数额更大。公司只有很少的一点长期负债（第18行），这是非常令人羡慕的。公司的长期负债总额为8.37亿美元。负债总共约24亿美元（流动负债16亿美元＋长期负债8亿美元），这与40亿美元的总资产相比是相当少的。

资产－负债＝所有者权益

最大的所有者权益项目是留存收益，31亿美元（第22行）。大额的留存收益也说明了：是大量的经营利润，而不是长期负债为公司的大多数业务融资。

3. 查看现金流量表

现金流量表报告公司经营活动、投资活动、筹资活动这三类活动产生的现金收入和现金支出。OS公司的现金流量表,如表3所示。

表3　OS公司现金流量表　　　　　　　　　　　　单位:千美元

		含并现金流量表(已调整)	
		年度止于 2008.12.31	年度止于 2007.12.31
	经营活动产生的现金流量		
1	从顾客处收取得现金	9 054 452	6 507 825
2	利息收入收到的现金	—	2 975
3	付给供应商和雇员的现金	−7 190 877	−5 337 599
4	支付的利息费用	−13 617	—
5	支付的所得税费用	−455 807	−328 550
6	经营活动产生的现金净额	1 394 161	844 651
	投资活动产生的现金流量		
7	出售短期投资	—	174 709
8	购入长期投资	—	−2 939
9	购入地产和设备	−797 592	−465 843
10	购置其他资产	−28 815	−19 779
11	投资活动使用的现金净额	−826 407	−313 852
	筹资活动产生的现金流量		
12	出具应付票据收到的现金	1 357	44 462
13	借入长期债务收到的现金	—	495 890
14	发行普通股	49 421	306 653
15	购入库藏股	−892 149	−593 142
16	支付现金股利	−76 888	−79 503
17	筹资活动使用的现金净额	−918 259	−101 640
18	其他	2 589	−1 634
19	现金的净增(减)额	−347 916	427 525
20	年初的现金	9 136 169	485 644
21	年末的现金	565 253	913 169

公司的现金流量表根据其经营、投资和筹资活动列示出来。每一类既包括现金收入也包括现金支出。现金收入是正值,现金支出是负值。令人庆幸的是,公司的经营活动是其最大的现金来源(在2008财政年度约为14亿美元,见第6行)。投资活动中的现金支出多于现金收入,现金净流出8.26亿美元(第11行)。筹资活动中现金净流出9.18亿美元(第17行)。总体来看,2008年公司的现金减少了3.48亿美元(第19行),年底余额为5.65亿美元(第21行)。你可以在资产负债表中找到5.65亿美元的现金余额。现金余额联系着现金流量表和资产负债表。

第5章　房地产投资现金流贴现分析

现在来仔细看看现金流量表的三个主要部分。

(1) 经营活动产生的现金流量。公司经营现金流量的最大部分是从顾客处收取的现金(第1行)。这是个非常好的信号,因为企业的最大现金来源最好是其核心业务。最大的现金支出付给了供应商和雇员(第3行)。2008年,公司经营活动产生现金净流入13.94亿美元这是一个相当好的数字。

(2) 投资活动产生的现金流量。公司花费约7.78亿美元购买地产和设备(第9行)。公司在当年没有出售地产和设备。如果出售的话,"出售地产和设备"项就会报告一个正值,表示销售资产收到的现金(2007年,公司出售了一些短期投资,见第7行)。2008年,投资活动导致现金净流出8.26亿美元(第11行)。投资活动产生现金净流出是正常的,因为这说明公司在购入新资产。

(3) 筹资活动产生的现金流量。2008年的借款额(第12行)不大。最大的筹资现金流是购入库藏股(第15行)支出的8.92亿美元。这说明公司购入了一些以前出售给股东的本公司股票。现金流量表报告了公司2008年支付的股利约770万美元(第16行)。公司2008年度筹资活动的结果是现金净流出9.18亿美元(第17行)。

现金的净增加(减少)。现金流量表的最终结果是当年的现金净增加(或减少),如表3所示,公司2008年现金减少3.48亿美元(第19行)。现金流量表的第20行和第21行是年初和年末的现金余额。公司2008年年初现金为9.13亿美元,年末为5.65亿美元。这些数字都可以在资产负债表(第1行)中找到。这是编制现金流量表所必需的。

现金流量表的编制从当年的现金净增加(或减少)开始。你可以简单的取资产负债表中年初和年末的现金差额,这是你最后检查现金流量表的数字。因此,你是在一开始就知道现金流量表结果的情况下编制它的。现金流量表的目的就是说明当年现金变动的原因。

附表5.1 房地产项目投资损益表

序号	项目	合计	1	2	3	…	N
1	经营收入						
1.1	销售收入						
1.2	出租收入						
1.3	自营收入						
2	经营成本						
2.1	商品房经营成本						
2.2	出租房经营成本						
3	运营费用						
4	修理费用						
5	经营税金及附加						
6	土地增值税						
7	利润总额						
8	所得税						
9	税后利润						

续表

序号	项目	合计	1	2	3	…	N
9.1	盈余公积金						
9.2	应付利润						
9.3	未分配利润						

计算指标：
(1) 投资利润率(%)：
(2) 投资利税率(%)：
(3) 资本金利润率(%)：
(4) 资本金净利润率(%)：

附表5.2 房地产项目全部投资现金流量表

序号	项目	合计	1	2	3	…	N
1	现金流入						
1.1	销售收入						
1.2	出租收入						
1.3	自营收入						
1.4	净转售收入						
1.5	其他收入						
1.6	回收固定资产余值						
1.7	回收经营资金						
2	现金流出						
2.1	开发建设投资						
2.2	经营资金						
2.3	运营费用						
2.4	修理费用						
2.5	经营税金及附加						
2.6	土地增值税						
2.7	所得税						
3	净现金流量						
4	累计净现金流量						

计算指标：
(1) 财务内部收益率(%)：
(2) 财务净现值：
(3) 投资回收期(年)：
(4) 基准收益率(%)：

附表5.3 房地产项目资产负债表

序号	项目	合计	1	2	3	…	N
1	资产						
1.1	流动资产总额						
1.1.1	应收账款						
1.1.2	存货						
1.1.3	现金						
1.1.4	累计盈余资金						
1.2	在建工程						
1.3	固定资产净值						
1.4	无形及递延资产净值						
2	负债						
2.1	流动资产负债						
2.1.1	应付账款						
2.1.2	短期账款						
2.2	长期借款						
2.1.1	经营资金借款						
2.1.2	固定资产投资借款						
2.1.3	开发产品投资借款						
3	所有者权益						
3.1	资本金						
3.2	资本公积金						
3.3	盈余公积金						
3.4	累计未分配利润						

资产负债表由资产、负债和所有者权益三大部分组成。

第 6 章 房地产投资风险分析

房地产投资的特点是融资规模大、周期长，其产品具有较强的地域性和行业关联性，因而投资的风险受到国家和区域经济状况变化的影响较大，房地产投资领域的风险反过来也会对国民经济发展造成较大的影响。因此，无论是国家、地区各级政府还是个人，对于房地产投资风险都必须格外重视并认真分析。房地产投资风险分析就是在对房地产投资项目进行财务分析和可行性研究的基础上，进一步综合分析房地产投资项目在未来建设和运营过程中潜在的多种风险因素，揭示投资风险来源，辨别投资风险类别和程度，提出规避、转移投资风险的对策，消除或降低各类潜在风险因素对房地产投资活动造成的损失。

6.1 房地产投资风险与房地产泡沫

6.1.1 房地产投资风险概述

在前述章节中，我们在财务分析时强调投资者在选择投资机会时，如果其他条件都相同，应选择收益最大的投资方案。但在大多数情况下，收益并非唯一的评判标准，还有许多其他因素影响投资决策。风险就是影响房地产投资收益的一个重要因素。从房地产投资的视角分析，风险可以定义为未来获得预期收益可能性的大小。当某房地产项目完成投资开发过程，进入稳定经营阶段后，就可以大致计算实际获得的收益与预期收益之间的差别，可以初步判断出获取预期收益可能性的大小（因为经营期中也可能发生环境变化，所以无法精确判断出未来可能实现的收益）。由于房地产投资风险涉及政策风险、社会风险、技术风险、自然风险、市场风险、国际形势影响风险等多个方面，既有系统风险也有非系统风险。风险管理又包括风险辨识、风险评估、风险转移、风险控制等方面，所以对于房地产投资风险的各种影响因素需要认真梳理和细致的估计。

1. 风险的含义

风险是指人们在经济活动和日常活动中遭遇能导致人财物损失及其他经济损失的自然灾害、意外事故和其他不测事件的可能性。在经济活动中常见的"风险"英文用语是 Risk 或 Venture 等。Risk 最常用，泛指一般经济活动中的所有风险，与损失紧密相关；而 Venture 常用来描述"商业冒险"活动，具有不确定的损益结果，如风险投资（Venture Capital）。在投资决策活动中，风险可以被认为是决策的实际结局可能偏离它的预期结局的程度。风险是投资者不能获得预期的投资收益率的偶然或可能性。

2. 风险的度量

我们大致可以对风险做这样的表述：风险是某种不利事件或损失发生的概率及其后

果的函数,用数学函数可以表述为:

$$R = F(P,K)$$

式中:R 为对风险的度量,P 为各种不确定性事件发生的概率,K 为所有不确定结果的数量值,F 为 R,P,K 之间的某种函数关系。这样我们就可以对风险进行度量了。度量风险的方法有许多。这些风险的度量包括对风险的影响直接估计如损失额,对风险事件发生的概率的估计,以及二者的结合等定性和定量的分析。

常见的工程项目风险度量方法有:①损失期望值法。这种方法首先要分析和估计项目风险概率和项目风险可能带来的损失(或收益)大小,然后将二者相乘求出项目风险的损失(或收益)期望值,并使用项目损失期望值(或收益)去度量项目风险。②模拟仿真法。模拟仿真法是用数学模拟或者系统法模型去分析和度量项目风险的方法。大多数这种项目风险度量的方法使用蒙特卡罗方法(Monte Carlo Method)等模拟仿真分析法。这种方法可用来度量各种能量化的项目风险,通过改变参数并多次模拟项目风险以后就能得到模拟仿真计算的统计分布结果,并可以此作为项目风险度量的结果。这种方法多数用在大项目或是复杂项目的风险度量上,小项目一般使用损失期望值法。由于项目时间和成本的风险都是项目风险管理的重点,所以模拟仿真法在这些项目风险度量中的使用较为广泛。③专家风险决策法。它在一般情况下可以代替或者辅助上述的数学期望和模拟仿真的方法。例如,在许多投资项目的风险度量中要求给出高、中、低三种项目风险概率,以及项目风险损失不同严重程度的数据,而且精确程度一般要求并不高,所以使用专家决策法做出的项目风险度量结果一般是足够准确和可靠的。专家风险决策法中用的专家经验可以从有类似项目风险评价经验的专家那里获得,也可以通过查阅相关资料等方法获得。

3. 房地产投资风险分类

根据影响投资项目的风险来源划分,房地产投资风险分为系统风险与非系统风险。系统风险属于宏观层次的风险,指特定的社会个体所不能控制或预防的风险,即使分散投资也丝毫不能降低其风险。非系统性风险属于中微观层次的风险,存在于相对独立的范围。或者是个别行业中,或者来自企业内部的微观因素。因此,非系统风险可以转移、规避、分散减轻和控制。

(1) 房地产投资的系统风险

① 政治风险。由于不动产位置的固定性,投资者要承担不同程度的政治风险。这种政治风险主要有国家间或地区战争、国际社会的经济制裁、地区骚乱等。它对投资者的影响最大。

② 政策性风险。主要是政府的宏观经济政策对房地产市场的影响,例如,土地供给、住房价格、交易管制、税费和环境保护政策。

③ 购买力风险。主要是通货膨胀对房地产投资收益的影响,它可能降低投资的净收益。

④ 周期性风险。指经济周期性波动给投资者带来的市场风险,这种风险无法回避。

⑤ 变现风险。由于房地产资产的销售过程复杂、流动性较差,所以当投资者急于变现时常发生折价而导致价值损失。

⑥ 利率风险。由于房地产投资需要借贷,利率变动也会带来价值的损失。金融机构

对投资者提供的不同借贷还款方式也会产生利率风险。例如,浮动利率贷款。

(2) 房地产投资的非系统风险

① 收益现金流风险。由于房地产资产的地域特性,且其收益高低与投资经营者对市场的洞察能力和管理水平有密切关系。未来市场对房地产资产的吸纳力的变化、资本化率变化,投资成本的变化也都会对预期的投资收益产生影响,出现收益现金流与原预期偏差的风险。由于这种风险通常与投资者对区域的选择有关(当然,也可能与投资者的经营管理水平有关),所以也可以称为"投资区域选择风险"。这种风险可以通过事前预判和提高管理水平来减低和规避,也可以通过多个跨区域房地产项目组合来分散投资风险。

② 资本价值变动风险。房地产资产价值虽然可以在某种程度上用计算金融资产价值的方式来估算,但房地产资产价值变动受到多方面的因素影响,对于不同的投资者有着不同的投资价值,在不同的投资环境会有不同的价值表现。而房地产资产的投资经营期又相对较长,因此预期的资本价值与现实的资本价值的偏差就构成了资本价值风险。

③ 比较价值风险。房地产资产投资由于其位置的不可移动和变现不易的特点,使得投资者在投资房地产资产的同时失去了其他投资机会,其他的投资机会有可能获得高于房地产投资所获得的收益价值,因而就产生了房地产投资的比较价值风险。这种风险也可以通过投资者的管理来减低和分散。

④ 持有期风险。房地产资产的投资经营回收期和持有期有时会比较长,经营和持有期越长受到各类经济、环境变动的影响几率越大,不确定因素也越多。因此,这些影响构成了投资者的持有期风险。

6.1.2 房地产泡沫

(1) 美国经济学家查尔斯·P. 金德尔伯格(Charles P Kindlebger)在《新帕尔格雷夫经济学大辞典》的"泡沫"词条中写道:"泡沫可以不太严格地定义为:一种资产或一系列资产价格在一个连续过程中的急剧上涨,初始的价格上涨使人们产生价格会进一步上涨的预期,从而吸引新的买者——这些人一般是以买卖资产牟利的投机者,其实对资产的使用及其盈利能力并不感兴趣。随着价格的上涨,常常是预期的逆转和价格的暴跌,由此通常导致金融危机[1]。"简言之,房地产泡沫(Housing Bubble)是由投资或投机活动造成的房地产价格长期快速上涨,从而导致房地产市场交易价格与实际价值严重背离,产生金融和房地产市场投资风险的经济现象。

(2) 房地产泡沫的产生、发展和破灭具有规律性:房地产泡沫发展过程具有暴涨、暴跌的特点,破灭时产生的影响大而经济恢复慢、过程长。从国内外的经济历史研究来看,房地产泡沫主要是区域性的。

(3) 理论上,假设在市场信息完备的条件下,房地产市场交易价格同按物业租金收益现金流计算的理论价格是相近的。如果交易价格上升过快,就会出现泡沫,因而可以用交易价格高出理论价格的程度衡量房地产泡沫情况。当然由于人们对持有房地产的偏好,

---

[1] http://baike.baidu.com/link?url=jhqKU_LlrMO6eU-Scsi4tkqra_zphEJVEBNa4NgWXldtRMe_1mZGCBtG7WoET5BsPk2HnSM8kxSYHFtv3a50ra.

除了经济利益,持有房地产还有其他目的,所以交易价格通常会高于理论价格。但是,偏离太多则可能存在房地产泡沫。具体的偏离程度由于各国和地区的政治经济制度和市场经济发育程度而不同,不能简单地用一个标准来统一测量,对于一些常用的指标可以根据实际的情况进行修正。国内外相关文献讨论房地产市场是否存在泡沫或者过热现象时通常采用"房价上涨幅度与 GDP 增幅之比"、"房价收入比"、"空置率"和"租售比"等指标,但是,对这些简单定量指标的变动范围选取颇有争议。

(4) 对于房地产泡沫的测度问题是一个比较困难的问题,房地产泡沫的测度方式主要有直接法和间接法两种。房地产市场是否存在泡沫,最直接的验证方式就是通过计算出房地产的基础价格,把它与市场的实际交易价格比较。不过,正如 Blanchard 和 Fischer(1989)指出的那样,计算实体经济价格几乎不可能[1]。虽然根据地租、收益率等可以计算出地价,但是,对收益率等的判定很难达到共识。因此,在测度房地产泡沫时,应采用一些间接的验证方法。Shiller(2003)提出的"过度变动验证"模型等都是在国外有较多应用的间接测度方法。[2]

6.2 传统风险分析方法

传统的房地产投资风险分析方法一般是指通过简单地定性和定量分析,能够大致判断出房地产投资风险程度的技术,在过去的工程投资分析中经常使用的定性和定量分析方法,以静态分析为主(也有动态分析技术的简单应用)。

6.2.1 风险调整贴现率法[3]

对于具有较高风险的项目,采用较高的贴现率去计算净现值。通过调整净现值公式的分母,将贴现率调整为包括了风险因素的贴现率,然后根据净现值法的规则来评价项目风险。问题的关键是根据风险的大小确定风险因素的贴现率即风险调整贴现率(Risk-adjusted Discount Rate,RADR)。

1. 计算公式

风险调整贴现率的计算公式为:

$$K = i + b \times Q$$

式中:K——风险调整贴现率

i——无风险贴现率

b——风险报酬斜率

Q——风险程度

---

[1] O J Blanchard, S Fischer. Lectures on Macroeconomics. Cambridge, MA:MITpress,1989.

[2] 谭文垦,胡建民,孙茂龙. 国内外房地产泡沫测度研究进展. 建筑经济,2010(1):73-75. Case, Karl E, Shiller, Robert J. Is there a bubble in the housing market. Brookings Papers on Economic Activity,2003,34(2):299-362.

[3] 盖伦·E. 格里尔(美). 房地产投资决策分析(第四版). 龙胜平等译. 上海:上海人民出版社,2005:274.

2. 计算步骤

（1）风险程度的计算

首先，计算方案各年的现金流入的期望值（E）；其次，计算方案各年的现金流入的标准差（d）；其次，计算方案现金流入总的离散程度，即综合标准差（D）；最后，计算方案各年的综合风险程度，即综合变化系数（Q）。

（2）确定风险报酬斜率或贴现率

首先，计算风险报酬斜率（b），其次，根据公式：$K=i+b\times Q$ 确定项目的风险调整贴现率；最后，以"风险调整贴现率"为贴现率计算方案的净现值，并根据净现值法的规则选择净现值大的方案。

例 6-1 [1] 假设有两个房地产项目方案 A、B，两方案的风险和期望的现金流相同，只考虑一年的现金流情况，两方案的资本支出即初始现金流相同，无风险报酬率为 6%，投资方案 A、B 的现金流量，如表 6-1 所示。

表 6-1　投资方案 A、B 的现金流量

T（年）	方案 A	方案 B
0	(1 000)	(1 000)
1	4 000　0.2	
1	3 000　0.6	
1	2 000　0.2	
2		
3		4 000　0.2
3		3 000　0.6
3		2 000　0.2

解题计算为：

$E(A)=E(B)=3\,000$，$D(A)=D(B)=632.4$，$Q(A)=Q(B)=0.21$

$K(A)=K(B)=I+B-Q=6\%+0.1*0.21*100\%=8.1\%$

$NPV(A)=1\,775$

$NPV(B)=1\,375$

（注：计算过程略，K 代表风险报酬率，I 代表无风险报酬率，B 代表风险报酬斜率，Q 代表风险程度，B 假定为 0.1），显然，选择方案 A。

6.2.2　肯定当量法

在风险投资决策中，由于各年的现金流量具有不确定性，因此必须进行调整。肯定当量法就是把不确定的各年现金流量，按照一定的系数折算为大约相当于确定的现金流量的数量，然后利用无风险折现率来评价风险投资项目的决策分析方法。在某种程度上，肯定当量法克服了风险调整贴现率法的缺点。

---

[1] 王丽梅.房地产投资风险分析方法的比较研究.经济研究导刊，2007(1)：174-176.

计算公式为：

$$\text{NPV} = \sum_{t=0}^{n} \frac{a_t \text{CFAT}_t}{(1+i)^t}$$

式中：a_t——t 年现金流量的肯定当量系数，它在 $0 \sim 1$ 之间，i——无风险的贴现率，CFAT——税后现金流量，a_t＝肯定的现金流量/不肯定的现金流量期望值。

在运用肯定当量法时，关键是确定肯定当量系数。肯定当量系数是指肯定的现金流对与之相当的不肯定的期望现金流的比值，它代表了投资者对风险的态度。此系数的确定有几种方式，如根据历史资料进行推断、由经验丰富的分析人员进行主观判断、根据变异系数与其之间的关系来确定等。

可以用比较简便易行和科学合理的方法来确定肯定当量系数。即只对未来的投资风险确定为高中低三个等级，同时确定与之相对应的当量系数。[1] 考虑到每一等级的风险中也还有程度的不同。故可确定相宜的系数范围，以便增强其可以选择的弹性。具体如下所示：

风险等级	当量系数
高	$0.4 \sim 0.69$
中	$0.7 \sim 0.89$
低	$0.9 \sim 0.95$

例 6-2 续上题。由上面的计算可知变异系数为 0.21，根据变异系数和肯定当量系数的关系，肯定当量系数为 0.8（经验数据）。

因为 $E(A) = E(B) = 3\,000$，所以，两个方案的肯定当量为 $3\,000 \times 0.8 = 2\,400$。

由此，我们可以得出 $\text{NPV}(A) = 2\,400/(1+6\%) - 1\,000 = 1\,264$，$\text{NPV}(B) = 1\,015$。

表 6-2 风险调整贴现率法和肯定当量法的比较

	风险调整贴现率法		肯定当量法	
	方案 A	方案 B	方案 A	方案 B
初始现金流	(1 000)	(1 000)	(1 000)	(1 000)
经营现金流	3 000	3 000	2 400	2 400
贴现率	8.1%	8.1%	6%	6%
净现值	1 775	1 375	1 264	1 075
差额	(400)		(249)	

由表 6-2 所示，运用风险调整贴现率法计算的两方案净现值的差额为 400，肯定当量法差额为 249。可见，在房地产投资方案的评价中，风险调整贴现率法比肯定当量法产生的偏差大。肯定当量法的计算过程较风险调整贴现率法大为简化，省略了标准差及换算系数的计算，却得到了与前述方法完全相同的结论。风险管理思想认为，"肯定的一元钱与不肯定的一元钱的价值是不同的"。肯定当量法先将不肯定的一元钱转化为肯定的一元钱，将有风险的现金流转化为无风险的现金流。在现实中，作为风险厌恶型的决策人员

---

[1] 荆新，王化成，刘俊彦.财务管理学.北京：中国人民大学出版社，2012：260.

从心理上容易接受。[1]

6.2.3 回收期调整法

所谓回收期调整法,就是通过调整最短可接受的回收期来调整风险。它的主要含义是,风险较大的投资项目必然比风险较小的投资项目具有一个较短的回收期。由于这种方法并没有对风险进行估测,所以其调整值带有主观性,精确度也不够。

例如,某一底层出租物业,购置时首期付款为 80 000 美元,其后 5 年内可以确保每年创净收益 10 000 美元。5 年后将该物业售出,预期售价为 100 000 美元。持有期中每年收益由一位资信度较高的租户确保,该租户在租约上有 5 年签约期。5 年后的出租物业售价,将取决于该租户是否重新续定租约——这是一件不确定性很大的事件。假如租户不续约,那么售价将取决于投资者以同一租金费率寻找到一个同等租户的能力。[2]

6.3 现代投资风险分析方法

随着人们对房地产投资风险认识的提高,房地产投资风险分析技术无论是在范围上还是在复杂程度上都得到了极大的发展。越来越多的概率统计和数学模型的相关研究成果被引入到房地产投资风险投资分析方法中来。利用多学科和多视角的研究方法不仅对房地产项目投资风险本身进行评估,而且也扩展到房地产行业周期性变化和外部冲击影响等方面。蒙特卡洛方法和层次分析法的应用就是其中的主要研究方法。

6.3.1 蒙特卡洛方法

(1) 在房地产投资风险分析中,概率统计理论的一个直接应用就是蒙特卡洛方法的应用。蒙特卡洛方法按照所选取经济变量的分布状态随机选取数值,模拟房地产开发项目的投资过程变化,通过大量的独立数重复计算,得到多个模拟结果,再计算各种统计量指标,如均值、方差等,从而对房地产开发项目投资的收益与风险有一个比较清晰的评估。

(2) 在实际的房地产投资开发项目运作过程中,由于影响房地产项目投资的主要风险变量各不相同,分析人员可以根据项目的具体情况,采用"德尔菲法""头脑风暴法"等方法对房地产项目投资风险的指标体系进行分析和辨别,产生适合于特定项目的风险因素[3]。进一步地,对各风险变量的概率分布及其分布函数中的参数进行估计,定义模型并确定模拟次数,模拟投资项目运行。通过对房地产项目各个风险变量随机模拟和进行反复试算后,将最终的抽样值组成一组项目评估的样本数据,通过这些数据和统计图表,决策者就可以对房地产项目投资风险进行分析和评价了(见图 6-1)。

---

[1] 王丽梅.房地产投资风险分析方法的比较研究.经济研究导刊,2007(1):174-176.
[2] 盖伦·E.格里尔(美).房地产投资决策分析(第四版).龙胜平译.上海:上海人民出版社,2005:273-274.
[3] 雷颖.蒙特卡罗方法在房地产投资多因素风险分析中的应用.前沿,2012(9):98-100.

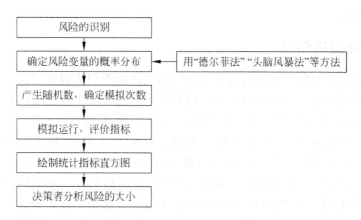

图 6-1　蒙特卡洛房地产投资风险分析流程框图

6.3.2　层次分析法的应用

（1）房地产投资所涉及的投资风险非常复杂，既有系统性风险、也有非系统性风险，单从某一方面进行分析判断总有局限性。例如，单从财务分析的角度就无法全面辨识房地产项目潜在的投资风险，更无法确定哪些风险因素是重要的[1]。因此，层次分析法（The Analytic Hierarchy Process，AHP）的出现对于多视角、多层次研究房地产投资风险提供了有效的工具。AHP 由美国运筹学家匹茨堡大学教授托马斯·塞蒂（T. L. Saaty）于 20 世纪 70 年代正式提出，是一种用于解决多目标复杂问题的定性与定量相结合的风险决策分析方法。它的基本分析过程是：把复杂问题分解成各个风险组成因素，依据支配关系将这些因素分组，使之形成有序的递阶层次结构，在此基础上通过两两比较，判断各层次中诸因素的相对重要性，然后综合判断确定诸风险因素在决策中的权重和排序。这种分析方法还可以和模糊数学（例如模糊聚类）、BP 神经网络等其他理论结合使用来提高决策判断的分析效果。

（2）层次分析法的步骤：①房地产项目风险指标体系的建立。房地产企业进行房地产开发面临的风险有多种，经过风险分解结构（RBS）的分解，可以将项目的风险分解为经济风险、政治风险、自然风险和管理经营风险。而这些风险又可进一步分解成为具体的风险因素，此风险指标体系可以分为三个层次：目标层、主准则层和次准则层（建立递阶层次结构）。将风险等级划分为五个，分别是高风险、较高风险、中等风险、较低风险、低风险。②房地产项目风险评估模型求解。首先，确定判断矩阵及权重向量。其次，计算特征向量。判断递阶矩阵相对应的特征向量，运用线性代数的方法计算特征向量，确定最大特征根 λ_{max}。③进行一致性检验。由于在对两个因素之间进行比较时是采用专家打分的方法，带有一定的主观性，所以两个因素之间的比较会存在不一致的情况，这就需要进行一致性检验。根据国外的众多经验，进行一致性检验的方法通常是计算一致性指标 CI，$CI=\frac{\lambda_{max}-n}{n}$，同时查到随机性指标 RI。若 CI/RI<0.1，则通过一致性检验，否则重新进

---

[1]　Roger P Sindt. Real estate investment analysis and application[M]. Prentice Hall，1998.

行因素之间的两两比较,计算最大特征根,求取一致性指标,直到通过一致性检验。④在对房地产项目的多方面风险因素进行评估之后,需要根据各因素之间的权重进行综合排序,最终找出风险程度最大的影响因素,从而采取措施进行风险控制。[1]

6.4 项目不确定分析方法的应用

传统的房地产开发项目的不确定性分析方法一般采取盈亏平衡分析、敏感性分析和概率分析等方法,以敏感性分析为主,项目的盈亏平衡分析和概率分析作为辅助方法。现代的房地产项目不确定分析也有采用实物期权等方法来改进的情况。

6.4.1 敏感性分析方法

(1) 敏感性分析是指从众多的项目不确定性因素中,找出对投资项目经济效益指标有重要影响的敏感性因素并加以分析,测算其对房地产项目经济指标的影响和敏感性程度,进一步地判断项目承受风险能力的一种不确定性分析方法。它可以从影响项目现金流的诸多可变因素,如项目筹资利息水平、工程开发建设期、开发税费、汇率变动、产品出售价格、经营成本、开发规模等中找出对项目净现值影响较大的敏感因素,从而可以帮助投资者研究预防控制项目投资风险的措施。但是要注意的是,使用该方法对某一影响变量进行敏感性分析时,是锁定其他变量以求此影响变量对项目效益指标(一般是项目的净现值和内部收益率指标)的敏感系数。这种做法有着其内在的局限性,它忽略了较高不确定性条件下房地产项目在不同时期有许多不同的主要影响变量,同一变量在项目的不同时期其影响作用也不相同,以及许多变量(多因素)一起变化时会有相互影响(包括滞后影响)和相互作用等问题。所以它也是一种简单、经典的定量分析方法,使用时要考虑到它的局限性。

(2) 投资项目敏感性分析一般常做单因素分析,即是指每次只变动一个因素,而其他因素保持不变时所做的项目敏感性分析。首先应先找出各种不确定性因素,然后再设定某因素变化而其他因素不变,考查项目收益指标的变化(一般是净现值和内部收益率)。选中因素的变化一般用相对值(也可以用绝对值表示),相对值是使每个因素从其原始取值变动一个幅度,例如±5%、±10%、±20%等,计算每次变动对项目收益指标的影响,根据不同因素相对变化时对项目收益指标影响的程度,就可以得到每个因素的敏感程度排序,以此找出对项目收益影响最大的风险因素。

例 6-3 某房地产开发项目所考虑的不确定因素为:土地费用(990元/平方米)、商品住宅销售单价(4 000元/平方米)、住宅单位面积建安造价(1 200元/平方米)等因素,选取项目净现值 NPV(税后)、内部收益率 IRR(税后)作为项目收益经济评价指标,具体敏感性因素对 NPV 和 IRR 的影响见下表,试找出对项目投资收益影响最大的敏感性因素。[2]

解:如表6-3、表6-4、图6-2、图6-3所示。

---

[1] 刘小凤,刘文华.基于层次分析法的房地产项目风险动态管理.财会研究,2012(4):74-77.
[2] 熊光辉.敏感性分析在商品住宅可行性研究中的应用.西安建筑科技大学硕士论文,2008.

表 6-3 不确定性因素对投资项目净现值 NPV(税后)的影响　　　单位:万元

变动因素	变动率						
	-30%	-20%	-10%	0%	10%	20%	30%
土地费用	50 476.46	42 911.56	35 346.0	27 781.76	20 216.87	12 651.97	5 087.07
销售单价	-17 363.00	-2 315.51	12 731.9	27 781.76	42 826.96	57 874.45	72 921.94
单位造价	49 554.38	42 296.84	35 039.3	27 781.76	20 524.23	13 266.69	6 009.15

不确定因素对项目内部收益率从尺(税后)的影响

表 6-4 不确定性因素对投资项目内部收益率 IRR(税后)的影响　　　单位:%

变动因素	变动率						
	-30	-20	-10	0	10	20	30
土地费用	38.89	33.32	28.48	24.21	20.41	17.00	13.91
销售单价	3.83	10.92	17.70	24.21	30.48	36.54	42.40
单位造价	34.28	30.88	27.52	24.21	20.95	17.73	14.57

由上述数据可绘出敏感性分析图,找出最大影响因素。

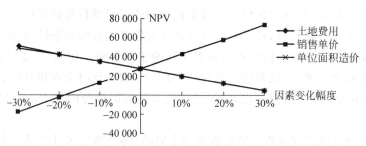

图 6-2 不确定因素对 NPV 的敏感性分析

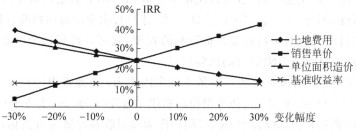

图 6-3 不确定因素对 IRR 的敏感性分析

通过对 NPV、IRR 敏感性分析图综合研究可知,商品住宅销售单价变动的影响幅度最大,它作为对该投资项目经济效益最大的敏感性因素,应在投资控制活动中重点关注房地产市场环境变化对住房销售价格的影响。

6.4.2 盈亏平衡分析和概率分析

1. 盈亏平衡分析

盈亏平衡分析是通过盈亏平衡点来分析开发项目成本和收益平衡的一种不确定分析方法。它是根据投资在正常生产环境的销售量、成本费用、销售单价、销售税金等数据,找出拟建开发项目建成后的盈亏界限(最低规模临界值),确定合理的开发建筑面积,分析项目承担风险的能力。一般说来,项目开发收入=成本+利润,如果利润为零,则有收入=成本=固定成本+变动成本,而收入=销售量×价格,变动成本=单位变动成本×销售量,这样由销售量×价格=固定成本+单位变动成本×销售量,因此,有以下公式:

总成本:$C = F + C_v \times Q$

总收入:$S = P \times Q$

列出盈亏平衡方程:$C = S$,

$$P \times Q = F + C_v \times Q$$

盈亏平衡点:$Q = F \div (P - C_v)$(即,Q 为最低开发面积临界值,至少要开发 Q 这么多的面积,该项目才能盈亏平衡,超过该临界值,则可获得项目开发利润)

式中,I——销售利润,P——产品销售价格;F——固定成本总额 C_v——单位变动成本;Q——销售面积数量,S——销售收入。

2. 概率分析

概率分析是通过研究房地产开发项目各种不确定性因素发生不同变动幅度的概率分布及其对项目经济效益指标的影响,对项目可行性和风险性作出判断的一种不确定性分析定量方法。房地产项目的影响因素如投资额、开发成本、销售量、项目开发期、租售价格等大多具有不确定性。运用概率分析可以了解敏感因素产生不利影响的可能性大小,其一般步骤如下:

(1)选择一个或几个不确定因素,作为概率分析的对象。

(2)分析各种不确定因素的可能状态及其概率,制定概率分析交叉表格。

(3)根据各种情况下的净现值(NPV)大小及其概率分布计算净现值的期望值 $E(NPV)$:

其中,$E(NPV) = \sum NPV_i \cdot P_i$

该期望值是借助于概率加权计算的平均值,是一种含有风险的经济变量的标准度量。其风险的大小反映在标准方差 $D(NPV)$(见式 6-1):

$$D(NPV) = \sum_{i=1}^{n} [E(NPV) - NPV_i]^2 P_i \tag{6-1}$$

(4)求出目标值(一般是净现值)大于或等于零的累计概率。对于单个投资方案的概率分析应求出净现值大于或等于零的概率,可以认为项目净现值近似的服从正态分布。由该概率值的大小可以估计方案承受风险的程度,该概率值越接近1,说明该投资项目的风险越小,反之,则项目投资的风险越大。最后绘出累计概率图,比较净现值大于或等于0时的累计概率是否大于项目要求的允许概率。在通常情况下,当计算出的概率在0.7以上时认为该投资项目的风险较小。

6.4.3 盈亏平衡分析、敏感性性分析和概率分析等方法各自的作用特点

盈亏平衡分析可以仅通过项目量本利之间的关系,就找出了房地产投资项目各主要经济变量间的因果关系,确定开发项目较优的投资运营安排,确定基本盈亏开发规模,是最简单的不确定性分析方法,但它无法确定项目收益与风险的平衡。敏感性分析的核心则是从许多不确定因素中找出敏感性因素,并提出相应的控制对策,以供投资者分析决策。若某不确定性影响变量在较小的范围内变动时,造成了项目效益指标较大幅度的变动,则该不确定性影响变量就是敏感因素(风险较大的因素)。不确定性影响变量变动的范围越小,而造成的项目效益评价指标变动的幅度越大,则敏感性越强。因此,敏感性分析是投资项目不确定性分析的主要内容。由于风险的大小不但与风险性因素在未来发生变动导致的后果有关,而且与发生这种变动的概率有关,敏感性分析在某种程度上就是各类不确定因素变动对投资方案影响作的定量描述。但敏感性分析没有考虑投资项目各类不确定因素在未来发生一定幅度变动的概率,这将影响到投资项目综合评价结论的准确性和客观性。借助于概率分析方法可以弥补敏感性分析方法的这种不足。概率分析就是运用概率统计方法研究投资项目各类风险因素对项目经济评价指标影响的定量分析方法。

6.4.4 实物期权理论分析方法

进一步的研究发现,就问题的一般性而言,不确定性问题具有两面性,它不仅与风险和损失有关,还与获利和机遇相联系。房地产投资实物期权的价值就取决于未来的不确定性,Dixit 和 Pindyck(1994)将影响实物期权价值的不确定性分为两类:经济不确定性和技术不确定性[1]。其中,经济不确定性也称为市场不确定性。它是影响投资项目的各种外生变量综合作用的结果。一般表现为市场环境的不确定性。经济不确定性一般与经济的总体运行相联系,与投资者(经营者)的经营行为无关。技术不确定性通常被认为是一种内生的不确定性。总的来说,它与投资者(或经营者)分析问题的视角和解决问题的能力有关。因此,我们还可以用实物期权理论分析方法来研究房地产投资项目的不确定性。

用实物期权方法分析房地产开发投资中的不确定性因素,可较全面地反映在开发投资中风险对项目未来收益的影响。通常房地产开发项目的期权有两种:延迟期权(Options To Defer)和成长期权(Options To Expand)。延迟期权表现为决策者可以根据市场情况,在一定的时间内推迟项目的投资,直到投资者认为到达价值最大化的时机再进行投资。房地产项目的成长期权表现为投资者无须将开发资金一次性投入,即投资者可以根据每一阶段投资回收的实际情况,决定下一阶段的投资规模,它也可以视为分阶段投资期权(options to phase investment)。目前,房地产投资项目不确定分析中使用实物期权的分析方法有二叉树分析方法和布莱克—斯科尔斯(Black-Scholes)期权定价方法。[2]

---

[1] Dixit A K and Pindyck R S. Investment Under Uncertainty. Princeton: Princeton Press. NJ, 1994: 23-36.
[2] 杨美玲,沈登民. 基于实物期权的房地产项目经济评估. 城市建筑,2012(17): 259-260.

6.5 房地产市场风险预警指标

从世界各国经济社会发展历史来看,房地产业与诸多产业高度关联,近代多国的金融危机都与房地产业有比较紧密的联系,越是城市化水平高的国家这种关系就越明显。若一国房地产业的发展过热而产生资产泡沫,会给整个国民经济的发展带来巨大而长期的负面影响。因此,国内外学者都对房地产市场风险预警进行了深入的研究。目前,国内学者大多是基于宏观经济预警研究方法的房地产市场预警系统和指标体系的研究,产生了一些研究成果,但通常都有各自的局限性,并且社会认可度有限。目前中国国内也有一些房地产指数在被研究机构用于房地产投资风险研究,例如国内的国房、中房指数等,但是相比美国的相关房地产经济风险预警指标还有相当大的差距。在中国国内的相关教科书对于国外的一些简单明了的房地产市场基本景气指标介绍较少,而这些指标恰恰是判断房地产市场是否存在风险的比较敏感的实用性指标。研究房地产投资预警指标将会对投资风险的预判起到积极的作用,因此本节在此做一介绍,以供读者借鉴。

1. 空置率指标

空置率指标(Housing Vacancy Rate)在美国房地产市场是重要的风险判断指标。但是,在中国由于统计数据和概念的差异,并未被真正使用。在美国,住房空置率是一个非常重要的经济景气指标(见图6-4)。作为市场供需关系的晴雨表,住房空置率反映了住房市场有效供给与有效需求之间的差额。在美国等西方国家,空置率一直有比较完善的统计制度和方法。其中,出租房屋空置率(Rental Vacancy Rate)=空置的供出租的房屋/(租户已占用的房屋+已出租但等待占用的房屋+空置的供出租的房屋);销售房屋空置率(Homeowner Vacancy Rate)=空置的供销售的房屋/(业主已经居住的房屋+已售出等待居住的房屋+空置的供销售的房屋)。

美国联邦统计局的数据表明,长期以来美国社会出租房屋的空置率保持在8%左右之间,而销售房屋的空置率则保持在2%左右。一旦住房空置率指标发生异常,可能表示住房市场存在投资风险。

2. 新房开工率

新房开工率(Housing Starts)。指每个月国内新建房屋开工数量,以当月发放的住房建设许可证为准。新房开工率上升说明市场景气看好,对于生产资料的需求增加。反之,则意味着经济萧条的开始。但是它也有其合理的变动范围,通过观察新房开工率的波动变化也能预测投资风险的到来。由于房地产业和宏观经济联系紧密,所以它是美国政府长期跟踪监测的主要经济指标(见图6-5)。

3. 新房销售[1]

新屋销售(New Home Sales)是美国新建住宅的经济指标。美国人口普查局公布的

---

[1] http://en.wikipedia.org/wiki/New_Home_Sales.

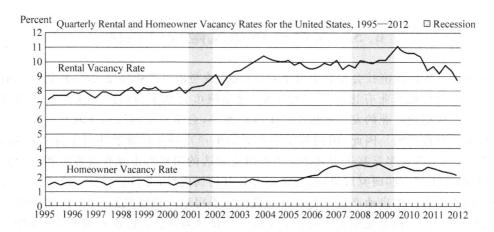

图 6-4　美国住房空置率变化图 1995—2012 年

资料来源：：http://www.census.gov/hhes/www/housing/hvs/hvs.html

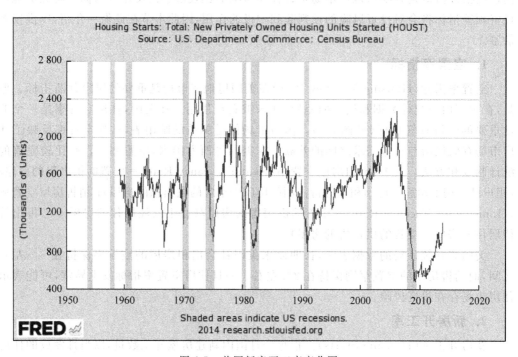

图 6-5　美国新房开工率变化图

资料来源：http://research.stlouisfed.org/fred2/graph/? s[1][id]=HOUST.

新屋销售按月统计在其网站上。统计报告为具体数据，以及未经调整的月率及经季节性调整年率指数。由于新屋销售触发消费，它对房地产市场变化有显著的影响，新屋销售也作为消费者收入变化的敏感性经济指标。一般而言，当经济状况放缓，新房销售作为经济衰退的早期指标，而当新屋销售数据增加时可被看作经济转好的前兆。由于该指数不太稳定，需要持续观察数月后才能应用（见图 6-6）。

图 6-6　美国新房销售数据变化图 1978—2012 年

资料来源：U.S. Census Bureau

4. 其他房地产投资预警指标

除了美国政府长期跟踪和发布的房地产投资预警指标外，其他机构发布的房地产经济指数也可以作为房地产投资风险判别的预警指标，比较有影响的指标有：标普凯斯—席勒房地产价格指数（S&P/Case-Shiller Home Price Indices）和 NCREIF 地产指数（NCREIF Property Index）等。这些研究机构发布的房地产经济指数基于公开的市场信息而建立起来，经常被社会媒体和研究学者用于研究经济景气和房地产市场风险问题，在社会上具有相当大的影响力。标普凯斯-席勒房地产价格指数是由经济学家卡尔·凯斯、罗伯特·席勒以及艾伦·韦斯在 20 世纪 80 年代共同发展完成，由标准普尔公司编制和发布的。它是一个反映了美国住房价格的多重指数，包括一个全美房房价格指数（National Home Price Index），一个 20 城综合指数（20-City Composite Index），一个 10 城综合指数（10-City Composite Index），以及 20 个单独的都会房价指数（Metro Area Indices）。该指数的编制创始人之一罗伯特·席勒教授是 2013 年诺贝尔经济学奖获得者。[1] NCREIF 地产指数建立于 1982 年，是一个为机构房地产投资者服务的非营利性的行业协会，专门收集处理、验证和发布房地产投资信息。其会员包括投资经理和顾问、养老基金计划发起人、研究学者以及其他专业人员，如房地产评估师和会计师等。由美国不动产投资信托协会（National Council of Real Estate Investment Fiduciaries，NCREIF）建

---

[1]　http://zh.wikipedia.org/wiki/%E7%BE%85%E5%8B%83%C2%B7%E5%8B%AD%E5%8B%92.

立的 NCREIF 地产指数,是美国私人房地产市场最重要的研究指数和市场表现基准[1]。

6.6　问题研究

6.6.1　房地产投资风险的辨识

　　房地产投资有资产的不可移动、投资额大、回收期长等特点,它不能像金融投资那样可以迅速进行价值分割、变现和风险转移。因此,对于房地产投资风险的辨识就显得格外重要,风险的辨识是进行房地产投资风险分析时的首要工作,对投资风险的辨识既包括系统风险也包括非系统风险,需要有专业的洞察力和多学科视角综合分析的能力。简单地照搬某一教课书上的分析研究结论在实践中往往存在有较大的缺陷。

　　通常一般的风险辨识方法有:①分解法。即将项目的复杂风险分解成一系列有联系的若干子项目,逐一确定后再综合分析。故障树(Fault Trees)法就是分解法的一种形式,它是利用图解的方式将较大的投资风险项目分解成各种小的风险子项,或者对各种引起项目风险的原因进行分解;②专家调查法。即通过提出问题,请专家们识别判断,经过统计分析后得到风险识别的结果;③报表分析法。通过对开发项目的财务报表分析,发现潜在风险因素,以识别投资风险。④幕景分析(Scenarios Analysis)方法。幕景就是一个投资项目未来某种状态的描绘。这种描绘可用图表或曲线等进行描述,一般都应当在计算机上进行。研究的重点是:当某种因素作各种变化时,整个情况会是怎样的,会有什么危险发生,它的后果怎样,它就像电影上的场景一样,供人们进行研究判断。幕景分析的结果,都应以简明的方式表现出来。[2]

　　(1) 一些大型的房地产企业在进行投资决策时都会有相应部门进行投资风险识别工作,但是仍然会出现投资失误的情形,这些投资风险通常也是由于决策者本身的风险识别力和个人秉性缺陷所导致的。请从风险辨识的视角分析如何规避这种风险,重点采取哪些方法能够改善领导者决策时的风险识别能力?

　　(2) 在风险辨识阶段,如何辨识房地产投资系统性风险?需要哪些领域的知识储备?对于房地产非系统风险又应如何辨识?哪些学科的理论应当被重视?

　　(3) 20世纪90年代初期广西北海市的房地产危机使北海成为了"泡沫经济的博物馆"[3]。从风险辨识的视角试分析当时在北海投资房地产项目的风险有哪些?哪些风险最终成为了那场房地产开发危机的导火索?应如何辨识?研究"北海泡沫"对于房地产风险辨识理论的发展有哪些贡献?

6.6.2　房地产投资风险的转移

　　由于房地产投资具有资金数额巨大、占用周期长,资产不可移动、使用期长和价值难

---

[1] 王坤,王泽森.美国 NCREIF 地产指数探析.技术经济与管理研究,2007(3):82-84.
[2] 郭仲伟.风险的辨识.系统工程理论与实践,1987(1):74-77.
[3] 李峥."北海泡沫"启示录.瞭望东方周刊,2008-06-10.程东升.北海房地产往事.21世纪经济报道,2013-08-19:014.

以分割等行业特点。因此在房地产投资过程中的风险不能完全规避,需要转移和控制。房地产投资风险转移的方法主要有两类:一类是契约性转移;另一类是资产证券化性转移。契约性风险转移包括预售、预租、出售一定年限的资产使用权以及开发项目的工程分包和房地产保险等方式。预售、预租可以将未来销售市场的房价下降和租金下降,以及物业空置的风险转移给房地产资产的购买者和使用者,工程分包可以将建设期的风险部分转移给承包商。出售一定年限的资产使用权则可减轻项目融资压力,转移部分经营风险。而房地产保险则可将房地产开发或持有阶段的部分意外风险通过投保来转移。资产证券化性风险转移包括股权、债权融资和信托融资等形式。这种方式可以将房地产资产的所有权分散化,既可获得资金融通,又可转移投资风险。但是,两类房地产投资风险的转移方式都有其局限性,并不能完全消除房地产投资的风险,只能在投资者目标收益可接受的条件下把风险降到尽可能低的程度。

(1) 财务风险是哪一类投资风险?它能被转移吗?对财务风险的转移和控制方法有何区别?

(2) 经营管理风险是最易出现的房地产投资风险,为什么说它是一种主观因素导致的投资风险?如何转移经营管理风险(通常有哪些做法)?

(3) 购买保险是转移或减少投资风险的主要途径之一,通常房地产保险业务主要有哪些?主要可以转移哪些风险?

(4) 资产证券化性质的投资风险转移是现代金融创新的重要内容,对于原始房地产项目投资者而言,存在哪些有利和不利因素?对于证券购买者而言存在哪些风险?

(5) 选择不同的房地产项目组合投资是否是投资风险转移的另类方式?为什么许多大型房地产企业会选择跨区域、多项目经营模式,它与投资风险转移有无关系?房地产企业跨区域、多项目经营是否存在投资风险?哪类风险最应关注?

6.7 案 例 分 析

6.7.1 星河湾的"鄂尔多斯"投资之殇[1]

2012年在中国以精装修领军高档住宅的"星河湾"地产集团在鄂尔多斯遭遇"神像"坍塌。在内蒙古东胜通往康巴什必经之路的黄金地段,星河湾的精装房成为这座"鬼城"的"孤魂野宅"。最初标价每平方米2.4万元的这些高档住宅泡沫显然破灭,不仅从形式上由"精装"变为"毛坯",每平方米2.4万元的高价也正在向每平方米1.1万元滑落。即便是"白菜价",星河湾进行的促销活动也鲜有消费者问津。星河湾旗下鄂尔多斯——曾经被描述成"一个心情盛开的地方"。然而在外界看来,星河湾自从进入鄂尔多斯伊始就遇到了接连不断的麻烦,遭遇到现实严酷的挑战。

公开资料显示,星河湾鄂尔多斯项目规划面积11 000多亩,其中一期工程占地2 500

---

[1] 本案例改编自下列文献:陈小列.鄂尔多斯精装房之殇.中国建设报,2012-11-01:006.王珊珊,方辉.鄂尔多斯"造城"背后:哭泣的草原.中国经营报,2010-04-19:A10;周雪松.百亿梦碎:星河湾折戟鄂尔多斯.中国经济时报,2012-12-17:008.魏海田,陈锋.鄂尔多斯地产商的执着.华夏时报:2011-11-28:004.

多亩,是真正意义上的超级大盘。最初星河湾高调进军鄂尔多斯,显得信心满满,一直高喊着"星河湾必胜"的口号。走进鄂尔多斯,走近这一超级大盘,"鄂尔多斯星河湾一个心情盛开的地方"的广告让人印象深刻。

事实上,该项目也曾不断遭到举报,乃至麻烦缠身,涉嫌违法占地,被曝无证开工、占用保障房供地指标、违规批建高尔夫球场等。鄂尔多斯市东胜区国土资源局先后两次向星河湾下达《责令停止违法行为通知书》,并于2011年5月对其作出行政处罚决定,没收房地产开发占用的673亩土地上的建筑物和其他设施,对违法占用、平整的一期全部2543亩土地按每平方米5元处以罚款,共计847.77万元。据国土资源部通报,在被查处之后,当地政府部门作书面检讨,9名政府官员被处以警告或记过等行政处分,当地星河湾公司某负责人涉嫌违法占用农用地罪,被移送司法机关处理。

显然,这是一个地方楼市崩盘后"碎片化"的典型教科书,而就在前年(2010年),这里和这里的"星河湾"还是被购房者仰视的住宅天堂,如今故事结束,主角们黯然退场。这不由让人想起两年前有人高调地宣称鄂尔多斯的人均GDP要超过香港时的豪情万丈。如今大潮退去,留给这座城市的是楼市崩溃带来的商誉受损。因为八成的停建项目必将留下一大片烂尾楼,而这座城市曾承诺在"沙舟中建出一片绿色人居"的口号也将化为泡影,起码上述目标已经大大打了折扣。这场楼市"大跃进"的失败要归结于城市定位上的失败。当初决策者选择在东胜以外三十多千米斥巨资建造的康巴什新区因无人气、商气被外媒调侃为"鬼城",但就在媒体的口诛笔伐下,鄂尔多斯又迅速启动了位于东胜火车站西区的开发建设,也就是"铁西新区"。但令人遗憾的是,"铁西一期"、"铁西二期"的人气、商气依然不旺。令人费解的是,就在调控越来越紧、市场更加低迷之下,当地又作了一个"自杀式"的决定:"铁西三期"如期开建,继续推进鄂尔多斯实现百万人口的城市发展战略。

知名财经评论员叶檀认为,鄂尔多斯的房地产悲剧就在于一座游牧城市从马背上到商业城市的步伐跑得太快,几乎天天都在加速度。在过去的日子里,一些开发商一睁开眼,就发现自己成了千万富翁;再一睁眼,发现这座新城貌若天仙。

资料显示,鄂尔多斯曾经是整个内蒙古的扶贫对象,8个旗县中,5个国家扶持贫困县。目前已探明煤炭储量1676亿吨,占全国总量的1/6,稀土储量65亿吨,天然气8000多亿立方米,占全国总量的1/3。随着资源的开发,2007年年底,鄂尔多斯的人均GDP 1.0451万美元,不仅超过了北京、上海还超过了香港,被誉为内蒙古的香港。2004年,鄂尔多斯开始斥巨资造城,一座新城康巴什从此"崛起"。6年后的2010年,康巴什新城却是如此"寂寞",30平方千米的面积上只有2.6万人在生活,于是"鬼城"之称两年前就已经开始在当地人中流传,现在依然没有改观。

记者在采访中发现,这座黄沙中"崛起"的新城,其背后付出的代价正是一轮又一轮对草场的吞噬。壮观的楼群背后却是"风沙漫天"的代价。"国家要求退耕还林、退牧还草后,我们都种植了固沙的柠条,没想到几天就被埋到地下了,心痛啊!"康巴什村民告诉记者,以前,康巴什村很少会扬起本地沙尘,现在只要风大,就会扬沙。"用地面积越来越大,被规划的草场也越来越多。"鄂尔多斯规划局人士称。风沙背后自有官方的逻辑,此前一位当地官员极力向记者否认康巴什新区的风沙与造城有关,"这里的风沙都来自外地,城市建设是治理沙漠的。"这位官员表示。

对于当前的困境(指 2012 年),"星河湾"一位营销人员告诉记者,他们已经考虑到整个形势的影响,做好了长期坚持的准备。他说,"星河湾"毕竟已经投下了 30 亿元的资金,即使再困难也要坚持下去。据介绍,鄂尔多斯"星河湾"全部建成,投入将高达百亿元,尽管目前形势不乐观,"星河湾"依然看好鄂尔多斯的未来,目前他们打算再做一轮推销,并尽可能把推销的半径放大。

问题分析:

(1) 从风险分析的视角,星河湾地产在内蒙鄂尔多斯市的投资存在何种风险?如何规避这类风险?

(2) 如何从风险辨识的方面去发现一个地区存在的房地产投资风险,你能否分析一下鄂尔多斯市康巴什新区为什么会呈现出那样的投资景象?

(3) 从一般投资的可行性分析来看,2007 年年底,鄂尔多斯的人均 GDP1.045 1 万美元超过了香港,具有非常强大的购房潜力,为什么当地的高档住宅还滞销?除了经济和财务指标分析外,还有哪些因素会影响到在当地进行房地产投资的可行性?

(4) 资源型城市房地产开发应当注意规避哪些投资风险?鄂尔多斯未来的房地产市场将会如何发展?你认为星河湾地产是否能全身而退?

(5) 为什么那些经历过 20 世纪 90 年代初海南、北海房地产开发泡沫的著名房地产企业(例如万科等)没有像星河湾地产那样进入鄂尔多斯开发房地产?这个案例对房地产企业的成长和发展战略选择有何启示意义?

6.7.2　日本的房地产泡沫危机[1]

日本的房地产泡沫形成于 20 世纪 80 年代中后期。1985 年广场饭店协议之后,日元加快了升值步伐,日本政府为了应对日元升值带来的"高日元萧条",被迫采取降低利率的措施。对此日本政府紧急提出了内需主导经济增长的政策,开始放松国内的金融管制,实施扩张性的财政和货币政策。在其后短短的几年里,日本货币供给的年增长率都维持在 10% 以上,1986 年 1 月到 1987 年 2 月,一年时间里连续 5 次下调利率,甚至一度降至当时有记录以来的最低水平 2.5%,与之相应的是银行对房地产业贷款不断扩大。大量资金涌进房地产行业,推动房地产价格进入一轮新的暴涨期。与此同时,日元的大幅度升值促进了日本国内经济的发展,进口原材料价格大幅下降,降低了企业的经营成本,大大提高了企业效益。原材料价格的大幅下降对于原材料进口大国日本无疑是一大利好。随着企业和个人收入的不断增加,社会资金开始出现了大量的剩余。日元的大幅度升值也提高了日元在国际货币体系中的地位,大量国际游资涌入日本。有资料统计,1986—1987 年,日本货币供应量的增长率连续两个季度超过 9%。然而,原有产业结构下的日本经济增长已趋饱和,迅速增大的货币供应无法被实体经济吸纳。而 20 世纪 80 年代,房地产行

---

[1] 本案例改编自以下文献:吴铁稳,林珊华.日本 20 世纪 80 年代房地产泡沫探析及启示.经济社会与发展,2012(3)24-27.王雪峰.房地产泡沫和金融不安全.现代日本经济,2007(3):25-29.黄颖嘉,陈巧丽.货币升值与房地产泡沫:日本的教训及启示.福建金融,2008(7):41-43.赵辰.日本房地产泡沫的生成机理及对我国的经验借鉴.世界经济情况,2006(3):1-5.徐建国.低利率推高房价:来自中国、美国和日本的证据.上海金融,2011(12):5-13.

业迅速增长,资金需求十分旺盛。于是,国际和国内的投机者都把目光聚集到了快速发展的房地产市场上来,日本银行投向生产领域的贷款数额急剧下降,而对房地产市场、金融公司以及投机者的贷款则在迅猛飙升。截至1992年3月末,银行贷款数额已剧增至150万亿日元,占当时银行总贷款额的30%以上。在巨额虚拟资产的光环下,房地产泡沫由此生成。

从名义水平来看,1991年最高峰时全国平均地价比1985年增长61.5%,其中同期商业地价增幅高达80.9%;东京、大阪等六大都市的地价增速更快,平均地价1991年比1985年增长207.1%,商业地价的增长更是高达302.9%。由于期间日本的通货膨胀水平很低,因此其地价具有很高的泡沫成分;从土地价值来看,1990年末日本全国土地市值相当于日本当年名义GDP的5.5倍,较1986年增长88%。

为抑制过热的房地产市场,控制流通中的货币量,日本政府于1989年把货币政策由扩张性调整为紧缩性。日本银行于1989年5月首次将再贴现率由2.5%上调至3.25%,并在当年内连续两次上调利率。特别是1990年8月,受海湾战争带来的油价上涨的冲击,日本银行将再贴现率从5.25%一次性上调至6%。同时,日本央行对商业银行施压,要求其停止对房地产企业、金融机构和股票投机者贷款。这一系列措施被称为对日本经济的"电击疗法"。但由于这些政策实施的时间过于集中,调整的幅度过大,导致经济急剧收缩,引发股票和房地产价格快速下跌,金融风险不断释放,最终导致了金融危机的爆发。

1991年日本房地产价格暴跌,东京等六大城市的房价就下降了15%～20%,土地总市值从1990年末的2365万亿日元,锐减至1996年末的1740万亿日元。1997年全国名义平均地价比1991年下降21.8%,商业地价下降34.1%,全国土地总市值缩水30%以上。1995年日本大藏省公布的全国金融机构不良债权额为40万亿日元,其中8万亿日元归属住宅金融专业公司。

房地产泡沫期间积累的大量金融风险在泡沫经济破灭后的集中释放导致日本严重的金融危机。从金融系统不良贷款规模看,日本为世界之最。日本金融监督厅1998年7月17日公开材料显示,包括合作金融机构在内,1997财政年度的不良债权额为35万亿日元,其中银行系为30万亿日元。世界银行估计日本不良贷款总额约为GDP的25%左右,不良贷款处置成本约占GDP的12%。从金融机构破产看,1991—1998年间日本有众多的金融机构破产倒闭,其中包括木津信用社、北海道拓殖银行以及山一证券等大型金融机构。此后,日本的国家经济进入一个长期的衰落阶段,在房地产泡沫经济留下的泥沼中徘徊了近十年的时间。

分析日本房地产泡沫危机产生的原因,大致有如下几方面:①在"广场协议"签署以后日本银行为了避免日元的过快升值大量购买美元,增加了货币的投放量。社会上总货币量远远超过实体经济的需要,使整个金融体系拥有了大量的现金和准备金,具备了扩大放贷规模的能力;②通胀率较高,真实利率长期偏低,以及真实利率的波动;③扩张性的财政、货币政策和通货膨胀率较高导致房价上升;④日本银行和企业互相持股,银行放贷缺乏有效监管的客观现实,使银行出于短期利益,急剧扩大了面向不动产的贷款。

问题分析:

(1) 从风险分析角度来看,日本房地产泡沫危机仅是系统性风险吗?在一国出现房地产投资系统性风险时是否还要进行投资活动？

（2）从比较借鉴的视角分析,中国在2008年美国次贷危机后采取的积极的财政和货币政策与日本当年的财政货币政策有何异同？你认为这些政策对中国房地产市场有何影响？对当时的中国经济发展起到了什么作用？又带来了哪些负的外部效应？

（3）从经济泡沫的含义来分析,日本房地产泡沫危机有哪些特点？如何建立预警体系？你认为有无办法避免一个国家或地区房地产泡沫的发生？

（4）如果一个国家发生了房地产泡沫危机,能否将这些风险因素转移和控制呢？你认为会采取哪些措施？能否举例说明？

6.8 本章小结

本章讨论了对房地产投资风险问题的理论认识和实践应用,并着重研究了不确定分析方法和风险管理中的风险识别和转移问题,也介绍了国外对房地产市场的主要预警指标。通过本章的学习,读者应熟悉房地产投资的风险分类,掌握不确定分析方法,了解房地产市场的预警指标和风险识别方法,了解房地产泡沫的基本含义。对于上述内容的理解还需要读者阅读相关文献来提高认识。本章的问题研究和案例研究部分,是针对当前国内企业和投资者在房地产投资中所出现的风险管理问题而提出的。问题的设计是开放性的研究讨论,也需要在课外阅读相关文献（可以延伸到其他学科的文献）来提高讨论和认识水平,有些问题的讨论是有争议的,但都是学术上的有益探讨。这些问题的研究对于学习房地产投资风险管理和在实践中如何正确灵活应用投资风险分析方法的相关知识,以及对国内外房地产市场风险发展趋势研判都大有裨益。对于本章涉及的房地产预警体系的问题,相关内容本章不做重点介绍,有兴趣的读者可以参考相关文献来阅读讨论。

6.9 本章拓展思考题

（1）风险管理通常有四个部分,风险辨识、评估、转移和控制。为什么人们常说房地产风险的辨识很重要,它决定着房地产投资风险管理水平的高低？

（2）用"房价上涨幅度与GDP增幅之比""房价收入比"和"租售比"等指标来判断房地产市场是否过热和存在泡沫,一般认为它们的正常范围是："房价上涨幅度与GDP增幅之比"小于2,"房价收入比"约为3到6倍,"租售比"约为1∶200。为什么对此类指标人们会有争议？请说明理由。

（3）请说明不确定分析方法中的"敏感性分析""盈亏平衡分析"和"概率分析"的局限性有哪些？

（4）如何用实物期权方法分析房地产开发投资中的不确定性因素？它有哪些局限性？

（5）某房地产投资公司目前要决定是否进行一项立即开始、为期6年的房地产投资项目A。

该项目A要求立刻投入资金1 000万元。按照当前的市场条件预测,此项目A在未来的6年内,每年末产生的现金流分别为-1 000万元、300万元、400万元、340万元、380万元及190万元。若该企业进行了此项目,就可以拥有在第6年年末选择是否再进行另一项目投资B的权利。项目B需要初始投入2 400万元。按当前的市场条件预测,在接下来的6年里产生的现金流为-2 400万元、500万元、1 200万元、800万元、950万元及450万元。假定经风险调整的资金成本率为20%,试用成长期权方式来选择投资方案。[1]

(6) 研究美国的相关房地产经济风险预警指标对中国有何借鉴意义?

(7) 从地理环境、产业承载力和人口集聚的理论角度,分析北海、鄂尔多斯发展房地产业的前景各应分别采取何种分析方式?政府应当如何予以产业政策方面的引导和支持?

6.10 主要参考文献

[1] 盖伦·E.格里尔(美).房地产投资决策分析(第四版).龙胜平等译.上海:上海人民出版社,2005.
[2] 王丽梅.房地产投资风险分析方法的比较研究.经济研究导刊,2007(1):174-176.
[3] 荆新,王化成,刘俊彦.财务管理学.北京:中国人民大学出版社,2012:260.
[4] 雷颖.蒙特卡罗方法在房地产投资多因素风险分析中的应用.前沿,2012(9):98-100.
[5] 刘小凤,刘文华.基于层次分析法的房地产项目风险动态管理.财会研究,2012(4):74-77.
[6] 杨美玲,沈登民.基于实物期权的房地产项目经济评估.城市建筑,2012(17):259-260.
[7] 王坤,王泽森.美国NCREIF地产指数探析.技术经济与管理研究,2007(3):82-84.
[8] 郭仲伟.风险的辨识.系统工程理论与实践,1987(1):74-77.
[9] 吴铁稳,林珊华.日本20世纪80年代房地产泡沫探析及启示.经济社会与发展,2012(3)24-27.
[10] 王雪峰.房地产泡沫和金融不安全.现代日本经济,2007(3):25-29.
[11] 赵辰.日本房地产泡沫的生成机理及对我国的经验借鉴.世界经济情况,2006(3):1-5.
[12] 徐建国.低利率推高房价:来自中国、美国和日本的证据.上海金融,2011(12):5-13.

阅读材料6.1

北海房地产往事[2]

一、成也地产,败也地产

自20世纪90年代开始,北海的房地产经济发展一波三折,它在全国范围内的数次亮相不可谓不传奇:20世纪80年代北海只是南海边上的小渔村,几乎没有地产经济的概念;1990年新政出台后,当地政府充分发挥土地资源作用,带来地产经济前所未有的繁荣,也引爆了"泡沫经济"。

2003年,当地执行财政部、国家税务总局下发的关于处置海南省和广西北海市积压房地产税收优惠政策的通知,北海地产行业经历了第一轮整顿。2007年以后,北海地产恢复元气,被认为逐步回归到良性轨道。那么,经过历届政府多年的整顿、治理和规划,它

---

[1] 杨美玲,沈登民.基于实物期权的房地产项目经济评估.城市建筑,2012(17):259-260.
[2] 程东升.北海房地产往事.21世纪经济报道,2013-8-19:014.

又将以怎样的姿态进入一个新的盘整期呢？从每平方米万元一下跌到四五百元。

1984年，当北海被列为14个沿海开放城市之一的时候，北海才与一个内地县城的规模相当，建成面积仅3.5平方千米，城市人口不到14万。基于各种条件的限制，以及当地经济基础的薄弱，北海发展问题在起步之初就变成了"老大难"。一直到20世纪90年代初期，北海的市容市貌、经济实力和规模大小都与其他13座沿海城市相去甚远。当时的执政者们不甘于北海沿海城市的名不副实，要满腔热情干出一番事业。执政者开始积极走访"取经"。经历数月的考察走访后，他们最终选择一条捷径——"用好手中的土地"。历史证明，正是这七个字注释着"北海现象"的兴衰，改写着北海房地产的格局。1992年开始，一场房地产热潮在整个北海席卷而来。北海在土地资源和政策方面的松动，以及政府对当地地产环境的造势和布局，吸引了全国各地的社会资金。北海一位原住居民回忆称，当时，四川、湖南、贵州等地，甚至西藏、新疆都来到这里投资土地，广为流传的数据是，据不完全统计，全国有400多家建筑公司进驻北海，142家甲级规划设计院来此开设分院。同时，到1992年年底，人口统计数据显示，北海外来人已经超过了市区原有人口的一倍以上；同年，全国14个沿海开放9项主要经济指标综合比较，增长最高的是北海。

20世纪90年代初的那轮房地产热，让当时只有20万人口的北海市成为与海南、深圳齐名的房地产热点地区。1993年6月24日，中央发布《关于当前经济情况和加强宏观调控的意见》，五个月不到，北海市依托房产经济支撑起来的繁荣景象，轰然坍塌。与此同时，当宏观调控把地产业从北海经济体系中强行剥离后，北海的经济奇迹就破灭了。一位亲历者苦笑着对记者说："1990年代中前期，北海市的房价跌得让人痛心，每平方米从1万元一下就跌到四五百元。"上海社科院城市化发展研究中心主任郁鸿胜表示，20年前的那场地产经济泡沫对北海打击很大。由于对开发的形势估计不足，以为这里是开发房地产的天堂，北海成为中国房地产泡沫的源泉和泡沫典型地区。

二、整顿烂尾楼

宏观调控使热得烫手的北海房地产骤然降温，许多建设项目相继停工，变成了一栋栋烂尾楼。既沉淀了大量资金，浪费了土地资源，造成诸多经济后遗症，又留下了众多城市"疮疤"。北海由此背上了沉重包袱，以烂尾楼为特征的房地产遗留问题，长时间影响北海经济发展。

2000年开始，北海市委市政府把盘活地产工作作为发展经济的重中之重，出台系列措施，清理债务，明晰产权，培育市场，经过两年多的努力，当地在盘整土地、消化空置商品房方面取得了一定成效。但是，分布在城市主干道两侧和城市重要区域的130多个共计120平方米的停缓建工程仍未得到有效处理。

2002年12月30日，财政部、国家税务总局下发《关于处置海南省和广西北海市积压房地产有关税收优惠政策的通知》，批准给予北海处置积压房地产在2003年1月1日至2004年12月31日转让销售实行免征营业税、契税的优惠。2003年4月，北海政府利用国家所给予的处置积压房地产特殊税收优惠政策，全面启动"烂尾楼"工程处置工作。全市108个停缓建工程52%相继复工，38个重点项目中，凯旋国际商贸大厦、和安商港等23个项目复工。

2004年，北海房地产企业318家，比2002年增长近2倍。当年，北海房地产业完成投资8.86亿元,同比增长87.1%,比全市固定资产投资增幅高64%;占全市固定资产投资总额的16.7%;同比提高近6%。在房地产发展的影响下,2004年全年,北海市完成了地区生产总值158.1亿元,比上年增长12.1%,是1995年以来增长最快的一年,房地产业的快速发展已经成为当时北海市国民经济发展的重要拉动力量。

在郁鸿胜看来,北海解决房地产后遗症是比较彻底的,北海市当地政府在处理历史遗留工程方面做得非常好。控制了银滩周边泡沫型的房地产,清理、整顿、调整、梳理了已经被证实的泡沫地产和房产的批复批文。但是,该时期地产经济在整个北海经济中处于一枝独秀地位,导致北海经济严重依赖地产业。而且,这一期间几乎没有大的地产商入驻北海,都是中小地产企业操盘造势。

三、挑战依旧在

进入"十一五"期间之后,北海房地产业再次升温。2006年新开工项目77个,开工面积111.84万平方米,分别增长57.14%和17.18%。2007年,全国地产的再次火爆,让一些接盘过那些烂尾楼的个人和企业爆发。2008年,北海房地产开发销售形势走稳,完成投资39.24亿元,增长62.18%,房产交易面积118万平方米、交易额23.3亿元。整个"十一五"期间,北海房地产业总共完成投资232.25亿元,是"十五"时期的7倍。与此同时,北海市政府开始基于其他产业的发展,正在逐步努力摆脱房地产带来的后遗症。

2010—2012年中国房地产走过史上最严政策调控的时期,北海的地产经济经过数轮的整顿、治理和规划之后,承受能力逐步提高,加上北海经济已经不再依赖单一的地产,此轮的调整对北海影响非常有限。最新数据显示,2013年上半年北海楼市在旧政新压下表现还算出色,成交量高位运行。在高成交量的带动下,2013年1~6月份北海楼市供应量也有积极的表现,根据北海房地产交易网的监测,2013年1~6月份北海住宅新增面积为1 147 515平方米,同比增加了50.62%;2013年1~6月份住宅新增套数为12 073套,同比增加47.09%。

但是,目前北海地产业的集中度依旧很低,大型品牌企业、高端楼盘、大盘依旧很少,小而散特点较为明显。对于当前的执政者而言,旧的"烂尾楼"问题虽然已经消化,但也必须承认,北海市地产业还会进入新的盘整期,如何让小型地产企业逐步退出,以提升房地产业的品质将成为下一个考题。

阅读材料6.2

房地产市场风险预警研究方法综述[1]

一、引言

20世纪80年代以来,金融自由化和全球经济一体化加剧了金融业的风险,金融自由化和全球一体化还使各国间金融危机频率增加,程度加深,波动范围扩大。1997年的东南亚金融危机就是一个典型的例子,而造成该危机的根源就是房地产业泡沫的破裂。以

---

[1] 刘传哲,高静华.房地产市场风险预警研究方法综述.中国矿业大学学报(社科版),2006(1):64-69.

泰国为例,爆发危机前,泰国房地产业发展过热,吸引了大量银行贷款,国外资本也进入泰国房地产业。投资过热造成房地产价格一涨再涨,国民经济的泡沫成分不断增加。1996年,房地产价格开始回落,需求大量减少,出现众多积压房,导致房地产公司投资无法回收,使银行机构承担过多的银行呆账、坏账。外资对泰国房地产投资失去信心,游资的撤离最终导致东南亚金融危机的爆发。此外,由房地产泡沫带来的经济危机还导致泰国、马来西亚等国家大量工厂倒闭,失业人数剧增,犯罪案件频发,从而激化了社会矛盾。可以看出,房地产业与诸多产业高度关联,若房地产业的发展违背价值规律产生泡沫,就会给整个国民经济的发展带来巨大而长期的负面影响。我国房地产业自20世纪90年代初得到蓬勃发展,尤其是1998年以来,房地产投资额每年保持超过GDP增长率2倍至3倍的速度快速发展。此外,我国目前由于一直保持9%左右的经济增长速度,注入房地产业的大量资金呈强劲上升势头。但同时由于我国房地产业在成长过程中往往忽略对项目进行可行性分析和市场要求分析,出现过投资过度膨胀、房地产开发过热、商品房积压、金融机构贷款回收困难等问题,同时制度环境、社会需求变化都会直接导致房地产发展形势的变化,这也在一定程度上加大了我国房地产市场的风险。

  我国目前正在经济转轨时期,经济运行中存在着形成房地产危机的诱发条件。房地产业作为我国新的经济增长产业,政府所进行的房地产体制改革也将对我国经济发展产生广泛和深远的影响。因此,建立科学、准确的房地产风险预警是防范房地产业泡沫、推进我国经济持续稳定发展的关键所在。

二、国外预警研究概况

  国外最早开始进行预警监测是在宏观经济领域。19世纪末,法国经济学家福里利在其《社会和经济气象》研究论文中,以黑、灰、淡红和大红几种颜色来测定法国1877—1887年的经济波动;1909年,美国经济统计学家巴布森创造了巴布森"经济活动指数",这是关于美国宏观经济状态的第一个指示器;1915年,美国哈佛大学的帕森斯教授编制了"美国一般商情指数",即哈佛指数,在综合13个经济指标信息的基础上,根据在变动上的时间差异关系分别编制为投资指数、生产量及其物价指数和金融指数;哈佛指数在预测20世纪20年代末期的大危机以失败而告终后,美国经济研究所的首脑密契尔进行了利用经济指标判断衰退结束的转折时间的研究,提出了经济波动是一个在宏观经济系统中各部门逐步扩散的过程;1950年,美国全国经济研究所的经济统计学家穆尔在20世纪30年代监测指标体系基础上进行新的景气监测系统的建立工作。这个系统由先行、同步和滞后三类指数构成,采用了新的多指标信息综合方法——扩散指数。自20世纪60年代以来,宏观经济监测预警已从民间研究走向官方实际应用阶段。20世纪60年代,美国经济统计学家希斯金提出了综合指数法,用于综合多指标信息;1965年,法国政府为配合第四个五年计划制定了"景气政策信号制度",借助不同的信号灯颜色,对宏观经济状态作出简明直观的评价;自20世纪70年代美国开始将二战后出现的预期调查法引入监测预警系统,专门设置了以预期调查信息编制的扩散指数;20世纪90年代,许多新兴经济正面临着经济危机,因此进行经济预警的研究工作又一次大幅展开。这一时期的预警研究主要采用预警信号方法,当风险指标超过所设定的阈值时,预警系统就被激活。因此,建立经济预警系统中最关键一步就是如何去训练该预警系统。建立预警系统时为能寻找一个更好的分类,目前国外常用判别分析法、logit对数线性分析法、决策树、模糊评判法、人工神经网络等来建立预警模型。当前国外许多学者对上述各种预警技术进行实证比较研究后发现,在进行风险预警时,用人工神经网络技术建立预警模型要优于传统的统计模型。

国外对风险预警的研究始于宏观经济领域,房地产业作为宏观经济的一个分支,宏观经济预警研究理论与方法也可用于对房地产业的预警上。20世纪60年代初,美国房地产经济学家Stephen A. Pyhrr等开始研究西方房地产市场的周期性,探索其房地产周期波动及其机理。

20世纪90年代初,国外有关房地产市场的研究更多集中在房地产周期波动上。主要原因是当时更多人关注将房地产作为个人资产进行投资以获取更高利润,从而提升了房地产业的地位。国外在20世纪80年代末和20世纪90年代早期,正处于房地产业繁荣和衰败交替之间,这使许多投资者在房地产衰败时期经历了资产负回报的打击。此外,对于房地产投资者来说,他们正处于高风险状态:与股票和证券比较,直接投资房地产的流动性差;与金融投资相比,房地产投资过程非常复杂,需要大量资源和时间才可完成交易;因此,只有更好地了解房地产周期波动的行为,及时把握交易时间,了解达到什么程度才会诱发危机,才可更好地规避房地产风险。

90年代对房地产的研究多基于一种假设,即用于研究房地产的数据可以完全代表房地产的周期波动状况。对此Ronald认为,这种假设只能包括房地产长期周期波动的一部分,但将它们用于描述房地产状况的能力却是有限的。因此,Ronald将其研究追溯到1919年,对早期的房地产研究做了揭示,从而发现房地产市场可能存在很长的周期。在研究中他们发现,美国房地产业在1920—1934年之间的繁荣和衰落波动变化同1980—1993年房地产业的变化有着许多相似之处,而且每个时期的变化都是由高通货膨胀和快速增长的房租引发的。

国外学者对房地产的研究还集中在房地产周期与宏观经济之间的关系上,Karl发现,在美国经历房地产泡沫时,其失业率居高不下,消费者支出减少,抵押拖欠率和房屋空置率高。高额的房地产抵押贷款导致美国72%的金融机构都出现损失,从而影响到美国经济的发展。他在研究中重点揭示了在美国经济周期中会影响经济和房地产业的因素,分析考虑了房地产在需求上的重要作用,及房地产通胀时可能发生的对经济的影响结果。

国外学者还进行了通过建立综合经济指标来反映房地产周期波动状况的研究。正确分辨相关变量及其之间的关系,构建影响经济活动的有效指标也是关键的工作。Witold利用HP滤子对建立房地产指标进行了研究。他的研究包括两个主题:一是根据房地产周期理论与经济活动的关系寻找房地产商业周期;二是检查HP滤子是否可以被用来建立反映房地产周期波动的指标。HP滤子是Hodrick和Prescott在1980年提出的一种线性的、用于提取趋势的方法。HP滤子包含时间序列、循环成分和增长成分。利用HP滤子提取增长趋势,分离出房地产中短周期,并构建房地产周期指标。他的研究只分析价格变化,使用了几个关键变量的统计数据,如GDP、可支配收入、家庭消费支出和投资结构,另外还使用了反映房地产周期的资产回报作为变量指标。该项研究发现,HP滤子依靠商业周期可以建立周期指标和正确地分辨周期的转折点。在分辨循环成分后,从周期循环中出现的短期偏离也会表现出来,长期的投资决策也可以实施。因此,利用 HP 滤子方法可以更好地去分辨房地产趋势。

此外,国外对指数的研究也多采用适用房地市场发展的独特指标进行描述,如美国的 Hedomic 指数和 Rs 指数,这些指数都是构建在住宅多维特征属性上的。

三、国内房地产预警方法的研究现状

我国经济预警研究始于20世纪80年代中期,主要研究经济循环波动问题。在发展前期主要是以引入西方经济波动周期理论对我国的经济波动加以分析为主,后期则主要是建立我国自己的景气指标。这些经济预警的研究方法对我国房地产市场预警发挥了重要作用。顾海兵认为,经济预警的方法依据其机制可以分为:黑色预警方法,即根据警素的时间序列波动规律进行直接预警,但该种方法不引入警兆等自变量;黄色预警方法,即依据警兆指标进行预警,是一种比较常用的预警方法;红色预警方法,即依据警兆以及各种社会环境因素进行估计,是定性分析;绿色预警方法,即依警素的生长态势进行预警;白色预警方法,即在基本掌握警因的条件下用计量技术方法进行预测。根据文献预警方法的分类,可以将我国目前使用的房地产预警研究方法分为以下两个方面:

1. 黑色预警方法

何国钊、曹振良对我国房地产的周期进行了研究。作者选择了与周期波动直接联系、而且时间序列数据较齐全的八个指标进行分析。先按环比增长率给出各单项指标的周期波动,利用景气循环法对各项指标进行分析,综合其图形。最后,利用扩散指数的计算方法得到中国房地产周期图。通过图表分析研究,何国钊等研究了房地产周期和宏观经济的关系及波动原因。汪晓宇等提出了房地产市场周期的理论,并对我国1987—1998年房地产市场周期进行了实证研究,在此基础上分析其影响因素,并给出相应的政策建议。丁烈云对房地产周期进行研究,通过9个指标的扩散指数来描述房地产周期波动。他还结合我国房地产业实际发展状况,从投资、政策、市场行为心理和城市信息化水平等四个方面论述房地产业周期波动的成因,探讨对房地产业周期波动进行预警和调控的理论依据。

2. 黄色预警方法

(1) 景气指数法:

我国目前使用的中房指数是一套以价格指数形式来反映全国各主要城市房地产市场发展变化轨迹和当前状况的指标体系和分析方法。国房指数根据房地产周期波动理论和景气指数原理,采用合成指数的计算方法,从房地产业发展必须同时具备的土地、资金和市场需要三个基本条件出发,选择8个具有代表性的指标进行分类测算。余晓红、盛承懋根据苏州房地产业发展特点和实际情况,依据国房指数的编制方法,建立了苏州房地产景气指数预警系统。黄继鸿、雷战波、凌超为了描述景气的动向,通过构建合成和扩散指数来达到对经济运行情况进行监测预警的目的。扩散指数能综合各个指标变量的波动,反映宏观经济波动过程,还能够有效地预测经济循环的转折点,但是不能明确表示经济循环变化的强弱;合成指数不仅能预测经济循环的转折点,还能在某种意义上反映经济循环变动的振幅。因此,他们认为扩散指数(DI)和合成指数(CI)适用于房地产预警等宏观经济领域。李斌、丁烈云、叶艳兵在运用景气指数对房地产进行预警时,针对计算扩散指数 DI 和合成指数 CI 时可能出现的警兆不一致并导致警情失真等弊端,对传统 DI 计算方法

进行合理改进，引入精度比较的概念，选择精度更高的指数来进行景气评价，有效地消除了两指数间的矛盾冲突。

(2) 统计预警法：

赵黎明、贾永飞、钱伟荣对经济预警的各种方法进行了分析比较，认为黄色预警方法对于构造房地产预警系统较为适，而景气指数法单纯用合成后的综合指数的波动来分析经济形势变化缺乏成熟的理论基础支持，而且在预警分析中，有时难以分清合成指数的变化到底是由哪些经济指标引起的，不利于针对具体的经济变量进行调控。赵黎明等提出了基于统计预警方法的房地产预警系统的设计，他们认为该方法既可以看出经济活动的升降，又可以反映各指标的综合结果，不仅能监控整体经济活动的波动，还可以监控每一个指标的波动，由此可以从宏观上明确对房地产经济波动调控的目标和方向。郭磊、王锋、刘长滨对深圳市房地产的发展过程进行了监控，采用统计预警方法构建了深圳市房地产预警系统。他们根据房地产周期波动理论，选择十几个指标进行时差相关分析，并通过单指标预警和综合指标预警结合来监测房地产市场的运行轨迹。胡鹏、姚长学、钟叔平通过对有关房地产业指标的分析，确定销售率为基准循环指标，再用时差相关分析获得与基准循环指标相关且先行的指标，在此基础上构建了房地产先行扩散指数预警系统。该系统将房地产市场扩散指数循环波动分为扩张、热度上升、降温、全面收缩四个阶段。

(3) 模型预警法：

丁烈云、徐泽清以房地产经济周期波动理论为指导，运用房地产预警理论和方法的最新成果，以武汉为例，将计算机信息系统建模技术引入到城市房地产经济预警领域，将预警问题中的定量化处理技术与定性分析有机地结合起来，提出了在房地产领域开发预警系统、实现预警过程自动化的思路。丁烈云深入探讨了基于景气循环波动理论的房地产预警、基于系统核与核度理论的房地产综合模拟预警和基于模糊神经网络理论的房地产预警等多种模型和方法。他认为，上述各种模型各有特点，可相互补充。景气循环法易于识别房地产周期波动特征；基于系统核与核度理论的房地产综合模拟预警将系统理论与图论相结合，弥补了仅采用定性方法确定预警准则的不足；而基于模糊神经网络理论的房地产预警将模糊系统理论和神经网络理论相结合，并考虑了心理因素对房地产市场的影响，将人气指数作为输入变量，使预警模型更切合实际。此外，国内学者在对房地产预警方法深入研究的同时，还对如何实现房地产预警理论与实践的有效结合、构建城市房地产预警系统进行了一定的研究。从以上分析可以看出，我国现阶段的房地产市场预警研究主要包含在黄色预警方法中。无论是景气指数还是统计预警，都是建立在房地产周期波动理论上的。但对于统计预警方法来说，由于其自身具有容错性能差、无法进行自我学习与调整、对资料的完备性要求严格，致使在资料残缺下无法实施等缺点，也将会使预警研究转向建立模型上。房地产市场本身就是一个非常复杂、庞大的非线性系统，因此，构建基于模式识别、人工智能等非线性预警模型是很有必要的。

四、国内房地产预警指标体系研究概况

房地产预警指标及指标体系是房地产预警系统的关键环节。国内学者从定性和定量分析等方面对此问题进行了深入研究。定性分析主要是依据房地产市场运行机理和周期波动理论和设计者自身经验来选择预警指标;定量分析是指学者从影响房地产的宏观和微观因素出发来选择指标,再经过数据处理来选择最终的预警系统指标。目前,我国有关房地产指标体系的研究多是采用定量分析方法。

1. 定性分析

梁运斌从研究房地产业周期波动的不同角度出发,将房地产指标体系描述为静态指标和动态指标两种。静态指标如房地产增加值、投资量、人均居住面积、增加值占GDP比重等;动态指标又可分为间接、直接和先行指标、同步指标和滞后指标。李斌根据房地产的市场运行机理和周期波动理论,认为房地产市场振荡源于两大类变量:房地产外生变量,即房地产所在区域的宏观经济变量;房地产内生变量,即导致房地产产生内生振荡的因素。内生振荡的发生和振荡的幅度主要受房地产的耐用年限、房地产投资波动情况、供给和需求弹性3个因素的影响。该文献从房地产市场供给、需求、房地产投资和房地产宏观经济环境四个方面对房地产的影响因素进行了分析,并认为房地产预警指标可以依据不同城市的特点进行选择。

2. 定量分析

(1) 基于时差分析方法

叶剑平通过数据采集、对异常数据进行剔除、进行标准化及对数据进行季节调整后,按照某种原则确定基准周期,参照基准日期,利用时差分析方法挑选7个景气指标。并且利用指数间的时差分析结果制作先行、同步和滞后合成指数,以此预测未来景气变动趋势。彭翊将房地产经济活动全过程的指标划分为外因影响指标和内因动力指标。外因指标是指影响和制约房地产业的宏观经济及相关产业经济规模和发展水平方面的因素;内因指标是指房地产开发过程中表征各阶段特征和实质的指标。他用一定的数学分析方法并根据这些指标与房地产经济发展的关系将它们划分为先行指标、同步指标和滞后指标,在综合分析上述指标与房地产周期波动的先后程度关系的基础上,建立起能够反映房地产经济周期波动态势的指标及指标体系。郭磊、王锋、刘长滨认为,房地产周期波动的原因主要是宏观经济因素的外部冲击在房地产经济中产生内部传导。他们在以深圳市为例进行的预警指标的设计中,根据先行、同期和滞后的数量特征关系从全国消费者物价指数等18个指标中选择了9个能相对独立地反映城市房地产经济周期波动的指标作为房地产预警的指标体系。

(2) 基于统计分析方法

李崇明提出了运用灰色关联分析和系统核及核理论方法确定房地产预警指标体系的办法。该方法根据原始指标体系表,采用灰色关联分析,对样本数据进行一系列处理,得出指标间的关联度,并根据关联度的大小确定指标间的关系,再根据指标间的关系建立指标体系的拓扑图,求取所得拓扑图的核,核的构成要素就是房地产预警系统的指标及指标体系。叶艳兵、丁烈云基于专家意见,考虑到房地产业本身的运行规律及武汉市房地产市场的具体特征拟定了22个指标作为研究房地产业的基础指标体系,利用相应的历史数据,依此运用主成分分析和相关性分析得出了一套包含物价指数、房地产价格等7个房地产指标,并在此基础上考虑到定性分析的专家咨询结果,最终确定了房地产价格等14个指标体系。周忠学、李永江以青岛市为例,采用聚类分析和主成分分析法,将影响房地产的20个指标归纳成为7个综合性指标,大大简化了分析工作。

综上所述,由于定性分析包含极大的主观性,使其选择出的指标可满足自身的主观判断,但却未必真正完全代表房地产市场的影响因素。所以,我国对房地产预警指标的研究正在逐渐从定性分析向定量分析的思路转移。定量研究方法是在定性分析的基础上,通过统计分析或实证分析消除指标间的互相干扰和影响,使不同指标与房地产业发展的关系描述得更为准确。因此,采用定量结合定性分析方法构建预警指标体系已成为发展趋势。

五、简要评述及未来研究方向

从现阶段国内外关于房地产预警方面的研究来看,国内外学者在房地产预警上做了大量的工作。但目前的房地产预警研究中还是存在一些不足,主要表现在以下几个方面:

(1) 国内外对房地产市场预警调控方面的成果主要集中在房地产数据信息采集、汇总统计方面,通过数据信息的采集分析,求得若干反映房地产市场运行状况及发展趋势的指标,而针对所建的预警指标体系如何运用合适的模型预警方法构建预警模型的研究更多地还是停留在理论探索阶段,实际应用的很少。

(2) 国内外目前大多采用适用房地产市场发展的独特指标进行描述,如美国的Hedomic指数和Rs指数,我国的国房、中房指数等。这些指数都是对房地产市场已经发生的状态进行描述,无法起到事前监控的作用,也无法通过"过冷""过热"来对市场进行预警分析;此外,指数中所涉及的指标数量很少,不能完全反映影响房地产市场变化的各有关因素;如我国的国房、中房指数,在对它们进行指标处理时,只是简单地对其中的先行指标、同步指标和滞后指标进行统一加权平均,而没有考虑他们之间的时滞效应,容易导致总指数与实际房地产市场运行状态不符。

(3) 对房地产预警系统的研究中,风险预警的各区域间警界值的确定对最终的预警结果是否可行起着关键作用。目前,我国在各经济预警中对警界值的确定都是基于主观经验得来的,真正对确定安全区域的研究还处于空白状态。

从目前国内外房地产市场预警研究上看,未来房地产市场预警研究还应在以下几方面进一步深入探索。①随着房地产业的不断发展,会出现一些新的影响房地产市场的因素,导致原有指标体系不能完全反映市场的变化。因此房地产预警指标体系是构建实用的房地产预警系统的关键。选择何种定量与定性相结合的分析方法,建立普遍适用的房地产预警指标体系也是研究的重点。②房地产预警是建立在预测技术上的,那么预测的结果往往与实际会有偏差。如果错误报警,将会造成一定的经济损失。而误警概率(发生警情却没有报警)和虚警概率(实际没有发生而报出警情)的确定,目前仍没有科学的方法进行估计,因此预警可靠度仍然是一个有待深入研究的问题。③信息技术为开发房地产预警支持系统提供了强有力的工具。将计算机信息系统建模技术引入到城市房地产经济预警领域则成为我国房地产预警研究的新领域和方向。④国内外已将人工神经网络技术运用于经济预警中,房地产作为宏观经济的一个分支,也应将人工神经网络、模糊控制等理论运用于自身的预警领域中,从而提升新的房地产预警研究理论和方法。

第7章 房地产投资中的估价问题

房地产资产在投融资活动中非常重要的一件事就是对资产的估价,它可以说是连接房地产资产与一般金融资产价值比较转换的桥梁。因此,从房地产投资的视角来分析研究房地产估价理论和方法就有特别重要的意义。它不仅是对一项房地产物业的简单估值,还是如何看待房地产资产价值的方法论。它不仅涉及对房地产资产的投资决策,还涉及房地产企业的估值和企业战略行为的演进,甚至决定了企业开发经营活动的成败。

7.1 投融资中使用的基本估价方法

常见的房地产资产估价方法有多种,例如成本法、收益资本化法、市场比较法、假设开发法等。对于房地产投融资活动而言,收益资本化法最为重要,它源于资产定价理论,是将房地产实物资产与金融资产进行价值比较和转换的重要工具。而成本法和市场比较法也是在投资活动中比较常用的方法,它们可以从其他视角来弥补收益资本化法的不足。

7.1.1 收益资本化法

(1) 收益资本化法(Income Capitalization)也称收益法,它的基本原理是:具有经常性收益房地产的价值与其未来收入潜力存在特定关系,某项房地产资产价值的大小取决于其产生现金流的能力(Values property on the basis of ability to generate a cash flow)。资产定价理论中的基本估值模型就是收益资本化法的基本公式,是将某项资产未来自由现金流以一定的资本化率贴现而得到的价值。用收益资本化法获得的房地产资产价格称为收益价格。

(2) 收益资本化法适用的估价对象是收益性房地产,包括住宅、写字楼、商店、旅馆、餐馆、游乐场、影剧院、停车场、汽车加油站、标准厂房(用于出租的)、仓库(用于出租的)、农地等。这些估价对象不限于其本身目前是否有收益,只要周围类似房地产有收益可以参照即可。

(3) 运用收益资本化法估价一般分为三个步骤:①预测未来第一年的净收益(假设无限期持有),或者估算未来持有年的各年净收益;②求取资本化率或收益乘数;③选用合适的直接资本化法公式计算收益价值。

(4) 房地产投融资活动中使用的收益资本化法的计算公式。

① 考虑出售价值的公式

$$PV = \sum_{t=1}^{n} \frac{I_t}{(1+Y)^t} + \frac{s}{(1+Y)^n} \tag{7-1}$$

式中,PV 为现时的房地产资产价值,I_t 为第 t 年末的净收益,Y 为资本化率,s 为第 n 年末房产出售时的价格。这个公式形似于固定收益债券的定价公式[1]，但是其表示的内容是不同的。

通常在房地产估价中采用的是无限年期的收益法公式，即 $P = \dfrac{\text{NOI}}{i}$，其中 NOI 是该物业第一年的净收益，$i$ 是资本化率。对于式(7-1)，当 $n=$ 无限年、I 为给定值时，也有 $P = \dfrac{I}{Y}$。但是，在现实的投资活动中仅考虑第一年的净经营收益是不准确的，以此来衡量一项房地产资产投资价值的风险较大。因为未来该项房地产资产出售的价格不仅包含了未来该项资产的出租收益，还包括了其他无法量化的潜在收益。这也正是在中国现行房地产政策制度和通胀压力下，许多投资者并不关心出租收益，但却非常重视出售价格的一个重要原因。

② 房地产资产到期价值为零的计算公式（即有限年期的计算公式）

$$\text{PV} = \sum_{i=1}^{n} \dfrac{I_i}{(1+Y)^i} \tag{7-2}$$

这是在房地产估价理论中对有限年期经营的商业性质的房地产所采用的估值方法，在某些政府出让土地并事先声明在土地租期到期后无偿收回土地的商业性房地产项目中[2]，可以采取此类计算公式。

例 7-1 某项商业地产资产预计未来每年全部铺面出租净收入均为 20 万元，尚可使用 20 年，到期价值为 0，政府将无偿收回土地。若该类房地产的资本化率为 12%，则该房地产资产的价格估值是多少？

解 利用公式(7-2)，

$$\text{PV} = \sum_{i=1}^{n} \dfrac{I_i}{(1+Y)^i} = \dfrac{I}{Y}\left[1 - \dfrac{1}{(1+Y)^n}\right]$$
$$= \dfrac{20}{12\%}\left[1 - \dfrac{1}{(1+12\%)^{20}}\right] = 149(万元)$$

请进一步地思考一下，如果每年租金增长率为 3%，则其估值又为多少？若要在考虑年通胀率在 3% 下的资产估值，应如何计算？

7.1.2 市场比较法

(1) 市场比较法(Sales Comparison Approach)的基本原理：房地产价格形成的替代原理（大数法则）。由于有相关知识的投资者肯出的价钱是不会高于其他投资者最近购买可比实例房地产的价格，因而在市场上获得的相关可比房地产成交价格可以作为某项房地产资产估值的参考。

(2) 市场比较法的使用程序。将估价对象与在估价时点的近期有过交易的类似房地产进行比较，对这些类似房地产的成交价格做适当的修正，以此估算估价对象的客观合理

---

[1] 如果令到期日为 T，贴现率为 y，债券价值 $= \sum_{t=1}^{T} \dfrac{\text{息票利息}}{(1+y)^t} + \dfrac{\text{面值}}{(1+y)^T}$.

[2] 顾菁. 上海澄清土地"到期回收说". 东方早报, 2011-01-27.

价格或价值。

（3）市场比较法对房地产资产估值的适用对象是那些具有交易性的房地产资产,适用条件则是在同一供求范围内存在较多类似房地产的交易案例。目前由于中国的房地产市场交易量的稳定增加,在个人住房抵押贷款和房地产交易税费征缴过程中,市场比较法已成为金融机构和政府税务机关常用的房地产资产估值方法。

7.1.3 成本法

（1）成本法(Cost Approach)是求取某项房地产资产在估价时点的重新购建价格,然后扣除折旧,以此估算出估价对象的客观合理价格或价值的方法。成本法的理论依据是以卖方角度的生产费用价值论。由于在房地产投融资活动中对资产的估值主要是依照其产租能力的大小,故对成本法的使用较少,通常是作为卖方出售资产时的底价参考,也可以作为企业房地产资产的财务账面价值的对比参考。

（2）运用成本法对某项房地产资产估值的一般步骤：①搜集有关房地产开发的成本、税费、利润等资料；②估算重新建造价格；③估算折旧；④求取最终积算价格。有关房地产开发的成本、税费、利润等资料包括客观市场价格,建造年代,结构类型,耐用年限,已使用年限,残值率,实际新旧程度,重置价格,基准地价等。

（3）成本法的适用对象是既无收益又很少发生交易的房地产(例如,学校建筑等),适用条件是该商品可自由进入市场和大量重复生产。

7.2 房地产投融资中估价方法使用的方法论

简言之,方法论就是人们认识世界、研究问题的各种理论方法的总和。对于房地产资产在投融资活动中影响和价值的不同认识和理论观点,导致了人们不同的解决问题手段,对不同的投资人也产生了不同的效果。徐滇庆(2006)认为正是由于在中国房地产研究中人们采取了不同的房价估算方法,各取所需。在一个问题上各执己见,看起来很热闹,却没有一个明确的结论。在房价估算方法的背后隐藏着非常复杂的利益之争。[1]

（1）市场比较法在房地产投融资活动中的理论认识与应用。市场比较法对房地产资产的估价从理论上而言似乎是一种在公开市场上可以被验证的某项房地产资产价格,但是实际上这种价格受到当时的交易环境影响很大。由于房地产市场的价格搜寻者结构特征,买卖双方的地位经常处于不平等状态,这种市场价格是可以被操纵的。例如,在房地产市场低迷的时期,市场上的成交价格可能远低于其资产的内在价值；而在房地产市场繁荣期,市场的成交价格可能远高于其资产的内在价值。因而,当某些房地产开发企业在市场繁荣期以较高的房地产成交价格来解释其产品定价的合理性,有的学者就认为开发商偏爱市场比较法(徐滇庆,2006)。

（2）收益资本化法在房地产投融资活动中的理论认识与应用。收益资本化法在理论上是最容易与资产定价理论比较的房地产估价方法,因而被广泛地被学术界所引用。有

---

[1] 徐滇庆.房价与泡沫经济.北京：机械工业出版社,2006.

些人甚至直接将房地产资产当作金融资产进行估值。例如，简单地利用租售比来一般性地判断房地产资产的购买价格。但是，由于房地产资产的特殊属性（位置的不可移动和土地的不可毁损），以及由于社会习俗、制度、区域环境和人口集聚等因素所带来的未来收益不确定性[1]，使得这些指标的判断与现实投资实践常常大相径庭[2]，这些中国房地产市场上理论与实践的差异常常使学者和普通百姓感到困惑。但是尽管有这样或那样的缺陷，在资本市场上对企业房地产资产的估值还不得不继续使用收益资本化法。正如学者徐滇庆(2006)所言，"由于不可能收集足够的信息来分析未来各期的收益，对未来收益的预测具有很大的不确定性。很少有人能够根据未来收益的折现值来做出比较准确的判断。收益还原法在理论上是正确的，但是除非房地产研究机构按照这个方法替老百姓做些研究，否则，收益法帮不了一般购房者的忙"。

（3）成本法在房地产投融资活动中的理论认识与应用。成本法是政府对企业和个人房产交易征税和收费的依据，会计师在对企业资产进行价值分析或折旧财务处理时也使用成本法。它的理论依据是生产者的成本视角来分析房地产资产价值，它的缺陷是没有充分考虑资产的未来价值变化（它是用重置成本来反映价值变化的，估值时还要计提折旧），但它对于财务成本分析和政府征税而言却是比较客观和安全的。房地产企业在进行资产开发时要使用成本法，以进行成本控制和提高产品竞争力，但在进行市场定价时却喜欢用市场比较法，以期获得市场利润，这与一般制造业企业的经营战略没有差异。在企业并购重组中同样也存在这样的问题，企业在清产核资时，会计将会使用成本法，但是在企业之间的谈判是会考虑收益资本化法和市场比较法，以获得更多的资产对价筹码。

（4）假设开发法在房地产投融资活动中的理论认识与应用。假设开发法是求取估价对象未来开发完成后的价值，减去未来的正常开发成本、税费和利润等，以此估算估价对象的客观合理价格或价值的方法，也称剩余法、余值法等。其理论公式为：待估价的房地产资产价值＝开发完成后的房地产资产价值－开发成本－管理费用－投资利息－销售税费－开发利润－投资者购买待开发房地产应负担的税费。由于假设开发法适用于未开发的土地、在建工程等房地产资产未来价值和成本的估值，所以通常开发企业在竞拍开发用地时常采用这种方法。马克思、李嘉图等人认为，地租＝商品市场价格－生产成本－平均利润－资本利息，这也是假设开发法（剩余法）应用于土地竞买的理论基础。土地招标活动中，竞标者都是按照上述原理，事先仔细算好房价，计算出买地报价后再投标。开发企业将依据未来房地产市场的价格发展趋势来确定拟开发用地的购买价格，开发企业现时购买土地的价格高低，也表明了企业对未来房地产市场走势的判断。当企业看好未来房地产市场发展趋势时，就会积极竞价使得土地成交价走高，反之则土地的成交价就会走低，甚至流拍。由于房地产未来价格的实现具有不确定性，所以这时企业实际上是看中了房地产资产的未来投资价值才敢竞拍土地。对未来房地产资产价值判断的准确与否决定了企业所承担投资风险的大小。假设开发法估价结果的可靠性取决于是否正确地判断房

---

[1] 郑思齐.如何理解城市间房价的巨大差异.21世纪经济报道，2010-10-26。
[2] 赵晓.房地产的伪市场化还要持续多久.华夏日报，2013-02-15。http://www.chinatimes.cc//pages/moreInfo.htm?id=126589。

地产的最佳开发方式,以及是否根据当地房地产市场供求状况,正确地预测未来开发完成后的房地产资产价值。人们对假设开发法的应用存在着争论,徐滇庆(2006)认为"假设开发法已经很清楚地揭示了房价和地价之间的关系。是房价推动了地价,而不是地价决定房价"。而学者们进一步的研究却证明:短期内房价和地价相互影响,长期内地价是房价的格兰杰(G ranger)原因(况伟大,2005)[1]。

7.3 假设开发法与土地期权

7.3.1 土地期货的价值发现

(1) 2004年3月30日中国国土资源部、监察部联合发布了《关于继续开展经营性土地使用权招标拍卖挂牌出让情况执法监察工作的通知》(71号令),明确了今后(2004年8月31日以后)国有土地出让要采取公开的"招拍挂"方式进行,业内称之为"8.31大限"。在此之后的房地产开发中,个别开发企业在竞拍土地时发现拍高地价会导致房价上涨的预期增强,甚至采用拍高地价来引起周边房价上涨的房地产开发策略[2]。当房地产市场无法公开充分的了解全部供求关系时,一个公开的土地市场就成了人们了解未来供求关系的晴雨表。土地就变成商品房开发的期货市场,变成了供求关系与未来价格的信号。商品期货的作用之一就是揭示未来预期的供求关系和价格。

也许地方政府土地出让决策部门并没有意识到土地的期货作用,但社会机构(企业和媒体)却明确的将土地价格当作是未来商品房的价格衡量标准。不管是自住消费者或是投资的参与者都会以这个期货的价格作为决策的参考标准,它影响着社会的舆论与消费的决策选择,推动着房地产市场的价格上涨或下跌。

(2) 2007年中国房地产市场的"面粉贵过面包"现象。由于土地价格在全国范围推行招拍挂之前("8.31大限"[3])并非是一个完整的市场价格发现,许多地方土地供给量过大,让大量的土地可以被低价的、较小资金实力的开发者占有,而招拍挂之后土地价格的飞涨又让储备土地的成本与风险被消化了。于是在中国的许多大城市出现了土地市场的拍卖楼面地价高于周边已建成小区正在销售的房价的奇怪现象,这就是所谓2007年房地产市场的"面粉贵过面包"现象。当今天的"面粉"价格高于今天的"面包"价格时,这种未来期货价格的作用就影响到今天的"面包"价格;而今天的"面包价格"(指房价)实际使用的则是以前较低价格储存下来的"面粉"(指地价),但不断增长的"面包价格"(指房价)却是按照土地价格后预期的"面包价格"(指房价)而调涨的[4]。

---

[1] 况伟大.房价与地价关系研究:模型及中国数据检验.财贸经济,2005(11):56-63.

[2] 王育琨.地产"戴尔":顺驰的异端疯狂.经理人,2004(12):67-74.

[3] 2004年3月31日,国土资源部、监察部联合下发了《关于继续开展经营性土地使用权招标拍卖挂牌出让情况执法监察工作的通知》(即71号令),要求从即日起就"开展经营性土地使用权招标拍卖挂牌出让情况"进行全国范围内的执法监察,各地要在2004年8月31日前将历史遗留问题处理完毕,否则国家土地管理部门有权收回土地,纳入国家土地储备体系。2004年8月31日因此被业界称作"大限"。

[4] 任志强.地价的期货作用.任志强博客,2008-03-04.http://blog.sina.com.cn/s/blog_4679d35101009baw.html.

*7.3.2 土地投资决策的实物期权理论

(1) 由于待拍卖土地的期货价值,使得学者们试图运用新的理论来解释土地的这种作用,实物期权(Real Option)理论就是其中的一种。针对折现 NPV 评价方法存在的不足,Ross(1978)指出,风险项目潜在的投资机会可视为另一种期权形式——实物期权[1],并由此引发了对实物期权估价理论的深入探讨。实物期权理论在土地市场的应用研究显示,对土地投资决策的一系列选择权(即期权)是待开发土地价值的一部分。在实物期权框架中,描述不确定性的变量一般用随机过程来描述。这些变量在每一时刻取值的一部分是确定值,另一部分是随机不可预测的,也可以称为关于时间 t 的随机函数,在时间 t 固定为一个随机变量。随机过程的分析框架为不确定性的数学表达及期权模型提供了有效的数学工具。[2]

(2) 房地产投资中的实物期权定价分析就是引用金融期权的定价理论,其相关的参数与金融期权有着相似的特征。通过定性与定量分析来揭示房地产实物期权在不同的情况下的真实价值,其中实物期权是运用在房地产投资决策中的主要定价方法,一般常见的是利用二叉树模型和 Black-Scholes 模型进行计算[3]。实物期权方法主要有离散时间型和连续时间型两大类,二叉树模型属于离散时间型,Black-Scholes 模型属于连续时间型。Black-Scholes 模型主要针对的是一些简单的实物期权定价,它的运用要求的条件比较严格,是一种快捷固定的期权定价方法。

(3) 地方政府经营性土地出让选择最佳时机,追求土地出让收益最大化的行为也可以用实物期权来研究。实物期权模型在土地开发决策中的研究表明土地的价值应当由净现值和灵活性价值两部分组成:地块价值=NPV+灵活性价值。[4]

假定地方政府土地储备中心购买的土地价格为 p_0,动态地价 $p(t)$ 服从几何布朗运动(即随机漂移):

$$dp(t) = \alpha p(t)dt + \sigma p(t)dz \tag{7-3}$$

式(7-3)中,α 是地价 p 的漂移参数,即是 p 的瞬时增长率;σ 是地价 p 的方差参数,即是 p 期望增长率的标准差;而 z 是维纳过程的增量,服从均值为 0、方差为 dt 的正态分布。式(7-3)还表明,随着时间的推移,政府会得到更多的新信息,但土地的未来价值一直是不确定的,而且对土地储备越久的地块的价值估计,方差越大,即越不准确,体现了观望的灵活性及其价值。经营性土地出让时机等同于永久性看涨期权,拥有以预先确定的土地价格 $p(t)$ 的权利而不是义务,经营性土地出让时机选择决定何时执行看涨期权,问题转化为期权定价问题,期权价格 $p(t)$ 由其最佳执行时间和执行时的净收益确定。

例 7-1 某房地产公司于 2008 年竞得某开发地块,出让面积 1.502 6 万平方米,成交价格为 10 333.380 2 万元人民币,预付定金为成交价格的 10%,即为 1 033.338 02 万元。

---

[1] Ross SA. A simple approach to the valuation of risky income streams. J Business,1978,51:453-475.
[2] 王媛等.土地投资决策的实物期权理论述评.中国土地科学 2010(9):76-80.
[3] 艾小莲.实物期权定价模型在房地产投资决策中的应用研究.江苏大学博士论文,2009.
[4] 李红波.不确定性环境下经营性土地出让相机策略研究.中国土地科学 2012(5):44-49.

预交定金签订合同后就相当于此房地产公司持有一种买权,其标的物是这块土地,当前价格为 10 333.380 2 万元人民币,约定价格为 $K=9\,300.042$ 万元($D=10\,333.380\,2\times(1-10\%)$),试用 B-S 期权定价模型计算预付定金式买地行为的期权价格。[1]

解:作为一项具有看涨期权的预付定金式买地行为,可应用"无红利分配"的 Black-Scholes 期权定价模型来进行定价:

$$\frac{\partial V}{\partial t}+\frac{1}{2}\sigma^2 S^2\frac{\partial^2 V}{\partial S^2}+rS\frac{\partial V}{\partial S}-rV=0.$$

$$V(S,T)=\max\{S-K,0\}$$

此方程的解为

$$V=SN(d_1)-Ke^{-r(T-t)}N(d_2) \tag{1}$$

其中

$$d_1=\frac{\ln\frac{S}{K}\left(r+\frac{\sigma^2}{2}\right)(T-t)}{\sigma\sqrt{T-t}}, \quad d_2=d_1-\sigma\sqrt{T-t} \tag{2}$$

这里 V 为看涨期权的价格,S 表示该土地的目前价格,K 表示约定的土地购买价格,T 为延迟付款的时间,σ 为土地价格的波动率,r 为无风险利率,$N(\cdot)$ 表示标准正态分布的值。

解得:

$$d_1=\frac{\ln\frac{10\,333.380\,2}{9\,300.042\,18}+\left(0.033\,4+\frac{0.389^2}{2}\right)\times 1}{0.389\times 1}=0.55$$

$$d_2=0.55-0.389\times 1=0.15$$

$$V_1=10\,333.380N(0.55)-9\,300.042\,18^{e^{-0.003\,34}}N(0.15)=2\,291.207(万元)$$

从计算结果分析,如果该开发企业所拍地块能在一年后付款,将给企业战略管理和决策灵活性带来价值,即等待期权价值为 2291.207 万元。这与土地签订合同时预交定金 1 033.338 02 万元相比,期权的价值几乎是预付土地定金的两倍,获得的价值收益非常可观。

7.3.3 土地价格看涨预期下的中国房地产企业开发模式

在土地市场"8.31大限"以后,许多有实力的房地产企业开始从区域开发走向全国开发,土地竞拍的价格持续上涨,给人们形成了房价上涨的预期。房地产企业取得土地需要更雄厚的资金支持。许多房地产企业采取了举债和以土地融资来获得大量资金后再购买土地的开发模式,以及通过囤积土地扩大企业的资产价值后再上市融资的发展模式。在房地产上市公司中出现了地价→股价的联动现象,拿地越多则公司的资产价值越高,企业成长的也越快。在资本市场上的股价上涨越快,企业价值就会被投资者一致看好,企业可以以较高的配股价融资,再去购地囤积,形成了股价→地价→房价轮番上涨,"地王"频出的怪圈。直到2008年国际金融危机发生和国家对房地产市场的严格宏观调控才逐步抑

---

[1] 郑秋红,岑仲迪. "地王"现象的实物期权分析. 浙江万里学院学报,2010(5): 6-8.

制了这种资本市场的不正常现象。一些原来发展很快的房地产企业也由于高负债拿地，使得企业资金链断裂而没能躲过那场危机，逐渐从国内房地产市场退出。但却让人们充分认识了土地资产在企业价值中的作用。

7.4 房地产企业估值

对上市房地产公司的股票投资也是一种房地产投资的方式，其中发现房地产企业的投资价值，主要还是依据估值方法来判断。上市房地产公司的估值不同于一般制造业企业的市盈率(PE)估值方法，主要是依据房地产公司"重资产"的特性而采取的净资产值估值方法(Net Asset Value)，重估的房地产企业持有资产(包括土地和在建工程)的未来开发价值可能更客观地反映企业的实际价值。

7.4.1 房地产企业的估值方法

(1) 净资产值估值方法，简称 NAV 估值法。是指在一定销售价格、开发速度和折现率的假设下，房地产企业当前储备项目的现金流折现价值剔除负债后，即为净资产价值(NAV)。计算净资产值，一般会利用最近期公布的季度净经营收益(NOI)，加上没有在该季度全面实现的近期收购或开发的物业，并把数字年度化。然后根据资产的质量，把一个初步资本化率应用到净经营收益(NOI)上。之后加上在建工程的价值以得出一个"房地产价值"。把经年度化的季度"其他收入"乘以一个倍数以计算出各公司的非房地产收入的价值，经扣除负债和其他债务后除以总股数，便可计算出每股的 NAV。

(2) 一般来说房地产企业的股票价格通常围绕着其每股净资产值(NAV)上下波动。从国内外资本市场的经验数据来看，对于纯开发性房地产企业，其股票价值应与其每股净资产值(NAV)相当，或有一定的溢价；对于持有型的房地产企业其股票价值会比每股净资产值(NAV)有10%～20%的折让；综合类的房地产开发企业的股票价值则在上述两者之间。

(3) 房地产上市企业的股票投资套利空间的发现，主要在于能否发现现时股票价格与其 NAV 的明显差异。当资本市场整体萧条时，常常能发现某些房地产企业现时的股票价格大大低于其 NAV 值，折价情况严重而企业经营情况正常，则可能存在较大的套利空间。

7.4.2 NAV 估值方法的局限

(1) NAV 估值的计算通常在一个范围区间，不同的人选取的折现率不尽相同，假设条件不同，体现出对公司投资价值的不同看法。但是这个估值的区间还是基本反映了企业的价值。

(2) NAV 估值方法的局限：①上市公司信息披露的不完整，导致准确估计公司净资产值难度提高；②公司所开发的资产价格波动和土地未来价格估计的差异，影响 NAV 计算的准确性；③计算过程中存在许多主观假设，与未来市场宏观形势的不一致，导致不同研究者的 NAV 计算结果存在差异;④NAV 估值方法没有考虑不同企业管理能力(如人力资本、品牌、治理结构等)之间的差异,也会导致一定程度上的估值不准确。

7.5 问题研究

7.5.1 在建工程的估值

在建工程是房地产资产的一种特殊形式,它不同于土地资产也不同于建成后的物业资产。纯粹的土地资产的估值可以用假设开发法、收益法等估值方法,建成后物业可以使用常见的三大估价方法(收益、成本和市场比较)。而在建工程由于其投资、产权关系复杂,产品属性未定,获得抵押融资的难度较大,后期投资不确定性也较大,其资产价值用常见方法进行估值会有一定的限制条件。

(1) 一些业内专业人士认为在建工程抵押属于房地产开发贷款的范畴,可以依据《城市房地产抵押管理办法》,通过成本法进行在建工程价值估价,购买在建工程的投资者应基于生产成本理论来判断在建工程价值。但是另一些专业人士却认为在建工程是未完工的工程项目,其效用价值在于未来的使用者购买后的使用价值要大于其购买价值与续建成本之和,购买在建工程的投资者应基于生产效用价值理论来判断在建工程价值。因此,在建工程的估值应使用假设开发法。你认为前后两种观点哪种更合理?两种估价方法对在建工程估值使用上存在哪些缺陷?

(2) 对一个尚未完工的在建项目,如果只将其中某一部分拿出来评估,并向银行申请抵押贷款是否适宜?

*(3) 某中心城市的一个正在建设的大型商业物业,有 A、B 两座塔楼。A 座已经建成营业,B 座在建。如果用现金流贴现原理进行整体资产估值是否可行,如何操作?能否利用期权定价模型来估值?

*7.5.2 资产定价理论发展与房地产估价理论变革

资产定价理论是现代金融学的核心研究领域之一,也是研究成果最为系统、最为丰富的领域之一。根据它们形成时的逻辑推演过程的不同,可以分为归纳法和演绎法两类。其中归纳法主要用于预测金融产品的价格变动趋势,即模糊定价,演绎法主要用于精确定价。现代金融理论大都属于演绎法的范畴。其中,资金的时间价值、资产定价理论和风险管理理论是现代金融理论的三大支柱。[1] ①现金流贴现模型。现金流贴现模型在传统金融学中就是一个重要的定价方法。在加入不确定性的分析后成为现代金融资产定价理论的重要组成部分。② 投资组合理论和资本资产定价模型(CAPM)。马柯维茨(Markowitz,1952)提出了投资组合理论,威廉·夏普(Williams. F. Sharpe)进一步把无风险资产引入到这个理论体系中,在此基础上,以 β 系数衡量单项风险资产与市场组合之间风险补偿变动的相关性,为单项风险资产定价。③套利定价理论(APT),也称为多因素

---

[1] 戴金平,李治.现代资产定价理论的比较和发展.世界经济,2003(8):68-74.

资产定价模型[1]。无套利分析方法是金融资产定价理论中的基本方法。分析的基本方法是用价格已知、并且未来的预期收益现金流与该资产完全一致的资产或资产组合对待定价的资产进行复制，构造一个不能产生无风险收益的组合，进而为该项资产定价。

在近数十年的相关深入研究中，国外学者们提出了许多资产定价理论的改进方法，比较著名的有零 β 模型（由 Black(1972) 提出），跨期的动态资本资产定价模型（例如 Merton 模型，Black 和 Scholes 期权定价模型）和基于消费的资产定价理论(CCAPM)，以及近年兴起的基于行为金融学的行为资产定价模型（例如 BAPM 模型）等。

房地产资产估价理论的借鉴了一般财务成本和资产定价等经济科学理论的思想。其三大常用方法中，成本法源于以生产费用价值为基础的财务成本理论，而收益法则源于资产定价理论的现金流贴现模型，市场比较法则较为复杂，既有经济学替代原理的思路，也有行为科学的影子。由于房地产估价主要注重的是实践中的应用操作，且房地产资产价格交易案例地域性强，交易资产信息获取困难，资产不宜分割和流动性较差，交易频率远远低于资本市场中金融资产的交易频率，也不像金融资产那样价格波动很大。所以，房地产估价理论的研究大大地落后于金融学的资产定价理论发展。随着房地产资产证券化和其衍生品的发展，房地产资产（特别是商业地产）通过租赁、抵押等方式更多地与金融资本市场发生联系，城市房地产资产价格对社会经济发展的影响越来越被各国所重视，迫切需要利用现代资产定价理论的研究成果来推进房地产估价的理论研究工作，房地产资产（特别是土地资产）的期权定价理论研究就是一种有益的探索。

(1) 经典资产定价理论 CAPM 的三个基本假设是什么？一些学者认为从理论而言，资产定价模型能够在一定程度上反映该资产的理论价值。而资产的实际价格却由于种种原因，波动性较大，甚至会产生"泡沫"。[2] 你如何看待这种观点？

(2) 资产定价理论改革的方向在哪里？能否引入人口规模和结构、货币政策变动等因素来解释资产价格变动？

(3) 金融资产与房地产资产有何不同？能否直接利用金融学的资产定价理论来进行房地产资产估价？为什么人们常说房地产估价结果是"科学和艺术的集合？"如何利用现代资产定价理论来改革房地产估价理论方法？你知道目前有哪些研究进展？

7.6 案例分析

7.6.1 广州"63层"拍卖

2001年12月18日"中国第一拍"上午在广州开拍，估价20亿元的广东国际大厦实业有限公司（俗称"63层"，曾是中国第一高楼）经营权及品牌商誉等100%的投资权益待价而沽。该拍卖如果成功，将刷新国内单个标的拍卖金额的最高纪录。[3] 20亿元的估价源于63层的独家优势：楼高200米，广州标志性建筑，雄踞广州环市东路黄金地段（号

---

[1] 梁贺新.资产定价理论的历史演进与展望.哈尔滨商业大学学报（社会科学版），2012(2)：31-39.
[2] 陈铭仁.资产定价理论的逻辑问题研究.技术经济与管理研究，2010(3)：107-110.
[3] 曾霞."中国第一拍"今天开拍广东63层大厦估价20亿.金羊网-新快报，2001-12-18.

称"广州地王"),在广州五家五星级酒店中效益最好,年盈利近2亿元人民币,投资成本已基本收回。由于母公司"广国投"破产而被拍卖。上午10时10分在广东国际大厦3楼国际宴会厅举行。有四位买家的代表到现场参与竞买。拍卖起拍价为16亿元,经过近二十次叫价,买家没人应价,拍卖会于11时宣告结束,何时再拍卖将另行通知。

2002年1月30日,广东国际大厦实业有限公司100%投资权益及债权再次进行公开拍卖,此次拍卖起价13亿元,"削价"3亿元,仍因无人应价流拍。

2002年10月18日,广东国际大厦实业有限公司100%投资权益及债权第三次进行拍卖,当日上午10:43时,以11.3亿元拍出。[1]

前两次拍卖的报价分别是16亿元和13亿元,开叫价是按羊城会计事务所对"63层"20亿元市场价值估价的79.56%来计算的。清算组负责人毕马威会计师事务所合伙人蔡廷基先生在接受记者采访时说,20亿元的估价源于广东国际大酒店的独家优势,在广州五家五星级酒店中效益最好,年盈利近二亿元。而蔡也表示,"所有的评估都有一定依据,估价和实际价值都会有一定距离,评估师的责任就是缩小这个距离。但如果在花园小区内评估一栋房子的价值,自然有可比性,不过'63层'这个大型物业很独特,缺乏可比的参照物,不容易评估,市场上极难判断"。事实上,拍卖方并没提供给买方最大限度的信息披露,包括任何关于"20亿资产"的详细评估内容和依据。[2]对"63层"表现出兴趣的广州恒大实业集团自己算了一笔账:"63层"的总建筑面积(包括一幢住宅楼在内)约14万平方米,即便以每平方米1万元的新建酒店的市场价计算,总值也才为14亿元。也就是说,在20亿元的估价中,无形资产叫价高达6亿元,和记者算这笔账的"恒大"发言人称,"这恐怕太高了,超出了多数买家的价格预期"。2000年国际实业公司的总营业额达到1.8亿多元,但是在扣除成本和固定资产折旧后,国际大厦实业公司仍亏损3 000多万元。去年酒店客房的租金收入合人民币7 550万元,平均入住率达57%,而2001年1到10月份也已经亏损1 800多万元。但估价的会计师事务所认为,占据黄金地段的国际大厦和已经声名在外的国际大酒店如果经营得法完全有可能赚得巨大利润。

问题分析:

(1)对于"63层"这样的酒店物业资产,一般应用何种估值方法进行估价?从估值视角分析前两次拍卖流拍的原因为何?仅用一种估值方法是否可行?

(2)如果商业物业净现金流量为负值,如何对其资产进行估值?如果用收益法估值,资本化率如何选取?是否考虑品牌的价值?

(3)您认为该商业物业最客观的资产估值为多少?如何评估?

7.6.2 2007年中国证券市场上的"地价→股价"联动

随着金地集团再融资决议的出炉,房地产上市公司今年(2007年——编者注,以下同)以来的融资金额首次跃过千亿元大关。沪深股市的历史上,还从来没有哪个行业像房

---

[1] 田炳信,俞秀伟.见证"63层"辉煌与衰落.新快报,2004-09-22.
[2] 陈菊.63层流拍之痛.房地产导刊,2002(13).

地产这样在如此短的时间内融资这么多的资金。[1] 按照金地集团2007年8月22日公布的董事会决议,除了发行12亿元的公司债进行融资外,公司还将通过公开增发募集180亿元左右的资金。在此之前,今年共有两家房地产行业公司通过IPO登陆中小板,合计募集资金15.86亿元;那些已经上市的房地产上市公司则通过公开增发、定向增发和配股等方式,合计募集资金941.59亿元。至此,房地产上市公司今年以来的融资金额合计达到1149.45亿元。"在此之前,在沪深股市上,还没有任何一个行业能够在如此短的时间内完成如此大规模的募资。"有业内人士表示。

一方面,一路飙升的股指让突破了5500点新高的中国A股市场呈现一片繁荣,也让房地产开发商越来越看重证券市场的融资前景。房地产上市公司的融资举措大都与拿地有关。今年,以万科、保利、金地、北辰、首创等为代表的大型房地产上市公司开始在全国范围内大规模购地。由于融资渠道的畅通,融资成本低,上市公司屡屡在地块竞争中取胜,鲜有非上市公司在土地竞拍中战胜上市公司的例子。且地块价格之高超出了很多人的预期,多次出现楼面地价达到甚至超过周边商品房价的现象,一时间,各地"地王"记录不断刷新。业界称上市公司"新一轮圈地运动"正愈演愈烈。[2]

另一方面,房地产上市公司的大举拿地也刺激着投资者对地产股追捧的热情。土地的拍卖价格越来越高,对资金的需求量越来越大,上市公司只有尽最大努力获得资本。普通投资者要参与到房价上涨带来的丰厚利润的分享中,最直接的办法就是买地产股了。投资者看好地产股的重要原因在于土地资源稀缺性,即土地资源储备在房地产业盈利预期的特殊地位。哪个企业地多,哪个企业的股票就受追捧。在此情况下,上市房地产企业可借机增发股票或发债,以圈得更多资金。这就是2007年在中国证券市场上的"地价→股价"联动格局。[3]

问题分析:

(1) 在西方国家的城市化发展过程中有无"土地竞拍的楼面地价达到甚至超过周边商品房价"这样的现象?这种现象与国内房地产企业开发模式有何关系?

(2) 在"地价→股价"联动格局中,你认为地价、股价哪个是引发联动的初次原因?这种格局的出现,对于社会、企业和投资者个人,以及购房者的风险在哪里?

(3) 在这一年上市房地产企业股权融资的过程中,企业的NAV扮演什么角色?NAV与企业的管理能力哪个更能影响房地产上市企业股票价格?

(4) 为什么国内房地产企业愿意大量储备土地?为什么海外的房地产企业的平均负债率大大低于国内开发企业?

7.7 本章小结

本章讨论了房地产投资视角下的房地产估价方法的使用,试图让学生和教师理解不同估价方法对房地产资产价值的判断差异,认识房地产领域内不同投资者参与房地产投

---

[1] 陈建军.房地产企业集体躁动,今年融资额突破千亿.上海证券报,2007-08-23.
[2] 肖宾.楼市上演土地狂圈,开发商大举圈地.京华时报,2007-12-28.
[3] 李和裕.房地产上市公司冒险演绎"地价→股价"对赌格局.上海证券报,2007-08-23.

资的动机,以及涉及房地产价格的言论立场。进一步地,从假设开发法发现土地的期货价值,从而理解中国房地产开发历程中的一些典型事件。在实物期权理论的指导下,研究房地产企业开发模式的变化,以及地方政府土地储备和土地出让决策行为。研究 NAV 估值方法在房地产企业股票投资中的应用,并发现中国房地产企业为什么愿意购买和囤积土地,以及以较高资产负债率开发模式进行经营发展的原因。本章还讨论了在建工程的估值问题,以及现代资产定价理论发展对房地产估价理论的影响。这些问题的研究和探讨都有益于学习者和研究者对现实中国房地产投资领域热点问题的深入分析,也有助于探索利用现代金融学的相关资产定价理论来研究房地产资产估价问题。在案例分析部分,本章内容也基本紧扣上述主题,从实践层面上让学习者理解房地产资产的估价问题。星号标注的内容为选学内容,需要借助金融学相关理论来进一步研究。本章推荐的两篇阅读文献对于理解本章研究的主要问题资产定价和土地期权问题有较大的帮助,也希望读者学习时一并参考。

7.8 本章拓展思考题

(1) 请参考中国上市房地产企业年报数据(例如,万科、金地、保利和中国国贸等),估算一下本年的该企业的 NAV 值,并与当前该企业的股票价格比较,是否出现溢价或折价现象,并说明原因,你如何判断该股票存在套利空间?

(2) "限价房"政策是中国政府为了抑制房价过快上涨而采取的房地产市场调控政策,主要的方法是在公开出让土地时,"限房价、竞地价"。试问,在房价一定的情况下,开发商的最优开发对策是尽快开发还是延迟开发?你能否运用某一房地产估价理论来解释开发商的决策?

(3) 如果要对具有历史意义的古建筑进行整修,如何进行房地产估价?哪种估价方法最合适?

(4) 在土地期权看涨情形下,投资者往往采取多囤地方式进行开发;在看跌期权下,企业通常会停止竞拍土地。那么在 2008 年全球金融危机时,国内土地价格普遍呈下跌趋势,为什么恒大地产集团在当时要逆势拿地和囤地?[1] 这种房地产开发策略对恒大地产集团以后的上市融资和后续发展有何影响?

(5) 一项商业物业的价值在不同的政治经济环境下会有不同的估值结果,拍卖、征税和并购各应采取哪种估值方法?它们的价值(由大到小)是如何排序的?

(6) 通常情况下由于投资负债纠纷问题导致的房地产在建工程无法进行下去(俗称"烂尾楼"),会采取改变物业用途、优惠地价和调整容积率等方式来提高该项目的盈利能力。对于后续的接手开发企业而言,有哪些估值方式和操作策略能够提升后续企业的投资开发欲望?

(7) 甲持有一项商业铺面目前报价 50 万元人民币,年租金收入 2 万元;乙持有未上市房地产企业股票 5 万股,目前市值也是 50 万元,年分红也是 2 万元。现在甲欲与乙进

---

[1] 毛瀚民.恒大:下一个顺驰.华夏时报,2008-04-05:23.

行资产互换交易,从房地产估价理论视角,你如何帮助甲进行交易谈判?你会选择哪种估价理论?理由有哪些?

7.9 主要参考文献

[1] 徐滇庆.房价与泡沫经济.北京:机械工业出版社,2006年.
[2] 郑思齐.如何理解城市间房价的巨大差异.21世纪经济报道,2010-10-26.
[3] 况伟大.房价与地价关系研究:模型及中国数据检验.财贸经济,2005(11):56-63.
[4] 王育琨.地产"戴尔":顺驰的异端疯狂.经理人,2004(12):67-74.
[5] 王媛.土地投资决策的实物期权理论述评.中国土地科学 2010 (9):76-80.
[6] 李红波.不确定性环境下经营性土地出让相机策略研究.中国土地科学 2012 (5):44-49.
[7] 戴金平,李治.现代资产定价理论的比较和发展.世界经济,2003(8):68-74.
[8] 田炳信,俞秀伟.见证"63层"辉煌与衰落.新快报,2004-09-22.
[9] 陈建军.房地产企业集体躁动,今年融资额突破千亿.上海证券报,2007-08-23.
[10] 李和裕.房地产上市公司冒险演绎"地价→股价"对赌格局.上海证券报,2007-08-23.
[11] Ross SA. A simple approach to the valuation of risky income streams. J Business,1978,51:453-475.

阅读材料 7.1

资产定价理论:逻辑悖论与展望[1]

一、引言

资产定价理论在现代金融学理论体系中占有十分重要的地位,是现代金融研究中的核心问题之一,是学术界关注的焦点。它主要研究并确定金融资产和衍生工具的价值,并以此为基础为金融资本或资产交易及其衍生工具提供资产定价依据。资产定价是指资产所有者为了实现其基本目标而在资产的未来收益和有关风险之间所作的权衡,或者说资产定价理论主要研究投资者最优资产配置和最优风险均衡收益问题。资产定价理论的基本思想是资产在未来产生的现金流量的现值,用数学模型表示为:

$$V_i = \sum_{t=1}^{N} \frac{FCF_t}{(1+k)^t}$$

其中,FCF_t 为资产未来的现金流,V 为该资产在时刻 i 的价值(价格),k 为风险调整贴现率。如果投资者一旦知道了某项资产的价值,那么这个价值就会指导投资者的投资决策。然而,金融市场上的实际金融资产交易价格受到多种复杂因素的影响,使得投资者对价值的估计发生偏差,这时就需要进一步完善资产定价模型,调整评估参数。可见,资产定价理论及其模型的不断完善是促进资本市场健康发展的基础。经典资产定价理论是以有效市场理论为基础,假设完全理性的行为人拥有完全相同的信息,且对资产的未来状态变化拥有准确的预测。因此,至少在理论上不会出现在所谓的"异常现象",更不会发生本质上是定价错误的金融危机。而实际上,金融市场时常会出现资产价格泡沫。当前,肇

---

[1] 陈铭仁.资产定价理论:逻辑悖论与展望.经济经纬,2010(3):16-20.

始于美国次级贷款危机的世界金融危机正在深刻地影响世界经济和金融秩序,甚至导致一些国家金融体系崩溃。这些问题在传统的有效市场理论框架下不能得到很好的解释。从这个角度看,资产定价理论很显然存在问题。虽然资产定价理论在许多方面都进行了相关的研究,但是这些理论没有从资产定价理论内在的认识论和方法论存在问题上进行深入研究,也很少有对资产定价理论中内在的逻辑悖论进行全面而深入的研究。

二、资产定价理论的主要研究成果及其评价

资产定价理论基本模型太过笼统,因而在运用过程中受系统的限制。总体而言,资产定价理论可以分为两类:一是利用均衡市场的无套利条件,得到非常一般的结论。这类理论指出,若两种资产未来的现金流量和风险相同,则这两种资产的价格也应该一致,否则就存在无风险套利机会。二是通过对投资者的偏好作出特定的假设,即假定投资者下行为服从特定的效用函数,得到比不需要效用函数条件下更特殊的定价约束。价格理论是经济学的基础,资产定价理论在金融学研究中处于核心地位。资产的一个重要特征是面临未来收益的不确定性,不确定性构成了资产和金融市场存在和发展的基本特征。然而,不确定性本身无法进行量化分析,必须将其转化成可以定量分析的范畴。因此,资产收益的不确定性对资产价格形成过程的影响,就成为资产定价理论研究的核心。不确定性和收益是金融学理论和实践所必须解决的首要问题,对这两个问题的回答一般称为资产组合理论和资产定价理论。现代资产组合理论有广义和狭义两种含义。狭义资产组合理论是指由马科维茨提出的资产组合理论(Markowitz,1952),这个理论主要是研究追求收益极大化的投资者将如何行事。Markowitz认为,在分析追求极大化的投资行为时,不能忽略不确定性,人们在实际上采取的分散投资是为了减少不确定性。所以,不确定性的存在对理性投资行为的分析十分重要。在分析不确定性时,Markowitz假设投资者面对的是已知的概率分布。投资者在进行投资决策时,他主要关心的是风险和收益,因此整个资产组合必须测定风险和收益。由于投资者有期望收益和风险这两个决策标准,所以投资者的投资组合决策就相当于从帕累托最优期望收益、收益组合方差,即有效边界上选择一点。广义现代资产组合理论是在狭义现代资产组合理论的基础上,再包括一些与狭义资产组合理论密切相关的理论。其中既包括Markowitz提出的有效组合决定模型的各种替代理论,也包括资本市场理论。资本市场理论主要包括资本资产价格理论和金融市场效率理论。

(一)资本资产定价理论

资本资产定价理论是金融学的支柱之一,由夏普(Sharpe,1964)首创,经林特纳(Lintner,1965)和莫辛(Mossin,1965)的扩展而成的一种纯交换经济中的均衡资产定价模型。CAPM是建立在一系列假设之上的非常理想化的模型:①投资者都是风险规避者,②投资者遵循均值—方差原则,③投资者仅进行单期决策,④投资者可以按无风险利率借贷,⑤所有的投资者有相同的预期,⑥资产交易时不存在税收或交易成本。这其中最关键的假设是,所有投资者遵循均值—方差原则。在这些条件下,有CAPM的一般形式:

$$E_i = R_f + (E_m - R_f)\beta_{in}$$

可见,CAPM说明投资者通过选择适当的资产组合,可以得到一个最优的资产组合。具有不同风险承受力的投资者可以选择不同的投资组合:风险承受力为0和τ_m(社会分析忍受度)的投资者的最优投资组合,前者为最小方差资产组合,后者是资本市场组合;其他投资者可以在这两者中进行选择以获得适当的组合。此即托宾两资金分离定理。CAPM 得到的主要结论是:①市场资产组合是有效的,②所有有效资产组合等价于市场资产组合(包括借款或贷款),③预期收益和 β 系数之间存在线性相关关系。CAPM 的假设条件太过严格,与实际情况相去甚远。在克服这些不足的同时,也推动了关于经典 CAPM 范式的进一步研究。其中比较著名的有:Black 等(1973)放弃了投资者可以按照无风险利率借贷的假设,研究了当无风险借贷不可行 CAPM 的调整方法;Mayers(1972)放松 CAPM 中所有资产均可交易的假定,考虑了存在如人力资本、社会保险金、退休金等非交易资产情况下的资产定价模型的建立,研究的结果发现其仍具有 CAPM 的基本形式;默顿(Merton,1971,1973b)引入了投资者对未来投资机会的关注,假定时间是连续的,建立了一个时间连续的、包含多个 β 的跨期资本资产定价模型(ICAPM);Breeden(1979)通过分析财富和消费之间的关系,着重研究投资者的消费偏好,而将 ICAPM 与 CAPM 协调起来,他认为经济个体的偏好必须定义在消费上,所以资产是根据它对未来消费而不是财富的边际贡献定价,得到了基于消费的资本资产定价模型(CCAPM)。

(二) 衍生证券定价的理论

衍生证券定价的基本思想是,在完全市场中,如果价格已知的证券之间满足无套利条件,那么可以通过自融资的动态证券组合来合成衍生证券,因而衍生证券的价格等于证券组合的初始成本。根据这种思想,Black 等(1973)以及 Merton(1973a)利用随机分析方法,首次对期权定价问题提出了严格的解决方案。其基本思想是投资者通过在任一时点做股票和无风险债券的交易来准确地复制期权的收入,从而得到欧式看涨期权价格服从的偏微分方程,进而为普通股的欧式看涨期权获得了一个闭型解,即 Black-Scholes 期权定价公式。同时,他们还明确地找到了一个识别复制该期权所需要的交易或避险策略。Black-Scholes-Merton 的期权定价模型不仅极大地推动了金融衍生工具的发展,也同样极大地推动了资产定价理论的发展。一批杰出的经济学家先后提出了二项树模型、美式期权和奇异期权定价的近似算法与数值算法、有限差分方法、Monte Carlo 方法。目前,期权定价思想被运用到实物期权定价问题上。总体上看来,这些理论还是在有效市场范式内,通过一系列假设对资产定价问题的研究,忽略了资产定价问题的复杂性问题。

(三) 套利定价理论

除 CAPM 理论外,另一种重要的定价理论是由 Ross(1976)建立的套利定价理论(APT)。APT 的核心思想是,只有少数系统性的影响对证券的长期平均收益率有影响,因此应当建立多因素模型。CAPM 是建立在一系列假设之上的非常理想化的模型,这些假设包括 Markowitz 最优投资组合模型的假设。其中最关键的假设是,所有投资者的效用函数建立在证券组合回报率的期望和标准差之上。相反,APT 所作的假设少得多。APT 的基本假设之一是,当投资者具有在不增加风险的前提下提高回报率的机会时,每个人都会利用这个机会。因此,所有具有相同风险程度的证券(组合)的期望收益率(或者说价格)是一样的,否则就存在无风险套利机会,投资者就会利用它们直到消除这些套利机会。这就是 APT 的实质。APT 是依据在完全竞争的市场中不存在套利机会的基本假定,直接将资产收益率表示成一个以多因子作解释变量的线性模型。

$$r_i = E(r_i) + \beta_{i1}F_1 + \beta_{i2}F_2 + \cdots + \beta_{in}F_n + \varepsilon_i$$

APT 对资产定价理论的贡献主要在于：市场上存在若干个对某项资产收益率产生显著影响的线性风险因子，各个因素之间应该是相互独立的，当各个风险因子都为 0 时的收益率应该等于或接近无风险利率。如果偏高或偏低，都表明市场存在套利机会。套利定价理论给出了一种与资本资产定价模型相似的市场关系，它以收益率形成过程的多因子模型为基础，认为证券收益率与一组因子线性相关，这组因子代表证券收益率的一些基本因素。如果收益率受单一因子（市场组合）的影响时，套利定价理论形成了一种与 CAPM 相同的关系。因此，套利定价理论可以被认为是一种广义的资本资产定价模型。从 APT 开始，因子的选择、因子的数量以及对它们的解释都曾经引起热烈争论。因子分析技术的优势在于利用从历史数据中确定的因子可以解释考察期间的大部分风险，缺点作用因子本身通常没有经济解释，几乎是从 APT 诞生的那一天起，学者们就在激烈地争论因子的选择、因子个数及其解释。

（四）其他传统资产定价理论

与以 CAPM 为代表的经典资产定价研究在理论上取得丰硕成果所不同的是，对 CAPM 的实证研究却得到了许多"异象"。研究发现，这些"异象"主要源于 CAPM 的三个基本假设：完全市场、无摩擦市场和新古典效用函数。所以对资本资产定价理论的研究开始集中出现在放松这些假设上。交易成本是市场不完全的一个原因，Constantinides(1986)讨论了交易成本对交易的影响，认为存在一个非交易区间，在每个交易时间中，只要风险资产数量对无风险资产数量的比例在这个区间之内，就不需要交易；一旦偏离这个区间，投资者就可能进行交易，而交易使得该比例回到这个区间内。总体上来看，从资产组合理论到 CAPM，再经过一系列有影响的杰出拓展、修正，实证放松基本假设，传统的资产定价理论把各种可用的方法进行了充分运用，然而对投资者行为的研究却并未纳入视野。

（五）行为资产定价理论

交易成本是市场不完全的一个原因，Constantinides(1986)讨论了交易成本对交易的影响，认为存在一个非交易区间，在每个交易时间中，只要风险资产数量对无风险资产数量的比例在这个区间之内，就不需要交易；一旦偏离这个区间，投资者就可能进行交易，而交易有使得该比例回到这个区间内。总体上来看，从资产组合理论到 CAPM，再经过一系列有影响的杰出拓展、修正，实证放松基本假设，传统的资产定价理论把各种可用的方法进行了充分分运用，然而对投资者行为的研究却并为纳入视野。

（六）行为资产定价理论

行为金融学将人类的一些心理学特性如人类行为的易感性、认知缺陷、风险偏好的变动、遗憾厌恶、自控缺陷以及理性趋利特性和投资者情绪等价值感受引入到资产定价理论体系中。此外，行为金融学也对风险量度方法提出了自己独到的观点。在行为金融理论看来，收益率的标准差并不能真正地度量风险，因为在实际投资过程中，投资人没有把高出初始财富的赢利视为风险，而把小于初始财富的亏损视为真正的风险。通过对投资者行为心理决策的分析，行为金融学成功地解释了资产价格反应过度和反应不足、动量效应、季节效应、小公司现象等一些传统金融学无法解释的异常现象。

行为金融理论认为,证券的市场价格并不只由证券内在价值所决定,还在很大程度上受到投资者主体行为的影响,即投资者心理与行为对证券市场的价格决定及其变动具有重大影响。而且投资者是有限理性的、是会犯错误的。在绝大多数时候,市场中理性和有限理性的投资者都是起作用的。行为金融学的主要理论贡献在于打破了传统经济学中关于人类行为规律不变的前提假设,将心理学和认知科学的成果引入到金融市场演变的微观过程中来。通过个案研究、实验室研究以及现场研究等多种实证研究方法的运用,使得人们对于经济行为人的各种经济行为的特征及其原因有了进一步的认识。行为金融学的意义在于确立了市场参与者的心理因素在决策、行为以及市场定价中的作用和地位,否定了传统金融理论关于理性投资者的简单假设,更加符合金融市场的实际情况,因此它的产生是对传统金融理论的一个巨大推动。

三、基本研究方法、"异象"和逻辑悖论

(一) 资产定价理论研究的基本方法

资产定价理论体系一般有两种研究方法:一般均衡法和无套利分析法(董太亨,2002)。基于一种思想:资产价格等于未来预期收益的现值,或者以无风险收益率去贴现未来的收益,再加上一个代表风险溢价的误差因子。为此,资产定价理论中最重要的问题是如何将表示整个市场的变动情况或系统风险总体变动的随机变量暴露出来。均衡定价法试图分析隐藏在价格背后的风险来源,它一般着重于分析影响经济结构的宏观变量,例如消费偏好、效用函数等。均衡定价法的优点是在原理上解释一些结构性的问题,例如外部环境变化时价格如何变动。这种方法通过求解一定假设条件下投资者的选择最优化问题,或者市场处于一般均衡条件下的一组方程,就可得出资产价格的表达式。

无套利分析方法的基本思想是:在不存在套利机会的无摩擦市场里,当市场均衡时,资产价格与其未来收益一定存在某种必然的内在联系,即定价规律。从本质上讲,金融市场上资产供需平衡关系决定了资产的价值,一旦资产的市场价格偏离了其价值,金融市场上会出现无风险套利机会,投资者会以疯狂的热情,极大量的资金构作套利资产组合,迅速破坏原均衡状态,形成新的均衡状态。无套利假设是经济均衡的必要条件,即达到一般均衡的价格体系一定是无套利的,但是无套利的不一定是均衡的,因而无套利假设没有一般均衡的要求严格,假设要求的信息也比较少,例如适用于一般衍生证券价格的 Black-Scholes 微分方程,仅仅要求几个容易观察的变量,为后来风险中性定价原理、等价鞅测度理论的发展奠定了基础。

(二) 实证中的"异象"

随着研究的不断深入,资产定价理论在某种程度上陷入了一种困境,即虽然在理论形式上不断完善,但是在解决实际问题的过程中却不断受到质疑,甚至在实证过程中出现了与理论不一致的现象。首先对 CAPM 提出挑战的是"小公司效应"。小公司效应是指小公司股票比大公司股票的收益率高。Reinganum(1981)发现,公司规模最小的普通股票的平均收益率要比根据 CAPM 模型预测的理论收益率高,且小公司效应大部分集中在 1 月份。由于公司的规模和 1 月份的到来都是市场已知信息,这一现象明显地违反了有效市场假设。Siegl(1999)研究发现,平均而言小盘股比大盘股的年收益率高出 4.7%,而且小公司效应大部分集中在 1 月份。由于公司的规模和 1 月份的到来都是市场已知信息,

这一现象明显地违反了半强式有效市场假设。Lakonishok 等(1994)的研究发现,高市净盈率的股票风险更大,在大盘下跌和经济衰退时,业绩特别差。市盈率与收益率的反向关系对有效市场理论形成严峻的挑战,因为这时已知的信息对收益率有明显的预测作用。

同样对 CAPM 提出挑战并推动经典资产定价理论成果辈出的一个重要原因,是 CAPM 实证中的一些"异象"(anomalies)。比较著名的有"股票溢价谜(Mehra et al,1985)"和"无风险之谜(Weil,1989)"。Kocherlatoka(1996)发现,这些"异象"在很大程度上源于 CAPM 的三个基本假设:完全市场、无摩擦市场和新古典效用函数。交易成本是市场不完全的原因之一。Constantinides(1986)讨论了交易成本对交易的影响后,得出存在一个非交易区间,在每个交易时间,只要风险资产数量对无风险资产数量的比例在这个区间内,就不需要交易;一旦偏离这个区间,投资者就进行交易,使得该比例回到这个区间内。Constantinides 等利用不完全市场和持久收入波动,研究了持久收入波动风险的影响,得出一个不同于新古典资产的定价模型。

针对效用函数形式对资产价格和收益率的影响的研究主要在两个方面进行。一方面是在效用函数中,把风险厌恶系数和跨期替代弹性分开;另一方面则是改变效用函数的时间可分性假设,在效用函数中考虑跨期消费的相互影响。表面上看来,经典资产定价理论实证上产生的问题来源于 CAPM 的三个基本假设:完全市场、无摩擦市场和新古典效用函数。当更深入地考虑这个问题时,可以发现,这些假设恰恰说明经典资产定价理论在认识论和方法论上都存在逻辑悖论。

(三) 认识论上的悖论

CAPM 的逻辑起点是投资者的个人效用最大化。夏普认为,效用函数既可以被认为是一个原始效用函数,也可以看作是冯·诺依曼—摩根斯坦预期效用的近似值。如果是其他类型的效用函数时,投资者也会按照 Markowitz 期望效用准则行动。因此,CAPM 进行了高度的抽象,从主观的效用出发得出客观的资产价值。而在现实世界中,如果人们离开这种高度抽象而有些许偏离的话,那么实际就会与 CAPM 的理论值相去甚远。一方面,我们知道资产价格除了受到市场禀赋和资产本身的内在属性的影响外,还受到投资者对资产需求的影响,资产价格是其在投资者交易中形成的成交价格,是供求双方达到局部平衡的结果。在瞬息万变的金融市场上,人们如何才能够根据并不现实的理论假设以及据此计算出来的价格来进行呢?在一定的条件下,人类的行为甚至可能扭曲现实世界,使得世界按照人们行为的结果而产生相应的变化,即使结果可能与所有人的预期不同。也正因为在理论认识上无视人类行为心理对现实世界的影响。因此,在资产定价问题上不能够完全忽视投资者行为的影响。另一方面,价值是该资产内在的本质的属性,或者说在一定条件下市场整体均衡的结果;价格是一定的时间和空间范围内,买卖双方在交易过程中最终达成交易的价格。资产本身的内在属性是资产的"自然属性",它决定了资产的内在价值;资产价格受到需求因素和人类行为因素的影响则可以称为资产的"社会属性",它在更大程度上决定了资产的价格。资产是这两种属性的辩证统一体。

(四) 方法论上的悖论

第一,从理论方法论的角度来看,资产定价理论仍有很多不足:假设条件过于苛刻,在现实中难于找到这样的完全市场;形式过于笼统和抽象,影响一种资产价格变动的因素很多,试图用市场这个单一因素来解释所有问题有些勉强。例如,期权定价理论假设投资者能够始终按照相同的无风险利率借入和贷出资金、经常性地调整期权和股票的头寸也不会带来额外的交易费用,这些假设明显地与现实情况不符。第二,资产定价理论用静态分析代替了本来应该采取的动态分析。CAPM 事实上假定现实世界上的资产价格能够在资产定价模型中被复制出来。CAPM 在一系列假设的基础上,把动态的资本市场上的不确定状态转化为静态的确定状态,用静态分析代替动态分析,在此基础上演绎出 CAPM。但是,在考虑到实际的人类行为时,这种方法就会出现问题。当人们试图用人工的量化模型来代替人类的实际行为时,由于过去、现在和将来的经济环境的易变性和复杂性,他们就会遇到许多难以克服的方法论问题。第三,把主观性的变量当成客观性的变量来处理是资产定价理论在方法论上的一个重要不足。CAPM 把不可用数学方式计量的不确定性转化为可以用数学方式计量的投资收益的概率分布,当作理性经济主体在并不知道客观概率时将按"概率信念"行动,并认为这些概率信念或"主观概率"完全像客观概率一样组合,这就忽略了人类有目的的主观活动与客观世界的本质上的区别,在方法论上混淆了人的主观因素和市场的客观因素之间的关系。第四,在检验 CAPM 科学性方面也存在方法论上的悖论。一方面,在理论上,CAPM 是对事前预期收益的一种(主观的)预测,属于事前分析;另一方面,在实证分析上所使用的数据却是(客观的)历史数据,属于事后分析。在实证时假设资产的报酬呈正态分布和市场是有效的,将事前的预期形式转换成事后形式。针对 CAPM 的这种实证分析方式,罗尔在分析了截面非正态证券业绩和 CAPM 的实证结果后,提出了"罗尔批判",主要有以下三点结论:①CAPM 的唯一合理测试是确定市场投资组合是否具有均值—方差有效性;②若证券业绩按照事后的有效指数计算,则从有效集的数学观点出发,当偏离证券市场线进行计量时,不存在证券具有正态分布业绩;③若证券业绩按事后有效指数计算,则任何投资组合都是可能计量的,这取决于非有效指数的选择(Roll,1977)。罗尔批判表明,即使市场是有效的并且 CAPM 是成立的,截面证券市场线仍然不能作为计量证券事后业绩的方法,而且资产组合的有效性和 CAPM 的有效性假设也是不能计量的,这是因为人们不可能真正计量市场资产组合的有效性。罗尔声称,既然真实的市场组合永不可考察,那么 CAPM 也就永远不可检验,因此 CAPM 不应被视为用于资产定价的完美模型。这样看来,有关资产定价的理论与实际出现了不可调和的矛盾。此外,对 CAPM 的实证分析还面临着与 EMH 的循环论证的问题。CAPM 的一系列假设与 EMH 的假设非常一致,在理论上,CAPM 也是分析市场有效性的基本工具,二者具有密切的联系。如果市场是无效的,CAPM 的基本假设也就不再成立,也就不存在所谓的对 CAPM 的检验。因此,CAPM 的成立要以 EMH 成立为条件。那么,在这个范式内进行的实证研究结果表明现实数据与模型预测数据如果存在显著的差异时,并不能证明 CAPM 是不成立的,而有可能是因为市场无效所造成的;反之,如果发现了支持 CAPM 的证据,有可能是因为市场有效所造成的,也不能说明 CAPM 是成立的。因此,所有在 EMH 范式内对 CAPM 的实证研究,都是对 CAPM 和 EMH 的循环论证。

四、结论和展望

总之,不管是 CAPM、APT 还是 BAPM,所有这些资产定价模型都存在着这样或那样难以克服的问题。已有的模型都是建立在诸多假设条件之下的,如果没有这些假设,那么有关模型也就不复存在,而这些假设有时看来是如此苛刻以至于在现实世界中不能够完全找到甚至根本就无法找到。这是抽象的理论和具体的实际之间必然存在的悖论!或许,经济学家们已经开始解决资产定价理论研究中存在的悖论。在资本资产定价模型、期权理论、套利定价理论等迅速发展的同时,很多学者的研究又回到了资产定价理论的基本思想上:资产的价格是其未来收入折现的期望值。在市场无套利的条件下,存在一个"随机贴现因子(stochastic discount factor, SDF)"把资产的价格和其未来的收入联系起来,由此产生了一种基本的定价方程:

$$P_t = E_t(R_{t+1}, s_{t+1})$$

P 为某项资产 t 时期的价格,R_{t+1} 为此资产在 $t+1$ 期产生的收入,s_{t+1} 为随机贴现因子。基本定价方程以一种较为简单的表达方式,把资产定价理论统一到一个新的分析框架中。资产定价模型的核心问题在于随机贴现因子表达式,关于随机贴现因子的研究是目前资产定价理论研究的热点之一。资产定价模型的发展是基本假设不断放松求解的过程,但是,直到今天由于资产定价模型的基本假设仍然与真实世界相差甚远,资产定价还是一个谜。资产定价问题的研究必须摆脱原有理论的羁绊,立足于新的研究范式进行研究。这种新的研究范式要立足于市场参与主体的行为,从市场微观结构的角度运用实际交易或实验交易数据进行实证研究,找出影响资产定价的主要因素,为实际投资决策提供理论支持。那么,资产定价理论又有什么意义呢?首先,资产定价理论是在一定条件下对金融市场的实际状况的复制,在理论上来说,能够在一定程度上反应该资产的理论价值,这个价值的波动性小。而资产的实际价格却由于种种原因,波动性较大,甚至会产生"泡沫"。所以,利用资产定价理论得出的资产的价值具有重要的参考意义。其次,资产定价理论的假设和条件的确太过"理想化",以至于它与市场的实际状况相去甚远。然而,理论假设的意义不在于这些假设是否很好地描述了现实状态,而在于它们是否是对理论研究的目标的一个很好的近似。如果我们换个角度来看,经典资产定价理论也指出了资产的价格能够较好地反应其内在价值以及市场本身所处的状况。所以,它为我们指出了发展资本市场的前进方向,为我们指出了正确的经济政策所应反应的内容;它还能够说明,现实的资本市场状况与理论上的资本市场状况相差有多远,那么资产的当前价格可能出现的与其内在价值的差异就可能有多大。因此我们在对资产进行定价时要充分地考虑到这个因素,"合理"定价。总之,资产定价理论的主要启示之一就在于它给人们指出理想状态金融资产定价的理论特征,并为我们寻找有效的资产定价方法提供了一个标准。

阅读材料7.2

土地定价的实物期权方法:以中国土地交易市场为例[1]

一、引言

土地的价格是经济学中比较古典的问题之一。一些著名的古典经济学家,如亚当·斯密、李嘉图和马克思都分析过土地价格的决定问题。这些研究得到一个较为一致的基

---

[1] 徐爽,李宏瑾.土地定价的实物期权方法:以中国土地交易市场为例.世界经济,2007(8):63-71.

本结论,即土地价格是地租的资本化价值。如果使用现代的语言,定价土地的经典方法是用恰当的经过风险调整的折现率来折现当前和未来的现金流。现代金融学中几乎所有的资产定价公式,都可以看作是这种观点的延伸,即表现为折现现金流的形式(Cochrane, 2001)。

从已有的研究来看,狭义的资本化地租的观点直接应用到地产市场将面临重大困难。首先,从国际证据来看,土地现金流的时间序列和土地价格之间缺乏对应关系(Featherstone、Baker,1988;Falk,1991;Weersink et al,1999)。从中国的经验事实来看,也是如此。近年来中国地产价格经历了一段高速增长时期,如以1998年第1季度为基期(即1998年第1季度土地价格为100),到2006年3季度,土地交易价格指数已高达148.71。与此同时,中国农业收入水平和农地的生产率增长却相对缓慢,农用地收入的折现之和的缓慢变化难与土地价格的快速增长相对应。其次,中国的农地征用多用于工程建设和房产开发,地租概念很难直接应用于此种情形下的土地定价。最后,传统的地租分析多是静态的,无法用于分析土地价值的动态学和土地所有者在土地支配问题上的时间选择弹性。一个成功的土地定价框架必须理解土地价格的动态变化模式,能够用于处理土地隐含的多种用途的价值。

正如Turvey(2002)等指出的,传统的土地定价方法忽略了不确定性和开发期权对定价的影响。土地的价值表现在其不仅被用于农业生产,也用于房屋和其他建筑上。土地赋予了所有者在上面建造建筑的权力,土地的真实价值由种植价值和开发权的价值共同组成。因此,土地的价值将和房屋的价值紧密相关。图1包含两个重要的经验内容,一是土地价格和房屋价格表现出大致相同的变化趋势,地价和房价几乎是同时上涨;二是土地价格的增长速度高于住房价格的增长速度(见图1)。从国际证据来看,在土地价格的形成中,开发住房的可能性构成了超过50%的部分(Rosenthal,1999;Davis、Heathcote,2005)。

这些经验特征和含义符合实物期权理论的基本直觉。实物期权方法定价土地能够简洁地捕捉不确定性对地价的影响,同时能够用于分析土地的最优开发决策,最优买卖时机等问题。Myers(1977)最早把期权思想引入实物投资领域,他首次提出了把投资机会看作"成长期权"的思想,认为管理柔性和金融期权具有许多相同点。从现代金融学的发展来看,实物期权作为金融学、管理学和数学的交叉学科,已广泛应用于公司战略、自然资源、房地产、R&D等决策。Dixit和Pindyck(1994)总结了实物期权方法的基本模型。NPV方法是静态的思想方法,忽略了在未来进行决策的可能;相对于传统的NPV方法而言,实物期权方法特别适合于捕捉这种投资决策的弹性。这种弹性和时机选择显然存在于土地出售问题中,土地所有人有权决定是否以当前价格出售,或者等待,以期未来更好的价格。

许多国外文献讨论了实物期权方法在土地定价问题上的应用。Titman(1985)开创了用期权定价理论研究不确定条件下土地定价的先河。Capozza和Helsley(1990)、Capozza和Sick(1994)、Quigg(1993)在实物期权框架内研究了城乡土地关系问题。他们发现,耕地的价值随着转换成城镇用地的期权价值的增加而增加。Joseph等(2006)使用类似的方法来分析新加坡房地产市场,发现地价的45%由开发权构成;Oikarinen和

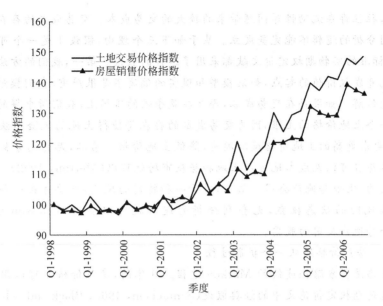

图1 1998年第1季度至2006年第3季度土地价格、住房价格指数(1998年第1季度=100)

Risto(2006)则使用该模型研究了赫尔辛基的动态土地价格和房屋价格关系,发现土地价格的波动率大于住房价格的波动率,而且建筑用地的价格对空置地的价格有直接的影响。

实物期权研究的基本结论是土地的开发存在延迟,土地的拥有者会延迟土地的开发时间,只有当房价涨到一定程度时,土地才会被开发。证据显示,中国的房地产开发商在全国各地都有相当的土地储备,这和实物期权分析的基本直觉是吻合的。鉴于实物期权方法在其他市场和其他国家土地市场的成功,本文希望借助实物期权分析方法来理解中国房地产市场上的基本价格行为。国内学者多集中讨论农地征用补偿问题,分析的焦点则是相关的经济学和制度安排问题(黄祖辉和汪晖,2002),关于补偿数量和定价问题的数量化分析并不多。王云锋和王秀清(2006)研究了一个和本文类似的问题,但是,他们把土地理解成欧式期权,土地只能在特定的时间开发,这将低估土地所有者时机选择弹性的价值。我们将土地视为一种以房屋价格为标的资产的美式期权。

二、模型和假设

回归土地价格和房屋价格可以得到一种相关关系,但不能反映二者的因果关系。一个一般均衡分析往往要从识别效用函数和生产技术开始,比较难于进行理论分析和经验计算。我们采用一种局部均衡的方法——实物期权分析,来研究二者之间的定量关系。根Merton(1992),无套利的分析方法对市场的完美程度要求较高,建立在一些比较限定的假设基础之上;可以说,Black和Scholes(1973)的经典研究是建立在超完美市场的假设基础之上。当然,这些假设永远不可能在现实中完全满足。谨慎起见,我们应该检查假设在房地产市场的表现,这样有助于理解假设不成立的后果。这些假设包括:

假设1 完美的住房交易市场

完美市场的含义包括住房是无限可分的,可以无成本的进行连续交易,信息是完备的。这个假设不可能在任何市场得到满足,尤其是房产的交易不同于金融资产(股票、债券)的交易,往往存在流动性等问题带来的较大的交易成本。交易成本的存在将使得连续时间无套利分析的逻辑不能完美成立。基于如下三个理由,假设1是一个可以被接受的近似假设,标准的实物期权定价文献都采用了这样的假设。第一,我们的方法可以作为一个研究土地开发权价值的起点,如果模型和现实的偏离不是很严重,我们模型的结论可以作为一个近似解。如果存在交易成本,那么在竞争性的市场上,我们所求得的土地价格可以看成是一个土地价格的上限,因为交易成本的存在将使得土地的风险无法被完全对冲掉,人们会要求更高的土地价格风险溢价,降低土地价格。第二,无套利分析的逻辑只要求有一个参与者可以无成本地进入土地和房屋市场就可以(Merton,1992)。这在现实中可能是满足的,比如房地产公司。第三,对于一种特定的风险,只要存在一种可以连续交易的关于该风险的状态权益,无套利分析的逻辑就可以应用(Ericsson and Reneby, 2002),比如房地产公司的股票。

假设2 房产价格服从一个扩散过程

房屋价格是样本路径连续的 Markov 过程。具体的,房屋价格 h 可以用几何布朗运动描述。这是期权定价论文中的经典假设(Samuelson,1965;Black and Scholes,1973):

$$\frac{dh}{h} = (\mu - (\delta - d))dt + \sigma dz \tag{1}$$

我们可以放松该假设,采用其他的连续时间随机过程模型,(1)式能否被接受取决于分析结果。这里 dz 是标准的布朗运动,δ 是房屋的租金率,d 是房屋的价值折旧率,μ、σ 分别是投资住房总的期望收益率和波动率。我们假设:

$$\delta - d > 0 \tag{2}$$

这个假设是自然的,这样才能保证资产有正的价格,从经验数据看,(2)式也是满足的。

无套利分析的前提是:标的资产和衍生品之间的随机扰动项是完美相关的。如果该相关系数接近于1,那么,我们的无套利分析方法就有了进一步的支持基础。在本文的框架内,这要求房屋价格变化和土地价格变化的紧密相关。从图1我们可以看到房价和地价的紧密关系。在常数期望变化率的假设下,随机项的相关性和总收益的相关性相同,我们计算得到的相关系数为0.9903,这是一个非常高的数值,我们有可能用无套利分析方法进行研究。

假设3 土地是一个基于房产的永久美式期权

在我们的模型中,土地的用途有两个:开发或者种地。种地和开发是相互排斥的,同一片土地用来种地,就不能开发。如果所有人选择开发一片土地,届时其收益是:

$$\max(\bar{h} - K, 0) \tag{3}$$

这里 $\bar{h}$ 是当时的房屋价格,K 是土地的开发成本,由建筑过程的资本和劳动成本以及开发商要求的利润率等共同决定,在我们的模型里是一个外生的参数。美式期权的含义是所有人可以灵活选择开发时机,永久性对应于土地所有权的期限较长。

假设4 存在一个无风险资产

我们假设无风险利率是常数 r,无风险资产的收益过程为:

$$\frac{db}{b} = rdt \tag{4}$$

三、模型的解

为完备起见,我们给出一个简单的推导过程。在第二部分的设定下,土地是一种永久美式期权,均衡时的土地价格 p 将是房屋价格的一个时间平稳函数 $p=p(h)$。利用(1)式,我们应用 Ito 引理,得到 p 的随机微分:

$$dp = (p'h(\mu-(\delta-d)) + 0.5p''h^2\sigma^2)dt + p'h\sigma dz \tag{5}$$

构建一个房子和土地的投资组合:购买 1 单位土地,同时卖空 p' 单位的房子,在 dt 时间内,加总资本收益和现金收益,c 是种地的单期收益。该投资组合收益的表达式为: $(c-p'h(\delta-d)+0.5p''h^2\sigma^2)dt$。由于 dz 没有出现,该组合为无风险投资组合,土地价格的风险问题通过交易房屋被完全对冲掉了。无套利条件要求所有无风险资产只能获得无风险利率,消除 dt 并整理,得到土地价格必须满足如下的二阶常微分方程:

$$rp = c + (r-(\delta-d))p'h + 0.5p''h^2\sigma^2 \tag{6}$$

该微分方程具有直觉的经济学解释:根据资本资产定价基本定理,无套利意味着我们可以通过变化标的资产的漂移进入风险中性的世界,在这样的世界中,所有资产都获得无风险收益率(Harrison、Kreps,1979;Cox、Ross,1976)。方程(6)右边是土地资产的期望收益,现金部分和资本收益部分;左边是要求土地获得的无风险收益率,二者相等恰是无套利条件。求解二阶方程(6)需要两个边界条件。首先,如果房屋价格永远为零,那么土地永远不会被盖成房子,土地只能获得种地的稳定收入,土地价格就是资本化地租,如果我们假设土地的收益不随时间变化,积分得到 $p(0)=c/r$。第二个边界条件由土地持有人的最优时机选择问题给出。土地的所有人将选择最优的开发时间以最大化所能实现的价值。最优解是一个随机停止时间,由模型内生决定,这要求匹配条件和平滑粘贴条件(Merton,1973),$p^* - h - K$,$p'=1$。这两个条件相当于一阶条件,是说个体会选择一个最优的执行临界值 h^*,当住房价格达到该值时,个体用土地来建造住房。Dixit 和 Pindyck(1994)给出的解释是比较烦琐的,直觉的解释参看 Merton(1973)。

无套利均衡的土地价格就是方程(6)在边界条件约束下的解。舍去负根后,方程(6)的通解是:

$$p(h) = c/r + Ah^\theta \tag{7}$$

这里 A 是任意常数。其中常数 θ 是如下代数方程的正根:

$$0.5\sigma^2\theta^2 + (r-\mu+d-0.5\sigma^2)\theta - r = 0 \tag{8}$$

利用匹配条件和平滑粘贴条件,求解得到开发的最优时间是当房子价格第一次达到如下的临界值:

$$h^* = (c/r+K)\theta/(\theta-1) \tag{9}$$

土地价格和房子价格之间的函数关系为:

$$P(h) = \frac{c}{r} + \frac{h}{\theta}\left(\frac{h}{h^*}\right)^\theta \tag{10}$$

该公式的经济学含义也是直接的,c/r 表示种地可以收获的现金流贴现值,第二项是开发权的期权价值。

四、中国市场的参数选择

本节和下一节检验核心方程(10)。我们采用中国人民银行提供的 1998 年 3 月到 2006 年 3 月的住房和土地价格指数季度数据,$\Delta=0.26$。无套利定价的优点在于只有波动率是相关参数,漂移项不影响定价。在几何布朗运动假设下,房屋价格对数的变化服从独立的正态分布,函数均值和方差都是和时间成比例的。我们采用住房价格指数的变化率作为观测样本,得到波动率的数值估计为 7.52%。无风险利率的最好代表是短期国债的收益率(Horne, 1970),一般是三个月的国债。根据董乐(2006)对中国短期利率均值的经验分析,中国短期无风险利率的长期平均值在 2% 左右。房产寿命一般按住宅 70 年、商业用房 50 年、办公楼 40 年推算,我们采用 50 年的平均年限,按照衰退到 10% 计算,假设价值和物理性质成比例,则价值折旧率等于物理折旧率,连续时间住房折旧率大约为年 4.61%。租金水平缺少权威统计数据,而且各地的租金率差异较大。这里,我们通过中国人民银行营业管理部于 2004 年 9 月针对北京市房地产市场一次近 400 份有效样本的抽样调查得到的结果,采用住房年租金平均是住房价格的 6%,也就是月市盈率(房价/月租金)200 倍左右,相当于连续复利 5.83%。

需要指出的是,这里采用的折旧率和租金回报率都是相对非杠杆住房资产而言的,也就是非按揭持有住房的物理折旧率和年租金对房屋价值的比率,按揭持有住房的投资者由于承担更多风险,实际获得的租金回报率会高于这个数值。由于资本结构无关性定理(Modigliani、Miller, 1958),这个数值是不受资本结构影响的,因此,杠杆持有还是非杠杆持有不影响无套利分析的结果。具体我们采用的参数结构:$r=2\%$,$D=5.83\%$,$d=4.61\%$,$R=7.52\%$。

此时基本二次方程的正根为:

$$\theta = 1.92 \tag{11}$$

不可避免的前面的参数估计可能存在误差。我们检查计算结果对参数估计的敏感性。分析表明计算结果对于估计结果的 0.1% 幅度变化并不敏感,0.1% 的变化相当于相对波动 5% 左右。

五、理论检验

(一)经验含义

由于价格公式的显示表达,比较静态学是很容易进行的,Dixit 和 Pindyck(1994)给出了更为具体的结论。定价方程对土地价格和房屋价格的关系施加了严格的限定,由此出发,我们可以得到一些可供检验的经验含义。对于住宅用地转让,可以猜测开发权的价值要远远大于其种植价值,我们先按此进行讨论,并在下一节检验这个猜测。

1. 土地价值的增长率和房屋价格的增长率近似成比例

开发权价值被定义为土地价格超出其种植价值的部分,$q=p-c/r$,如果 c/r 远远小于 p,土地价值完全由开发权价值构成,对(10)式应用 Ito 引理:

$$dq/q \approx dp/p + 0.5(\theta-1)\sigma^2 dt \approx \theta dh/h \tag{12}$$

由于 $\sigma=7.52\%$,σ^2 是个高阶的小数,可舍掉。比例常数 θ 由(8)式的根给出,依赖于无风险利率、住房的租金率、折旧率和住房价格波动率,独立于较难估计的参数,如土地的开发成本 K。

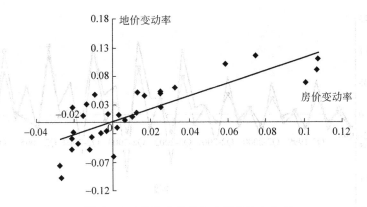

图 2　土地价格变化率与房屋价格变化率

由图 2 所示,考察期的绝大多数样本呈稳定线性分布态势,可以说,这和我们的理论预言基本上是一致的。自从中国房地产市场化以来,市场机制的定价效率逐渐显示出来。

2. 土地价格的增长率超过房屋价格增长率的一个解释

在我们得到的全部样本中,土地价格的平均增长速度大概是住房价格增长速度的 1.34 倍,这和前面的理论数值 1.92 比较接近。

在假设 $D>d$ 的条件下,$f(1)=d-D<0$,因此 $\theta>1$,如图 3 所示。

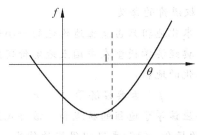

图 3　基本二次方程

因此,$dp/p \approx dq/q > dh/h$。在种植收入不变的条件下,只要期权价值的比重较大,土地价格的增长将更多的反映开发权溢价的增长,土地价格的增长速度快于住房价格的增长速度。

3. 土地价格增长的波动率一定超过住房价格增长的波动度。这是因为:

$$\sqrt{V\left(\frac{dq}{q}\right)} = \theta \sqrt{V\left(\frac{dh}{h}\right)} \tag{13}$$

这里用 V 表示方差。从图 4 可以非常明显的看出,相对于住宅价格的时间路径,土地价格的动态学表现出更剧烈的波动。期权定价理论的基本直觉是衍生资产的波动率要高于标的资产的波动率,因此,土地的实物期权模型很容易获得这个性质。通过对实际数据的计算,地价和房价波动率的比为 1.40,这和 $\theta = 1.92$ 是比较接近的。

(二) 定价误差分析

尽管从平均来看,我们的模型能够解释土地价格和房屋价格之间的关系,但该方法能否成为一个可以接受的理论还依赖于定价误差方差的大小。只有方差也比较小时,模型

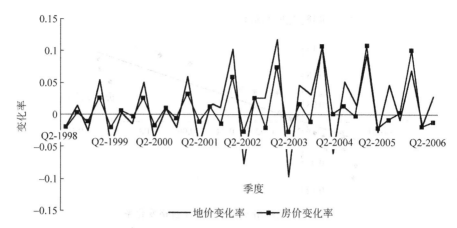

图4 土地价格、房屋价格实际变化率的时间路径

才可以被认为是比较好地解释了经验数据。事实上,让 $x=\mathrm{d}p/p, y=\mathrm{d}h/h$,我们有:

$$V(x-\theta) = V(x) - 2\theta\rho V(x)V(y) + \theta^2 V(y) \approx (\sqrt{V(x)} - \theta\sqrt{V(y)})^2 \approx 0 \quad (14)$$

第一个约等于号是因为土地变化率和房价变化率的高相关性,这已经在前面说明。第二个约等于是因为二者的波动率几乎是由 θ 决定的线性关系,这也在前面进行了检验。因此,定价误差是比较小的。我们模型的基本检验结果可以被接受。

六、资本化地租与开发权溢价的含义

第五节的讨论假设了资本化地租只占总土地价值的一小部分,这部分检查整个假设,同时比较实物期权模型和古典经济学模型在中国土地定价实践中的相对重要性。古典经济学家认为土地价格是资本化的地租:

$$p \mid 古典经济学 = c/r \quad (15)$$

也就是土地的转让价格应该等于地租的折现和。该公式忽略了土地的其他用途。当然,在其他用途相对不值钱的场合,(16)式可以很好的作为一个近似的公式。

对于土地的实物期权价值较高的场合,(16)式的适用性就有限了。城市周边土地具有其他的使用价值,这些土地随时可能被出售用来建造工厂或者住房,其定价问题直接受住房价格的影响。在市场经济中,土地的价格要反映这些潜在用途所具有的价值。尤其是在房价高速增长和波动的时期,土地价格将更多的反映这种选择权的价值。当前,中国的房价处于上升时期,随之而来的是土地出让价格的快速提升。

尽管对于具体的土地和投资项目而言,c 的计算可能是容易的,但是直接计算加权平均的 c 是相当困难的,因为土地的种植收益是异质的。我们可以采用间接的方式来估算在实际土地定价问题中隐含的 c。由定价方程得到:

$$\frac{c/r}{p} = 1 - \frac{\dfrac{\mathrm{d}p}{p} \Big/ \dfrac{\mathrm{d}h}{h}}{\theta} \quad (16)$$

这个方程表明,地价总增长率中无法用房价解释的部分就是资本化地租。我们计算所得的平均 $(\mathrm{d}p/p)/(\mathrm{d}h/h)=1.34$,由此得到土地种植收益相当于土地价格的比例为:

$$\frac{c/r}{p} = 30.2\% \quad (17)$$

这里 θ 采用前面计算的数值1.92。这表明如果我们采用古典经济学的方法为土地定价，土地所有者只能获得其应得价值的不到1/3。那么，我们可以肯定的得到这样的结论：采用资本化地租的方法定价土地不仅没有理论上的支持，更无法被中国的实践所支持。资本化地租的方法不能够被用于中国未来的土地转让活动中。更为重要的，这个计算表明，在中国的房地产市场，土地开发权溢价占了近70%的比例。Rosenthal(1999)、Davis和Heathcote(2005)的分析表明，开发住房的可能性占据了土地价格近50%的部分。中国的数据可能远远高于国际平均水平。这个差别反映了中国的房产市场面临更大的不确定性，土地供应处于巨大压力的状态。

非正式的证据表明，中国局部地区的土地出让定价还没有体现完全的市场效率，一般来说农民土地的转让往往采用资本化地租的方法。如果采用资本化地租的方法定价土地，那么农民实际上没有得到应有收益，不可能得到土地的合理经济价值，这也是目前中国农地转让中存在的一个非常大的问题。

七、总结

我们把土地看成是基于住房的一种实物期权，求解和房屋价格相适应的土地价格。土地的真实价值不仅仅由地租的折现和构成，还包括土地的期权价值。无套利分析能够比较简单地找到土地价格和房屋价格之间的数量关系。理论预言土地的期权价值是住房价格的指数大于1的非线性函数。我们利用中国的数据检查了模型的适用性，效果是非常令人满意的。期权定价模型能够较好的生成实际观测的数据模式。理论预言地价上涨率是房价上涨率的1.92倍，就平均而言，实际观测的数值是1.34倍。实物期权模型预言，土地价格的增长率高于房屋价格增长率，而且土地变化的波动率高于房屋变化的波动率，这些结论被数据证实。

普遍认为，中国当前房价较高的一个重要原因是：地方政府对土地的垄断和控制导致房价上涨。应当说，这样的判断还只是一个直觉的判断，这是否是一个事实需要进行严格的分析和研究。我们的文章提供一条途径检查土地价格由竞争性模型来生成的程度。如果模型生成的价格低于真实的地价，有理由相信地产市场是被垄断的。根据我们的计算，实际的土地价格接近无套利均衡价值，这样，我们的模型就难以得到土地被垄断，进而高价出售的结论。

实物期权定价方法能够提供一个框架，告诉我们应该从土地出让的价格历史得到何种经验，并能够为未来的土地出让提供逻辑一致的定价方法，能够完善土地定价的科学方法。尽管就我们所考察的数据而言，期权效应已经比较好的反映在土地价格中了，但这只是全国的平均情况，从不同地区的情况来看，不同地区的情况是不同的。在很多地区，由于博弈双方主体(农民和地方政府)力量的不对等，土地的出售价格还是相当低的。我们的分析表明，如果采用古典经济学的方法为土地定价，土地所有者只能获得不到其应得价值的1/3。采用资本化地租的方法定价土地不仅仅没有理论上的支持，更无法被中国的实践所支持。资本化地租的方法不应被用于中国未来的土地转让活动中。

房地产投资中的税收问题

房地产投资涉及资金在多个生产行业的流动,因而一项房地产资产的形成过程会有多种税收的征收行为发生,投资结果可以用税后现金流来分析。研究房地产投资的效益就要研究这些税收对投资效益的影响。不同的税收制度会导致人们对房地产资产价值的不同看法,以及不同的投资行为。

8.1 美国的收益性房地产投资税负

中美由于国家的政治和经济制度不同,税收体制也有很大的不同。美国的税法十分复杂,并且不断地变动,以至于人们根本无法详尽地去阅读它[1]。因此,本章仅仅梳理收益性房地产投资中涉税的最基本内容,其他内容读者可以参考相关的专业文献。布鲁格曼和费雪(Bruggeman,Fisher,1997)认为,收益性的房地产就是"在某种生意或业务中以拥有为目的"的不动产[2]。它们包括了对收益性租赁地产和商业地产的被改造部分,这些内容是可被计提折旧的。投资者一旦拥有房地产,他就建立了一个财产税(Property),或所得税(Income)的税基。

8.1.1 收益性房地产营运的应税收入

(1) 对于收益性房地产的扣税,首先,要计算净营运收入 NOI,NOI 的计算涉及对营运有关的费用扣减。包括财产税(Property Tax)、保险、物业维护费、管理费和公用设施费等;其次,在得到 NOI 后,还要扣减投资贷款的利息支出;最后,按照美国税法允许的收益性资产折旧(Depreciation)也要扣减。

则   来自经营收益性房地产资产的应税收入 = NOI − 贷款利息 − 允许折旧   (8-1)

(2) 由于建筑物这样的实物资产在其生命期内会发生损耗,这会降低房地产资产的经济价值。因此,从理论上而言,应纳税收入是收入与允许折旧之间的差值。美国政府会因应经济形势和选举的需要经常提出一些税改方案,房屋的折旧年限是其中的一种选择。2010 年住宅的折旧年限为 27.5 年,非住宅为 39 年,采取直线折旧方法。[3]

8.1.2 收益性房地产的税基

(1) 在美国如果同时取得土地和地上建筑物,则起始税基将在土地和建筑物之间分割。分割在建筑物部分的税基可以每年提折旧,而土地被认为是永不毁损的而不能提折

---

[1] 麦克里林,艾德明格(著),张继红译.房地产投资(Investing in Real estate).广西师范大学出版社,2002:272.
[2] 布鲁格曼和费雪(著).房地产金融与投资.李秉祥等译.大连:东北财经大学出版社,2000:346-357.
[3] 外国人买房如何纳税.世界日报(纽约),2010-12-16. ny.worldjournal.com.

旧。但是，当投资者出卖房地产时由于土地贬值所带来的净亏损却可以当作资本项下的损耗处理。无论是住宅还是其他商业房地产，购买的房地产的起始价格是最终销售该房产的所得税税基。如果所投资的房地产资产升值，投资者不需立即为升值纳税，只有当业主出售该房地产资产时才会为其增值部分缴纳所得税。因为这些资产增值部分属于资本收益，所以可以按15%的优惠税率缴税。所得税唯一的征税税基是从资产中所产生的收益，而不是资产价值的转换形式。

（2）税基的降低和提高。当自然灾害发生时会降低当期的税基，当投资人或承租人对房地产资产进行改建等资本化投入时会提高税基。

表8-1 美国2013官方法定所得税税率表

单身申报		联合申报	
应税所得（$）	边际税率（%）(marginal tax rate)	应税所得（$）	边际税率（%）(marginal tax rate)
0～8 925	10	0～17 850	10
8 926～36 250	15	17 851～72 500	15
36 251～87 850	25	72 501～146 400	25
87 851～183 250	28	146 401～223 050	28
183 251～398 350	33	223 051～398 350	33
398 351～400 000	35	398 351～450 000	35
400 001+	39.6	450 001+	39.6

资料来源：http://en.wikipedia.org/wiki/Income_tax_in_the_United_States

（3）美国没有专门针对房地产出租收益征收的税，而是将出租房地产的收入纳入个人总收入中一并征收个人所得税。美国的税法规定，在计算个人所得额时，不计入自有住房租金的推定收入（Imputed Income），指假定租用与自有住房同样的住房是应该支付的租金。由于居住在自有住房中，不用缴纳这笔租金，相当于增加的一笔收入，这笔收入称为推定收入，同时允许扣除购买两套自有住房的抵押贷款利息支出。这些规定实际上是鼓励个人拥有住房。

8.2 中国的收益性房地产投资税负

（1）中国的房地产投资项目从获得土地、施工建设、销售和营运，主要面临的税费按照开发、保有、交易等不同环节可分为三类，主要的税种有耕地占用税、土地增值税、城镇土地使用税、营业税、城市维护建设税、教育费附加、固定资产投资方向调节税（2012年废止），城市房地产税（2009年废止）、房产税、印花税、契税、企业所得税和个人所得税等，如图8-1所示。而从征地开发到销售阶段，根据各地的情况不同有数十种收费项目。

（2）中国的房地产投资税负的特点：负担过重，税制设计不合理。具体存在以下问题：流转环节税费过重，保有环节较轻，税种繁杂，重复征税，征税范围过窄，计税依据不合理。且费重而税轻。由于地方政府竞争的需要和中央地方分税制设计的不完善，地方

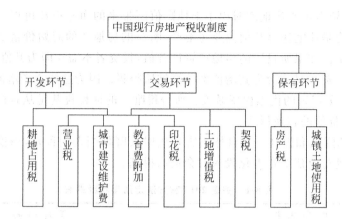

图 8-1　中国现行房地产税制的主要税种(不含企业和个人所得税)

政府的收入很重要的来源就是土地出让收入和房地产业的相关税费。又由于土地资源的有限,这种地方财政发展模式显然是不可持续的,需要改革和重构中国的房地产税费体系。

8.3　财产税负的原理与比较

8.3.1　财产税负的原理

(1) 财产税是对纳税人拥有或支配的财产课征的税收的总称。财产税是对财产本身而不是财产带来的收益征税。总的来说,财产税包括一般财产税和个别财产税,一般财产税是将土地、房屋等不动产和其他各种财产合并在一起,就纳税人某一时点的所有财产课征;个别财产税是相对于一般财产税而言的,它不是将所有的财产捆绑在一起综合课征,而是按不同财产分别课征,包括土地、房屋、机动车辆等。据统计,全世界有 130 多个国家和地区课征各种形式的财产税,因此可以说,财产税是一个相当普遍的税收种类。

(2) 财产税是地方政府税收主要来源,许多学者研究探讨了这类税收的经济效应。在财产税最后究竟由谁来承担这个问题上,国外研究文献中关于这一问题的探讨形成了三种观点。一是传统观;二是受益观;三是新论观。

其中"传统观"可追溯于 Simon(1943)和 Netzer(1966)。"传统观"基于单一税收管辖区的房屋市场的局部均衡分析,重点在于关注区域市场税收增加的效果,认为财产税的全部税收负担以提高住房价格的形式,全部转嫁给了消费者。各住房消费者按其住房消费的比例承担不同的份额。因而,财产税减少了当地住房存量的规模,而且大致与个人的终身收入成比例,具有累进性质。可见,"传统观"主要强调财产税对地区住房市场的影响。

"受益观"是 Tiebout(1956)提出的地方政府模型的重要扩展,1975 年 Hamilton 发展了这种学说,后来 Fischel 又将其进行了改进。Tiebout 建造了一个模型,在其中有若干拥有独立地方政府的司法管辖区域。他让能完全自由移动(迁移)的居民来决定在哪个管辖范围内的居住,管辖区域的竞争结果是在每一个司法管辖区提供了一个税负与公共服务的均衡安排,这将导致地方公共产品的有效率提供。如果有另一个地方司法管辖区,它提供一个比这些居民目前居住地更具吸引力的均衡,他们当然就会移动,就是所谓"用脚投票(voting with feet)"。Tiebout 模型认为,消费流动性(对地方税收和支出"用脚投票")和一定条件下地区公共服务设施供给的管辖权竞争足以保证资源区域分配的有效性。

财产税的另一种观点是"新论",这是 Thomson(1965),Mieszkowski(1972)和 Aaron(1975)所发展起来的。这种观点认为财产税并不是一个有效的受益税,而是一个主要由资本所有者来承担的资本扭曲税。应用在新论中的模型包括了多个独立的司法管辖区。本地财产税收主要被看作对资本的征税,而不是作为本地公共服务的一项费用。"新论"的结论是,财产税在住房领域导致了资本的低回报。

(3) 对于西方国家财产税的理论研究,开始学者们的研究集中在财产税传统论、受益论和新论的等财产税的归宿的争论,以及财产税的理论模型和假设的建立上。在 Tiebout 模型的基础上,多数学者基本认同财产税是"受益税"的观点,这也就是财产税的基本原理。随后的研究转向对地方政府财政、地方政府的行为的研究。这些的研究主要包括:财产税影响着居民的"用脚投票"选择,从而影响着地方政府公共服务的供给行为以及财政预算的决策,财产税协调对社区居民服务的影响,财政竞争对税收系统设计的影响,官员的政见在地方政府制定公共政策中的角色问题等。除了对地方政府财政的研究外,学者们还发现财产税对其他经济领域的影响作用。这方面的研究有:财产税对城市地区市场租金和市场商业及工业地产价值的影响,财产税对城市开发密度的影响,以及财产税对城市扩张的影响等。

财产税征收的另一个理论基础是"价值捕获"(Value Capture)[1]的原理,土地的价值增长一部分是社会对土地进行的投资(一般是公共设施建设投资)。例如,一个新建地铁站使得周边的土地变得有价值。这些由社会公共投资带来的土地价值增长,应由地方政府代表社会通过税费的形式获得,且用于社会公共品的再分配。即使税率不变,政府也会因土地价值的增长获得较之前更多的税收。

8.3.2 美国的财产税征收

(1) 拥有住房成了美国梦(American Dream)的一部分。美国家庭拥有住宅的比率约 67.6%,买房还是租房,在美国人观念中不仅仅是每个月要付多少钱的问题,更多美国人是把买房看成一种投资,而且是比投资股票更为保险的长期投资。同时,由于美国的存款保险制度抑制了个人在银行的存款愿望(尽管在 2008 年金融危机后,美国存款保险额度由原定的 10 万美元提交到 25 万美元)。因此,拥有住宅也是集聚家庭财富最主要的一种方式,特别是对于中低收入家庭来说,很少有人能在金融资产上作大笔投资,而房地产资产几乎成了他们最主要的家庭财富。美国的税收政策天平也倾向买房者而不是租房者。购买住房贷款的利息可以抵充应税收入。[2] 美国把房地产归为一般财产,征收一般财

---

[1] http://en.wikipedia.org/wiki/Value_capture.

[2] 乔磊(本刊特约记者发自洛杉矶).房产投资:美国人买房要考虑收入和税收.理财周刊,2011-05-13.

税,以所有人为纳税义务人,计税依据为房地产的核定价格,各州税率不一,一般为1%~3%左右。在具体的财产税计算上,地方政府还会提供一定的免税优惠。例如,美国乔治亚州的财产税计算中家庭财产免税额(Minus Homestead Exemption)从5 000美元到15 000美元不等。另外,乔治亚州对于残疾人和年长的居民(达到退休年龄)还有财产税的减免政策。[1]

(2) 美国是一个联邦制国家,国家的财政收入几乎全部是来自于各种税收,但主要是个人收入的联邦所得税(Federal Tax)和社会安全保障税(Social Security Tax)及收入所得税(Income Tax)等。全美的各个州政府的财政收入也主要来自于税收,各级县(郡)、市政府,以及警察局、消防局、中小学校靠什么维持运营呢?那就是财产税(Property Tax)。[2] 财产税通常由州政府和州以下地方政府共同分享,财产税的一个小部分纳入州政府的财政收入,大部分纳入州以下地方政府的财政收入,并且构成了地方政府的主要收入来源。来自财产税的收入主要用于当地的教育事业、市政设施建设、卫生服务和治安等地方公共服务。财产税较高的地区,其教育和治安都较之财产税低的地区要好得多。一般而言,富裕的居民区财产税率较高,相对贫穷的居民区财产税率则较低。例如,美国著名的汽车城底特律由盛而衰,很大程度上的原因是由于高收入人口迁出、房价持续下降,以至于地方政府财产税收减少、公共服务下降,最终导致城市破产。[3]

为保护财产税纳税人的权益,一些州政府制定了有关法律,对财产税税率或税基均有限制(Property Tax Restrictions),地方政府不得违反。著名的美国加州1978年宪法修正案第13号提案(Proposition 13)就是如此。如果地方政府因某种公用事业项目支出要想提高财产税的税率或扩大税基,需公开登报通知纳税人、举办公共听证会、地方议会投票等来最终决定[4]。这些制度安排都体现了财产税的"取之于民、用之于民"的重要意义。

图8-2是2002年美国地方政府财政收入的税收结构,显示财产税收入占地方税收收入的73.4%。

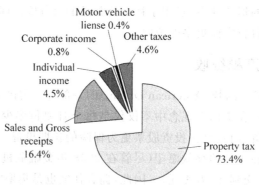

图8-2 2002年美国地方政府税收收入构成

资料来源:U.S. Census Bureau, 2002 Economic Census.

---

[1] 方建国,梁瑞明.美国财产税的征收办法对我国物业税的借鉴.税务研究,2006(11):92-94.
[2] 美国资讯网,http://www.ushomenook.com/property/encyclepedia/tax&law/2012/0920/5302.html.
[3] 美国星岛日报,底特律破产缺的不是金钱,2013-07-26,中新网转载.
[4] http://en.wikipedia.org/wiki/California_Proposition_13_(1978).

8.3.3 中美财产税征收比较

(1) 从美国财产税的征收过程可以看出,在地方政府各项可获得的收入来源中,对财产课税是最佳选择。把从本地区筹集到的财产课税收入,直接用在维护本地区公共基础设施上,便于纳税人对自身承担的财产税税负与所享受的地方公共服务作出衡量,进而提高地方政府的财政绩效。同时,财产税的征收原则是"量出为入",这就会对地方财产税的税率进行限制,有利于减轻居民的负担,并对地方政府举债产生压力,使地方政府采取谨慎的态度来治理城市。

(2) 中国在房地产领域也有财产税的存在,是在房地产保有环节收取的房产税和城镇土地使用税。但是由于中国经济的增长模式以及对地方官员晋升激励目标主要是对针对投资的拉动,因此地方政府更重视房地产业流转环节的税费征收,在保有环节只是针对城市的商业物业和城市居民的住宅出租征收房产税,征收范围较窄。目前由于社会对地方政府"土地财政"的质疑,以及地方土地供应的有限,特别是政府对房地产市场调控政策的需要,在上海、重庆两地试行推广征收范围的房产税。上海市针对本市居民第二套及以上住房,重庆则主要是针对居民持有的高档住房。[1]

(3) 目前中国对于一般房产税的征收依据《中华人民共和国房产税暂行条例》(国发1986年90号文),房产税由产权所有人缴纳。房产税依照房产原值一次减除10%~30%后的余值计算缴纳。具体减除幅度,由省、自治区、直辖市人民政府规定。房产税的税率,依照房产余值计算缴纳的,税率为1.2%;依照房产租金收入计算缴纳的,税率为12%。根据《财政部国家税务总局关于调整住房租赁市场税收政策的通知》(财税[2000]125号的规定,对个人按市场价格出租的居民住房,其应缴纳的营业税暂减按5%的税率征收,房产税暂减按4%的税率征收。)

例8.1 某企业有单独两处地下建筑物,一处为地下仓库,一处为停车场,分别为工业用途房产和非工业用途房产。房产原值分别为25万元和15万元。该省规定房产税依照房产原值一次减除30%后的余值计算缴纳。同时规定:工业用途地下建筑房产可以按原价的60%作为应税房产原值;商业和其他用途地下建筑房产可以按原价的70%作为应税房产原值。则该单位就两处地下建筑物每年应缴纳的房产税合计为多少?[2]

解:工业用途地下仓库应纳房产税的税额=$250\,000 \times 60\% \times (1-30\%) \times 1.2\%$=1 260(元),非工业用途停车场应纳房产税的税额=$150\,000 \times 70\% \times (1-30\%) \times 1.2\%$=882(元),应纳房产税合计=1 260+882=2 142(元)。

---

[1] 国务院同意部分城市对个人住房征收房产税,中国新闻网.2011-01-27.
[2] 注册税务师考试《税法二》每日一练:房产税.中国会计网.http://www.canet.com.cn.

8.4 中国的房地产税费改革

8.4.1 中国的现行房地产税费体系特点

(1) 我国现行的房地产税费体系的主要特点，一是"税费并立、费重税轻、以费挤税"，费大于税限制了税收对房地产业的调节作用。例如，仅在房地产开发阶段政府收取的费用就有土地出让金、征地拆迁补偿费、土地测量费、市政建设配套费、质监管理费、水电增容费等数十种，而法定的税收则包括耕地占用税、土地使用税、土地增值税、营业税、城市建设维护税、教育费附加税、契税、印花税和企业所得税等。二是重转移轻保有，在开发阶段的税费多，而在保有阶段仅有房产税、城镇土地使用税等税费。由于在中国的房地产开发阶段，地方政府审批项目和管控程序较多，容易征缴税费。而在保有阶段，居民家庭居住生活通常受市场环境影响较大，政府管控较困难，征税成本相对较高。所以，地方政府更愿意在流转环节设置税费。三是地方财政收入的主体税种缺乏，地方财政收入增长与土地和房地产税费有很大关系。在财政收入中影响较大的增值税、营业税和所得税都是中央和地方共享税，并且中央占了较大部分（例如，增值税中央和地方分享比例为75%：25%），地方政府没有独立的大税种（原来除了铁道部等集中缴纳部门外的营业税，地方可以独立征收，"营改增"后则中央地方共享[1]）。中国现阶段税制中共有18个税种，涉及房地产业的就有10个，其中5个税种仅在房地产行业征收，为房产税、城镇土地使用税、土地增值税、耕地占用税和契税，加上相关的行政审批收费，从税费体制设计方面就使得地方政府有利用房地产开发获得财政收入的空间。

(2) 我国现行的房地产税费体系的特点使得地方政府非常重视房地产业的相关税费收入。1994年，国家通过分税制改革强化了中央财政集中能力，而地方政府财权相对于事权却逐步变少，使其更加依赖预算外的土地出让带来的直接和间接收益。同时，许多企业愿意从事房地产开发业务，个人投资也愿意选择房地产资产作为标的物。但是，由于土地资源的不可再生性，可以利用的土地总量是非常有限的。因而这种地方财政发展模式难以持续。中国的房地产税费体系亟待改革。

8.4.2 中国的房地产税费体系改革的方向

(1) 中国房地产税费体系改革的问题涉及税制本身的改革，也涉及对地方财政收入和支出模式的改革。很显然要把改革放在积极建立公共财政框架这个总体要求上来把握，应逐渐推进整体的制度建设，规范的公共选择机制。即宪政化、法治化、民主化等公共财力的决策与管理机制要不断建立和完善。操作层面上就是要建立一个规范的、现代意义的、有透明度、有公开性、能够接受公众监督、事先确定并能够严格执行、事后可以问责和做绩效考评的预算制度[2]。在努力实现城乡公共服务均等化的条件下，构建"简税种，

---

[1] 新华社记者卢哲.营改增试点满一年地方自主财源被"挖掉"一大块.经济日报，2012-12-20.
[2] 贾康.对房地产税费改革思路与要点的认识.涉外税务，2005(8)：5-9.

宽税基"的房地产税费体系。

（2）2003年中共十六届三中全会通过的《中共中央关于完善社会主义市场经济体制若干问题的决定》中提出了"实施城镇建设税费改革，条件具备时对不动产开征统一规范的物业税，相应取消有关收费"的中国房地产税费体系改革目标。随后我国一直在进行房地产税费体系的改革推进工作，类似西方国家的财产税制度建设是未来改革的重点，中国目前保有阶段的财产税就是房产税，目前正在重庆、上海作扩征前试点，主要是针对增量的住房征收。开征房产税需要有完善的产权登记制度基础，完善的税基评估系统和税收征管系统作为基础。由于中国的房地产权较复杂，既有商品房、房改房，还有军队等特殊性质的用房，未来的产权登记制度和税收征管制度完善工作还有待推进。目前，上海、重庆两市的房产税征收还仅仅是针对第二套以上住房或高档住房，征收范围较窄，还不足以成为地方财税收入的主体税种，而全国范围城乡统一的房产税则是未来发展的方向，并由仅对增量住房征收向存量、增量住房全面征收的方向转变。此外，在房地产保有税制的改革路径选择上还应考虑我国土地制度和现实的国情，采取渐进的改革模式，逐渐放宽征收范围，综合考虑我国税制改革的阶段目标和城乡居民的税负承担能力来谨慎推进。[1]

8.5 问题研究

8.5.1 房地产投资中的避税问题

在投资经营中，利润最大化是投资者的主要目标。所以投资者采取正当的手段，提前对涉税业务进行设计，对经济活动的方式进行组织安排。在符合国家相关法律的范围之内，有意减轻税收负担，提高实际利润率的行为，就是理性经济人的合理避税行为。合理避税在国内外各行各业的经营活动中广泛存在。由于我国的房地产税费大都针对具体开发流程中各个涉税、审批环节设立，因此，每个环节都有节税和合理避税的空间。房地产投资者通常可以采取延迟纳税、互摊费用、抵减收入等方式来合理避税。还有房地产企业在国际避税地（例如英属维京群岛、开曼群岛）建立公司，进行商业、财务运作，把利润转移到避税地以减少税负。但是，人们对合理避税的认识是不同的，从而导致了不同的结果。

（1）房地产投资合理避税和偷税漏税的区别是什么？

（2）房地产企业采用将包销、代销房产的手续费直接从售楼预收款的收入中抵减，将从销售代理商处直接获得的售楼款净额充当需要计税的营业额，达到少缴营业税的目的。[2] 这种行为是否属于合理避税范畴？为什么？

（3）房地产投资者通过承包、租赁、投资、买卖等方式，将资产转移到免税或者低税企业，为投资者节省税费的行为是否属于合理避税行为？为什么？

（4）房地产开发企业能否通过股权转让方式合理避税？它能在哪些主要税种上获得避税效应？你能否从我国上市房地产企业中举例说明？

---

[1] 方建国.中国房地产保有税制改革的目标和路径研究.财政研究,2011(8):9-12.
[2] 郭银静.浅谈房地产开发企业合理避税.中国外资,2011(8):158.

8.5.2 房地产税负对房地产价格的调节问题

宏观经济理论一般认为,税收政策能够调节房地产资产价格。较高的税负会使得投资成本上升,限制了房地产投资需求,进而抑制房地产价格的上涨。而较低的税负会刺激投资者的需求,降低投资成本,促使房地产资产价格上涨,从而带动经济增长。因此,每当经济陷入危机和萧条时,政府都会出台房地产税负减免政策,以刺激企业和个人参与房地产投资活动,例如,2008 年为应对全球性金融危机,从中央到地方全面放松各项房地产调控政策,以刺激房地产市场复苏;而当经济过热、房地产资产价格持续上涨时,政府时则会出台严厉的房地产税收调控政策,限制企业和个人的房地产投资活动,以抑制房地产价格的上涨。但是,房地产税负对房地产资产价格的影响相当不确定。特别是对于住房流转环节的税负,会发生税负转嫁,并不能完全影响当期投资者的收益,反而可能损害真正的自住型住房需求。

(1) 税负转嫁(Tax Burden Shifting)指纳税人通过商品交易,以提高商品售价或压低商品购入价格等方法,把税收负担转移给他人的一种行为。通常在发生税负转嫁情况时,实际的税负承担者并不是法定应承担该税负的纳税人。请说明税负能否转移主要受哪些因素影响?什么是税负转嫁的"顺转"?什么情况下会出现税负转嫁的"逆转"?

(2) 有人认为发生在流转环节的房地产税负容易发生转嫁的情况,而保有阶段的房地产税负不容易发生转嫁。因此,国家可以采取加大保有阶段的税负的手段来抑制房地产资产价格过快上涨,你认为这种观点是否正确?请阐述你支持或者反对它的理由。

(3) 2013 年 2 月 20 日温家宝总理召开国务院常务会议确定的五项加强房地产市场调控的政策措施,被社会媒体称为"新国五条"[1]。要求各地方政府建立健全稳定房价工作的考核问责制度。随后,各地都出台了执行细则。北京市的执行细则明确地指出[2],"对个人转让住房按规定应征收的个人所得税,通过税收征管、房屋登记等信息系统能核实房屋原值的,应依法严格按照个人转让住房所得的 20% 计征",但是北京市在"新国五条"出台后的第一批出现的缴税案例中却出现了卖方的 20% 个人所得税由买方替缴的情况[3],据此有人认为对卖房所得征缴高额的所得税不能抑制房价上涨。你如何看待这个案例?新国五条能否抑制我国近年来过快上涨的房地产资产价格?

8.6 案 例 分 析

8.6.1 房地产企业纳税问题

中华工商时报 2006 年 9 月 5 号报道,在日前出炉的纳税 500 强企业中,房地产企业的数量仅占 0.6%,纳税额仅占 0.3%。从 2003 年开始,北京市地税局就开始了专门针对

---

[1]《国务院办公厅关于继续做好房地产市场调控工作的通知》(国办发[2013]17 号).

[2] 北京市人民政府办公厅贯彻落实《国务院办公厅关于继续做好房地产市场调控工作的通知》精神进一步做好本市房地产市场调控工作的通知(京政办发[2013]17 号).

[3] 张然.北京首批缴纳 20% 个税案例:28 万元税买房者承担.京华时报,2013-04-20.

房地产企业的税收检查。在接受立案检查的 1 103 家房地产企业中,被查出有问题的企业 725 家,其中千万元以上案件 24 起,有问题比例为 66%,检查总计查补税款 10.05 亿元。国税总局有关人士明确指出,房地产企业偷逃税款问题严重。[1] 而在《福布斯中国富豪榜》中房地产商又占了相当大的比重,房地产企业陷入"财富巨人,纳税侏儒"的社会舆论声讨旋涡中。但是,许多学者的研究又表明我国房地产企业税负偏高,在金融、房地产、社会服务、建筑、交通运输等五个行业中,房地产业税负排在第二。[2]《21 世纪经济报道》的相关述评也称,"开发商赚 1 元,须交税 1.02 元"[3]。

问题分析:

(1) 为什么说我国的房地产企业偷逃税款问题严重?是税费制度本身设计的原因,还是房地产企业自身经营管理的原因?

(2) 为什么学者的研究表明房地产企业税负过重?它是房价高企的主要原因吗?

(3) 房地产企业出现的富豪多,除了房地产开发利润较高外,是否部分原因是由于房地产税制设计方面,给了房地产商较大的避税和逃税的空间?税负越重是否也表明其中的避税可操作空间越大?

8.6.2 美国加州 1978 年宪法修正案第 13 号提案(Proposition 13)[4]

1978 年 6 月 6 号美国加利福尼亚州举行全民投票,以二比一的优势通过了由经济学家布坎南提出的宪法修正案,其内容是把财产税的税率限制到房屋购买价的 1% 以内(加上有债券担保的负债和直接课征的税款),征税价值的增加每年不可超过 2%。并要求任何增税提案都必须获得立法两院的 2/3 议员人数的通过,这些限制条件也同样适合州以下的地方政府。随后,又陆续提出了多项税收与支出法案。这一系列的通过结果使得州政府只能通过议会控制 15% 的预算,其余 85% 的预算经费都被全州公民以自己创制的法律指定了用途。[5] 宪法修正案第 13 号提案出台的背景是由于 20 世纪 70 年代越战结束后大量人口迁入加州,引起房地产价格上涨,政府的财产税收入水涨船高,而百姓的税负快速增加的情况下出现的,是城市民众在著名经济学家引导下反对百姓税负过快增长的一个著名法律实践案例。它的正面的意义在于矫正当时西方国家中盛行的政府过多干涉经济生活的凯恩斯主义,限制了加州政府财政收入的过快增长。但是,由于长期政府财政收入增长缓慢,而在选举的政治生态中,高福利增长的选举政策又不能不执行,政治家就采取负债方式来提供公共产品,其结果是庞大的政府开支伴随着巨额的财政赤字。[6] 2003 年加州出现了预期为 380 亿元的赤字,当时的加州州长戴维斯为此败选,承诺实施财政改革的施瓦辛格当选。但是,施瓦辛格的紧缩财政改革政策只实行了一年,随着经济的好转政府又开始大手大脚花钱,四年间增加支出 340 亿美元。加州纳税人再度用投票的方式对政府的财政政策表示了不满。2009 年 5 月 19 日,加州选民对税收与支出进行

---

[1] 马国川. 财富巨人为何是纳税侏儒. 中华工商时报,2006-09-05.
[2] 王素荣,徐明玉. 房地产行业税负及其影响因素研究. 财经问题研究,2012(8).
[3] 王营. 地方政府房地产依赖症:开发商赚 1 元缴税 1.02 元. 21 世纪经济报道,2013-05-16.
[4] From Wikipedia, the free encyclopedia.
[5] 王义伟. 加州 13 号法案给中国房产税的启示. 中华工商时报,2010-07-30.
[6] 苑基荣. 曾富可敌国的美国加州为何寅吃卯粮. 中青在线-青年参考,2010-02-12.

了一次"特别表决",一共有七项提案,包括经济危机中加州增加税收,为公立学校、保护儿童和智障人士服务的拨款,限制民选官员增加工资,以及社会服务拨款的条件是提高个人收入所得税和财产税等。因此,加税成为特别表决的关键因素。表决结果是,仅通过限制官员增加工资一项,其余6项全部被选民否决。[1] 美国经济学家克鲁格曼2009年5月24日在纽约时报上发表文章指出,正是由于1978年宪法修正案第13号提案才使得加州政府出现了财政危机,它让政府的预算穿上了紧身衣,对财产税的限制使得政府更加依赖不稳定的所得税收入[2]。

问题分析:

(1) 美国加州1978年宪法修正案第13号提案是在何种经济社会背景下提出的?为什么会得到大多数选民的赞成?

(2) 第13号提案对于我国正在进行的房产税改革有什么借鉴意义?地方政府和市民公众各自能够获得什么样的经验教训?

(3) 财产税的限制对地方政府的公共服务有何影响,提出了哪些要求?对于我国实施标准日益提高的政府住房保障计划有什么借鉴意义?对于中国地方债务问题的解决有什么经验值得总结?

8.7 本章小结

本章主要研究了房地产投资中的税负问题。分别对中美两国房地产税负的分析,使得学习者能够分析中国现阶段房地产税费体系存在的问题,以及未来改革的方向。本章在问题研究和案例研究方面对于现今中国房地产市场中存在的投资避税问题和税收调控问题,以及地方财政问题进行了一些讨论,目的旨在抛砖引玉,引导学习者从更全面的视角去研究中国社会关注的重点、难点和争议问题,探究解决问题的方法。有些内容的理解还需进一步研读相关的税收财政理论和公共经济学理论才能有更多的收获,以及建立正确客观的理论观点,更好地指导房地产投资实践,以及政府房地产管理、税费体系改革实践。

8.8 本章拓展思考题

(1) 为什么要对房地产投资进行"折旧"处理?房屋折旧能否"避税"?

(2) 中国房地产税费体系的特点是什么?为什么房地产流转过程的税负较高?你能具体计算一下一个出售的房屋价格中税费的比重有多大吗?

(3) 财产税的原理是什么?在中国全面开征财产税应当进行哪些房地产制度方面的改革?

(4) 财产税与地方公共服务的关系为何?Tiebout模型在房地产投资领域或则地方公共服务方面的基本应用有哪些?对我国房地产税费制度和地方公共服务改革有哪些借鉴意义?

---

[1] 徐贲.美国加州濒临破产,选民见死不救.南方日报,2009-05-31.

[2] www.nytimes.com/2009/05/25/.../25krugman.html.

(5) 税负转嫁通常发生在什么情况下？从经济学视角分析，房地产税负转嫁会造成哪些损失？

(6) 从2002年到2013年，中国政府对国内房地产市场调控出台了哪些税费政策？对市场的影响有哪些？

(7) 房地产企业避税的原因为何？你能否列举一些可能的避税措施（必须是法律允许的措施）？个人在购买和租赁房屋时能否采取合理的避税措施，为什么？

8.9 主要参考文献

[1] 麦克里林,艾德明格(著).房地产投资(Investing in Real estate).张继红译.桂林：广西师范大学出版社,2002.

[2] 布鲁格曼和费雪(著).房地产金融与投资.李秉祥等译.大连：东北财经大学出版社,2000.

[3] 乔磊(本刊特约记者发自洛杉矶).房产投资：美国人买房要考虑收入和税收.理财周刊,2011-05-13.

[4] 方建国,梁瑞明.美国财产税的征收办法对我国物业税的借鉴.税务研究,2006(11)：92-94.

[5] 贾康.对房地产税费改革思路与要点的认识.涉外税务,2005(8)：5-9.

[6] 方建国.中国房地产保有税制改革的目标和路径研究.财政研究,2011(8)：9-12.

[7] 郭银静.浅谈房地产开发企业合理避税.中国外资,2011(8)：158.

[8] 王素荣,徐明玉.房地产行业税负及其影响因素研究.财经问题研究,2012(8).

[9] Tiebout, C M A Pure Theory of Local Expenditures. Journal of Political Economy,1956-9,64 (5)：416-24.

[10] Hamilton B W Zoning and Property Taxation in a System of Local Governments. Urban Studies, 1975,12,(2)：205-11.

[11] Mieszkowski P and Zodrow G R. Taxation and The Tiebout Model：The Differential Effects of Head Taxes, Taxes on Land, and Property Taxes. Journal of Economic Literature,1989,27(3)：1098-1146.

[12] Musgrave. The Theory of Public Finance. New York：McGraw-Hill,1959.

[13] Thomson P. The Property Tax and Rate of Interest. In The American Property Tax. G S Benson et. al. (Eds.) Claremont. CA：Lincoln School of Public Finance,1965.

[14] Netzer D. The Economics of the Property Tax. Brookings，Washington.

[15] Mieszkowski P. The Property Tax：An Excise Tax or a Profit Tax. Journal of Public Economics,1972,1(1)：73-96.

[16] Wallace E Oates. Property taxation and local public spending：the renter effect. Journal of Urban Economics,2005,57：419-431.

阅读材料 8.1

我国物业税对美国财产税的征收办法的借鉴[1]

一、美国财产税体系介绍

根据联邦、州、地方三级政府的权责不同，美国实行联邦政府、州政府和地方政府的分

---

[1] 方建国,梁瑞明.美国财产税的征收办法对我国物业税的借鉴.税务研究,2006(11)：92-94.

税制,三级政府共同分享税收权力。联邦和州有税收立法权,而地方没有立法的权力,只能在州制定的税法约束下征税。联邦政府开征的税种包括个人所得税、公司所得税、遗产与赠与税、消费税、社会保障税和关税;州政府征收的税种包括销售税、个人所得税、公司所得税、消费税、财产税、遗产与赠与税、资源税与社会保障税;地方政府征收的税种主要包括财产税、销售税、消费税、个人所得税、公司所得税和社会保障税。其中,联邦政府的收入主要来自个人所得税,其次是公司所得税,个人所得税收入大约是公司所得税收入的五倍;州政府的收入主要来自于所得税和销售税;而地方政府则把包括动产和不动产在内的财产税作为其主要的收入来源。下面从征税对象、税率、财产税在地方财政中的作用等方面对财产税进行介绍。

(一) 征税对象、财产税的构成

财产税属于地方税的范畴,美国各州对财产税等各种地方税有独立的立法权,因此各州对应纳税财产的规定并不相同。一般来说,美国的各州把财产分为动产、不动产和无形财产三大类。不动产包括土地和土地上的永久性建筑物和构筑物;动产是除了不动产以外,其他任何有形的财产,如飞机、车辆、船只等;无形财产指无形的金融资产,如在股票市场和债券市场的投资。美国各州都对不动产征收财产税,大多数州对动产征税。在不动产、动产构成的财产税收入中,不动产是财产税的主要成分。在对动产和不动产同时征收财产税的,各州的财产税构成中,不动产所占的比例通常远高于动产。不动产、动产包括住宅物业(Residential Property)和商业物业(Commercial Property)等类别,而在不动产和动产的财产税收入中,住宅物业、商业物业的税收收入占了财产税收入的绝大部分,2002年美国住宅物业占总财产税收收入的65%、商业物业占18%。

(二) 财产税的征税机构及财产税收入的分配

州政府和地方政府都有征收财产税的权力。财产税是一个高度分散的税种,征税的权力一般授予县、市、镇、学区和特区等众多地方政府和地方性机构。这些地方政府和机构共同分享财产税的收入,并把财产税作为其主要的收入来源。学区和特区对财产税非常依赖,是其最主要的收入来源;县、市、镇等有其他的收入来源,如销售税和所得税的收入,因此对财产税的依赖没有前两者那么重。

(三) 财产税在地方税收中的地位

财产税通常由州政府和地方政府共同分享,财产税在州政府的财政收入中占很小的比例,只有少数几个州的财产税收入占财政收入总额的10%以上,但财产税却是地方政府最重要的收入来源。相对于其他税种而言,财产税的收入非常稳定,受宏观经济波动的影响相对较小,因此财产税非常适合作为地方财政收入的来源,如2002年美国财产税收入占地方税收收入的74%。来自财产税的收入主要用于当地的教育事业、市政设施建设、卫生服务和治安等地方公共服务。

(四) 财产税税率

1. 财产税税率的确定

如何确定财产税的税率是一个复杂的过程,这种复杂性来自于财产税的分散性。财产税是地方税,州、县、市、镇、学区和特区等各级政府均有征收财产税的权力,财产税的总税率是州政府对财产征税税率与各级地方政府对财产征税税率的加总。州政府一般通过税法法典把其财产税税率确定为某个确定值或某个范围,并且在税法没有更改的前提下保持不变;此外,各级地方政府根据当年的预算、应纳税财产的总价值、其他来源的收入等变量确定其当年的财产税税率。由于用于设定税率的变量每年都在变化,因此地方政府确定的税率通常每年都不同。地方政府确定其财产税税率的方法如下:

(1) 地方政府对其管理区域内的财产进行估价,确定应纳税财产的价值,并把这些财产的评估价值汇总,在确定财产税税收减免数额后,两者的差额就是应纳税财产的总价值,用 Total Value 表示。

(2) 地方政府确定其下一财政年度的预算总额,以及除了财产税以外的其他收入总额,两者的差额就是该政府要征收的财产税总额,用 Total Tax 表示。

(3) 地方政府把财产税税率确定为要征收的财产税总额与应纳税财产的总价值的比率,即 Tax Rate=Total Tax/Total Value。美国各地习惯把 Millage Rate 作为财产税税率的单位,一个 Millage Rate 等于 1‰。各级地方政府根据以上方法确定其对财产征税的税率后,把这些税率和州制定的税率加总,得到该地区的财产税总税率:总税率=州税率+县、市税率+其他机构的税率。此外,各级地方政府都受到州税法的制约。各级政府在确定税率的过程中,应遵守州税法对财产税税率、征税对象、减免条例和征税程序的规定;其提出的财产税税率也要受到州级部门的核准。

2. 应纳财产税额的计算

在财产税的征收过程中,地方政府有专门的评估机构对各类财产的价值进行评估,经过评估得出的价值称为公平市场价格(F. M. V Fair Market Value)。税务部门并不根据 F. M. V 对财产征收财产税,而是把 F. M. V 乘以估价折价比率(Assess Ratio,根据州法律一般是 40%),从而得到估计价值(Assessed of Value)。估计价值才是税务部门征收财产税时的征税依据;估计价值扣除某个可能的税收减免以后,乘以财产税的总税率,最终得到应纳财产税总额。估计价值=公平市场价格×估价折价比率;应纳财产税总额=(估计价值-税收减免额)×总税率。

二、财产税的征收(以乔治亚州为例)

乔治亚州的财产税主要是对不动产征收,一般以公司和个人的房地产为征税对象,也对车辆等动产征收(本文作者之一方建国 2004 年作为访问学者曾在乔治亚州亚特兰大就此问题做过短暂实地调查)。乔治亚州的财产税计算中家庭财产免税额(Minus homestead Exemption)从 5 000 美元到 15 000 美元不等。另外,乔治亚州对于残疾人和年长的居民(达到退休年龄)的财产减免财产税。财产税收入的主要用途是教育和公用设施建设维护等,其使用项目要经过地方议会投票决定,城市居民对地方议会的决定有较大的影响力。

本文以乔治亚州的 Cobb 县为例,分析财产税的征收过程。Cobb 县下辖 Acworth、Austell、Kennesaw、Marietta、Smyrna、Powder Springs 六个自治镇。某家庭居住在 Cobb 县的 Smyrna 镇,2005 年 Smyrna 镇的财产税税率为 27.22‰,该家庭自用房屋的评估销售价格为 225 000 美元,则年缴财产税计算如下:估计价值 A.S.V=225 000×40%=90 000(美元);扣减家庭财产免税额(Cobb 县为 10 000 美元)后的应税价值=90 000-10 000=80 000(美元);年应纳税额=80 000 美元×(27.22/1 000)=2 177.6 美元。

从乔治亚州 Cobb 县的住宅财产税的计征程序来看,计税方法比较简明,税收用途明了,实际征收额约为房产评估价格的1‰。由于政府对房产的应税评估价格一般低于实际交易成交价格,再加上购房抵押贷款的利息支出可以冲减所得税应纳税额,则实际的纳税会更少。

三、对我国未来物业税征收的借鉴

我国现行的房地产税收体系基本涵盖了房地产业各个环节的课税,但从具体实施中的效果看,我国的房地产税收体系有待完善。当前我国房地产税收体系有以下特点和问题:租、税、费种类繁多,税收体系结构不合理,税种重复设置,从而加重了房地产行业的负担,削弱了房地产税收的调控作用;流转环节税负过重,保有环节税负过轻,从而导致房地产企业纳税意识不高,偷逃税额的现象频生,并在一定程度上导致了房价过高;内外两套税制,直接导致了内资企业税负重于外资企业。综上分析,我国房地产税费体系的改革应该以"正税、明租、清费"和"宽税基、简税种、低税率"为基本方向。合并、清理各个税种,建立起完善的租、税、费体系;通过对房地产保有、取得和收益阶段合理征税,加强房地产保有环节的税收,从而建立合理的房地产税收体系;实行内外统一的公平税制。借鉴美国的财产税计征办法,我国在未来物业税的计征方法设计方面,建议考虑以下问题:①计征方法应当简单明了,税基稳定,征税税率要低。由国家制定相关税法,定出物业税税率上限,授权各省级人大制定实施细则、税收减免及征收管理等权限。地方政府根据地区实际情况定出具体税率,并经地方人大表决方可执行。一般税率在1‰以内为宜。②物业税收入应列出使用用途,每年向地方人民代表大会公布并接受审计和质询。③物业计税价值的评估不宜每年进行,以降低征税成本。允许居民和企业就评估价值提出异议,建立物业评估仲裁和司法上诉程序。④由于我国现有的居民住宅性质复杂(有商品房、集资房、经济适用房等),建议对物业税开征以前购置的房屋在其土地使用年限内可以考虑免征物业税,待其使用期届满后再计征物业税,这样就解决了新、旧房屋之间的物业税差别问题。⑤对城市生活困难居民、残疾人和离退休人员实行物业税减免政策。

阅读材料8.2

美国加州深陷财政危机的思考[1]

源于华尔街的金融风暴尚未平息,近期美国加利福尼亚州又陷入了严重的财政危机之中。2009年7月1日,正当加州开始进入新的财政年度之际,州长阿诺德·施瓦辛格(Arnold Schwarzenegger)宣布该州进入财政紧急状态,并采取了一系列应对措施。关于导致这场州级财政危机的深刻背景、所产生的连带影响以及今后走势等一系列问题,值得我们给予必要的关注。

一、美国经济总量最大的州陷入财政危机

地处美国西海岸的加利福尼亚,是全美人口第一大州、面积第三大州。无论在地理、地貌、物产、还是人口构成方面,加州均呈现出多样化的特点。继19世纪中叶加入联邦并发现金矿后,横贯美国大陆的铁路通车,将该州与其他州连接起来,石油开采业也迅速发

---

[1] 孙开.美国加州深陷财政危机的思考.地方财政研究,2010.(3):70-75.

展。"二战"之后,加州航空航天、电子信息、金融、教育、医疗、娱乐、种植等产业日益崛起,逐步成为美国经济总量最大的州,并享有"金州"(The Golden State)的美誉。2007年加州GDP达1.8万亿美元,占全美的14%左右,人均GDP达四万六千余美元。如果作为一个单独的经济体,则其经济总量排名达到世界第八位。然而,正是这样一个"金州",如今却面临着窘迫的财政局面。施瓦辛格州长早在2008年就曾经宣布加州进入财政拮据的状况,并且表示将推出一系列经济刺激方案以应对州财政入不敷出的困境。但是,在由共和党州长领导的州政府和由民主党控制的立法机构之间,一直就如何采取措施弥补财政年度预算赤字问题存在着严重的分歧。进入2009年初,施瓦辛格州长警告说,加州面临着几个星期内破产的危险,并称在就弥补预算缺口达成协议之前,他将暂缓新政策的出台。受公共开支居高和收入来源条件约束等诸多因素的共同影响,加州财政2009年约有243亿美元的缺口需要填补。本来,发行地方债券是州政府经常使用的融资和弥补赤字的手段,但在深陷金融危机的背景之下,社会应债能力和发行成本问题的存在使得这一手段操作的可行性大为降低。在被迫数次削减公共开支规模的同时,本不愿意增税的州政府曾不得不做出部分退让,试图通过适当提高税收的方式寻找舒缓困境的途径,并于2009年5月19日就相关预算议题举行了州内公投。但投票结果显示,多数民众对州政府的提案并不买账,明确反对增加税收等相关措施,显示了增税条款的高度敏感性。对加州政府来说,这一挫折的影响无异于雪上加霜。临近新财年开始之际,州内民主、共和两党之间围绕预算问题所展开的交锋更加密集、激烈。民主党议员又提出了通过提高烟税和燃油税来应对赤字问题的方案,施瓦辛格受选民意愿的影响,表示不会签署任何带有增税条款的法案,而且同共和党议员一起提出希望削减教育、医疗和司法支出,但这一方案同样遭到州议会中占据多数的民主党议员的反对。就在这样一种各执一词、互不妥协、折衷方案难以出台的争吵当中,加州进入了2009年7月至2010年6月财政年度,州政府除了正常支付公立学校开支和偿还到期的政府债务之外,不得不以"政府借据"(类似于"打白条")的形式给众多政府雇员发放工资,这种政府借据形式也涵盖对大学生、低收入老人、残疾人以及公共工程承包商的支付。此外,州政府还实行了除公立医院和警务机构之外的无薪休假制,以减轻开支压力。直至7月下旬,在进入新财年二十多天后,加州议会终于通过了延宕多日的新财政年度预算,但这并不能从根本上缓解州财政的窘困状况。

二、由加州财政危机折射出的背景原因和现实问题

尽管加州财政危机似乎仅仅是州级的财政问题,但却引起了全美乃至世界各国的普遍关注,这一点并不出乎意料。一个超级大国中经济实力超强的州缘何落到此等财政窘境?确实值得人们探讨和深思。"冰冻三尺非一日之寒",加州财政面临的现状,实际上是诸多背景性因素和复杂的现实问题共同交织作用的结果。

(一)金融风暴对加州财政经济的冲击

值得一提的是,除加州之外,亚利桑那、印第安纳和伊利诺伊等美国若干个州也同样面临着类似的财政困境问题,这与金融风暴对虚拟经济和实体经济所带来的影响、对包括加州在内的美国州级财政所造成的打击密不可分。经济决定财政、财政反作用于经济,这是学界对经济与财政二者之间关系的集中概括和普遍共识。作为政府和公共部门的一种经济活动,财政显然不可能在这场金融海啸中独善其身,州级财政也不会例外。加州经济

不仅规模庞大,而且与国际经济密切接轨,内、外部环境的变化给加州经济和财政收支平衡带来了猛烈的冲击:一是州内经济运行状态低迷,主要支柱产业陷入困境之中;二是出现了高达两位数的失业率,高于全美的平均水平;三是政府债务信用等级被不断调低,债务融资渠道受阻;四是税源减少,税收收入大幅度降低,较危机前下降了27%;五是在州财政收入下降的同时,还需要保证最基本的既有公共开支,以竭力维持政府体系的正常运作。于是,在金融危机背景因素的作用下,州财政收不抵支的矛盾更为突出。

(二)长期居高的州财政支出水平难以为继

按照美国的财政体制划分方式,州政府需要承担教育、医疗卫生、社会福利与养老保障、高速公路、警察与消防、供水与排水等公共服务领域的开支。这些领域与民生有着直接的关系,其支出规模和结构一直为选民所关注。近些年来,加州政府在原有基础上逐步加大了社会福利和教育政策的实施力度,其福利和教育支出明显高于美国的平均水平。在加州政府所提交的2008—2009财政年度支出预算中,基础教育、高等教育、医疗卫生和交通与住宅等方面的开支占据着重要的位置。从取悦民众、争取选票的角度出发,加州政府回避了增税这一不受选民欢迎的方式,改由通过增加负债的办法来满足日益增长的教育和社会福利开支需求。应该指出的是,民生支出的增加固然有助于博得选民的好感,但这种支出也是一把"双刃剑",它具有很强的"刚性",支出标准和水平一旦确立就很难削减,从而导致整个支出规模居高不下局面的出现,政府因此而面临着"骑虎难下"的窘境。

(三)税制结构方面的原因

与联邦政府财政收入主要来源于所得税有所不同,美国州和地方政府大多依赖销售税、消费税和所得税。同时,各州之间的税制结构和税收收入来源结构也有一定程度的差异。相比较之下,加州的税收收入主要来源于个人所得税、公司所得税、销售税和消费税,另有少量证照税、财产税、遗产与赠与税收入。个人所得税和公司所得税约占加州税收收入的近一半,这两个税种受经济景气状况的影响尤为明显。在金融危机的背景下,加州富人和一般就业人口的收入均缩水不少,企业盈利水平显下降,个人所得税和公司所得税的税源也随之缩小,其中个人所得税收入较金融危机前下降了34%。销售税也是美国州级财政收入的一项重要内容,它适用于大部分商品的销售活动及服务业,在多个环节进行课征。制造业是销售税的纳税大户,同时还包括零售环节的缴纳,各个州的销售税税率一般在3%~7.25%之间不等。加州产业结构的特点之一是制造业相对薄弱,但其规定的销售税税率却处于7.25%的最高位,再加上州以下地方政府亦附加征收销售税,所以实际销售税税率位于7.25%~8.25%之间。较高的销售税税率导致了"以足投票"效应的出现,一些制造商因此将工厂搬离加州,挪往他处,加州近年来新设工厂的增势有所降低,这更在一定程度上对州财政收入来源渠道产生了不利影响。此外,早在30年之前,加州选民便以压倒性票数通过法案,为房地产税单位税额设定了上限,这为限制加州房地产税收的增加埋下了伏笔。近年来加州房地产市场也较以往明显萎缩,与房地产市场景气程度密切相关的州和地方房地产税收也出现了锐减的情况。

(四)两党政治博弈对预算程序的影响

从西方政治学的视角来看,政府预算产生于公共需要与权力约束的背景之下,是制衡和妥协的结果,是国家政治制度的一个有机组成部分。在整个预算流程(包括预算的编制、审批和执行这三个环节)中,各级政府作为预算的责任主体,不仅需要处理预算自身的收支总量、结构安排、融资方式等一系列矛盾和问题,而且还面对着来自立法机构、利益集团和选民多种形式的、强度不同的压力,在两党政治博弈的条件下更是如此,加州共和、民主两党围绕政府预算所展开的角力充分地诠释了这一点。共和党阵营的施瓦辛格于2003年击败民主党竞争对手戴维斯(加州前任州长),开始主政加州,后又成功连任至今。尽管共和党已在加州执政数年,但该州却向来是一个民主党色彩相当浓厚的地方,而且民主党还一直控制着该州的立法机构——众、参两院,这为加州政府预算的审批和通过带来了许多不确定因素。面对财政危机局面,加州共和党政府希望从公共支出的角度入手,通过削减社会保障、医疗卫生、教育和行政司法方面的部分开支来减轻财政负担;而民主党不受执政的压力,其控制的州议会主张依靠增加特种税收收入的手段缓解收支矛盾。加州法律规定,州议会在审议预算案和增税案时,须取得三分之二多数的支持方能过关。因此,州政府要想通过任何涉及预算和收支增减的法案,均必须争取多名民主党议员的支持,同时还要保持议会中本党议员的团结相挺,其难度之大,可想而知。

(五)选民意愿因素

对增税和减支的约束包括纳税人在内的选民,既是政府预算支出的直接受益者,更是预算收入来源的最终提供者,他们必然会以挑剔的目光审视预算、影响预算。这一道理应用到选举政治游戏中,意味着选民也希望政府多花钱,只是这钱要花在自己的身上,同时又尽量不增加本人的纳税负担,而政府从盈得选票的立场出发,只能迎合民意,审慎处理预算收支问题。加州财政几年来的行为轨迹也恰好印证了这一点。施瓦辛格任职之初,虽然已经面临财政赤字问题,但仍然履行着"不增税、不削减教育系统和地方政府经费"的竞选承诺,试图通过发展经济来壮大财源,通过增发债券来弥补收支缺口。当这些措施失效、财政状况恶化后,受选民意愿的约束,州政府依旧不敢轻易声言增税,只是提出了对印第安人开办的赌场征税等与多数选民关系不大的增税方案,并适当削减了部分财政支出,以避免政治风险,同时继续寻求借债途径,宁肯将沉重的偿债负担留给后任和后人。

三、加州财政危机考验联邦与州财政关系

金融风暴席卷华尔街之后,美国联邦政府曾经对一些具有重要影响的企业伸出援手,包括向花旗银行、美国银行、AIG、通用汽车等深陷危机的超大型企业注入了巨额资金,以期使之获得重生、避免出现多米诺骨牌效应。在加州财政陷入危机之时,同样考验着美国联邦与州之间的财政关系,人们也在关注着联邦政府能否继续出手并有所作为。美国是一个典型的联邦制国家。与联邦制的政体形式相适应,美国实行联邦、州、地方(州以下有八万多个地方政府)三级相对独立的政府间财政体制,各级政府均拥有各自的财政收入与支出范围,收支内容既相互区别、各有侧重,又相互补充、有所交叉。在分级财政的前提下,联邦政府与各州政府之间仍然存在着多种形式的财政转移支付关系。以联邦与加州之间为例,联邦政府对该州主要实行两种形式的转移支付:一种是一般目的补助(General Purpose Grants),其实质是联邦将一部分收入分给该州,但并未严格规定补助金的使用范围,而是由州政府自行决定款项的具体用途;另一种是分类补助(Categorical Grants),亦称专项补助,它规定了转移支付资金的具体用途,受补者不得将款项挪作他用。需要指出的是,美国联邦政府对州的各种补助金均属于按照既定公式或标准所安排的正常转移支付,而不涉及替州级政府弥补其收支差额的问题。实际上,在美国财政联邦制(Fiscal Federalism)的条件下,各级政府财政均是对本级立法机构和选民负责的,联邦政府既没有干预州和地方预算的依据,也无替州和地方财政兜底(弥补财政亏空)的责任。因此,当加州财政面临困境时,虽然联邦政府采取救援措施并不存在法律上的具体障碍,但也没有施救的法律义务,联邦完全可以依照传统方式行事,以旁观者的身份采取坐视和观望的态度。从目前情况看,尽管加州政府已经向华盛顿发出求救信号,其中主要是请求联邦政府为加州发行市政债券给予担保,但奥巴马政府没有就此做出明确表态(只是表示将继续关注事态的发展),更未采取任何实际行动。究其原因,至少可以找出四种理由:一是前已述及的联邦与州财政关系框架,并未要求联邦政府必须出面进行干预;二是联邦财政眼下的财政赤字已经突破1万亿美元大关,应对金融危机和伊拉克战争、阿富汗战争等都需要大量资金,在其自身财力已十分紧张的条件下,很难腾出更多的余力对州级财政采取施救措施;三是如果联邦政府被迫出手提供财政担保,有可能导致市场对政府债券整体信心的下降,进而降低各级政府的信用等级和融资能力;四是目前不仅加州政府深陷财政危机的泥潭,而且伊利诺伊、亚利桑那等其他若干个州也面临着类似的财政状况,一旦联邦政府开了拯救加州财政的先例,那么,其他各州的救援请求必然会纷至沓来,而这种可能出现的局面,显然是联邦政府所不希望看到的,也是难以应对的。由上述分析可见,联邦政府目前不肯轻易地对加州财政困境做出明确表态,是可以理解的。但随之而来的问题是,如果加州财政处境持续恶化,联邦政府是不是还会继续坐视事态的发展?这个问题既关乎加州财政危机的走势,也考验着美国联邦与州之间现有的财政关系格局能否从此被打破。

四、对发展趋势的几点看法

(1)加州财政困境虽然在数年之前就已经出现,但却是在金融危机爆发的深刻背景下濒临财政紧急状况的。从这个意义上讲,金融风暴的侵害程度能否得到缓解以及加州经济状况的下一步走势,从根本上决定着该州财政危机状况的发展趋势。加州立法机构分析室(Legislative Analist's Office)曾经乐观地预测,困扰加州已久的个人收入增速下降和低就业率问题,有望在2009年触底并转为上升,但这仅仅是预测分析师的良好愿望而已。实际情况是,加州2009年5月份的失业率达到11.5%,为历史最高点,而美国劳工部公布的5月份全国失业率则是9.4%,美国和加州经济仍未摆脱金融危机的困扰。在这种情况下,加州财政的窘迫局面恐怕还要持续相当长一段时间。

(2)对于州本级预算,加州政府在审慎处理预算收支问题的同时,会在适当增税和削减部分公共开支方面有所动作。增收节支常常被视为一剂"头痛医头,脚痛医脚"的药方,但实际上,它却是各地、各级政府应对财政收支矛盾的本能反映,也是一种见效较快且屡试不爽的补救措施。当然,增税会引致反对声音的出现,削减开支也容易造成部分受益者的利益损失,这些都是加州政府所面临的棘手问题。鉴于加州的两党政治格局和增税难度较大,州政府可能会相对多地围绕削减部分支出做文章,在行政、教育、公共工程等开支的具体项目上精打细算,能省则省。通过债务融资方式弥补财政赤字,已经成为萧条时期美国各级政府经济政策组合中不可或缺的一部分。加州政府有可能被迫加大发行中、短期债券的力度,当然,随着负债规模的扩大,偿债压力将会随之增加,加州的债务信用等级难免受到进一步的影响。为此，州政府将会继续力争获得联邦政府对其发行债券给予财政担保。可以预计，发行债券以及由此产生的沉重负担，将成为一个长期伴随加州财政运行的问题。

(3) 关于所谓加州政府濒临"破产"边缘的问题，到目前为止还仅是一个谈论中的话题，加州尚未达到破产的境地，州内的公共部门仍在继续运转当中。早在1994年，位于加州南部的橘县(Orange County)曾因过度的信用扩张和财政官员滥用权力导致发生支付危机，在求救无门的情况下，该县不得不宣布财政破产，并随即成立了危机处理小组，采取了一系列事后被证明为行之有效的措施，终于在18个月后摆脱了困境。2008年，冰岛政府也曾经因遭受金融危机的重创而濒临破产危机，经过半年多的苦苦挣扎和四处求援之后，该国经济已初步呈现出转变的迹象，并且开始部分偿还所欠英国、荷兰等国家的债务。政府破产与企业破产之间有着本质的区别。企业破产的实质是企业法人不能清偿到期债务，并且资产不足以清偿全部债务或者明显缺乏清偿能力，而所谓政府破产，则往往意味着其在一定时期内缺乏足够的现金支付能力以提供必要的公共服务并偿还债务。实际上，政府有源源不断的税收来源作保证，加上支出政策和各种融资措施的调整，是可以逐步解决现金断流和支付能力问题的，基本上不会出现政府因破产而不复存在的情况。俗话说，"瘦死的骆驼比马大"，以加州的整体实力，应该会像橘县那样最终走出困境，但所耗用的时间恐怕不会很短。

阅读材料8.3

试论房地产开发企业的内部纳税筹划[1]

一、纳税筹划的概述

1. 纳税筹划的概念和特征

纳税筹划是企业的一种理财活动，是指纳税人为实现经济利益最大化的目的，在国家法律允许的范围内，对自己的纳税事项进行系统安排，以获得最大的经济利益，其内容主要包括避税、节税、规避税收陷阱、转嫁筹划和实现零风险五个方面。纳税筹划有以下几个基本特征，即合法性、政策性、目的性、专业性和时效性。

2. 房地产开发企业进行纳税筹划的必要性

随着我国市场经济机制的日趋完善，竞争程度的逐步加剧，纳税筹划越来越多的受到房地产企业的重视。于其他行业相比，房地产项目开发是对各种社会资源的整合运用，资金使用量大，涉及领域广泛，而且产业链和运作周期相对较长。在房地产项目的经营、开发和管理过程中，适当的运用税收筹划策略可以为企业节省大量不必要的税收支出，为企业获得更大的经济利益。

二、纳税筹划的具体操作方法

1. 利用纳税临界点进行筹划

纳税临界点就是税法中规定的一些标准，即在何种范围内应按照何种标准纳税。一般情况下，当企业销售额或应纳税所得额超过一定标准后，就要按照法律规定缴纳更高的

---

[1] 李敏. 试论房地产开发企业的内部纳税筹划. 财经界, 2009(9): 160-161.

税费,这样一来,纳税人的负担就会相应增加。但是如果恰当的把握好这个标准,将企业销售额或应纳税所得额控制在一定范围内,就可以达到减税的目的。一直以来,土地增值税都是商品房价格仍居高不下的主要原因。税法规定:"纳税人建造普通标准住宅出售,增值额未超过扣除项目金额的20%的,免征土地增值税;增值额超过扣除项目金额20%的,应就其全部增值额按规定计税。"开发商在进行房地产项目开发时,要获得最大利润必须从两个方面进行考虑。一方面,如果商品房价格定的较高,则企业获得的利润升高。另一方面,商品房利润升高之后,开发商就要缴纳更多的土地增值税。即房地产商进行项目开发的利润越大,则土地增值税缴得越多。在这种情况下,房地产商进行纳税筹划的目的就在于如何使房价在同行中最低而应缴土地增值税最少,从而使企业获得最大利润。基于上述考虑,房地产企业往往根据临界点的税负效应,在房地产项目运作中将建造普通住宅出售的增值率控制在税法规定的20%这个点上,以适当降低商品房出手价格的方式来降低企业所需缴纳的土地增值税。

例:宏基房地产开发公司在某市新建一处楼盘,取得土地使用权所支付的金额为1 000万元,开发土地的费用为200万元,新建房及配套设施的成本为2 000万元,相关税金为160万元,该楼盘最终合计以4 850万元的价格出售。

(1) 不进行税收筹划的情况下,企业应按照税法规定缴纳土地增值税,具体计算如下:

$$增值率为 = \frac{(4\ 850 - 1\ 000 - 200 - 2\ 000 - 160 - 640)}{(1\ 000 + 200 + 2\ 000 + 160 + 640)} \times 100\% = 21.25\%$$

土地增值税$(4\ 850 - 1\ 000 - 200 - 2\ 000 - 160 - 640) \times 30\% = 255$(万元)

企业税后利润 $= 4\ 850 - 1\ 000 - 200 - 2\ 000 - 160 - 640 - 255 = 595$(万元)

(2) 进行纳税筹划的情况下,企业通过将该批住宅的出售价格降低为4 800万元,使增值率降低为20%,则根据税法的规定企业无须再缴纳土地增值税。

企业税后利润 $= 4\ 800 - 1\ 000 - 200 - 2\ 000 - 160 - 640 = 800$(万元)

通过纳税筹划后企业减轻税收负担$800 - 595 = 205$(万元)

2. 利用货币的时间价值

货币在周转和使用过程中会随时间推移而发生的价值变化,这种变化就表现为货币的时间价值。房地产开发企业在进行项目开发时,可以通过利用货币的时间价值进行纳税筹划,以便达到节约税负的目的。这里需要注意的是,利用货币时间价值进行纳税筹划虽然不改变企业在一定时期内的纳税总额,但却可以使企业从各个纳税期限纳税额的变化中获得收益,这部分收益可以冲抵税金,使得企业纳税总额有所下降。例:某房地产开发公司的厂房中有自购土地一块,该土地取得时的成本是2 000万元。房屋按20年提折旧,合同规定的土地使用期限是10年,适用的企业所得税税率是15%。该公司按照会计制度计提折旧,土地每年可计入费用的折旧额是100万元。如果按税法的规定将该土地单独摊销进行纳税调整,每年可计入费用的摊销额是200万元。相对于前者,该公司在规定的土地使用期限内每年税前可多列支100万元,所以在前十年总计可少缴企业所得税15万元。在后十年,由于土地使用权已经摊销完毕,该公司为此总计应多缴企业所得税15万元。虽然从纳税总额上来看并没有减少,但是该纳税人成功地将应税所得额向后递延,推迟了纳税时间。

3. 设立分支机构

我国房产税暂行条例规定,房产税依照房产原值一次减除10%～30%后的余值计算缴纳;房产出租的,以房产租金收入为房产税的计税依据。房产税的税率,依照房产余值计算缴纳的,税率为1.2%;依照房产租金收入计算缴纳的,税率为12%。以上两种方式计算出来的数据存在很大差异,也就是说不同情况下企业的应纳税额是不同的。根据这种情况,房地产开发企业十分有必要对企业业务进行筹划。在实践操作中,房地产企业可以通过以承包业务代替出租业务的方式来避免采用按租金计算房产税的方法,这样一来就可以为企业降低相当一部分的税负。

例:宏基房地产开发有限公司将其拥有的一处房产对外进行出租,租金为10万元一年,该房屋的原值为50万元。

(1) 不进行纳税筹划的条件下,宏基公司应该缴纳房产税 $10 \times 12\% = 1.2$(万元),营业税 $= 10 \times 5\% = 0.5$(万元),城市维护建设税和附加税 $= 0.5 \times (7\% + 3\%) = 0.05$(万元)。

不考虑企业所得税,宏基房地产开发公司获得的利润 $= 10 - 1.2 - 0.5 - 0.05 = 8.25$(万元)。

(2) 进行纳税筹划的条件下,宏基公司可将此处房屋变成一个下属分公司,并且将该分公司承包给另一企业,承包费为10万元一年。由于该房屋没有对外出租,这就无需按照租金计算房产税。

应纳房产税 $50 \times (1 - 30\%) \times 1.2\% = 0.42$(万元)。而此时宏基公司不需要缴纳营业税、城市维护建设税等。在不考虑企业所得税的情况下,公司出租该处房产获得的利润 $= 10 - 0.42 = 9.58$(万元)。该纳税筹划可减轻企业税收负担 $9.58 - 8.25 = 1.33$(万元)。

4. 采用灵活的建房方式

(1) 合作建房

我国税法规定一方出地一方出资的双方合作建房,建成后按比例分房自用的,暂免征收土地增值税。但建成后将房屋转让就需要缴纳土地增值税。根据这一政策,可采用合作建房方式进行纳税筹划。例:宏基房地产开发有限公司取得了一块土地的使用权,准备在这块土地上新建住宅区,则宏基公司可预收购房者的房款作为合作建房的资金。采用这种方式就满足了税法关于一方出土地、一方出资金的条件。在一般情况下,土地支付价在楼盘成本中只占有很小的比例。楼盘建成后,房地产开发公司分得一部分房屋,而大部分房屋有购房者(即出资人)分得。在房地产公司售出剩余部分住房前,出资各方都无需缴纳土地增值税,而只在住房建成后转让属于自己的那部分住房时,才就该部分缴纳土地增值税。通过这种方式,可以显著降低房地产开发企业的税负。

(2) 代建房

我国税法规定房地产开发公司代客户进行房地产开发,则开发完成后向客户收取代建收入,该部分收入属于劳务收入,不征收土地增值税,而只需要缴纳营业税。根据这一规定,房地产开发企业可以采用代建房的方式代理客户进行房地产项目开发,待项目完工后,向其收取代建费用。这样一来,企业就可以免去了高额的土地增值税,转而缴纳税率较低的营业税,从而为企业节省一大笔税金。

第8章 房地产投资中的税收问题

第9章 住宅房地产融资

住宅房地产是房地产资产的最常见形式,也是社会最关注的房地产产品。由于对衣、食、住、行的消费是现代社会人们最基本的生活消费,尤其是对住宅产品的消费涉及全社会千家万户的生活,由于房地产资产本身的多重属性,在某种程度上它既属于社会准公共品的范畴,也属于社会投资品的范畴。因此,住宅房地产的开发建设融资,抵押融资等活动会受到政府和金融机构的特别关注。例如,美国的住房抵押贷款市场就是世界上规模最大的住房金融市场,许多国家的金融机构都直接或间接地参与其中,在住宅房地产建设和流通环境的资金融通活动从来都是政府金融监管的重点。世界上多个国家发生的经济危机都或多或少地与住宅融资风险有关,而许多地区的经济振兴也与住宅建设活动和住房信贷活动的兴盛有关。所以,住宅房地产融资有其特殊的方法和管理措施。

9.1 信贷工具和借款安排

9.1.1 住房抵押贷款定价

(1) 住房抵押贷款是借款人以住房资产为抵押物向贷款金融机构贷款的一种借贷合约。这种贷款安排通常要求借款人有一定比例的首付款,这样的安排使得抵押物价值大于贷款价值。这时贷款人对抵押贷款的定价就转换为对特定所支付利率的确定方面,其定价相当于评估未来一组不确定现金流的现值总和。特定的抵押贷款所支付的利率取决于实际利率、预期的通胀率、利率风险、拖欠风险、提前还款风险和其他风险。

这种关系用公式可以表述为:

$$i = r + p + f \tag{9-1}$$

其中,i 为抵押贷款定价的确定利率,r 为在经济活动中其他可获得的投资机会的真实收益率,p 为补偿拖欠、提前还款和其他风险的溢价,f 为反映预期通胀所支付的溢价[1]。这就是所谓的利率定价方法。

(2) 利率定价方法是国内外房地产抵押贷款的基本定价方法,以中国建设银行为代表国内商业银行的住房抵押贷款的定价模式为单一的利率定价。无论是固定利率贷款,还是浮动利率贷款,资金成本的标的只包含利率这一唯一的指标。例如建行的固定利率个人住房贷款产品说明中规定:期限最长为 30 年,固定利率个人住房贷款的执行利率由建设银行在同期人民银行公布的基准利率水平基础上确定。[2] 而美国等西方国家的商

---

[1] 威廉姆 B 布鲁格曼,杰弗瑞 D 费雪(著).房地产金融与投资.李秉祥等(译).大连:东北财经大学出版社,2000:89-90.
[2] 朱玉坤.中美住房抵押贷款定价模式对比分析.经营管理者,2010(1):21.

业银行在利率定价的基础上,采取了闭合费用、折扣点和利率多指标的分开定价方法,则更具灵活性。通过点和利率的"替代"关系,使得利率得以调整,满足不同客户对利率的不同偏好。比如美洲银行一个期限30年,贷款本金35万美元的住房抵押贷款合约,不买点年利率为6.125%,则每点价格为本金的1%,即3 500美元;假设购买一点利率降低0.75%,则购买一点付出3 500美元,利率降为5.375%,买两点付出7 000美元,利率降为4.875%。

9.1.2 住房抵押贷款还款模式的发展

抵押贷款是金融信贷市场上的主要市场工具。大多数的房地产投资都会使用借贷,用抵押合同构建借贷双方的借贷关系。对贷款保证的不同工具(Security Instrument)选择取决于抵押房产的特征和借贷双方的利益目标。一般情况下,住房抵押贷款约占商业银行贷款总额的10%~30%,是商业银行主要的贷款品种。例如,2001年我国个人住房抵押贷款余额约为5 598亿元,而到2010年则达到约5.73万亿元[1]。因此,住房抵押贷款业务一直是商业银行最重要的贷款业务。商业银行在支持住宅开发的同时,自身的资产质量和收息率都得以提升。根据不同的市场情况,金融机构设计了不同的抵押贷款还款模式来平衡借贷双方的利益。

1. 固定利率完全分摊还款(Full Amortizing)的住房信贷

它是住房抵押贷款的主要还款方式。分为:

① 等额本息还款法(Constant Payment Mortgage,CPM)。即借款人每月按相等的金额偿还贷款本息,其中每月贷款利息按月初剩余贷款本金计算并逐月结清。

计算公式:

$$PV = R \times \sum_{t=1}^{n}\left(\frac{1}{1+\frac{i}{12}}\right)^{t}, \quad (9-2)$$

其中,PV为现值,R为年金,i为抵押贷款固定利率,n为距贷款到期的月份。

商业银行也把它改写为:

$$每月还款额 = \frac{贷款本金 \times 月利率 \times (1+月利率)^{还款月数}}{(1+月利率)^{还款约束}-1} \quad (9-3)$$

② 等额本金还款法(Constant Amortization Mortgage,CAM)。即借款人在贷款期内,每月等额偿还贷款本金,贷款利息随本金逐月递减。

商业银行的计算公式为:

$$每月还款额 = \frac{贷款本金}{贷款期月数} + (贷款本金-已归还本金累计数) \times 月利率 \quad (9-4)$$

两种贷款形式优劣比较:等额本息方法,即在贷款周期中,如果利率不发生变化,则每月还款的金额都是相同的,比较容易计算和存款,但贷款的利息总额略高。等额本金方法,即先期还款金额高于后期还款金额,利息总额较低,但前期还款金额略高且不容易计

---

[1] 资料来源:国家统计公报和中国人民银行统计资料.

算,很可能因为少存了几块钱而被银行的个人信用系统计入逾期,并承担逾期的违约金或罚息。

在中国,尽管固定利率贷款在一定时期内的还款金额是不变的,但是国内的商业银行绝大部分住房抵押贷款还不是完全意义上的固定利率抵押贷款[1][2]。当央行因应经济形势调整基准利率后的次年,还款金额还是会发生变化。目前中国内地的银行利息调整有三种形式:一是央行基准利率调整后,贷款利率在次年的年初(通常是1月1日起)执行新利率;二是满年度调整,即每还款满一年,调整执行新的利率;三是双方约定,一般在银行利率调整后的次月执行新利率。通常,包括工行、农行、建行等在内的大多数银行遵循第一种方式,也有少数银行采用后两种方式。例如,2012年中国央行两次降息,按照惯例,绝大多数商业银行将自2013年1月1日起执行新的贷款利率。这也就意味着,有"房贷""车贷"的借款人利息支出将"减负"。目前,仅有少数商业银行试点真正意义上的固定利率住房抵押贷款。[3]

2. 固定利率部分分摊还款信贷(简称气球式支付,Balloon Mortgage)

它也称为按期付息到期还本贷款、漂浮式贷款等。其利率固定且本金不分期偿还,或是指仅在期限内分期偿还部分本金,到期时一次将本金偿还的方式。这种方式在贷款期间的支付压力最小,只需支付利息,但到期时必须支付数额巨大的本金,因此,较适用于短期贷款,期限一般为3~6年。"气球贷"是针对那些计划中短期持有贷款的客户设计的,即为其提供了一个较短的贷款期限,又以一个较长的期限来计算月供,减轻前期还款压力。美国的住房市场在20世纪30年代大萧条以前以"气球型"抵押为主。一般具体采取依财产价值的50%(即抵押贷款价值比LTV定为50%),5年按期付息,到期还本的贷款方式。相对于固定利率贷款模式,它的优点是由于期限短,所以贷款利息低,它的缺点是债务人面临为偿还本金而再次融资的困难。因此它适合资金实力较强的客户。目前,我国一些商业银行也开展这项业务,它被认为是化解商业银行住房信贷长期流动性风险的一种方法。例如,中国农业银行、深圳发展银行开展的5年期个人住房"气球贷"。

早期旧式的气球漂浮式抵押贷款与现在新式的气球式抵押贷款有所不同。[4] 现在新式的气球式抵押贷款又称为部分分期还款抵押贷款(Partially Amortized Mortgage),它的贷款期仍是5年,但是可以展期到30年。在前期按等额本息还款模式偿还每月利息和部分本金,到该笔贷款到期日偿还所有贷款本息的余额。如果展期到30年,则是用5年期的贷款利率和30年的分期付款月供,则借贷人既可享受较低的月供款(30年期),又只承担较低的利率(5年期),但是他到5年期一次性还款的压力也较大。但是如果客户的信用良好,可以在贷款到期之前对贷款余额进行再次的气球贷融资,从而在利率、月供和贷款年期三方面都获得优惠。目前,中国农业银行开展的"个人住房气球贷"就采取这

---

[1] 参见:中国人民银行.《2004中国房地产金融报告》,2005-08-15.报告建议适时推出固定利率住房抵押贷款.
[2] 章宏.固定利率未必固定——固定利率的推出亟待相关法律配套.解放日报,2006-02-09.
[3] 银行推住房贷款固定利率也许会让您成冤大头.京华时报,2006-01-13.
[4] 张红,殷红.房地产金融学.北京:清华大学出版社,2007:390.

样的模式[1]。

3. 可调整贷款利率和分期方式的住房信贷（Adjustable Rate Mortgage，ARM）

固定利率完全分摊还款的住房信贷虽然有其简便易行的优势，但是当经济条件发生变化时，其贷款利率和还款模式的固定化就存在许多缺陷。这些缺陷有时可能会导致贷款人面临收益下降甚至亏损的风险。例如，当市场利率突然改变时，放出过多固定利率抵押贷款的贷款机构，可能由于储蓄存款利息成本相对于抵押贷款的利息收入的上升而面临严重的困难[2]。因此，可调整利率和分期付款方式的抵押贷款就被创造出来。这种抵押贷款由于其利率可随市场利率变化，能够向借贷人转嫁利率风险，因而借贷机构在市场变化较大的时期更愿意使用。可调整利率贷款在20世纪70年代末期在美国开始实施，由于美国当时的市场利率不断上涨，一些开展固定利率住房贷款的金融机构都不同程度地受到经营损失影响，固定利率抵押贷款业务停滞不前。为了提振美国的住房抵押贷款业务，降低贷款机构经营损失风险，1975年在加利福尼亚州推行了可变利率抵押贷款方式，贷款利率每6个月调整一次；1981年经联邦住房贷款银行批准，可调整利率贷款分期偿还的贷款模式在美国全国范围广泛开展。

可调整利率贷款（ARM）是一种贷款利率可以随着某些市场指数的变化而变化的贷款方式，其目的是将一些未预见的利率风险转嫁给借款人。借款人最初两三年（称为优惠期）中只需支付很低的固定利息，但是优惠期之后房贷的利率将会上升到一个较高的程度，借款人的还款压力陡增。例如，影响全球的美国次贷危机产生的一个重要原因就是对借款人采取了可调整利率贷款方式。瑞士信贷亚洲首席经济学家陶冬曾经指出，由于次级房贷中80%以上按揭是以2-18形式贷出的，即贷款的前两年收固定息率，之后的18年则采用浮动按揭利率，会有大量借款人开始面对远比当初预期高得多的抵押贷款利率[3]。此外，美国大量贷款公司甚至不要求次级贷款借款人提供包括税收表格在内的财务资质证明。做房屋价值评估时，放贷金融机构更多依赖计算机程序而不是房地产评估师的研究结论，这也为危机的发生埋下了未来的风险。

这种贷款模式之所以在当时能被借款人接受，主要是人们假设房地产价格会持续上涨，且房价的上涨速度要高于利息负担的增加，只要他们能及时地将房地产资产出售，则风险是可控的。并且ARM贷款优惠期利率通常要低于一般同类贷款的利率，这对借款人也有一定的吸引力。

4. 分享增值抵押贷款（Shared Appreciation Mortgage，SAM）

分享增值抵押贷款是指借款人可支付较低的利率（通常低于市场利率），并以和贷款人一起分享抵押房地产价值的增值为代价，以保证贷款人的实际收益。这种贷款的期限一般在10年以内，利率也是固定的。到期后对抵押的房地产重新估值，贷款人获得双方约定的（作为贷款抵押物的资产）住房价值增值的一部分。

---

[1] http://www.95599.cn/cn/PersonalServices/Loans/Features/200909/t20090918_1346.htm.

[2] 威廉姆 B 布鲁格曼，杰弗瑞 D 费雪（著）.房地产金融与投资.李秉祥等（译）.大连：东北财经大学出版社，2000：127.

[3] 禹刚.次贷风暴全景扫描：次贷"怪兽"的前世今生.第一财经日报，2007-08-17.

分享增值抵押贷款(SAM)最早出现于20世纪70年代末80年代初,由于当时美国国内的通货膨胀率较高,美国个人住房抵押贷款市场的贷款利率也出现了大幅的上升,导致了贷款人月供数额的明显增加,美国传统的抵押贷款产品的销售量出现了明显萎缩。金融机构为了改变这种局面,开发出了这种住房抵押贷款的新品种。

例如,某项抵押房地产现值是13万元,贷款额度是10万元,采用分享增值抵押贷款,贷款利率由12%优惠降低到9%,但银行有权索取该住房按揭结束时50%的房产增值收益,贷款期限30年。同时假定抵押房地产的价值每年按照7%的速度上涨,借款人在第10年年底提前还款。由房价上涨速度计算可知,第10年年底,该抵押房地产价值25.57万元,增值部分为12.57万元,因此根据贷款协议,银行有权索取6.235万元。另外由于贷款利率是9%,期限是30年,因此第10年年底的贷款余额为89 427元。根据每月还款额804.6元的现值、贷款余额89 427元的现值、银行获得6.235万元房产增值收益的现值,三项之和等于贷款本金10万元的计算等式,还可以求得该笔分享增值抵押贷款的实际收益率。经计算可得为12.32%,高于等额本息条件下的贷款利率。由此例可知,银行通过发放分享增值抵押贷款,不仅能够降低借款人每月的月还款额,而且能够提高自己贷款的收益率,从而实现银行和借款人的互利共赢。[1]

总之,类似ARM贷款和SAM贷款等可调整贷款利率和分享增值的住房信贷是20世纪80年代美国住房金融产品创新的一部分内容,它们比传统的固定利率抵押贷款模式具有更大的灵活性,杠杆化程度更高,也具有较高的风险和收益。因此,当时的美联储主席格林斯潘(Greenspan)鼓励金融机构开发和使用可调整利率抵押贷款(ARM)也被认为是导致美国次贷危机的原因之一[2]。

9.1.3 住房抵押贷款再融资

(1) 住宅抵押贷款在开始还款付息后,抵押物的贷款价值比(LTV)由于已还款累积数额的不断增加而变化,项目的贷款余额减少,其财务杠杆效率也在下降。如果人们希望增加抵押贷款的杠杆效率,就需要对抵押贷款进行再融资。再融资的目的主要就是增加财务杠杆的作用。用再融资解决因房地产增值及贷款余额减少而引起的股本积累问题。由再融资取得的附加资金还可以用于新的房地产项目投资[3]。在中国可以采用提前还款,再另行申请抵押贷款的方式,但是成本比较高,操作复杂和可行性较差。在美国则可以采取住房抵押贷款再融资的方式解决。转移抵押贷款(All Inclusive Mortgage)就是其中的一种,通过将原抵押票据上的余额转移到新的票据,而延长了抵押贷款的还款期,获得了新增的贷款。一般而言,当贷款利率下降,或者房地产翻新时,人们更愿意进行抵押贷款再融资,它可以提高项目的边际收益。

(2) 美国次贷危机发生后,奥巴马总统为了防止抵押贷款借款人违约,在2009年提

---

[1] 李星伟.推广分享增值抵押贷款的必要性.上海房地,2012(3):48-49.
[2] BARRIE MCKENNA. Greenspan blamed for subprime crisis. From Friday's Globe and Mail,2007-03-23. http://www.theglobeandmail.com/report-on-business/.
[3] 威廉姆B布鲁格曼,杰弗瑞D费雪(著).房地产金融与投资.李秉祥等(译).大连:东北财经大学出版社,2000:454.

出了"住宅可偿付再融资计划"HARP(Home Affordable Refinance Program)[1],该计划旨在帮助没有拖欠债务但处于负资产(Negative Equity,LTV>100%)的房主进行抵押贷款再融资,并从抵押贷款利率下调中获利,为房主减轻抵押贷款债务负担,使其避免丧失止赎权(见图9-1)。

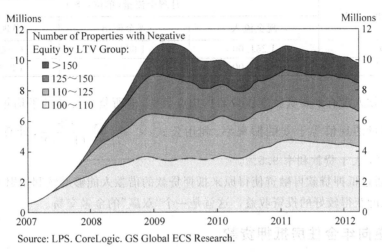

图9-1　次贷危机后美国住房负资产数量变化图[2]

例9-1　某房地产所有人仍在执行一张25万美元、年利率为7%、30年内按月分期还款的一次抵押票据。月还款额为1 663美元(包括本金和利息),还贷期还有10年,本金余额约为143 228美元。借款人希望能够通过抵押贷款再融资的形式,延长还款期限和降低月还款额。目前,有一个抵押贷款公司愿意提供新的转移抵押贷款合同,条件为年利率为9.5%,25年按月分期偿还。问:借款人是否值得签订新的转移抵押贷款合同?

解:如果借款人想延长还款的期限,就必须寻找新的贷款来转移原来的抵押贷款,以延长贷款期,降低贷款的每月还款额。但是新的转移抵押贷款合同的利率高于原来的抵押合同,需仔细研究后才能判断。

(1)如果达成新的转移抵押贷款合同要求年利率9.5%,25年按月分期偿还,那么每月的还款额仅为1 251美元。从而使借款人每月还款额减少了412美元(原月还款额1 663美元减去新月还款额1 251美元),不过,借款人的剩余还款年限也从原来的10年延长到了25年,利率也提高了2.5个百分点。

计算过程如下:

支付被转移的原抵押贷款月还款额	$1 633.00
从转移抵押票据上每月收到	$1 251.00
被转移原票据存续期内每月净现金流出	$412.00

(2)而新的贷款人则要在10年内替借款人还第一次抵押合同的剩余款项。新的贷款人也是有利可图的。因为10年后原抵押票据到期被清偿后,在以后的15年中,新的贷

[1] 详见:http://harpapproval.com/。
[2] 引自:美国金融市场日评:负资产现象解析,https://portal.ghsl.cn。

款人每月仍会收到1 251美元。其收益率也会高于贷款利率。

自转移抵押票据生效之日起的贷款人的现金流预测,如表9-1所示。

表9-1 贷款人的现金流预测

年份(单位:年)	月现金流量(单位:$)		
	现金流入	现金流出	净现金流量
1-10	1 251.00	1 663.00	(−412.00)
11-25	1 251.00	0.00	1 251.00

假定贷款人没有索要贷款发放费和折扣点数费,他所贷出资金的平均年收益率为使预期现金流量的现值等于0的贴现率。利用公式:$0 = \sum_{t=0}^{n} \frac{CF_i}{(1+r)^t}$,计算可得收益率 $r = 12.85\%$,大于贷款利率 9.5%。

显然,通过抵押贷款再融资使得原来抵押贷款的借款人能够继续利用财务杠杆,而新的贷款人也能获得较好的投资收益。这就是一个"双赢"的金融交易。

9.1.4 逆向年金住房抵押贷款

逆向年金住房抵押贷款(Reverse Annuity Mortgage,RAM),也称反向抵押贷款(Reverse Mortgages),是金融机构住房抵押贷款的一种特殊形式。通常是指借款人以房屋为抵押资产,金融机构在贷款期内定期向借款人支付生活年金,贷款期结束一次性偿还本息的贷款方式。这种特殊的抵押贷款模式主要针对老年人的房产,通过年金方式提供给老年人生活费用,盘活老年人的资产。RAM贷款期可长达30年,如果期间老人去世,则贷款机构可以获得房屋全部产权,出售该住宅提前清偿贷款,并获得收益。如果贷款期结束老人仍健在,则可通过其他方式清偿贷款。

由于借贷金融机构可能经常会在贷款期间或结束时遇到变现资产的情形,会增加金融机构的变现成本和风险,通常在欧美发达国家由政府担保来支持金融机构开展RAM,并把它作为一项社会福利公共政策来执行,以应对老年化社会的发展需要。例如,1987年美国国会授权房屋与城市发展署(Housing and Urban Development,HUD)发起HECM(Home Equity Conversion Mortgage)计划,即房产净值转换抵押贷款。HECM计划的贷款领取方式比较灵活,借款人可以根据自身条件自由选择领取方式,如一次性总额领取、按年金领取、一定限额内自由领取等多种方式。联邦政府的HUD负责设计、修改HECM计划,HUD及属下的联邦住宅管理署(FHA)负责运营(如审批、收取保费、管理保险基金等)。HUD及FHA都不是HECM的贷款人,HECM合约是由银行、抵押贷款公司或其他私人机构发出的,但是联邦政府为HECM计划中的借贷双方都提供担保支持。如果贷款到期时,房屋出售的资金不能偿清贷款本息,其差额将由保险基金进行补偿;同时,若发放贷款的金融机构倒闭,政府也保证借款人能按时、足额拿到贷款。HECM计划的运行接受联邦住宅管理署(FHA)监管,并在国会和政府的支持下获得了较快发展。经过多年的发展,HECM计划已成为美国逆向年金住房抵押贷款市场的主流产品,如图9-2所示。

中国有较高的个人住房自有率，一些大城市也处于老龄化社会的初期。但是，由于政府政策支持不足，保险机构对住宅70年土地使用权期限的担忧（欧美国家家庭住宅大都有永久土地产权），地方政府城市规划的短期性，使得目前中国的逆向年金住房抵押贷款计划还仅仅处在探讨阶段，未来还需要政府和全社会逐步认识和推进。

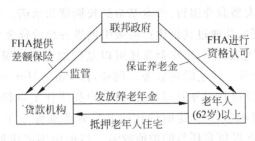

图9-2 美国的HECM项目运行机制[1]

9.2 住宅房地产投资的融资方式

9.2.1 中国的住宅房地产开发投资融资方式

对于中国房地产开发企业而言，开发融资依据时期不同有多种方式。通常对于住宅项目开发初期的资金需求，由于资金量小，主要是通过自有资金、短期的银行借贷融资，以及其他内部融资的方式来解决。但是当项目立项后所需的前期资金比较巨大（土地取得的资金和其他开发资金投入都必须准备），短期和少量的资金显然不够使用，就需要开发企业有中长期的融资安排。这个时期企业可以采取项目融资、股权融资和联合开发等方式，部分短期资金需求还可以向银行申请土地开发贷款和开发企业流动资金贷款。此外，有实力和信用的房地产企业还可以采取资本市场上市融资、信托融资和债券融资等方式，保障项目开发的顺利进行。在住宅项目有销售许可后，开发企业可以借助已形成的房地产资产抵押融资、预售融资等方式，获得后续开发资金直至项目销售完毕。由于我国对金融行业的管控和房地产金融市场仍处在发展的初期，所以住宅开发融资的资金主要来源仍然是商业银行的贷款，其他类似资本市场股权融资、信托基金融资、养老基金融资等方面的资金来源还相对比例较小。

9.2.2 美国的住宅房地产开发融资方式

（1）在美国从事住宅开发并销售的企业称为Home Builder。美国前十大Home Builder均是上市公司，Pulte Homes是排名前茅的住宅开发企业。住宅房地产开发融资的方式依开发阶段的不同，有着不同的内容和不同的金融机构参加，分工明确和安排紧凑，体现了住房金融高效率的特点。例如，在筹备阶段企业使用自有资金和内部融资，通过购买土地期权来进行土地储备，这比我国开发企业在土地储备阶段就需要大笔资金投

---

[1] 江南.关于推行住房反向抵押贷款环境的研究——以广州市为例.中山大学硕士学位论文，2008.

入节省了大笔资金。在建设阶段开发企业可以通过分期付款销售合同(Installment Sales Contracts)来获得融资,这种合同类似于我国的新建房地产抵押合同,金融机构持有项目产权。同时还可以通过土地回租获得建设资金(即将已经开发的土地再卖给金融机构,并签订有优先购买权的长期租约)。在开发前期就可以与最终住房资产的购买者签订购买意向书,并依此来获得大型商业银行、养老基金的长期贷款承诺。美国的住房金融市场比较发达,资金来源多样化,并通过其衍生产品吸引世界各地的资金参与。

(2) 美国的大型住宅房地产开发企业还可以是房地产金融服务的提供者,他们的商业发展模式就是住宅开发+住宅融资服务。例如,像 Pulte Homes 那样的上市房地产企业,有自己的抵押贷款公司和财务公司,可以向客户提供住宅抵押融资服务,也可以发行房地产债券为开发项目融资[1]。这时的住房开发企业就像一个金融机构,通过住房开发、融资和运营服务来获得更多环节的增值收益。目前中国的房地产企业还不能像美国的房地产企业那样直接开办金融机构,为房地产开发融资活动服务。但是,随着中国金融市场化开放程度的提高,房地产企业与金融业的联系会更加紧密,房地产开发企业金融化的趋势将会越来越明显。

9.3 抵押贷款借贷人还款意愿和能力的主要指标

抵押贷款合约能否顺利执行涉及许多方面的影响因素,抵押贷款的违约将会影响到商业金融机构的资产安全,甚至引发金融危机。因此国内外学者对影响借贷人还款意愿和能力的主要因素都做了充分的研究,研究发现贷款价值比(LTV)、债务保障比率(DCR)和债务收入比(DTI)是重要的控制指标。

9.3.1 抵押贷款价值比

抵押贷款价值比(Loan To Value,LTV)是借款人的住房抵押贷款额与所购买房屋资产价格的比值,它反映了借贷者首付比例的大小,也反映了借款人还款的意愿。穆迪公司在 20 世纪 70 年代对全美 700 万笔住房抵押贷款的长期跟踪研究表明抵押贷款价值比 LTV 与累积违约率呈正比关系,当 LTV 小于 70%,累积违约率小于 1%;当 LTV 为 85%时,累积违约率上升到 2%;当 LTV 为 95%时,累积违约率上升到 10%[2]。在商业银行控制金融风险和各国政府调控房地产市场时,LTV 被当作一个常用的工具。

9.3.2 偿债保障比

偿债保障比(Debt Coverage Ratio,DCR)本来是指一个商用房地产资产的每年净收益与还本付息额的比值,通常是用来评价商业房地产投资风险的大小。但是国外学者也用来研究家庭住房抵押贷款借款人还款能力的大小。Archer 等(2002)在研究了 1991—1996 年美国联邦存款保险公司(FDIC)和重组信托公司(RTC)担保的大量家庭抵押贷款

---

[1] 详见 http://www.referenceforbusiness.com/history2/18/Pulte-Homes-Inc.html.
[2] 张红,殷红.房地产金融学.北京:清华大学出版社,2007:407.

数据后,认为当DCR小于1.2时抵押贷款违约的风险显著加大[1]。这与一般房地产投资项目选择时的控制标准基本一致。但是,由于DCR指标计算较之LTV复杂,目前中国国内的银行还很少采用。

9.3.3 贷款收入比

贷款收入比(Debt To Income Ratio,DTI)又称为负债收入比,是指住房抵押贷款借贷人每月的还款额与月收入之比。它反映了借贷人的还款能力的大小,也是重要的抵押贷款控制指标之一。例如,美国的次级贷款就是向信用评分低于620分、DTI超过55%,以及LTV超过85%的住房购买借贷者发放的住房抵押贷款。韩国政府在控制房地产市场过热的政策措施中,就采取了限制LTV和DTI的双向控制指标,取得了较好的效果[2]。中国政府的房地产调控政策中没有纳入DTI指标,但是在一些商业银行的内控指标中也有DTI的内容。例如,深圳发展银行在2009年制定的个人住房抵押贷款守则中,限制DTI在50%以下[3]。

9.4 政府资助和支持的住房信贷

由于住宅产品的准公共性,各国政府都将住房政策作为基本的公共服务政策,有专门的机构负责提供公共住房建设和相关的政策性住房融资服务。例如,美国政府的住房和城市发展部(Department of Housing and Urban Development,HUD),中国政府的住房和城乡建设部等。这些政府专门机构的职能之一就是安排针对中低收入普通家庭的政策性住房融资信贷,同时对能够保障社会公众福利的住房融资创新产品给予支持。

9.4.1 美国的政府支持住房信贷

(1) 美国住房和城市发展部(HUD)的一个独立的职能机构——美国联邦住房金融局(FHFA)[4],它负责监管美国政府资助的住房抵押贷款机构,包括房利美(联邦全国抵押贷款协会,Fannie Mae),房地美(联邦住宅贷款抵押公司,Freddie Mac)和吉利美(政府全国抵押贷款协会,Ginnie Mae)、联邦住宅贷款银行(FHLBanks,或FHLBank系统)等机构[5]。例如,其中的一家住房抵押贷款机构——房利美(Fannie Mae)也称联邦国民抵押贷款协会,最初只被授权购买经过联邦住宅管理局担保的抵押贷款,主要为中低收入家庭提供低利率的住房抵押贷款服务。1968年,房利美改制成为私营公司,其权力扩大

---

[1] Archer, Wayne R, Peter J Elmer, David M Harrison, and David C Ling. Determinants of Multifamily Mortgage Default. Real Estate Economics,2002,30:445-473.

[2] Deniz Igan, Heedon Kang. Do Loan-to-Value and Debt-to-Income Limits Work. Evidence from Korea, International Monetary Fund (IMF)-Financial Studies Division working paper, WP/11/29,2011-03-23.

[3] 深圳发展银行个人信贷业务基本风险定义和守则,2009.

[4] 资料来源: http://www.fhfa.gov/.

[5] 资料来源: http://en.wikipedia.org/wiki/United_States_Department_of_Housing_and_Urban_Development.

到了购买未经联邦住宅管理局担保的抵押贷款。美国财政部 2008 年 9 月 7 日宣布美国联邦住房金融局(FHFA)接管由于次贷危机而陷入困境的两大住房抵押贷款机构房利美和房地美。

(2) 美国的住房金融大体经历了两个阶段：一是 20 世纪 70 年代以前的传统的以存贷结构为主体的单一住房融资体系(住房抵押贷款一级市场)；二是 20 世纪 70 年代发展起来的以抵押贷款证券化为主体的二级市场融资体系(住房抵押贷款二级市场)。两个市场有不同的功能。一级市场是商业银行、抵押贷款公司和储贷金融机构向借款人直接发放住房抵押贷款的市场。二级市场则是房利美、房地美和吉利美等机构，通过发行住宅抵押债券等证券化方式筹措资金，向一级市场贷款机构购买住房抵押贷款，同时对一级市场提供担保功能。美国住房抵押贷款二级市场的发展促进了住房抵押贷款的证券化，降低了一级市场抵押贷款机构的流动性风险，拓宽了资金来源。它对一级市场的发展起着积极的推动作用。在 1970 年以前，政府的住房信贷支持主要关注一级市场。而在此之后则由于房利美和房地美的改制上市，政府住房信贷支持功能主要由吉利美在二级市场上体现。吉利美是典型的美国政策性金融机构，主要收购美国联邦住房管理局(FHA)和退伍军人局(VA)发放或担保的贷款[1]。FHA 和 VA 是专为特定的中低收入者和退伍军人批准发放或提供住房贷款帮助的机构，其中 95% 以上的贷款被吉利美收购或证券化。由于吉利美的担保具有美国主权信用，吉利美本身发行或担保的证券能在资本市场上很好地流通。

(3) 美国政府支持下的反向住房抵押贷款，也称为逆向年金住房抵押贷款。它不是通常意义上的住房抵押贷款，而是一种以自有房屋作为抵押物的支付"年金"，是使老年人能够把他们拥有完全产权并居住的房屋以出售之外的其他方式获得现金流入的一种金融工具。具体而言，反向抵押贷款就是指房屋产权的拥有者，把自有产权的住房资产抵押给金融机构，后者在综合评估借款人年龄、生命期望值、房产现值以及预计房主去世时房产的价值等因素后，在一定年限内，每月给房屋产权人一笔固定的贷款，产权人可以获得继续居住权并负责维护资产。这种贷款一直延续到产权人去世、搬离或出售住房时宣告到期。将房屋出售所得用来偿还贷款本息，升值部分归抵押权人所有或由贷款双方协议共同分享。可以说，反向住房抵押贷款是连接住房资产和个人养老的金融桥梁，是住房抵押贷款的一种金融创新，对于补充个人养老福利和促进社会稳定有积极的作用。

由于反向住房抵押贷款产品设计结构复杂，前期成本较高[2]。并且房价和利率波动对抵押价值的影响较大。因此，反向住房抵押贷款产品没有政府的支持，开展起来的风险较高。世界上许多国家都有反向住房抵押贷款产品，但是只有美国的此类产品规模成长比较顺利。1987 年，美国联邦政府根据国家住房与社区发展法案(Housing and Community Development Act of 1987)授权住房与城市发展部(HUD)推动反向住房抵押贷款产品发展计划，[3]并发展出来三种产品：HECM、Home Keeper 和 Finacial Freedom

---

[1] 资料来源：https://zh.wikipedia.org/wiki/.
[2] 柴效武,胡平.美国反向抵押贷款发展历程及对我国的启迪.经济与管理研究,2010(4).
[3] 邓昭宗.反向房屋抵押贷款商品之研究：以香港安老按揭为例.台湾政治大学硕士论文,2012.

Plan。由联邦住房管理局(FHA)担保的 HECM 受到了公众的欢迎,2008 年它占了 90%以上市场份额,美国公众普遍认为,由政府担保的反向住房抵押贷款更加保险。

9.4.2 中国的政府支持住房信贷

(1) 中国的政府支持住房信贷方面的事务是由国家住房主管部门来管理,国家专门在住建部设立住房公积金监管司,在各省政府设立住房公积金监管处,各个地市的住房公积金管理中心也由当地的房地产管理部门监管(名义上由当地人民政府直接管理)。根据 1999 年颁布、2002 年修订的《住房公积金管理条例》[1](以下简称《条例》),住房公积金是指国家机关、国有企业、城镇集体企业、外商投资企业、城镇私营企业及其他城镇企业、事业单位及其在职职工缴存的长期住房储备资金。

(2) 住房公积金贷款是一种政策性住房信贷,由缴交住房公积金的个人在购买住房时申请借贷。城镇在职职工,无论其工作单位性质如何、家庭收入高低、是否已有住房,都必须按照《条例》的规定缴存住房公积金,除职工缴存的住房公积金外,用人单位也要为职工交纳一定的金额,由于住房公积金的公共福利政策属性,国家对个人和单位按规定比例缴存的住房公积金免征个人所得税,住房公积金的贷款利率也低于同期的商业性住房贷款利率。鉴于住房公积金具有的避税功能,一些企事业单位在制定薪酬政策时,往往给予企业的核心员工支付较高的住房公积金[2]。

(3) 由于住房公积金是政府严格管理和政府信用担保的政策性资金,为了防范风险,其发放和个人提取使用都严格控制。因此,全国的住房公积金管理中心大都存在资金沉淀问题。建设部(即住建部)提供的资料显示,全国住房公积金的使用效率并不高,2004 年个人贷款余额占归集余额的平均比例仅在 1/3 左右[3]。住房公积金主要是通过定期存款、发放贷款、购买国债这三个渠道来实现保值增值。因此,中国的政策性住房信贷的管理水平还比较落后,需要进一步改革。

9.5 考虑税收的借贷成本

9.5.1 资金的借贷成本

资金的借贷成本主要考虑的是使用的报酬,借贷资金一般是按利率支付报酬,故合同利率就是借贷资金成本率。但这并不是实际的资金成本率,实际资金成本率应该是借贷人支付的实际利率。实际利率是以合同利率为基础,结合借款人实际财务情况综合计算出来的利率。如考虑所得税的征收,借款合同的其他费用条件等因素的影响等。例如,仅考虑所得税率,不考虑其他筹资成本,借款人的实际利率计算公式为:$I=t(1-k)$。式中,K 为实际利率,t 为合同利率,k 为所得税率。

---

[1]《住房公积金管理条例》,1999 年 4 月 3 日中华人民共和国国务院令第 262 号发布。2002 年 3 月 24 日中华人民共和国国务院令第 350 号文修订.

[2] 新华社报道.烟草公司高管住房公积金月入 1.8 万,公平何在.国际金融报,2013-05-28.

[3] 张俊才,邹锡兰.住房公积金规模激增,如何保值增值成关注焦点.中国经济周刊,2005-05-09.

9.5.2 美国的住房借贷成本计算

美国的房地产投资者在借款时除了要考虑利息成本对股本投资收益的影响,还要考虑缴税对股本投资收益的影响。美国的税法规定,投资者在还贷期的利息支出可以冲减应税收入,因而联邦政府和州政府实际上承担了部分费用,投资者实际上所要承担的是税后的借贷成本(这也是美国人愿意在住房投资中借贷的重要原因之一)。这样其税后借贷成本反而是降低了。

例 9-2 假定某住房抵押贷款额为 10 万美元,贷款利率为 9%,期限为 10 年。借款人的所得税率为 40%(包括联邦和州的所得税)。假设不考虑其他费用,试计算借款人的税前和税后,贷款成本的变化(按年计算)。

解:(1)其税后实际利率将从 9% 降至 5.4%:9%(1−40%)=5.4%。
(2) 投资者税后的借贷成本将从税前的 $9 000 降至 $5 400。
计算过程:

票据面额	$100 000
×合同利率	0.09
年利息偿还额	9 000
−节税(0.4×$9 000)	3 600.00
税后借贷成本	$5400.00

9.6 住房抵押贷款保险

住房抵押贷款保险(Mortgage Insurance)是指在住房融资过程中为减少抵押贷款风险,保障抵押权益实现而建立的一种与住房抵押贷款制度相配套的补充制度。它的风险转移和损失赔偿机制缓解了住房抵押贷款授信业务中金融机构与客户之间因信息不对称等导致的信用风险,有助于中低收入普通家庭提升住房的购买能力,促进房地产一级抵押市场的发展,对二级抵押市场的资产证券化业务也有信用提升的作用。

9.6.1 美国的住房抵押贷款保险制度

西方发达国家的住房抵押贷款担保制度,经过数十年的发展已经有较为成熟的经验。美国的政府机构担保与私营抵押贷款保险相结合的模式具有一定的代表性。

(1) 美国政府抵押担保制度的建立始于 20 世纪 30 年代经济危机后,当时社会经济衰退和失业率急剧上升,曾使二十多万户居民因无力偿还贷款而丧失住房产权,金融机构抵押贷款的呆坏账急剧增加。由于此时美国还没有建立完善的保险机制,致使 1 600 多家银行和储蓄信贷协会因无法收回贷款而破产。[1] 国会为减少银行所面临的风险以及促进中低收入者购房,1934 年罗斯福政府根据《国民住宅法》成立了联邦住房管理局(FHA),为中低收入家庭提供住房抵押贷款担保,分散了商业银行的风险,增加了美国的

---

[1] 汪丽娜.美国的住宅抵押保险机制.中国房地产金融,1998(2):39−42.

住房自有率。

(2) 目前美国的住房抵押贷款担保公司按照其性质大体分两类。一是 FHA 为代表的政府性机构,为 LTV 比低于 20%(即 LTV>80%)的中低收入家庭提供 100%的担保,购房人最长可获得 35 年的住房贷款,有担保的购房者首付款最低可达 3%~5%;二是从事商业性担保民营机构(7 家全国性的公司),为住房贷款提供 12%~30%的担保以提高信用等级。在借款人的还款达到一定比例时,可以申请取消担保。由于这些公司需要自己承担风险损失,美国政府对这些公司资本金和信用级别要求严格,这些公司都具有较高的信用等级。[1]

(3) 美国抵押贷款的商业保险险种大致有三类:①防范抵押物灭失风险的财产险。主要是为了防止住宅抵押物的毁灭,或者因为房地产价格的下降导致的抵押物贬值而设立的保险。②防范借款人不履约风险的抵押贷款寿险。该险种是保险公司向借款的购房者提供的一种保额递减式的人寿保险,购房者在办理借款手续时,同时办理人寿保险手续。在保单有效期间如果被保险人故去或完全残疾,则由保险公司代替借款家庭偿还所欠的借款余额。③住房抵押贷款保证保险。该险种一般是贷款银行要求借款购房者投保的险种,借款购房者在借款时向保险公司交纳一定数额的保费,保险公司作偿还贷款的保证,银行应相应地给购房者发放贷款。

9.6.2 中国的住房抵押贷款保险制度

(1) 我国的住房抵押贷款保险制度在 20 世纪 90 年代开始建设。1997 年 6 月 1 日施行的《城市房地产抵押管理办法》与 1998 年 5 月 9 日施行的《中国人民银行个人住房贷款管理办法》等法规的颁布使其有了初步的法律基础。但是在实践中,对于住房抵押贷款合同条款下的强制要求,购房业主对住房抵押贷款保险制度颇多怨言。如保险责任的实际承担期限短于合同规定的保险期限;保险公司不是按年,而是一次性收取全部保费;购房者花钱买房买保险,但在贷款保险合同中却不是受益人等。[2] 我国目前为个人住房提供贷款保险的机构仅有几家商业保险公司,没有政府的直接参与。

(2) 目前我国住房抵押贷款保险是秉持以保障商业银行信贷安全为中心的理念,住房抵押贷款保险是保证保险和信用保险的混合物,因而缴费义务和受益权利之间的关系严重扭曲。在目前的实践中,金融机构往往强制要求购房者到其认可的保险公司办理房贷信用保险,规定高于国际平均水平的保费费率(我国目前住房抵押贷款保险的保费费率约为 3‰~5‰,对比美国和加拿大等国不到 0.5‰的费率明显偏高),并明确该金融机构为保险的第一受益人,在购房者因意外事故死亡或残疾而无力偿还贷款时,由保险公司偿还出险后尚需偿还的购房贷款本息。金融机构既不缴纳保费也不作为投保人,但却得到了信用保险才有的保险理赔;而真正的购房业主虽然缴纳了属于保证保险范畴的保险费,而其自身的购房首付款却得不到应有的保障。这些制度安排与国际通行的住房抵押贷款保险制度的先进理念和内容差距较大,因而受到国内购房者的抵触,影响了住房抵押贷款保险业务的发展。未来需要进一步地改革我国的住房抵押贷款保险制度。

---

[1] 范亮亮,刘洪玉.国外住房抵押贷款担保制度的分析和借鉴.金融与经济,2006(2):17-19.
[2] 曹晓燕,杨益.规范住房抵押贷款保险的思考.保险研究,2003(10):52-54.

(3) 目前我国住房抵押贷款商业保险险种大致分为三类：①财产保险。该保险是指防止由于意外灾祸而造成较重房屋损失而以房屋或其有关利益作为保险对象的保险。②信用人身保险。该险种是维持借款人还贷能力的信用保险，借款人因意外事故或疾病等影响家庭收入，失去部分或全部还贷能力时，以保险金抵付贷款余额，使抵押房地产不致被收回或拍卖。③保证保险。保证保险是还款的履约保证，由保险公司对购房者提供违约保险。当借款者不能还清本息时由保险公司负责融通，或当房地产作为抵押物贷款时，由保险公司对抵押物进行保险。

(4) 住房抵押贷款保险应当在特定范围内具有一定的社会福利属性，未来我国应当在住房抵押贷款保险方面引入国家信用，构建类似西方发达国家政府保险与商业保险并重的保险机制。政府的政策性保险机构可主要定位于为中低收入者提供费率优惠的住房抵押贷款保险服务，而商业性保险机构则可主要定位于为中高收入者提供系列个性化住房抵押贷款保险产品。我国应通过一系列市场改革措施，逐步完善住房抵押贷款保险的基本制度。

9.7 问题研究

9.7.1 住房抵押贷款价值比问题

金融机构发放住房抵押贷款时，在评估了预抵押住房市场价值后，通常会将抵押房地产的价值乘以一个百分比，以此作为抵押贷款借出的额度：抵押贷款价值比（Loan To Value，LTV）$=\dfrac{\text{抵押贷款额}}{\text{抵押房地产价值}}\times 100\%$。LTV 就是一个非常重要的经济参数，表面上看，它是金融机构用以确定向开发商或住房购买者提供多少贷款金额的指标，实质上，LTV 是金融借贷机构控制抵押贷款风险的一个重要措施。由于贷款期限较长，期间的房地产市场价格也会发生较大波动，LTV 值也会相应不断变化。通常情况下，借款人不断归还抵押贷款将使贷款余额下降，LTV 也随之下降（假定抵押房地产市场价值不变），借贷人的风险将会降低。但如果宏观经济下滑，抵押物市场价值也将趋于下降，将使抵押物的 LTV 值上升（甚至 LTV 达到 100% 以上），这将加大金融机构的借贷风险。

较低的 LTV 意味着提供房地产贷款的金融机构所贷出的贷款额，具有价值远远大于贷款额度的房地产作为贷款的抵押担保，贷款具有较好的安全性。反之，借贷机构将面临较大的风险。但是如果 LTV 过低，会导致贷款申请者的支付能力不足，无法达成贷款协议。根据经验，LTV 70%～80% 是各国都比较认同的较为合理的抵押率，如英国和美国一般为 80% 左右，日本一般为 60% 左右，德国通常在 60% 左右，西班牙和法国通常最高不得超过 80%[1]。

(1) LTV 是控制住房抵押贷款风险的重要指标，是否是越低越好？中国内地的商业银行对住房抵押贷款的 LTV 的控制指标是多少？为什么"国八条"[2]中对于居民贷款购

---

[1] 王凌云.金融风险与房地产抵押评估.银行家，2005(12)：72-74.

[2] 《国务院办公厅关于进一步做好房地产市场调控工作有关问题的通知》(国办发[2011]1号).

买第二套住房,要求"首付款比例不低于60%"?

(2) 从住房抵押贷款价值比(LTV)的计算公式可知,"抵押贷款价值"是影响LTV的重要因素。而"抵押贷款价值"就是经过评估的抵押物业资产的市场价值,因此金融机构如何确定"抵押贷款价值"就成为控制抵押贷款风险的重要因素之一。据不完全统计,次贷危机时美国住房抵押贷款中有一半被高估了10%。某个地区各类房产都被高估了10%,然后它们又是以后用于评估的类比房产。次级贷款行业一直以来愿意接受高估价值的做法成了全美房产价值狂飙的主导动因[1]。试问在美国次贷危机中对抵押资产的高估值是如何引发还贷风险的?其影响机制如何?对住房抵押贷款的衍生产品有何影响?美国住房抵押贷款的担保制度是否能够减少这种风险?

*9.7.2 抵押贷款估值方法选择问题研究

不良贷款一直是中国银行业改革发展的主要障碍,是银行资产金融风险的主要表现。调查结果显示,抵押有效的不良贷款之所以产生,主要是因为当初抵押资产的评估值过高造成的。而评估值过高除了部分是人为虚假评估外,多数则是因为评估价值类型的选择造成的[2]。在国际资产评估领域,有两类抵押贷款价值类型的评估方法,一类是"市场价值"类型的评估方法。目前《国际评估准则》《美国评估准则》《澳大利亚评估准则》,以及包括中国《房地产评估规范》等对抵押资产的评估所采用的价值类型通常情况下都是市场价值。另一类是以德国为首的"抵押贷款价值"类型评估方法,德国率先提出了抵押贷款价值的概念,并在欧洲市场上逐步得到认同和应用。到目前为止,抵押贷款价值已在欧洲得到广泛应用,并纳入了《欧洲评估准则》,新的巴塞尔资本协议也特别强调了抵押贷款价值的运用。可见,目前国内外对于抵押资产评估所适用的价值类型还处在不同理论认识讨论之中,也表现在不同国家或地区的评估规范中,不同的价值类型同时存在。

所谓抵押贷款价值(Mortgage Lending Value)是指考虑到资产的长期存续性和当地正常的房地产市场状况,以及资产的当前用途和可以选择的最佳用途等因素,对资产的未来可出售性进行谨慎评估后得出的资产评估估值,并且在最终评估抵押贷款价值时修正了投机因素。到目前为止,抵押贷款价值已纳入到《欧洲评估准则》中,并在欧洲得到了广泛的应用。新的巴塞尔资本协议对抵押贷款价值的运用进行了特别强调。《国际评估准则》中援引了欧洲立法中的相关定义,将抵押贷款价值归为"非市场价值"。英国皇家特许测量师学会出版的《RICS估价标准》中也将抵押贷款价值(Mortgage Lending Value)与市场价值(Market Value)区别表述。

图9.3具体反映了抵押贷款价值、市场价值、银行贷款三者之间的关系。假设在时点1,某抵押资产的市场价值为A,以其比率70%(LTV)为标准发放银行贷款数额为B;此时,该抵押资产的抵押贷款价值为C,以其比率70%(LTV)为标准发放银行贷款数额为D。等到时点2贷款到期时,经济形势变坏,抵押资产的市场价值降到了银行贷款数额以下,此时LTV值超过100%,借款人出于自身财务效益最大化的考虑,可能放弃还款。而

---

[1] 刘洪玉,张宇.次贷危机的形成与房地产评估的畸形作用.城乡建设,2008(11):73-74.
[2] 崔宏.抵押资产:市场价值抑或抵押贷款价值.农村金融研究,2008(4):28-32.

此时抵押资产的市场价值低于贷款余额,发放的银行贷款 B 显然将暴露在风险之中。相反,以抵押贷款价值为决策基础发放的贷款 D,仍然全部覆盖在抵押贷款价值之下,LTV 值仍然保持在时点 1 发放贷款时的水平(70%),银行对此物业的抵押贷款是安全的。

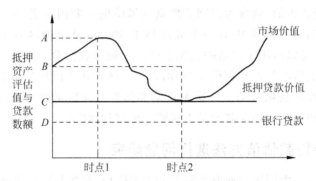

图 9-3　抵押贷款价值、市场价值与银行贷款的关系
资料来源：崔宏.抵押资产：市场价值亦抑或抵押贷款价值.农村金融研究,2008(4).

抵押贷款价值评估结果的调整,也需要体现谨慎原则。对采用市场法或成本法评估出的价值,在必要的时候须采用折扣率进行调整。比如德国通过法律规定,对采用市场法评估出的价值或采用成本法评估出的建筑物价值,都应采用至少 10% 的安全比例(Safety Margin)进行折减后,才能作为抵押贷款价值。[1]

(1) 理论上"抵押贷款价值"比"市场价值"更要符合金融机构抵押贷款实际工作的需要,但是在实际的评估工作中,为什么资产评估师还是愿意采用"市场价值"作为评估结果？"抵押贷款价值"的评估计算如何进行？对评估人员和贷款机构有何技术要求？[2]

(2) 有学者和业界人士认为抵押评估中评估价值类型应为清算价值(Liquidation Value),认为抵押价格的本质应为"债权人依法拍卖抵押物的迫售清算价格于抵押时的折现值"[3]。"从贷款方的角度考虑,抵押资产价值的特殊性,决定了其评估的价值类型只能用清算价值"[4]。那么,抵押物的"市场价值""抵押贷款价值"和"清算价值"三者之间有什么关系？你认同"抵押评估中评估价值类型应为清算价值"这种观点吗？

9.8　案例分析

9.8.1　抵押贷款视角下的美国次贷危机

2007 年 8 月爆发的美国次贷危机被世界各国认为是 20 世纪 30 年代以来最严重的全球性金融危机,危机经历了流动性短缺,信贷紧缩和实体经济萎缩三个阶段,并给全球经济带来了严重衰退。它先由金融危机转为全面经济危机,再转为就业危机,随后在许多

---

[1] 孙以洲,张文锋.抵押评估中价值类型的选择.中国资产评估,2008(5)：22-27.
[2] 孙以洲,张文锋.抵押评估中价值类型的选择.中国资产评估,2008(5)：22-27.
[3] 路金勤.房地产抵押价格的本质及其评估研究.武汉冶金科技大学学报,1997(12)：513-516.
[4] 刘桂良,招平.抵押资产价值评估方法的创新.系统工程,2004(9)：104-106.

国家造成社会危机,甚至导致政治危机[1]。从住房抵押贷款市场的自身原因分析,首先是银行流动性充裕,为了高利润,银行之间相互竞争,争夺房贷。但是在传统经营模式下,银行贷款规模受到严重制约。占银行资产规模比重较大的房屋贷款期限偏长,在利率市场化的条件下,久期偏长的资产规模自然要被转移出去。于是次贷证券化必然是贷款机构的最佳选择。因而住宅金融市场上商业银行传统的"贷款并持有(Originate To Hold)"的经营模式不得不让位于新的"贷款并证券化(Originate To Distribute)"的商业模式。由此开始,住宅贷款的资金来源不是依靠吸收存款,而是依靠卖出贷款合同。[2] 其次,次级抵押贷款市场面向信用评级低、收入证明缺失、负债较重的客户。他们被称为ninjna,意为既无收入(No Income)、又无工作(No Job)、更无财产(No Asset)的人。[3] 由于信用要求不高,其贷款利率比一般抵押贷款利率高出2%～3%。在巨大的利润的诱惑下,加之优质和次优级抵押贷款市场日趋激烈的竞争,许多金融机构大量发放次级抵押贷款。次级贷款规模从20世纪90年代末在整个住宅贷款中所占比重的2%,发展到2006年末占到美国住房抵押贷款市场中的约13%(1.13万亿美元)。再次,次级住房抵押贷款对象因为数额小、差异性大,导致银行因为无法发挥规模经济的优势,而使事前甄别成本过大而变得不具有可操作性。放贷机构也更多地依赖机械的计算机程序而不是评估师的结论进行物业估值,高估滥贷现象时有发生,贷款质量整体下降。因此,贷款机构只能选择"资产组合"战略来分散风险。最后,银行等放款机构通过二级市场,一方面将信用风险转移出去;另一方面又通过购买以次贷为基础资产的衍生证券将信用风险转移回来。商业银行的MBS持有额占总量的18%。而回流银行的不仅有信用风险,还有流动性风险。

问题分析:

(1) 上述从抵押贷款视角分析的次贷危机产生原因,哪一项是最基础的原因?哪一项是基于盈利模式改变导致的原因?

(2) 从抵押贷款业务本身来分析,如何减少其信用风险?将抵押贷款证券化是不是其中的一种措施?

(3) 抵押贷款在银行是表内业务(On-Balance Sheet Items),即在银行的资产负债表中体现的存贷款等内容,严格受到金融监管;而当银行将抵押贷款证券化后,就成为了表外业务(Off-Balance Sheet Business),风险大为降低[4],但是为什么有的商业银行还会愿意持有MBS?

(4) 由于每一项物业资产都是独一无二的,因此对于商业贷款用途下的房地产抵押物价值只能由房地产估价师逐一评估,不能用计算机来批量评估。这种说法正确吗?

9.8.2 中国家庭父母参与子女的融资买房活动

跨期家庭预算约束模型告诉人们,家庭的消费不仅取决于现有收入,还取决于未来预

---

[1] 韩钰芳.美国次贷危机爆发的原因综述.当代经济,2009(9):9-11.
[2] 许传华,徐慧玲.美国新金融危机的历史、演进及探源.国外社会科学,2009(2):71-77.
[3] 余永定.美国次贷危机:背景、原因与发展.当代亚太,2008(5):14-32.
[4] 杜丽虹.新世纪金融启示录:抵押贷款证券化双刃剑.和讯网——证券市场周刊,2007-06-01.

期的收入,更具体而言是取决于持久收入。住宅消费是一种耐用品的消费,可以理解为在多时期的住宅服务流量,从而与多时期的收入相对应。因此,它取决于家庭的持久收入,这是住房抵押贷款的理论依据之一。[1]

在1998年中国政府实施住房制度改革以来,中国家庭购房行为中经常出现的有趣现象就是父母参与到子女的融资买房活动中。通常有一定经济实力的家庭在子女欲购买新建住宅时,父母通常都是提供购房的首付款项,而由子女来按期偿还向银行借出的抵押贷款。《昆明日报》2008年8月5日第B_1版报道昆明住房公积金管理新细则时指出"子女买房可用父母的公积金还贷"。对于我国的父母帮助子女购房的这种行为众说纷纭,赞成者认为许多帮助子女买房的父母,就像自己老弱病残了接受孩子的帮助一样,是中国人的天经地义,是很真实的国情和传统文化。反对者则认为父母之爱应体现在哺育孩子健康成长,能让孩子依靠自己承受压力。[2] 国家统计局总经济师姚景源也认为父母为独生子女买房扭曲了中国的房价[3]。

问题分析[4]:

(1) 从跨期家庭预算约束理论分析,增加了父母的资金投入能否提高子女的住房消费需求?它对住房抵押融资市场又会产生何种影响(短期和长期的)?

(2) 在加入父母资金投入因素的住房抵押融资会不会对未来住房价格产生影响?对于当期的住房价格会产生影响吗?

(3) 子女的未来预期收入和父母对子女购房的前期资金投入,会影响到子女的购房需求。那么子女未来预期收入的变化(变差或变好)会否影响到未来住房市场的价格?对于高收入家庭子女和低收入家庭子女这种影响是否一样(可以试用恩格尔系数来分析)?

9.9 本章小结

本章主要研究了住宅房地产投资中的融资问题。从住房抵押贷款定价原理、住房抵押贷款还款模式的变化,到住宅房地产投资的融资方式介绍,简明扼要地梳理了住房抵押融资的理论和各类信贷工具,熟悉了抵押贷款还款方式对借贷双方的不同影响,了解了中美房地产开发企业融资行为和效应的异同。并通过中美两国不同的住房金融市场分析,熟悉了两国政府支持的住房信贷的异同点,了解了抵押贷款再融资的效果和意义。为后续的住房信贷证券化理论的探讨做了一定的铺垫。在问题研究部分,本章对银行等金融机构在抵押贷款风险控制指标选择方面的主要问题,即住房抵押贷款价值比(LTV)的确定,进行了一定的理论分析。并且进一步地对抵押贷款价值评估方法做了深入的探讨。这些问题属于本专业本科高年级同学和研究生同学的学习讨论范围,需要较多地阅读相关学术文献来理解。但是它又是现实房地产金融业发展的难点问题,需要具备一定的理

---

[1] 崔新明.住宅抵押贷款的融资效应对住宅需求价格的影响.金融研究,2003(6):83-92.

[2] 张永炳.为子女买房,父母不该如此"伟大".人民网转载,2012-12-01.

[3] 许可新.国家统计局总经济师姚景源:父母为独生子女买房扭曲了中国的房价.第一财经日报,2009-10-19.

[4] 相关问题延伸阅读文献可参见:O Lamont, JC Stein. Leverage and house-price dynamics in U. S. cities. RAND journal of Economics,1999,9,30(3):498-514.

论和实践能力。在案例研究部分的两个案例,仍然紧扣住房抵押贷款市场的主题,一个分析了美国次贷危机产生原因的抵押贷款市场部分的原因;另一个是中国父母资金投入对子女住房需求,以及对住房抵押融资和对住房市场价格的影响和相互关系分析,并且引入了跨期家庭预算约束的经济理论概念。两个案例的讨论同样需要读者在课下阅读相关的文献资料(在阅读文献部分有相关的论文供参考),才能客观回答其中的问题,更深刻地理解住房抵押贷款市场的功能和内在机制。

9.10 本章拓展思考题

(1) 在中国居民的住房按揭贷款模式选择上,为什么人们大都选择"等额本息还款"?

(2) 固定利率抵押贷款的利弊有哪些?为什么中国目前只有少数银行开展此项业务?

(3) 可调整利率抵押贷款为什么对负债人而言具有较大风险?如何降低此类风险?

(4) 住房抵押贷款再融资是如何进行的?需要满足哪些条件?在中国能否开展这项业务?

(5) 中国的政府支持住房信贷存在哪些问题?如何改革?

(6) 为什么要开展住房抵押贷款保险?它有哪些作用?中国目前的住房抵押贷款保险存在哪些问题?

(7) 抵押贷款的价值是如何确定的?"负资产"家庭产生的原因?

(8) 当一个家庭预期今后若干年的收入会倍增,它会如何安排家庭的住房融资计划?房地产市场的价格预计会发生什么样的变化(假设未来当地的宏观经济发展是正常平稳的)?

(9) 某住宅建筑商以9%的年利率为其出售的住宅提供25年期100 000美元的抵押贷款。而市场上25年期的现行贷款利率为10%。无任何特别融资的住宅正常售价是110 000美元。试问:

① 应以什么价格出售住宅才能使建筑商实际上可获得市场贷款利率水平?假设买主将贷款持有至25年。

② 如果该住宅在10年后重新出售同时清偿贷款,问题①的答案会是多少?[1]

(10) 反向住房抵押贷款是如何进行的?其原理为何?它是在什么背景下发展起来的?

9.11 主要参考文献

[1] 张红,殷红.房地产金融学.北京:清华大学出版社,2007.
[2] 威廉姆 B 布鲁格曼,杰弗瑞 D 费雪(著).房地产金融与投资.李秉祥等(译).大连:东北财经大学出版社,2000.

---

[1] 威廉姆 B 布鲁格曼,杰弗瑞 D 费雪(著).房地产金融与投资.李秉祥等(译).大连:东北财经大学出版社,2000:36.

[3] 柴效武,胡平.美国反向抵押贷款发展历程及对我国的启迪.经济与管理研究,2010(4).
[4] 汪丽娜.美国的住宅抵押保险机制.中国房地产金融,1998(2):39-42.
[5] 范亮亮,刘洪玉.国外住房抵押贷款担保制度的分析和借鉴.金融与经济,2006(2):17-19.
[6] 曹晓燕,杨益.规范住房抵押贷款保险的思考.保险研究,2003(10):52-54.
[7] 王凌云.金融风险与房地产抵押评估.银行家,2005(12):72-74.
[8] 刘洪玉,张宇.次贷危机的形成与房地产评估的畸形作用.城乡建设,2008(11):73-74.
[9] 崔宏.抵押资产:市场价值亦或抵押贷款价值.农村金融研究,2008(4):28-32.
[10] 孙以洲,张文锋.抵押评估中价值类型的选择.中国资产评估,2008(5):22-27.
[11] 刘桂良,招平.抵押资产价值评估方法的创新.系统工程,2004(9):104-106.
[12] 许传华,徐慧玲.美国新金融危机的历史、演进及探源.国外社会科学,2009(2):71-77.
[13] 余永定.美国次贷危机:背景、原因与发展.当代亚太.2008(5):14-32.
[14] 崔新明.住宅抵押贷款的融资效应对住宅需求价格的影响.金融研究,2003(6):83-92.
[15] O Lamont, JC Stein. Leverage and house-price dynamics in U S cities. RAND journal of Economics,1999-9,30(3):498-514.

阅读材料 9.1

中美住房抵押贷款定价模式对比分析[1]

一、美国住房抵押贷款流程简介

1. 住房金融产品发放的经纪人制度

美国的抵押经纪人(mortgage broker)最早产生于20世纪80年初期,随着美国抵押贷款市场的发展,抵押经纪人的队伍也不断的发展壮大。20世纪90年代抵押经纪人的数量以平均每年14%的速度增长,市场份额由1988年的10%增长到1999年的60%以上。到2004年,美国有大约53 000家经纪人公司参与抵押贷款市场运作,其发放的抵押贷款占市场份额的68%。早期的抵押经纪人主要由曾在银行从事过抵押贷款发放的业务人员构成。抵押经纪人的发展与证券化、银行并购、专业化经营、产品多样化有关,另外也与美国的住房房型有关,美国的房型和中国不同,中国的房型大部分是公寓式的,可以一个楼盘为单位对多个客户销售,银行只要与开发商合作就可以对住房抵押贷款业务进行"批发式"销售,而美国的房型大部分是单栋的单个家庭购买,所以银行需要经纪人在中间搜集所有购房者的相关信息,进行批发销售,可见,在一手房市场,中国的开发商一定程度上起到了美国经纪人的作用。抵押经纪人在美国住房金融一级市场中发挥重要功能,基本职责包括:①营销客户,开拓市场;②评价借款人的借款条件,包括信用状况和支付能力;③调查抵押贷款市场,找到合适借款人的抵押贷款产品;④预审并向放款机构推荐符合条件的贷款;⑤搜集所有必要的文件,完成贷款申请表;解释法律要求披露的信息;⑦向放款机构递交所有资料;⑧组织借贷双方完成贷款闭合。

2. 抵押贷款流程

美国住房抵押贷款的流程,如图1所示。

由图1所示,美国住房抵押贷款一般要经过"申请→审批→签约→到期"的过程,其中

---

[1] 朱玉坤.中美住房抵押贷款定价模式对比分析.经营管理者,2010(1):21.

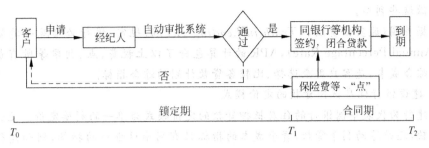

图 1 美国抵押贷款流程

从客户申请的 T_0 到审核通过的签约日 T_1 为锁定期,从签约日 T_1 到合同到期日 T_2 为合同期。其流程模式与我国的主要区别在于以下两点:一是客户和银行之间有经纪人的参与;二是在签约日,即合同闭合日(Closing Day)客户需要缴纳的一些费用和点。

二、美洲银行与建设银行住房抵押贷款定价模式对比

1. 美洲银行的住房抵押贷款定价模式

1.1 闭合费用(Closing Fee)

在美国的住房抵押贷款流程中,如果客户的申请通过审批,客户同银行等机构正式签约、房屋产权转移时称为合同闭合(Closing),在合同闭合时,客户通常会被要求缴一些费用,这些费用通称为"闭合费用",这些费用通常包括律师费(Attorney Fees)、产权服务费(Title Service Cost)、注册登记费(Recording Fees)、房产交易印花税(Document or Transaction Stamps or Taxes)、调查费用(Survey Fee)、按揭申请费(Mortgage Application Fees)、评估费用(Appraisal Fees)、财产保险费(Property Lnsurance)等。

1.2 折扣点(Discount Points)

折扣点的设计是美国银行住房抵押贷款定价模式中最具特色的方面,通过折扣点可以调整利率,在保持 APR 不变的情况下,改变客户现金流的期限结构。折扣点,简称点(Points)是客户为了降低利率在合同闭合时支付给银行的费用。本质上说是客户预付的一部分利息。1点等于贷款本金的1%,客户买点通常称为"买低利率"(Buying Down the Rate),购买一点可以降低的利率数量因不同银行和不同的产品而异。比如一个期限30年,贷款本金35万美元,不买点年利率为6.125%的贷款,则每点价格为本金的1%即3 500美元;假设购买一点利率降低0.75%,则购买一点付出3 500美元,利率降为5.375%,买两点付出7 000美元,利率降为4.875%;通过年金计算可以得出,0点对应月供为2 165.65美元,购买1点月供降为1 959.91美元,购买两点,月供降为1 852.23美元,比不购买点是分别可节约月供166.74美元和274.42美元。

客户基于自身条件做出是否购点选择,这主要取决于客户的资金状况和购房的目的是长期持有还是短期持有;如果客户的资金比较宽裕,不会因为买点而降低首付,并且房屋持有期至少大于平衡期,同时选择了固定利率贷款则通过买点来降低利率是比较适合的选择。

1.3 利率(Rate)

利率是资金的价格,使用资金的成本,美国住房抵押贷款的利率分为固定利率和浮动利率两种。而固定利率和浮动利率初始值的确定均可以与点发生联系,顾客通过购买点

可以降低这些利率。

根据美国《诚实信贷法》(Truth in Lending Act)的规定,银行必须就每笔贷款公布APR(Annual Percentage Rate),APR的计算包含了以上税费、点、利率等所有费用在内的贷款综合成本,是客户用来选择、比较各贷款计划的综合指标。

2. 建设银行住房抵押贷款的定价模式

以建行为代表中国银行的住房抵押贷款的定价模式为单一的利率定价。无论是固定利率贷款,还是浮动利率贷款,资金成本的指标只有利率这唯一的指标,例如建行的固定利率个人住房贷款产品说明中规定:期限最长为30年,固定利率个人住房贷款的执行利率由建设银行在同期人民银行公布的基准利率水平基础上确定。

3. 两种定价模式的对比

通过以上分析可以看出中美两国住房抵押贷款的定价模式区别十分明显,美国实行费用、点和利率多指标的分开定价,而中国以单一利率作为产品定价的唯一指标。

三、费用、点和利率多指标定价的优势

1. 对银行的优势

费用、利率和点多指标分开定价对银行而言,第一,可以通过各个指标的组合,进行多样化的产品设计,设计出符合特定客户需求的产品;第二,对于适合购买点的客户,买点相当于预付利息,这样减少了银行的利率风险;第三,如图1所示,通过点和利率的"替代"关系,可以在不改变APR的情况下,使得利率得以调整,满足不同客户对利率的不同偏好。

2. 对客户的优势

对客户而言,第一,可以根据自身的实际情况选择适合自身的产品;第二,可以通过点和利率的搭配来改变未来现金流量的期限结构,使债务负担和自己未来收入的趋势相匹配,从而保持相对稳定的收入债务比和生活水平;第三,通过把相关税费单独列出收费,客户可以根据自己的需要,选择相应的服务,承担相应的成本,避免了客户间平均分摊相关费用而导致的无效率,从而使自身获得更大的效用。

四、结语

本文对美国美洲银行和建设银行的住房抵押贷款的定价模式,特别是美洲银行住房抵押贷款的定价模式进行了详细的分析,并通过对比指出了美洲银行费用、点及利率多指标定价的优势所在。根据目前国内的金融环境,在住房抵押贷款上进行定价模式的改革是较容易推进的,希望本文的论述对我国住房抵押贷款定价模式的改革和完善有所帮助。

阅读材料 9.2

抵押资产:市场价值亦或抵押贷款价值?[1]

一、银行贷款抵押资产评估问题由来

(一)抵押资产评估价值变现率低下的现实

不良贷款一直是我国银行业改革发展的主要障碍,是金融风险的主要表现。从2000

---

[1] 崔宏.抵押资产:市场价值亦或抵押贷款价值.农村金融研究,2008(4):28-34.

年四季度开始,我国银行业不良贷款比例和余额开始实现"双下降"。然而,不良资产存量较高、不良贷款率高位徘徊的问题仍然比较突出。形成不良贷款的原因无疑是多方面的。在我们的调研中,发现相当一部分抵押贷款在抵押有效的情况下也成为了不良贷款,这就不得不引起我们的深思。本来,通过抵押资产来降低或缓释信贷风险是银行控制信用风险的主要手段之一。但据中行系统的一项调查结果显示,以机器、设备等动产做抵押的资产变现受偿率只有10%左右,以房屋等不动产做抵押的资产变现受偿率只有30%左右。

在深刻反思不良贷款成因的基础上,对于不良资产的处置,中国银行业已经开始从事后化解转向事前防范。我们的调查结果显示,抵押有效的不良贷款之所以发生,主要是由当初抵押资产的评估值过高造成的,而评估值过高除了部分虚评外,多数则是因为评估价值类型的选择造成的。现行评估实务与相关法规、规章都对抵押资产评估采纳市场价值,而市场价值作为银行贷款决策的基础与抵押资产评估的目的是不相容的。为银行贷款提供决策基础的抵押资产评估事实上误导了银行贷款决策。对此,作为抵押资产评估行为的需求者和评估结果的使用者,银行业应该反思。

(二) 抵押资产评估的理论与实践落后的现状

我国对抵押资产评估的认识相当落后。如兰瑛(2004)所言,我国抵押贷款评估业务基本处于无序状态,许多重要概念混淆不清,就抵押资产评估到底评估的是什么价值都未能取得一致认识,实务界人士多认为是市场价值,而学者则多认为是清算或变现价值(如刘桂良、招平,2004),也有学者认为是清算价值的折现值(如路金勤,1997)。价值类型与价值定义的概念尚没有被抵押资产评估人员和评估报告使用者所接受(或仍然习惯认为是传统的市场价值),同时评估方法缺乏创新,造成抵押资产评估价值结果失实,误导银行决策。在抵押资产评估存在的诸多问题中,最为核心或说最具技术含量的问题是评估中的价值类型缺乏针对性,造成抵押物在可能变现的过程中价值发生贬损的风险。目前的抵押物评估主要是基于市场价值,然而市场价值代表的是评估时点的市场价值,随着时间的推移抵押物的市场价值必然会发生变化,甚至发生巨大变化。当抵押资产市场价值下降到一定程度时,无疑将使银行贷款丧失安全保障。在我国现行抵押资产评估实践中,无论采取何种评估方法,都没有考虑抵押物价值的长期性和变现性,简单采用市场价值类型,与银行贷款需要抵押做担保的目的不相吻合。实践方面,根据中国人民银行发布的《贷款风险分类指导原则(试行)》的规定,对于抵押资产的评估,在有市场的情况下,按市场价格定值;在没有市场的情况下,应参照同类抵押资产的市场价格定值。建设部发布的《房地产估价规范》、原国土局颁布的《城镇土地估价规程(试行)》也有类似规定。实践证明这种规定并没有保证金融机构抵押贷款的安全(刘桂良、招平,2004)。2006年1月,建设部、人民银行和银监会联合发布了《房地产抵押估价指导意见》,对适用的价值类型仍然规定为市场价值。与以前相比,该指导意见除了可以控制部分道德风险与体制风险外,在理论与技术上并没有新的创新和突破,因此并不能从技术上防范房地产信贷风险的产生。

因此,现阶段我国抵押资产评估理论与技术急需创新,尽管已有学者进行了积极探索(如崔宏,2007),但总体看仍未引起银行界与评估界的应有重视。

二、国际评估实务中不同规范差异共存

(一)国际评估界在抵押资产评估业务中存在两类规范

国际上,资产评估实务中采纳市场价值的做法由来已久。目前《国际评估准则》《美国评估准则》《澳大利亚评估准则》等对资产的评估、包括抵押资产的评估所采用的价值类型通常情况下都是市场价值。针对抵押贷款对评估的要求,德国率先提出了抵押贷款价值的概念,并在欧洲市场上逐步得到认同和应用。到目前为止,抵押贷款价值已在欧洲得到广泛应用,并纳入了《欧洲评估准则》,新的巴塞尔资本协议也特别强调了抵押贷款价值的运用。可见,目前国内外对于抵押资产评估所适用的价值类型还处于理论的不同认识之中,实践中表现在不同国家或地区的评估规范中,不同的价值类型同时存在。

(二)国际范围内不同抵押资产评估准则的具体规定

国际评估准则规定,评估通常使用市场价值。根据法律、具体情况以及被担保人的要求,评估师也可能使用持续经营价值、清算价值或其他价值类型。但只有在委托人的要求或规定法律允许的条件下,并在该评估业务不违背相应法律或规定且不会引起误导的情况下,评估师才能使用非市场价值进行评估。此种情况下,评估师通常也应进行市场价值评估,如果资产的市场价值与评估报告中替换的其他价值类型之间存在重大差异,该事实须在评估报告或评估书中予以说明。国际评估准则同时指出,抵押贷款价值和评估方法在一些发达的欧洲不动产市场上早已确立。国际评估标准委员会于2000年在国际评估准则2(即非市场价值的价值基础)中,援引欧洲立法对抵押贷款价值做出了明确定义。欧洲评估准则规定,抵押资产评估的主要价值类型是抵押贷款价值,同时建议评估师报告资产的市场价值,并详细解释不同价值间所存在的差异。而在美国,适用于抵押贷款评估的价值类型被界定为市场价值。而我国香港地区的《评估准则8:用于抵押的资产评估》规定,资产作为贷款担保物进行评估时,评估通常应当建立在市场价值的基础之上,而不宜以非市场价值作为抵押贷款资产评估的价值基础。然而,当银行或其他贷款机构要求评估师基于其他价值基础(作为市场价值的附加或替代)出具报告时,作为提供此类评估服务的条件,评估师必须向客户确认如下内容:资产出售所需要的期间以及这一期间是否包括完善法律手续所需要的时间。在这种状况下,谨慎的做法是:评估师应在评估中包含市场价值估计的内容,同时要提供体现非市场价值估计和市场价值差异程度的其他适当信息。我国在《房地产抵押估价指导意见》中指出,房地产抵押价值为抵押房地产在估价时点的市场价值,等于假定未设立法定优先受偿权利下的市场价值减去房地产估价师知悉的法定优先受偿款。法定优先受偿款是指假定在估价时点实现抵押权时,法律规定优先于本次抵押贷款受偿的款额,包括发包人拖欠承包人的建筑工程价款、已抵押担保的债权数额,以及其他法定优先受偿款。同时,该指导意见还指出,在处置房地产时,应当评估房地产的公开市场价值,同时给出快速变现价值意见及其理由。尽管国际范围内作为抵押贷款评估的基本价值类型分为两大阵营,但除欧洲外,基本都倾向于市场价值,而我国评估实践以及调查中多数评估师的意见都认为应该是市场价值。但我们认为,欧洲评估准则提出的"抵押贷款价值"类型更适合我国国情,因为市场价值包含了某项资产的全部可能的未来收益,而抵押资产似乎应更多的考虑资产的长期存续性、正常的和当地的市场条件、资产当前的用途和可选择适宜用途等因素,并对资产的未来可出售性进行谨慎

评估,不应考虑投机等因素,这样将抵押资产评估的价值类型定义为抵押贷款价值更具创新性和恰当性。

三、抵押作用、评估目的与评估价值类型

(一) 银行贷款抵押的三大作用

设定抵押对银行而言,除了特定的信用增级作用外,主要体现在如下三方面:一是提高借款人的违约成本,降低违约概率。银行要求借款人提供的抵押品主要是符合《担保法》要求的国有土地使用权、房地产、机器设备等实物资产。借款人获得这些抵押资产时支付一定的成本,这些花费或支出构成了借款人的较高的违约成本。当借款人认为违约收益小于违约成本时,除非发生破产清算等迫不得已的情形,借款人不会因此而发生违约。因此,抵押品能提高借款人的违约成本,降低借款人违约概率。二是减少风险暴露的余额,降低违约损失。抵押品能在相当程度上缓释风险。当借款人违约时,银行通过处置抵押品所获得的收益,使风险暴露的受保护部分可以获得有效抵补,降低了违约损失。合格的抵押既可降低借款人违约概率,又可降低违约损失。三是降低加权风险资产,提高资本充足率。由于抵押的风险缓释作用,对于同样的交易,使用信用风险缓释技术后的资本要求比未使用风险缓释技术的资本要求低。

(二) 抵押资产评估的目的

根据《担保法》的规定,抵押的本质就是对债权的保证,这里抵押表现出一个显著属性,即保证抵押债权的安全。设定抵押权是国家依法赋予抵押权人对抵押人履约的督促权、在一定条件下对抵押物的处分权和优先受偿权,以保证抵押债权安全无损。安全问题是发放贷款的首要问题,在金融市场上普遍采用抵押的方式来保证债权的安全。从抵押的本质属性出发,设定抵押的目的,显然就是保证银行贷款的安全。因此,抵押资产的评估必须统一在"保证银行贷款安全"这一目的之下。否则,抵押评估的实践就失去了方向。

(三) 抵押资产评估适用的价值类型

价值类型的确定直接受评估目的的制约。在确定评估目的是保证银行贷款的安全前提下,抵押资产评估采用市场价值就值得商榷。因为若采取市场价值类型,尽管抵押资产的未来价值不知道,但对借贷双方来说抵押资产的初始市场价值是已知的。在此条件下,如果在合同期间的任何时间,抵押资产的市场价值小于贷款合同的价值,那借款方的理性选择便是违约。因此,用市场价值进行评估,而不考虑资产的长期持续性,将损害银行贷款安全。相反,抵押贷款价值类型更贴切抵押资产评估的目的。具体而言,抵押贷款价值是指考虑到资产的长期存续性、正常的和当地的市场条件、资产当前的用途和可选择适宜用途等因素,经过对资产的未来可出售性进行的谨慎评估得出的资产的评估价值。在评估抵押贷款价值时不应该考虑投机因素。这也正是欧洲评估准则第6号所倡导的适宜于抵押资产评估的价值类型。这样定义的抵押资产价值类型,与抵押资产评估目的是最相符合与匹配的。与市场价值相比,抵押贷款价值的主要特征表现在:一是安全性。抵押贷款价值以安全性为首要目标。二是保守性。这是与安全性特性相伴而生的,主要是针对抵押资产评估操作而言的。这一特征要求评估师必须以谨慎的态度、保守的方式进行评估,确保稳定性和可持续性为基本原则,从而使抵押贷款价值不受市场价格和租金波动的影响(主要是市场价格和租金暂时上扬的影响)。三是持续有效性。市场价值反映的是

公开市场上在某一时点存在的最可能实现的价格水平。而抵押贷款是一个较长期的、具有一定确定性的商业行为,抵押贷款价值需要充分考虑当前和未来的市场因素变化的影响以及由此带来的风险,并对未来出售的可能性进行估计和判断。在这一过程中随着时间的变化和市场的波动,抵押贷款价值虽然也会随之进行定期或不定期的调整,但在评估时必须以整个贷款期间的价值有效性为基准,考虑抵押资产的稳定和持续性特征。

四、市场价值、抵押贷款价值与银行贷款安全

(一)市场价值、抵押贷款价值与银行贷款安全的关系

市场价值是各国评估业务中最重要也是最常用的价值类型。虽然各国对市场价值的定义在措词上有所不同,但基本构成要件是相似或相近的。核心的一个要素是,市场价值是对应于评估时点的一个值。因此,随着时间推移,受资产本身及市场影响,市场价值将不断发生变动,甚至剧烈变动。而作为银行贷款担保物的抵押品,其价值则不宜随着时间大幅度变动,尤其是在贷款合约期间,最好保持不变。根据定义显见,强调价值长期有效性的抵押贷款价值在贷款期内是一个不变的恒量,其小于(等于)市场价值。在银行按照抵押资产评估值的一定比例(LTV,我国多数银行的抵押贷款比例多为70%)发放贷款的情况下,要是贷款决策的依据是市场价值的话,显然随着抵押资产市场价值的不断变动,贷款数额很可能超过抵押资产的市场价值,这样抵押资产的价值将不能全额覆盖贷款,从而形成银行贷款风险。而与市场价值的时点有效性相反,抵押贷款价值的长期有效性正好满足银行贷款抵押的目的和要求。以抵押贷款价值为贷款决策依据,可以保证在整个贷款合约期间,贷款都将覆盖在抵押资产价值之下,银行贷款安全得以保证。图2具体反映了抵押贷款价值、市场价值、银行贷款三者之间的关系。

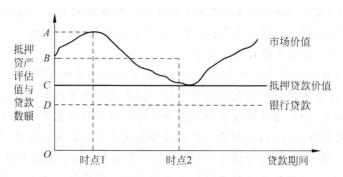

图2 抵押贷款价值、市场价值与银行贷款关系

假设在时点1,某抵押资产的市场价值为A,以抵押贷款比率70%(LTV)为标准发放银行贷款数额为B;该抵押资产的抵押贷款价值为C,以抵押贷款比率70%(LTV)为标准发放银行贷款数额为D。等到时点2贷款到期时,抵押资产的市场价值降到了银行贷款数额以下,此时LTV值超过100%,借款人出于自身财务效益最大化的考虑,可能放弃还款,而抵押资产的市场价值低于贷款余额,发放的银行贷款B显然将暴露在风险之中,并将蒙受损失。相反,以抵押贷款价值为决策基础发放的贷款D,仍然全部覆盖在抵押贷款价值之下,LTV值仍然保持在时点1发放贷款时的水平(70%),银行贷款是安全的。理论上,根据市场价值与抵押贷款比率的乘积,实时调整银行贷款的数额同样可以保证银

行贷款的安全。但在实务中,一笔贷款合约签订后,不可能实时再进行调整。另外,根据LTV的变动理论上也可对贷后风险进行实时监控,但前提是需要随时都知道抵押资产的市场价值变化情况,因贷前抵押资产的市场价值是通过评估得到的,贷后若要实时掌握市场价值的话,同样需要实时评估,而这从技术上与成本上几乎都是不可能的。所以,对银行而言,要保证贷款的安全,其发放抵押贷款的依据只能是抵押资产的抵押贷款价值,而不能是抵押资产的市场价值。

(二)银行对抵押贷款价值评估结果的利用

对银行而言,其抵押物评估的核心目的是判断债务人无法履行还款义务时,抵押物的变现价值是否能保证贷款本息不受损失。由于抵押资产的价值随时间必然会发生变化,银行本质上需要的是判断还款日或未来某一时点该抵押物的变现价值,而不是贷款发放日甚至之前的市场价值。正是由于抵押资产评估反映的是历史时点资产的价值,导致评估结论与银行在抵押评估中的真实目的产生差异,使银行在判断贷款的可回收性和贷款质量时,无法直接使用评估结论。在实际操作中,银行一般很少将评估结论作为贷款发放流程控制的直接依据,而通常在评估结论的基础上,根据有关规定或历史经验确定一个比率(LTV,这一比率目前多采用的是70%),作为贷款发放和信贷资产分类时的参考。实践证明,抵押资产市场价值的30%(100%-70%)并没有为银行带来稳定的安全边际。要求评估师提供抵押资产的市场价值,实质上将判断抵押资产的未来市场波动对贷款安全性的影响的责任,留给了银行自己。而要求评估师提供抵押资产的抵押贷款价值,实质上是将判断抵押资产的未来市场波动对贷款安全性的影响的责任,推给了评估师。显然,从社会分工与专业胜任能力角度考虑,评估师相比银行更具有这方面优势。在要求评估师提供抵押贷款价值的基础上,理论上讲,银行完全可以将评估结论直接作为发放贷款的依据。实务中,即使从一定的安全边际着想,银行再确定一个比率(LTV大于70%),其贷款安全性显然更加有保证。

五、银行推行抵押贷款价值的挑战与管理改进

(一)全面推进抵押贷款价值的挑战与实践困难

前述抵押贷款价值,理论上比市场价值更要符合银行抵押实际工作的需要,然而在评估实践中却也面临着相当的困难。一是未来资产市场价格走势如何判定,这是推行抵押贷款价值类型遭遇的最大障碍。由于抵押贷款价值核心是要考虑资产的长期存续性,并对资产的未来可出售性进行谨慎评估。这就要求评估师对时间的关注视角应扩展至整个贷款期间,正确评价经济发展周期的低谷与波峰,以整个贷款期间内预期可以稳定实现的销售价格为基本判别依据,并清楚地鉴别那些不具有持续性的当期市场现象,而且所有的评估参数的取值都要根据长期市场趋势来确定,而不应受任何短期因素的影响。这无疑提高了评估师的专业能力要求,在现阶段评估师甚至对市场价值评估中的收益现值法的应用都把握不是很大的情况下,确实是一种极大地挑战。但我们的基本观点是:尽管存在这样那样的困难,但只要是考虑了抵押贷款价值应该考虑的因素,抵押资产的价值评估就与"真理"更接近了一步,哪怕一小步,而且这一小步也是对市场价值的超越,是与抵押贷款资产评估目的相匹配的更加真实的反映。在初期评估师应用这一价值类型时,我们不期望评估的精确度达到统计学的要求,哪怕只是对以前实务的一些改进都是一种帕

累托效率的改善。二是抵押贷款价值评估的有效期如何确定？实务中许多评估师习惯于确定评估报告的有效期，这既是表明评估师专业水平的检验器，也是评估师解脱责任的挡箭牌。应该说这在评估资产的市场价值时，也是必然的一种结果，因为市场价值是不断变化的，所以评估值的准确性会随着时间发生偏差，为不使这一偏差达到社会公众不能忍受的程度，在这一偏差来临之际必须对资产评估结果的有效性进行叫停，因为价值的及时验证的不可行性，在假设评估价值有效性发生偏差与时间成正比的基础上，从可操作性出发，人为规定了评估报告的有效期。如果说评估报告有效期的规定是市场价值评估值的必然要求的话，则抵押贷款价值的评估值理论是不需要规定有效期的，根据图2中市场价值与抵押贷款价值的比较看，抵押贷款价值相比市场价值的波动曲线是一条水平直线，至少是在贷款期间内理论是这样的。如果要同样规定一个有效期的话，那就是整个贷款期间。然而，毕竟抵押贷款价值的评估面临比评估市场价值更多的不确定性，没有人可以绝对保证抵押贷款价值的评估值在未来的贷款期间内维持一条直线，从实务出发，我们可以规定一个灵活的评估报告有效期，比如当有迹象表明市场价值发生了较大波动时，就应该对抵押贷款价值重新进行评估，此时原先的评估结果自动失效。三是与市场价值评估方法中的收益现值法类似，也同样遭遇评估参数不确定性的困扰。这一问题应该没有什么有效的解决办法，只能依赖评估师的专业能力了。因为本质上一项资产的价值就在于其未来的盈利能力或现金流水平，既然是未来就必然存在不确定性。可以说，不能有效处理未来不确定性，就不会评估，也不能评估。这一问题，对作为社会分工一部分的评估师，理应胜任起来。

（二）抵押贷款价值实践推进的策略与方法

既然抵押贷款价值实务中存在较大的困难和阻力，采取激进式变革方案，彻底由抵押贷款价值取代市场价值，也就不具有现实性，至少在目前是如此。因此，可行的思路是采取渐进式改进路线，在市场价值评估的基础上引入抵押贷款价值，并依据银行抵押资产不同的管理阶段采取不同的策略：一是坚持贷前双评估：以市场价值评估为主，引入抵押贷款价值，实现价值鉴证与价值咨询功能相统一，市场价值与抵押贷款价值相结合。在确定贷款发放之前，抵押资产的评估应在以前单纯评估市场价值的基础上，引入抵押贷款价值的评估，并将抵押贷款价值的评估作为咨询性质的业务，与作为鉴证作用的市场价值一起，共同作为银行发放贷款金额的决策参考依据。从评估师的专业角度，在市场价值的基础上，为银行提供抵押资产长期价值的一种专业判断。二是坚持贷后抵押资产市场价值的实时评估。抵押贷款发放后，银行应实时监控抵押资产的市场变化，随时观察抵押资产对贷款的风险覆盖作用，并采取有效措施，以合理规避风险。三是违约处置时，抵押资产的评估需采取变现或清算价值。在客户违约后，银行在处置抵押资产以优先受偿的过程中，抵押资产对银行而言，其价值既不是资产的公开市场价值，也不是抵押贷款价值，而是即时处置的变现或清算价值。此时，市场价值或抵押贷款价值均不再适用。

（三）抵押资产市场价值波动与银行风险动态管理

由于市场价值是一种时点价值，且受制于当时的市场状况，所以抵押资产的市场价值必然随着时间的改变而改变，理论上讲，这种改变有三种可能：价值上涨（上升）、价值衰减（下降）、价值持平（不变）。当然，对于不同的抵押资产而言，三种可能性出现的概率不同,而且随着时间长短的不同,三种可能性之间也可能相互转换。而依据抵押资产评估价值发放的贷款,在暂不考虑利息的按时偿还和本金的分期偿还等情况下,银行贷款的本息余额,会随时间的递延而产生利息,从而债权金额会随着时间的推移而不断增大,如图3所示。

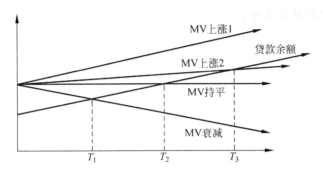

图3 抵押资产市场价值波动与银行贷款余额关系

贷款与抵押资产市场价值的关系如下。

(1)当抵押资产市场价值发生衰减时,在 T_1 时点上,抵押资产市场价值将低于贷款余额,除非贷款期限短于 T_1,否则银行将面临借款人违约风险。

(2)当抵押资产市场价值不发生大的波动而基本维持在贷款前的价值时,此时由于贷款发放金额少于抵押资产的市场价值,一般不会出现风险。除非抵押贷款比例较大,而贷款利息增长较快,在时点 T_2,抵押资产市场价值不能有效覆盖贷款风险敞口。

(3)当抵押资产市场价值发生增值时,这种情况下,银行贷款会被抵押资产市场价值有效覆盖。特殊情况下,若抵押资产增值的速度小于银行贷款利息增长的速度,则在 T_3 时点上,抵押资产市场价值将低于贷款余额,银行面临借款人违约风险。

上述三种情形中,银行最需要预防或关注的是(1)的情形,也就是抵押资产市场价值发生衰减的情形,而在实务中,这也是一种最为普遍的情形。在贷款存续期间,许多抵押品本身随着使用时间的变化会产生实体性损耗、功能性损耗及经济性损耗,从而使抵押品价值随着抵押时间延续而自然衰减,并最终导致抵押品价值无法覆盖银行债权。一般来说,贬值的程度与时间呈正相关关系。这也是在银行需要处置抵押品时,抵押时间越长受偿率越低的原因之一。所以对这类价值衰减较快的抵押资产,银行除了依据更小比例发放贷款外,主要是合理谋划贷款期限,以规避此类风险。

由于抵押资产的价值不断波动,因此银行必须强化抵押品的全过程动态监管,银行对抵押品必须进行全过程、动态、连续性的监管。①在贷前重点考察抵押品的合法性、有效性、可靠性和流动性,建立中介机构的准入和淘汰制度,防止价值高估。②贷时加强对抵押品的审核,由具有专业资格的内部人员对抵押品进行全面复核,合理设定抵押率与合理规划贷款期限。③建立抵押品从抵入到处置全过程动态监控机制,及时发现风险隐患。通过开发抵押品监控系统,实时监测抵押品实物及价值情况,结合建模及债项评级的需要,及时进行抵押品数据维护,为决策提供必要的信息支撑。对中长期贷款定期重估抵押品价值,在抵押品出现价值下降和实物毁损时,及时要求借款人恢复抵押品价值、追加抵押品或采取收回贷款等有效措施,确保贷款存续期内的任一时点抵押品的足额有效。此外,还可开发一些协助决策的抵押品价值评估模型或系统,及早识别抵押品的潜在风险,争取在出现问题的前期实行救治。④切实落实分期还贷制度,逐步降低银行贷款风险暴露的余项,提高抵押的覆盖率。

第 10 章 开发项目融资

房地产业是一个高风险和资金密集型行业,开发一个房地产项目所占用的资金量是非常庞大的。房地产开发融资方式的优劣,直接影响着融资成本的大小,密切关系到开发风险的大小,开发效益的好坏。开发项目融资主要是外部融资,即债务性融资,一般指贷款人向特定的开发项目提供贷款协议融资,对于该项目所产生的现金流量享有偿债权,它是以项目的未来收益和资产作为偿还贷款的资金来源和安全保障的融资方式。中美之间由于政治和财经制度不同,开发项目融资的方式有较大的差异。

10.1 开发建设项目融资

项目融资通常是指贷款人向特定的工程建设项目开发提供贷款协议融资,对于该建设项目所产生的现金流量和产权享有偿债请求处置权,并以该项目实物资产作为价值担保的融资形式。它是一种以建设项目未来收益和资产权益作为偿还贷款的资金来源和价值保障的融资方式,它需要为该项目筹资和经营而成立一家项目公司,由项目公司承担贷款的偿还义务。

10.1.1 美国的建设项目融资

一般说来,项目建设阶段对贷款人来说是高风险期,这一阶段的短期贷款融资(Mini-perms)是由当地中小银行提供的,在建设期以后将转为定期贷款,并在两年内偿还。在项目运营阶段,贷款人将销售收益或项目产生的其他收益作为担保品。运营期的融资交给了资本市场,长期贷款的金融机构进入,提供短期融资的中小银行退出项目融资。美国的这种由不同金融机构介入的建设项目融资金融生态链,具有环环相扣的风险控制机制,以及信用抵押机制,为建设项目贷款提供了多样化的融资来源。

(1) 建设项目融资的基本路径:①在取得土地阶段,开发商通常会使用自有资金购买土地,也可以以自有资金和债务融资组合购买土地或者支付一定的自有资金购买土地期权[1],再借入土地开发贷款(Land Development Loan)开发毛地或生地。②在土地购买和开发完成后,开发商可以为建设项目向商业银行申请建设贷款用于支付施工过程中的成本,这种贷款也称临时贷款(Mini Perm Loan)。这种贷款是由本地的商业银行、银行抵押公司或储蓄贷款协会等机构提供,一般为 3~5 年的短期贷款。建设贷款一般被用于支付施工成本和设计勘察成本。③这些临时性贷款可以用后来取得的永久性贷款(Permanent Loans)偿还。在房地产开发项目竣工或者完成招租阶段后,开发商与永久贷

---

[1] 威廉姆・B. 布鲁格曼,杰弗瑞・D. 费雪(著).房地产金融与投资.李秉祥等(译).大连:东北财经大学出版社,2000:508-509.

款人事先协议的其他条件都满足后,永久性贷款(也就是长期贷款)关系就正式成立了。永久贷款的机构主要是养老基金、人寿保险公司、大学基金或著名的大型商业银行。

在美国,房地产行业属于金融行业类别,它的金融主体具有多元化的性质,各种类型的金融机构(或个人)都有兴趣参与到房地产开发和经营这个充满机遇和挑战的动态过程中,进行债务或权益投资。不同的投资主体带来了不同性质的融资方式,扩展了融资渠道。

(2) 永久性资金对临时贷款人的重要性。大多数情况下,开发商要取得建设贷款承诺之前先要取得永久性融资的承诺。建设期贷款一般都是短期贷款,短期贷款人希望有长期贷款人同意在项目竣工后提供永久性贷款的承诺,从而能够降低贷款风险,及时收回建设期贷款。但是,当建设贷款人认为某地区该类房地产市场前景乐观时,也可直接发放临时贷款,这时发放的贷款通常称为"投机贷款"。一般而言,投机性贷款发放的理由通常是:①该地区房地产市场前景看好,该类物业的购买需求较大;②开发商也看好该项目的前景,欲保留项目所有权,同时永久性贷款机构积极介入。

(3) 永久性和临时性贷款申请时的提交条件。对于收益性房地产的开发,融资过程要涉及建设贷款人和永久贷款人,所以开发商需要符合两类贷款的发放标准。这两类贷款由于贷款期和阶段的不同,既有不同目的的贷款要求,也有同类项目共同的内容要求。其不同之处在于,永久性贷款协议的性质会影响建设期贷款协议的性质。永久性贷款的抵充承诺实际上是将建设期贷款人承诺的责任予以解除,但它有时也可能提高了建设期贷款的难度。例如,该抵充承诺要求的项目招租条件过于苛刻,则很难找到愿意接受这种条件的建设期贷款人。两种项目贷款共同的贷款条件有:①项目开发计划书。开发商必须提供该项目规模、设计和开发成本情况,市场竞争分析,以及开发单位的相关合法证明。②永久性或抵充承诺。贷款人提出开发商在得到贷款之前应当具备的条件。条件满足则提供贷款,否则取消贷款承诺。抵充承诺就是在开发商和永久贷款人之间建立具有法律约束的契约关系。这样也就保护了临时贷款人的贷款能够及时偿还。③备用支付承诺。有时开发商并不急于取得永久性贷款承诺,但是开发项目需要资金开工,而临时性贷款人坚持要求抵充承诺,因而开发商就必须获得一份金融贷款机构的备用支付承诺来应对临时贷款人的要求。例如,某开发商乐观地估计到项目竣工时,他可以拿到条件更为优惠的永久贷款;或者他想在项目竣工时出售该项目。

(4) 一般来说,刚刚起步的小开发商很难获得全国性大银行的资金支持,他们会寻找本地的小银行作为合作伙伴。实际上,大部分建设期贷款也的确是由本地银行和区域性银行来提供的,因为他们对当地的房地产市场更加熟悉(注意:房地产市场也是很典型的区域性市场),有利于监测和管理项目进展状况及资金使用情况。

(5) 提供贷款的机构。在美国,房地产行业属于金融行业类别,它的金融主体具有多元化的性质,各种类型的金融机构(或个人)都有兴趣参与到房地产开发和经营这个充满机遇和挑战的动态过程中,进行债务或权益投资。不同的投资主体带来了不同性质的融资方式,扩展了项目融资渠道。

① 商业银行(Commercial Bank)。商业银行是开发商短期建设贷(Construction Loan)和中短期贷款的主要资金来源。他们一般偏好于不超过3年的短期贷款,覆盖建

设期和初始租赁期,之后长期贷款机构介入将其替换出来(即用长期贷款偿还短期贷款)。对于规模较大、信誉较好的开发商,商业银行有时也把贷款时限延长到5年。一般来说,这种建设期贷款的额度能达到70%~80%的贷款价值比(Loan to Value)。当然,对于非常看好的项目,商业银行有时也愿意贷出100%,但这种情况很少。在资金短缺的市场环境下,60%的比例是开发商所能拿到的最好条件。商业银行很少直接作为开发商的合资者,但有时会提供参与式贷款(Participating Mortgage),提供更为优惠的贷款价值比,但条件是除了固定还款额的要求外,还要参与项目收益现金流的分成。

② 退休基金(Pension Fund)。退休基金也称为养老基金,退休基金在其分散化的投资战略中,越来越偏好于房地产投资,既有建设期贷款,又有长期贷款,贷款利率通常是固定的。退休基金所提供的大规模贷款非常吸引开发商,不过由于考虑到风险问题,他们一般只为经验丰富的开发商所开发的大型项目提供贷款。美国有许多类型的退休基金,例如,美国最大的公务员养老金加州公务员退休基金(California Public Employees' Retirement System, CalPERS)就是其中的一种,它也是一些公共建设项目的重要贷款人。

③ 大学基金(University Foundation Fund)。美国的大学基金大都管理着学校的捐赠资金,他们也是房地产项目融资的积极参与者,获得了可观的投资收益。大学基金的参与也为著名大学吸引世界优秀学者加盟提供了资金支持。例如,哈佛、耶鲁、斯坦福等著名高校都有大学基金。耶鲁大学首席投资官斯文森(David Swensen)还创立了多元化资产配置模型,即采取多元化资产配置——股票(国内及国外)、固定收益证券和不动产,并取得了不菲的业绩。[1] 与中国的大学大多经营校办产业相比,美国的大学基金只进行分类投资管理,不经营相关具体的实物形态企业,具有管理技术水平高而人员少、投资变现容易等特点。这也是中国大学投资管理未来改革的发展方向。目前,中国的高校经营主要还是类似国有企业的管理(管人、管事、管资产),进行"资产管理"而不是"资本管理",这种情况造成了学校经营和校办产业管理"人浮于事""效率低下"的现象。

④ 辛迪加(Syndications)和房地产投资信托基金(REITs)。公众辛迪加和房地产投资信托都提供了将房地产所有权充分细分的投资方式,使得普通投资者也能够投资于房地产;它们都可以被用于为房地产开发项目提供权益或债务融资,并且能获得税务优惠,现金流在公司层面上可以免税,直接流向投资人。REITs在房地产开发融资中获得了越来越多的注意力。这种融资方式通过把许多投资者的资金聚集起来,购买地产项目或为各类房地产项目融资。REITs通常由专业的资金管理团队进行管理,并可以在股票市场上自由交易。

⑤ 私人投资者和合资模式(Joint Ventures)。对于开发商而言,私人投资者通常是房地产开发商最普遍的权益资金合作伙伴,因为这种方式具有最大的灵活性。私人投资者也会提供债务性的投资,这也是刚起步的开发商获得建设贷款的好机会。有时候,私人投资者会提供100%的资金,与开发商的利润分成是20∶80,甚至50∶50(开发商投入管理经验、协调能力、人力资源等)。

---

[1] James B Stewart. 美国大学捐赠基金的流动性教训. 华尔街日报,2009-08-20.

⑥ 信用公司(Credit Companies)。一些大型公司(例如 GE Capital)利用他们在资本市场建立起来的信用资本,成立信用公司,为开发项目提供建设贷款或再开发贷款。由于这些公司所受到的政策管制较少,因此灵活度较高,愿意为一些风险较高或者较为复杂的项目提供贷款(通常这些项目很难从商业银行获得贷款)。当然,其对投资回报率的要求往往也比较高。

⑦ 债券市场(Bond Market)和商业抵押贷款支持证券(Commercial Mortgage Backed Securities, CMBS)。美国 CMBS 市场发展很快。这种方式是将大量商业房地产抵押贷款混合后证券化成与债券类似的形式,之后在资本市场上向个人和机构投资者出售。这种形式大大提高了抵押贷款的流动性和贷款机构的借贷能力,同时也使资本市场的各类资金能够流向房地产市场,成为抵押贷款的间接提供者。

⑧ 夹层贷款(Mezzanine Debt)。这类贷款自 20 世纪 80 年代起在美国出现,作为权益投资和抵押贷款的补充,来降低开发商所需要投入的自有资金比例。此类项目的资金结构一般是:抵押贷款占 70%,夹层贷款占 5%~25%,剩下的是开发商的自有资金。夹层贷款一般是短期的,贷款费用较高,利率也较高(通常高于银行基准利率 3%~5%),但能够为开发商节约自有资金投入,或者为开发商降低所需筹集的更为昂贵的权益资金额度。同时,夹层贷款有类似于合伙投资人的性质。

(6) 永久性和临时性贷款申请时的提交条件。①项目开发计划书。提供该项目规模、设计和成本情况,市场竞争分析,以及开发单位的合法证明。②永久性或抵充承诺。贷款人提出开发商在得到贷款之前应当具备的条件。条件满足则提供贷款,否则取消贷款承诺。抵充承诺就是在开发商和永久贷款人之间建立具有法律约束的契约关系。这样也就保护了临时贷款人的贷款能够及时偿还。③备用支付承诺。

(7) 永久性贷款承诺的应变条件。开发企业在项目开工和取得建设期贷款之前要有永久性贷款的承诺,这种承诺书一般含有应变条件,如果开发企业不能达到这些规定的条件,则贷款机构通常可以不按预期要求放款。这些条件是:①开发商取得建设贷款承诺的期限限制;②项目施工完成日期;③最低租用率水平和主要租户对租赁关系的确定;④若租用率未达到规定标准时的差额融资准备金;⑤设计变更和材料的更换需要永久贷款人的同意。许多情况下,永久贷款人可能会同意在租用率未达到标准时,由开发商按一定的比例垫付资金,直到租用率满足条件再给付贷款。

(8) 建设贷款的支付(Construction Loan)。建设贷款是以一宗抵押贷款或开放式抵押贷款为后盾,贷款人通常对开发商的土地和改良工程享有第一处置权。常见的贷款支付方式是按月支付法,每月根据开发进度经过监理工程师确认后,贷款人才拨付下一期费用。总的原则是:支付的贷款资金不超过作为抵押品的房地产的现时经济价值。

(9) 永久性贷款(Permanent Loan)的支付。当项目施工和招租阶段结束,如果抵充承诺中所列的应变条件均得到满足,那么永久性贷款就可以支付了。这样建设人的短期贷款就可以被偿还。从这时开始,借款人开始利用租金收入逐月偿还抵押贷款(见图 10-1)。图 10-1 表示的是美国建设项目融资过程中,建设期贷款和永久贷款的介入阶段。

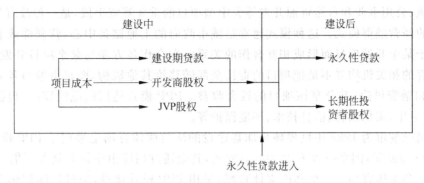

图 10-1 美国建设项目融资流程

10.1.2 中国的建设项目融资

中国的项目融资通常认为是始于 1978 年的中国改革开放,广东省深圳沙角 B 火力发电厂项目是第一个真正意义上的建设项目融资。目前,中国的建设项目融资多用于基础设施项目,例如,发电设施、高速公路、桥梁、隧道、铁路、机场、城市供水以及污水处理等大型基础建设项目,以及其他投资规模大、具有长期稳定预期现金流收益的建设项目。一般采取 BT、BOT、PPT 等国际通用建设融资模式进行建设项目融资,但都根据中国的制度环境进行了改变,为政府利用外资和国内其他资金解决基础设施建设资金来源问题提供了渠道。

1. BT 模式

"BT"是英文"Build"和"Transfer"的缩写,中文的意思是"建设、移交"。是指政府或其授权的单位经过法定程序选择拟建的基础设施或公用事业项目的投资人,并由投资人在工程建设期内组建 BT 项目公司进行投资、融资和建设;在工程竣工建成后按约定进行工程移交并从政府或其授权的单位的支付中收回投资。BT 模式的运用是多样化的,其运行一般包括项目发起、立项和准备、BT 招投标和合同签订、组建 BT 项目公司、工程融资建设、移交和付款五个阶段。

近年的国内大型 BT 项目案例有:佛山市市政基础设施 BT 建设项目工程、天津津滨轻轨项目、北京地铁奥运支线、南京地铁二号线一期工程等。

2. BOT 模式

BOT(Build Operation Transfer 的缩写)即建设—经营—移交,指一国政府或其授权的政府部门经过一定程序并签订特许协议将专属国家的特定的基础设施、公用事业或工业项目的筹资、投资、建设、营运、管理和使用的权利在一定时期内赋予给本国或外国企业,以营运所得清偿项目债务、收回投资、获得利润,在特许权期限届满时将该项目、设施无偿移交给政府。国家体育馆、国家会议中心、位于五棵松的北京奥林匹克篮球馆等项目都采取了 BOT 模式。

3. PPP 模式

PPP(Public-Private Partnership),即公私合营项目,属于特许经营项目融资,适用于基础设施、公用事业和自然资源开发等大中型项目的重要筹资手段,是一种政府与企业共担风险的经营融资模式。这种模式通常是城市政府的土地储备中心、营利性或非营利性机构基于某个开发项目而形成相互合作的关系。在合作各方参与某个项目开发建设时,城市政府的相关机构并不是把项目的责任全部转移给其他机构,而是由参与各方共同承担责任和融资风险,并分享该项目的投资收益。PPP模式适用的范围较广,包括城市建设、医疗卫生、文化教育、信息技术、环境保护等。

法国巴黎市为1998年世界杯足球赛建设的法兰西体育场也采用了PPP模式,总投资36 600万欧元,国家投资为19 100万欧元,其余通过招标由中标人负责筹集。2000年悉尼奥运会主体育场——奥林匹克体育场,采用PPP模式建设,通过国际招标选择中标人负责体育场的设计、投融资和建设,同时政府给予资金上的支持。[1]

4. 中国建设项目BT模式融资存在的问题

① 涉及的关系复杂,缺乏统一的法律规定。BT模式项目涉及投资、融资、工程建设(包括勘察、设计、施工、监理等)、移交付款等一系列的安排和众多的参与当事人,既有施工二次招标型BT模式、直接施工型BT模式,也有施工共同体型BT模式和垫资施工型BT模式。各参与当事人在项目建设中的权利义务关系需通过一系列合同确定,所以BT模式是多个合同的组合,涉及纷繁复杂的多重法律关系。但BT模式却缺乏相应的统一法律规范。② 风险大,风险分担复杂。BT模式项目大多投资额巨大、技术复杂且建设和资金回收时间长,相关风险较大;由于BT模式运行涉及主办方、投资方、项目公司、勘察、设计、施工、监理及材料设备供应商等众多主体,因此其风险分担也非常复杂。且由于涉及的资金量巨大,很容易滋生腐败。[2] ③ 许多城市的政府融资平台都与BT项目融资模式有关,依赖财政性资金作为偿债来源,且很多偿债资金来源于政府的未来土地出让收入,这加重了地方政府对土地财政的依赖程度,加大了地方出现债务危机的可能性。

10.2 土地开发融资

由于土地是开发建设项目的载体,具有稀缺性和长期的增值性,是项目价值的重要组成部分。所以,人们在项目开发过程中就视所使用的土地作为一个未来能够产生现金流的资产,这样土地资产就可以向房屋资产那样进行融资,从而提高了建设项目资金的使用效率(也提高了财务杠杆使用的程度)。在国内外的土地开发活动中,由于制度条件和社会习俗的差异,导致了不同的土地开发融资方式。

10.2.1 美国的土地开发融资

(1) 美国的房地产政策允许私人的土地开发企业存在,土地开发商、建筑承包商、项目开发商可以不是同一个经济实体。当开发住宅属于低价住宅项目,企业可以两者都做,当开发项目属于高档住宅,企业可以将土地开发后转售给专业的建筑开发商。与一般的

---

[1] 刘波.PPP模式与准公共品的供给.首都体育学院学报,2009(3):151-154.
[2] 席敏,张婉君.我国基础设施建设中BT模式研究.经济纵横,2005(11):20-22.

商业地产项目开发融资不同,单纯的土地开发项目周期短,在开发完成后需要很快被分割出售,因此在美国国内被认为是一种风险性较高的项目开发活动。这时,10.1.1所述的建设期贷款和长期抵押贷款相衔接等内容,且前者以后者为担保的建设项目融资模式就不再适用,因为开发地块已被出售,没有长期贷款的需求。

(2) 土地开发贷款(Land Development Loan)。土地开发贷款的贷款人通常会要求借款人提供其他抵押物(例如信用证)。此外,贷款额通常限制在预计地块销售额的60%~70%范围内,以控制风险。由于不能全额融资,所以土地项目开发商需要投入一定量的权益资本,这一类的权益资本既可以是现金,也可以是其他地块的土地。如果是以土地价值的方式投入,则以其当前市场价值计价,而不是以该地块的原始购买成本计价。一般而言,土地开发贷款应能够覆盖原始的土地购买价格和土地开发建设成本。

除了上述债务融资方式,还可以采取权益融资方式。通常的模式是开发商与其他权益投资者组成各种各样的合伙模式,例如一般合伙、有限合伙或者公司(投资者持有股票)。各方投资者在最初谈判时的重心主要是现金流的分割,例如:每个投资方的期望收益率是多少?现金流分配的优先顺序是怎样?对于权益投资回收、开发商的开发费(Development Fee)、其他所需的现金流出(例如偿还贷款)等。最常见的模式是"开发商和贷款人合作模式",贷款人通过"参与式贷款"(Participating Loan)的形式与开发商组成合伙模式,除了获得利息之外,也分享一定比例的利润分成。对于土地开发商而言,这种合伙形式最为简便。[1]

(3) 土地回租(Land Leaseback)。在美国,投资者还可将拥有的土地卖掉,同时约定从买主那里租回使用,以这种方式进行土地开发融资。土地回租融资方式的优点是,可以提高抵押比,可以通过租赁费来减轻税负(美国式避税),对土地资产有优先赎回权(见图10-2)。图10-2演示了土地回租的两个参与者(投资者和土地买主)是如何进行该项工作的具体过程。

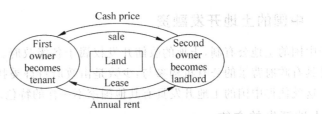

图10-2 美国土地回租的融资和资产交换过程

(4) 土地开发的程序。①与土地经纪人谈最初合约阶段。它包括最初的市场调查和成本估算过程。②土地期权取得阶段。由于开发商在购地之前,需要做大量的准备工作,因此,开发商希望以最低的价格(交付定金)取得可以保证完成这些工作的最长期限的期权。这种期权协议"冻结"了该土地的出售。在这个阶段,开发商需要完成土地调查、可行性研究、工程设计、向公共部门提交计划书和进行融资谈判等工作。③融资开发阶段。开

---

[1] 部分参考了"美国房地产项目融资——土地开发融资模式",2006-03-02. http://news.dichan.sina.com.cn/2006/03/01/50330.html.

发商需要完成为土地融资和建设开发工作。④地块销售阶段。进行相关销售和还贷活动。[1]

(5) 土地开发商融资开发方式。在开发商取得地块土地期权进入到融资开发阶段后,需要进行的开发活动就是购买土地并为土地改良工程融资。通常采用的方式有:①开发商用现金购买土地,为土地改良工程申请贷款。②开发商采取预付定金方式购买土地,地块的卖主以接受定金抵押贷款的方式为开发商购买土地的价款提供部分或者全部融资,而买主只需为土地改良工程向金融机构申请贷款,并且地块卖主同意自己的定金抵押融资的土地留置权次于开发改良贷款的土地留置权,开发商改良土地出售的收入首先偿还开发改良贷款,然后再偿还卖主的定金购买土地抵押贷款。③土地开发商用预付定金方式购买土地,并按该购买土地和改良工程的市场评估价值的某一比例取得融资(一般为60%~70%),该项贷款金额用于支付给地块卖主的土地价款和土地改良工程费用。

(6) 土地销售还款的计划与进度。当开发商按照销售计划开始销售土地时,即开始逐月偿还融资的本息。一般要求贷款的偿还比销售收入的实现快20%。大多数贷款人要求借款人在销售完所有开发地块之前完成还款计划。余下的销售风险要由借款人承担。

(7) 地块释放价格(Release of Land Price)。无论贷款是该地块的原持有者还是其他金融机构提供,借贷双方经常要为项目的每一个地块设定一个制定的释放价格,到地块被售出时,贷款人在收到释放价款时,同时解除自己所享有的对该地块的留置权。从而保证买主可以获得完整清晰的产权。计算土地释放价格的方法:用预期的销售价格(即假设开发法)去乘以贷方要求的高于收益率的比率,就得到各地块的还贷率,再乘以总贷款额,就可以计算出各地块的释放价格。

$$释放价格 = (单地块价格/总销售收入) \times 1.2 \times 贷款总额(包括利息) \quad (10-1)$$

10.2.2 中国的土地开发融资

由于中国的土地公有制,土地的收储开发权属于各级政府。使得国内的土地开发活动大都是具有政府背景的公有机构参与,少数是由政府特许委托的其他类型大型开发机构进行。这就使得中国的土地开发具有其他国家不一样的特色。

1. 土地开发的主体

在中国现阶段,土地一级开发主体是整个土地开发实施的核心,是关系到项目融资的关键问题。土地一级开发的主体按类型通常可以分为三类。

(1) 政府作为开发主体。即土地一级开发所需的全部费用和风险均由政府承担,而且政府也同时享有土地开发的所有收益。在这一前提下,当地的土地管理部门或者土地储备中心负责一级开发项目的运营,代表政府,统筹管理开发中的各项事宜。政府作为土地一级开发的主体,可以便捷地调集项目开发的各类资源,还能加强政府对城市规划和产

---

[1] 威廉姆·B.布鲁格曼,杰弗瑞·D.费雪(著).房地产金融与投资.李秉祥等译.大连:东北财经大学出版社,2000:553-581.

业结构的调整，从而提升政府本身的招商引资力度，有利于整理开发后土地的顺利出让。例如，杭州市土地储备中心，广州市土地开发中心等。

(2) 企业作为开发主体。在由企业作为开发主体的情况下，政府仅负责前期城市规划的颁布、土地利用规划的编制和土地利用政策的制定等宏观事务，具体开发项目的运作模式、融资渠道、施工建议、经营管理等都由企业独立完成。企业作为开发主体，资金由企业投入，政府可以大大减轻财政负担，同时可以提高土地开发方面的工作效率，有利于土地一级开发的市场化运作。相应地，政府需要给予企业一定的开发收益，用于支付土地开发的成本和开发企业合理的利润。以企业为土地一级开发主体，北京和重庆的模式较有代表性。北京市颁布了《北京市土地储备和一级开发暂行办法》《北京市土地一级开发项目招投标暂行办法》等文件，明确规定土地储备机构可以通过招标方式选择开发企业负责土地开发具体管理。通过招标方式确定开发企业后，土地储备机构与中标开发企业签订土地一级开发委托协议，由中标企业负责实施土地一级开发工作。同时，开发企业的利润率被限制在8%以内。在这种模式下，企业进行土地一级开发时，土地的使用权依然在土地储备机构手中，企业所获得的是土地一级开发权利，是一种受限的土地使用权利，这些土地一般不能用于进行抵押贷款，即使用于抵押，也只能获得少量贷款。这样，企业只能通过自身其他资产的抵押担保来获得银行的贷款，这样，只有实力雄厚的开发企业才能参与土地一级开发工作。与北京不同，重庆主要是由政府授权直属的多家大型企业集团进行土地一级开发，土地开发机构隶属于政府，代表土地储备中心行使土地储备职能。北京模式偏重于政企分离，风险自担。重庆模式则偏重于政府领导下的市场运作，土地开发效率较高。但是政府和企业一并承担土地一级开发中的风险，2007年几乎重庆所有的土地储备资金都来自银行，如果土地储备机构对中国未来经济发展的预期出现了偏差，土地储备机构的财务风险将会大增。[1] 在中国，许多城市也采取了类似重庆市的做法，由政府委托(授权)特定开发企业作为土地开发的主体，并由开发企业承担最终的借贷、损失和收益责任。政府所收的土地出让金全部以支付开发成本的方式转入开发企业。这些企业也成为了地方政府为城市基本建设筹资的平台，其融资的抵押资产就是城市的收储土地。

(3) 政府和企业共同作为开发主体。当政府缺乏土地开发资金或管理经验的时候，可以选择企业共同作为开发主体，一起负责整个开发项目的运作实施。这种投资主体确定的实质是由于双方共同入股参与土地开发而设立的，并按照各自投资股份的比例来合理分配未来的土地开发收益和投资风险。例如苏州新加坡工业园设立时进行土地开发，就是按照政府和企业共同出资、政府主导、企业建设、责任共担、收益共享的原则进行的。

2. 城市土地融资的形式

城市的土地储备从土地收购、开发、储备到供应的运作过程中，都离不开庞大的资金支持。目前主要有以下融资形式。

(1) 政府的财政资金。财政资金是指地方政府为支持城市土地储备运行，有效调控城市土地市场为目的而采取的财政拨款注资行为。财政拨款是一种既不用归还本金，也

---

[1] 李世坡.土地开发融资的北京模式与重庆模式.中国房地产报，2007-03-12.

无须承担利息的城市土地融资模式。财政拨款一般适用于城市土地储备制度建立的初期，此时的财政拨款就可以作为储备制度的启动资金。经济发达地区的城市，在财力较充裕时也常用财政拨款来进行土地收储工作。此外，当通过其他融资渠道难以筹资时，财政拨款则是维持城市土地储备正常运行的保障。

（2）银行贷款。银行贷款是指城市土地储备中心向银行等金融机构以土地为抵押，通过贷款的方式融通资金，是目前最主要的土地储备筹资方式。2003年央行121号文件下发以来，以地方财政作为担保的土地储备贷款因为风险控制而被禁止。确定土地储备贷款只能是抵押贷款，放贷额度不超过标的土地评估价值的70%，贷款期限不超过2年。根据《2004年中国房地产金融报告》显示，我国土地储备贷款2004年底余额为828.4亿元，各地土地储备机构贷款资金比率在60%左右，而有的城市土地收购资金90%以上都是依靠银行贷款。[1] 该融资方式具有以下特点：一是有偿性，银行贷款是城市土地储备中心以债务人的身份向银行借款，此时的银行是债权人，土地储备机构必须按期还款付息；二是风险高，土地市场具有一定的波动性，地价会随市场的波动而变化，所以在某些情况下，有可能会发生不能按时偿还银行贷款的状况，严重时还可能会引发财务危机；三是方式灵活，由于我国银行种类比较多，且分布广泛，所以贷款类型也呈多样化。[2]

（3）土地储备收益。土地储备（Land Banking）也称"土地银行"，是指为了未来出售或开发目的对土地进行收储[3]。在美国等国家，一般是指地方政府和准政府机构对辖区内未开发或闲置土地的收储管理。政府可以通过土地储备来为平抑土地市场供需波动和未来的公共建设项目提供土地，实现政府对城市规划的影响和对房地产市场的管理目标。

城市土地储备机构通过对收储的土地进行再开发，将其由"生地"变为"熟地"之后进行转让，用土地转让收入扣除土地收购、开发、储备支出后为土地转让增量收入，该收入构成了土地储备收益。这部分收益除了用来维持土地储备机构的日常开销、偿还贷款外，剩余的部分可以用来进行新的土地收储活动。该融资形式的特点：一是具有一定的风险性，在经济不景气时，城市土地储备带来的成本会大于转让收入，土地储备收益就可能变成负值，所以它带有负债的风险；二是融资数量有限性，土地储备收益中仅有一部分可以用做土地储备资金用来收储新的土地项目，另外一部分则要用于维持土地储备机构的日常开销、偿贷和用于地方其他公共支出。

北京大学的一项专题研究成果展示了国内大部分城市土地储备资金运行的模式：依靠政府拨付少量启动资金和划拨少量土地给土地储备机构，后者利用其在银行抵押获得贷款，进行首次土地收储，再将收购的土地抵押给商业银行获得开发储备资金并保证"净地"出让，然后将拆迁开发完成后并结清土地债务问题的"净地"按照相关政策进行储备或出让，利用土地出让收益支付银行贷款的本息后，结余的资金交还政府。土地储备相关资金在完成闭环之后再重新启动新一轮收储和出让。[4]

---

[1] 王爵栋.城市土地融资方式探索.首都经济贸易大学硕士论文,2007.
[2] 窦艳杰,吴洪剑.土地储备融资模式探析.北方经济,2007(5)：76-77.
[3] http://en.wikipedia.org/wiki/Land_banking.
[4] 王超.土地储备融资骤热,收益诱人或为变相地方债.中国建设报,2011-05-25.

3. 未来可能的土地融资新模式

①土地信托。土地信托是指土地储备机构以自己的名义,将储备的土地委托给专门的信托公司,由信托投资公司作为受托人,负责信托土地开发的融资活动。信托投资公司是直接募集社会资金,其经营方式与银行相比有很大的差别,它的利润主要来自收取的手续费,并且募集的资金量限制条件较少,可根据一定阶段市场资金利率的平均水平制定利率水平。土地信托适用于一些资金需求比较大的大型项目,运用此种融资模式可以一定程度上降低财务风险。②土地基金。土地基金是指由政府设立的,以土地资源为载体,通过对外发行以土地的未来收益流为担保的土地收益凭证,向大众募集资金,然后将募得的资金委托给土地储备中心,进行城市土地开发、经营等土地整理工作,土地的出让、出租等所获得的收益都进入土地基金,并根据土地收益凭证进行收益分配。③土地债券。土地债券是指土地储备机构为筹措土地收购、整理资金,以收购储备土地或政府指定范围的土地作抵押,而向投资者发行并承诺以一定利率支付利息并按约定条件偿还本金的债权债务凭证。土地债券的投资者不仅包括银行等金融机构,而且也包括许多中小投资者,这样就拓宽了城市土地储备的融资渠道。发行机构可以根据资金需求来自主确定债券的发行时间,债券的期限也可以根据实际需要自主确定,较其他模式相比灵活性比较强。[1] 北京市政府的2011年度土地储备开发计划中也提出,"拓宽融资渠道,降低土地储备资金风险。……抓紧落实保险资金到位,积极探索土地债券等融资方式,建立多元化融资渠道。"

10.3 问题研究

10.3.1 项目融资模式在土地储备中的应用

许多中国城市的土地储备都会采取项目融资的方式进行资金融通。例如,BT模式的土地收储项目融资。土地储备项目的收购、土地整理、拆迁等事项由项目公司融资建设,待各个环节都按照要求完工后立即移交至土地储备中心储备,等待时机推向市场或按照年度土地利用计划采取招拍挂的方式出让。[2] 土地储备中心向开发商发放确定利率的收益凭证,开发商可以凭借收益凭证从土地储备中心获得稳定的收益,或者土地储备中心备案后进行流转变现或者获取收益。TOT 融资模式(Translation Operation Translation),即融资方(政府)把已经投产运行的项目在一定期限内移交(Translation)给外资(或内资)投资商经营(Operation),以项目在该期限内的现金流量为标准,一次性从投资商那里融得一笔资金,用于建设新的项目。鉴于 TOT 项目融资方法和我国城市中储备土地的收益方式的一致性,城市中储备土地的所有权属于政府。政府通过征收生地并进行土地初步开发形成熟地,在一级市场上转移土地的使用经营权,土地使用者使用土地时向政府或其授权人交纳出让金,政府获得资金,土地使用者获得土地经营权,在一定的特许期内(使用期限内)获得收益。在使用期限完后(如50年后),土地使用经营者向政

---

[1] 窦艳杰,吴洪剑.土地储备融资模式探析.北方经济,2007(5):76-77.
[2] 王紫琼.项目融资在城市土地储备中的应用.江西财经大学硕士论文,2012:29.

府移交土地,政府重新收回土地。政府通过转让土地一次性获得的资金,可以进行下一轮土地收购储备。资产证券化(Asset Backed Securitization,ABS)式土地融资,是以项目所属的资产为基础,以项目资产可以带来的预期收益为保证,通过在资本市场发行资产抵押证券(Asset Backed Security)的一种项目融资方式。该模式的运作过程为:为了筹集大量整理、开发储备土地资金而组建土地基金;土地基金发起人即土地储备机构以土地未来一定时期的现金流作为抵押,并将这一未来收益出售给证券特设机构(Special Purpose Trust,SPV)。投资银行将土地证券出售给投资者,并将所得承销资金按协议转付给SPV,SPV再按购买土地的价款将资金支付给土地基金组织;土地基金组织运用筹集到的资金进行土地开发、整理。土地证券持有者可以获得地价上升的增值收益[1]。但是,每种项目融资模式都存在不同的局限性,运用时需要区别对待。

(1) BT模式适合哪类投资者参与?他们对土地的长期投资是否感兴趣?

(2) 为什么说TOT融资模式较之其他项目融资模式更适应于城市土地储备?

(3) 为什么说ABS(Asset Backed Securitization,资产证券化)融资方式的运作本质是对筹资者信用的增级?通常可以采用哪些方式进行信用增级?

(4) 在中国,房地产开发企业能否进行土地储备?他们如何为此融资?

10.3.2　土地储备机构的土地抵押贷款及其风险

土地储备英文称为Land Banking或者Public Land Banking,最早起源于1896年荷兰的阿姆斯特丹,随后许多国家也都在城市开发中开展了土地储备活动。我国的土地储备机构建设是在2001年4月国务院办公厅下发了《国务院关于加强国有土地资产管理的通知》(以下简称《通知》)后逐渐发展起来的,《通知》要求"有条件的地方政府要对建设用地试行收购储备制度"。土地储备机构土地收购资金来源主要有两种方式:财政拨款和银行抵押借款。但实际操作中由于财政拨款金额太少,专项资金落实困难,对于许多城市来说,利用收储地块到金融机构获取抵押贷款是土地收储资金的重要来源。例如,北海市土地储备中心成立于2002年,注册资金10万元。到2009年底,该中心土地储备贷款余额已达7.2亿元,是2003年的31倍[2]。又例如,北京市朝阳区是北京市的土地储备大户,2009年开始大规模储备土地,两年间计划融资880亿元,拟拆迁安置居民、农民18.5万余人,总土地储备开发面积约39平方千米,规划绿地面积约120平方千米[3]。中国城市的土地储备机构向商业银行贷款的担保主要采用政府信用保证和土地使用权抵押两种方式。由于商业银行认为土地储备机构作为城市政府的特殊事业单位,不同于一般企业,具有较强的金融稳定性,风险相对较低,所以金融机构乐意向土地储备机构提供抵押贷款。而地方政府由于"经营城市"和"土地财政"的城市管理理念,在城市土地价格持续上涨的情况下,政府的土地储备越大,抵押资产的价值也越高,也愿意以土地为资产向金融机构借贷资金。2011年末,全国84个重点城市处于抵押状态的土地30.08万公顷,抵押

---

[1] 郑文娟,冯科. 项目融资模式在土地收购储备中的创新研究. 安徽农业科学,2007(2):560-561.

[2] 苏阳. 土地储备贷款的风险分析及化解建议——以北海市为例. 金融研究,2011(2):100-105.

[3] 北京朝阳区土地储备,18个村基本腾退. 新京报,2010-06-04.

贷款总额达 4.80 万亿元[1],但是,由于抵押物是以政府的财政资金和抵押土地未来的价值变现为还款来源,并且土地收储环节复杂,具有较多的不确定性,可能引发政府信用风险和商业银行的金融风险。

(1) 从土地融资的视角分析,土地储备抵押贷款风险对于城市公共项目的开发有何影响?对政府出让商业用途项目土地有何影响?两者影响的异同在哪些方面?

(2) 为什么说土地储备抵押贷款的风险为系统性风险[1]?这种风险的表现形式有哪些?与政府信用有何关系?如何评价地方政府利用土地融资的风险?

(3) 为什么说有人认为政府的土地储备制度和土地储备抵押融资造成了城市土地价格的居高不下[2][3]?你认同这种观点吗?

(4) 保险资金久期长,能否引入保险资金进入土地储备市场?对此有哪些限制条件?

(5) 地方政府利用土地融资负债有无上限约束?国际上通常的约束限额条件有哪些?[4]

10.4 案例分析

10.4.1 地方政府融资平台(Local Government Financing Vehicles)的发展[5]

20 世纪 80 年代中期,国内基建资金由国家财政提供全面改为"拨改贷",无论中央财政还是地方财政都难以支撑高额的基础设施建设投资需求,各个地方的城市基础设施非常落后又急需改善,从而催生大量的基础建设资金缺口,而当时恰逢改革开放初期,中央政府考虑上海市的经济发展实力和城市发展影响力,试点探索尝试借入国际资金用于城市建设。为此,1986 年 8 月 5 日,国务院专门出台《国函(1986)94 号文件》批准上海市以"自借自还"为前提条件借入国际金融机构的贷款资金,开创了地方政府使用外资大力发展基础设施的先河,这就是后来被城市投融资实务界所称为的"94 专项"。1987 年 12 月 30 日,为了跟国际惯例接轨,提升资金使用的市场化运作水平和使用效率,上海市政府大胆推行制度创新,出资人民币 5 亿元和外汇 1 亿美元专门成立"久事公司"对首批融资的 32 亿美元的外国资金进行统一的调度和管理。根据统计,这首批 32 亿美元的外债中,大约共有 14 亿美元投资于基础设施建设,13 亿美元投放在 256 个工业投资项目中,5 亿美元分布于旅游宾馆等其他贸易业务。虽然由于技术升级过快,不少工业投资项目失败了,但是其他贸易业务带来了可观的经营性现金流入。上海久事公司通过盈利项目的经营现

---

[1] 2011 中国国土资源公报.中华人民共和国国土资源部,2012-04.

[2] 郝圆,赵敏娟.我国土地储备制度对房价影响机制的探讨.价格理论与实践,2009(6):34-35.

[3] 毛中根,林哲.土地储备制度与房地产开发,上海经济研究,2005(8):58-63.

[4] 参见:莫兰琼,陶凌云.我国地方政府债务问题分析.上海经济研究,2012(8):100-108.陆岷峰,张惠.政府适度负债规模的研究.南都学坛(人文社会科学学报),2011(5):101-109.孙慧等.从国际经验看我国地方政府融资平台发展创新.国际经济合作,2010(10):60-62.

[5] 本案例撰编主要参考资料为:卢兴杰,我国地方政府融资平台问题研究.西南财经大学博士论文,2012.王道军,赵边泌.上海秘笈——上海投融资平台 20 年运营脉络图.上海国资,2010(7):19-24.孙晓光.城市基础设施建设及其投融资研究.天津大学博士论文,2004.

金流量基本偿还了首批32亿美元的本金和利息。从成立起至2012年的24年间,上海久事公司筹集国内外资金达800多亿元之多,大大推动了上海市重大城市基础设施建设,比如南浦大桥、地铁一号线、虹桥机场改造、河流污水治理等项目。上海久事的面世,基础设施建设实现从政府直接投资到政府性投资公司间接投资的转变,适应了"拨改贷"财政体制改革的大趋势。上海久事公司是我国地方政府融资平台的首创,是上海城市建设投资需求压力倒逼的结果,对分税制后地方政府融资渠道拓展起到了深远的影响。

1988年7月国务院发布45号文件《关于印发投资管理体制近期改革方案的通知》,次年4月出台《1989年经济体制改革要点》,文件中明确提出了国家遵循经济规律,成立能源、交通等6个专业性投资公司来进行基础建设投资,并由国家计委以及相关行业主管的部委进行领导。这为地方政府成立投融资公司提供了法律依据,随后各省纷纷成立了地方投资公司。依靠政策的驱动,同时也是为了分担上海久事公司沉重的市政建设投融资压力。1992年7月21日,上海市政府以城市规费10亿元出资成立了上海市城市建设投资开发总公司(以下简称"上海城投")。不同于上海久事公司这类综合型政府融资平台,上海城投是全国第一家专业型政府融资平台,专门从事城市基础设施建设的投融资业务。上海城投的前身是上海市城市建设基金会,其主要功能是将城市规费资金进行集中化管理。随后,上海城投以政府信用为依托,以10亿元城市规费的财政资金为杠杆,以平台公司为贷款主体,充分发挥财政资金的放大效应。虽然上海城投比上海久事公司成立晚了4年多,但上海城投的融资理念要比上海久事公司更为先进。这表现在资金的来源渠道上,与上海久事公司相比,除了城建规费、财政资金、银行贷款、对外发行债券股票之外,上海城投还多了一张王牌——土地批租收入。虽然1988年8月上海市就首次推出了土地批租项目,但开始规模有限,直到1992年土地批租项目才在上海大量铺开,而此时上海城投恰好刚刚成立,便碰到这样一个发展机遇。截至2000年底,上海城投总共获得1 000多亿元土地批租收入,这笔巨额资金大大推进了上海城市建设现代化的进程,尤其是上海的旧城改造土地批租收入资金,其滚滚不断地流入上海城投。如果仅靠上海财政的力量,没有土地批租收入,近10年的上海旧城改造成果估计耗时100年。20世纪90年中后期,上海市政府投融资平台进入了以资本、资产运作为重点,市场化、社会化融资为补充的新阶段。上海久事和上海城投等融资平台借鉴BOT方式,推出了基础设施经营权转让的融资新举措,将道路、桥梁和隧道等已建成营运的基础设施部分特许经营权转让,收回部分投资,并转入新的城市建设投资中去。上海久事和上海城投公司这两大政府融资平台各具特色;一个是综合型平台;一个是专业型平台。在此之前,我国城市基础设施建设完全靠政府行政指令来投资和管理;而上海这两大融资平台的出现并成功运行,实现了通过经济手段和市场化运作来完成基础设施投资重任,这是政府投融资体制改革的一个重要突破。这两个平台的成功,也为我国其他省政府建立各自的融资平台提供了有益的借鉴和参考,自此许多省份的融资平台数量开始从无到有。

从专业分工角度分析,地方政府融资平台可以划分为专业性融资平台和综合性融资平台。典型的专业性融资平台主要有城市建设类平台、交通投资类融资平台、铁路投资集团、金融投资类融资平台、文化投资类融资平台,这类平台的共同特征就在于地方政府组建专门的集团公司作为融资平台,专注于某一个特定的领域或行业,在做精做深的同时,沿着产业链上下游进行合理可控的延伸扩张。而随着竞争不断加强，经济不断往前发展，为了做大做强融资平台，吸引外部资金参与进入地方经济建设，各个地方政府纷纷组建综合性融资平台，打造航空母舰级的"巨无霸"超大型融资平台，这在各地省一级平台中较为多见。

  为了应对国际金融危机的影响，2008年11月国务院常务会议决定实施积极的财政政策和宽松的货币政策，出台了举世瞩目的两年4万亿元投资计划，中央承担其中1.18万亿元。但是中央要把资金投放到地方建设项目，一个前提就是要求地方项目必须要有与中央投资大致相当的配套资本金。4万亿元财政刺激计划中，中央政府仅出资1.18万亿元，剩下2.82万亿元的资金由地方政府完成配套。而2008年地方本级财政收入也就是2.77万亿元，实在没有如此庞大的剩余财力配套中央投资。中央考虑到地方的财力难处，中国人民银行和银监会2009年3月在《关于进一步加强信贷结构调整，促进国民经济平稳较快发展的指导意见》明确提出"支持有条件的地方政府组建投融资平台……拓宽中央项目的配套资金融资渠道"。有了中央政策作为尚方宝剑，新增地方融资平台在全国范围快速增加。2009年末，地方政府融资平台数量从3 000多家激增到8 000多家；与此同时，平台债务余额也在迅速膨胀，2009年全国9.59万亿元的新增贷款中就有40%流入地方政府融资平台，融资平台贷款余额从2008年的1.7万亿元上升至7.38万亿元；到了2010年末地方政府融资平台债务更是高达9.09万亿元。全国省、市、县三级政府共设立融资平台公司6 576家，其中：省级165家、市级1 648家、县级4 763家。截至2010年底，地方各级政府已支出的债务余额中，用于交通运输、市政等基础设施和能源建设59 466.89亿元，占61.86%；用于土地收储10 208.83亿元，占10.62%。地方政府负有偿还责任的债务余额中，承诺用土地出让收入作为偿债来源的债务余额为25 473.51亿元。[1]我国中央政府的4万亿投资计划一方面帮助我国经济止跌回升，另一方面又促使了我国地方政府融资平台普遍负债累累，地方房地产价格持续上涨。

问题分析：

（1）从项目融资的角度，设立上海久事公司的目的有哪些？它是以什么资金来偿付国外贷款的？

（2）为什么说上海城投的融资平台比上海久事的融资理念更为先进？它对地方政府融资平台建设和地方财税体系的影响有哪些？存在的融资风险表现在哪些方面？

（3）政府通过城市基础设施经营权转让获得新投资的资金，再次投入项目建设，是否会加大融资平台的负债风险？如何控制此类风险？

（4）为什么有人说我国城投类地方融资平台大多是以城市预期批租的土地为抵押，对我国金融业的可持续发展影响较大，具有较大的风险性。

（5）地方政府融资平台负债激增是否会影响当地城市经济的发展，导致政府预算"软约束"？对化解地方融资平台风险你有何解决对策？

---

[1] 中华人民共和国审计署.《全国地方政府性债务审计结果》，2011：35. http://www.gov.cn/zwgk/2011-06/27/content_1893782.htm.

10.4.2 城中村改造中的土地融资[1]

"城中村"(Village Within the City)是一种复杂的社会经济文化现象,也是中国经济发展和城市化进程中空间重构的特殊现象[2]。从20世纪80年代以来,我国改革开放带来了经济的高速增长和快速的工业化、城市化,伴随着快速工业化和城市化进程,社会促成"城中村"主要是城市化进程的加快。政策促成"城中村"主要是农村集体土地所有权制度,城乡二元结构的体制的存在。经济促成"城中村"主要是因为"城中村"村民的主要经济来源依赖于土地和物业,要开发改造"城中村"必然会遇到高的征地拆迁补偿以及高的安置成本。因此,对"城中村"改造项目如何进行融资是问题解决的关键。相关的"城中村"改造融资模式有多种,既有政府主导投融资或企业主导开发的模式,也有政府、企业和村民三方参与的PPP模式等。

南方日报相关报导认为,广州市进行城中村改造的融资模式有鲜明的项目融资特点,广州市的城中村改造多是一村一策,自筹资金,倘若村集体钱不够就用集体土地来融资。根据2009年年初广州市规划局出台的《广州城中村改造规划指引》(试行),第一种模式是社区自筹资金,改造后部分物业出租。该模式适合于无地可卖的城中村。第二种模式便是拍卖土地筹集资金再改造。按《规划指引》文件中的换算方式,容积率随着改造成本及拍卖价格而浮动,拆迁补偿越高,容积率就越高。第二种模式是以项目改造的"城中村"集体土地资源为基础,通过政府的城市规划工作,规划设计出村民的自住和经营物业,计划出可以用于出让的集体土地,将其转化为国有土地予以有条件出让,吸引有意参与"城中村"改造的开发企业购买土地,以这种地块融资为"城中村"改造建设提供资金。并由政府相关机构监管改造资金的使用,最大限度地保护原村民的利益。例如,广州的老城区荔湾区有21个"城中村",总占地面积约20.5平方千米,约占全区面积35%,其中只有河沙、西郊、坦尾3个村在北片。荔湾区政府从2010年开始计划用五年左右的时间,分五大类基本完成辖内18个城中村的改造。改造采取先安置后拆迁的"搬积木"模式,记者走访看到,位于东漖北路的"花地人家"住房项目正在进行基坑施工,现场如火如荼。"花地村改造靠'搬积木',先拆除集体物业,腾出地块进行居民安置房建设,完成安置后再进行下一地块村民的搬迁、改造建设。这是一期项目,将在亚运会前基本完成整体施工。"花地村有关负责人告诉记者,花地村改造总体规划分三期实施,用5年时间完成,总投资约二十亿元。同样"搬积木"的还有茶滘和东漖,在按既定规划前提下,将改造分成几期滚动推进,首期项目都计划在明年上半年动工。据悉,茶滘村改造范围58.01万平方米,投资31.2亿元,还将为旧城改造提供11万平方米的安置房,首期项目正在进行单体设计,而东漖村改造范围60.93万平方米,投资16.24亿元,现已启动一期改造地块动迁。"这是以联社集体经济组织为主的自主改造方式,改造主体以自家人身份出现,容易展开拆迁安置工作,而且先安置后拆迁,可以最大程度地防止'烂尾楼'的出现,有利于减少矛盾。"荔湾区副区长郭兴荣表示,已有百分之九十多的村民愿意接受改造拆迁。据悉,花地、茶滘、

---

[1] 姚吉锋.桐庐县"城中村"改造项目融资模式研究.西南财经大学硕士论文,2011.
[2] 胡良光.荔湾三城中村改造卖地融资.南方日报,2009-12-04.

东漖3个村将分别拿出部分村集体用地,转为国有用地,上市拍卖融资用于改造。记者了解到,3个村计划拍卖融资的用地为28.4万平方米,建筑总面积将达120.66万平方米。东漖村人世代以盆花产业为生,如今村内却遍布着握手楼,没有消防通道,村内道路也不成系统,蜿蜒环绕的东漖涌成为一条臭水涌,亟待改造。荔湾区规划局负责人称,东漖村总体改造资金16.42亿元,楼面地价按3 800元/平方米计,需要拍卖建筑规模约43.22万平方米,用地11.2万平方米。而整体公共服务水平在芳村地区居首的花地村拟拍卖建筑面积28.5万平方米,用地7.75万平方米。"改造后'城中村'集体经济用地有没有增加?"广州市人大常委会副主任周庆强问。"在增量的同时,可实现结构升级。"郭兴荣表示,以茶滘为例,现状建筑以低层高密度为主,居住环境较差,改造后环境全新,物业规模总量将从22.27万平方米提高到42.71万平方米,村民人均集体经济用地量则从现在50～60平方米涨到约80平方米,原先的厂房仓库等物业也会升级为高级商业、办公、公寓楼宇,租金估计会翻3倍,村民收入将水涨船高。

问题分析:

(1) 广州"城中村"改造融资模式的特点有哪些?它属于哪一类的项目融资?

(2) "城中村"改造利用土地融资的特点有哪些?存在哪些风险?能否通过资产证券化来分散风险?

(3) "城中村"改造利用集体土地融资,需要满足什么条件才能实现各方利益的平衡,达到启动项目开发的目的?

(4) 有人认为"城中村"改造以土地融资,提高了地块的容积率,但下一届地方政府需要为高容积率进行大量基础设施建设,支出大笔公共财政[1]。这是局部人受益,但全体市民受损的不合理改造模式。你如何评论这种观点?

(5) 如果需要改造的"城中村"没有土地可供融资使用,试问地方政府将如何进行改造融资?

10.5 本章小结

本章主要研究了房地产开发项目融资问题,首先分析了中国和美国两种不同经济制度下的建设项目融资差异,可以使读者了解未来中国建设项目融资和房地产金融的发展演化方向。在土地开发融资方面也分别介绍了中美之间的差异和特点,使学习者可以了解和探讨不同土地开发融资模式的使用范围和可能的变化(例如,土地回租等)。在问题研究部分,本章涉及了地方政府土地储备问题,首先是对项目融资与土地储备之间的关系进行了分析,便于人们理解土地融资问题。然后分析了土地融资风险问题,可以让读者就地方政府土地财政问题、过度依靠土地来发展城市经济等问题进行探讨,这方面也需要读者阅读更多的相关文献来思考和理解本章提出的问题。在案例分析部分,围绕着项目融资的基本内容和问题,本章提供了两个现实的中国案例供读者研究。第一个案例是地方政府融资平台问题,读者可以对国内地方政府融资平台的发生、发展以及政府债务风险问

---

[1] 涂重航.城中村改造"卖地筹钱"的隐忧.社区,2010(5):60-63.

题出现有概括的了解。在参考了其他文献的情况下可以深入地讨论地方融资平台对中国经济发展的影响和风险控制问题。第二个案例是城市更新中的城中村改造融资问题，读者可以了解广州市以土地融资的模式，更深刻地理解项目融资的概念和土地资产在城市建设、房地产开发中的地位和作用。最后推荐的两篇阅读论文对于理解"问题研究"和"案例分析"部分有广泛思考和深入研究的意义。

10.6 本章拓展思考题

(1) 对比中国的房地产开发贷款模式，美国的建设期融资有何特点？它是如何进行风险管控的？

(2) "地块释放价格"的高低与哪些因素有关？为什么要乘以1.2倍的系数？

(3) 中国的土地开发融资的主要形式有哪些？为什么地方政府的融资平台能够以土地作为抵押品？它的内在机制是什么？

(4) "土地回租"有何特点？在中国的土地公有制条件下，企事业单位能否利用"土地回租"来解决项目开发融资问题？

(5) 铁路建设需要的资金量大，投资回收期长，仅通过借贷开发困难较多。目前城际铁路多采用沿线土地综合开发形式来融资和还贷。[1] 试分析，以TOD(Transit Oriented Development，TOD，公交导向开发)模式的铁路建设融资[2]和沿线土地综合开发有哪些特点？在土地融资模式方面有哪些创新？

10.7 本章主要参考文献

[1] 威廉姆·B.布鲁格曼，杰弗瑞·D.费雪(著).房地产金融与投资.李秉祥等(译).大连：东北财经大学出版社，2000.

[2] 席敏，张婉君.我国基础设施建设中BT模式研究.经济纵横，2005(11)20-22.

[3] 李世坡.土地开发融资的北京模式与重庆模式.中国房地产报，2007-03-12：028.

[4] 窦艳杰，吴洪剑.土地储备融资模式探析.北方经济，2007(5)：76-77.

[5] 土地储备贷款的风险分析及化解建议——以北海市为例.金融研究，2011(2)：100-105.

[6] 郝圆，赵敏娟.我国土地储备制度对房价影响机制的探讨.价格理论与实践，2009(6)：34-35.

[7] 毛中根，林哲.土地储备制度与房地产开发.上海经济研究，2005(8)：58-63.

[8] 莫兰琼，陶凌云.我国地方政府债务问题分析.上海经济研究，2012(8)：100-108.

[9] 陆岷峰，张惠.政府适度负债规模的研究.南都学坛(人文社会科学学报)，2011(5)：101-109.

[10] 王道军，赵边泌.上海秘笈——上海投融资平台20年运营脉络图.上海国资，2010(7)：19-24.

[11] 涂重航.城中村改造"卖地筹钱"的隐忧.社区，2010(5)：60-63.

[12] 中华人民共和国审计署.《全国地方政府性债务审计结果》，2011：35.

---

[1] 张彬.五省开启以地养路融资模式，弥补铁路建设资金不足.经济参考报，2014-02-26.

[2] 钟啸.铁路投融资改革，粤探索以地养路TOD模式.南方日报，2013-07-29.

阅读材料10.1

城市土地储备制度及其空间效应的检讨[1]

1. 导言

改革开放与日益加深的全球化进程,带来了中国经济、社会发展与政府治理方面的大规模制度变迁,其一个重要的结果是面对激烈竞争的环境和巨大的发展压力,地方政府逐步转变为具有自身明确利益诉求的增长主体。土地储备制度就是在这一宏观制度变迁过程中的一种产物,虽然在中国出现才只有10年左右的时间,但已经成为许多地方政府增加地方财政、推进城市建设的重要工具。

总体上看,中国土地储备制度是地方政府通过行政手段强制获取土地资源,并将之投放市场的一种垄断性获益行为,因此其本身并不是一种公平市场竞争的产物。10年来的实践表明,土地储备制度在发挥了一些积极的效应的同时,也混淆了政府主体利益与公共利益的关系,并且带有明显的功利性色彩,因此导致了许多严峻的社会、经济和治理问题,并引起了越来越多的争议与讨论(卢新海,2004),最近通过的《物权法》、重庆"钉子户"等事件都对这一制度的施行提出了质疑。与此同时产生的另一个问题是,土地储备制度是否如当初想象的那样对城市规划、城市空间的引导发挥了显著的积极作用呢?

2. 企业化治理转向与中国地方政府的企业化

2.1 全球城市治理的企业化转型

自20世纪70年代末80年代初以来,西方国家发生了全面的经济社会转型:在社会政治领域,以凯恩斯主义为代表的国家干预政策濒临破产,代之以新自由主义对市场理性和私有化的推崇;在经济领域,面临着全球性地域分工所带来的去工业化、结构性失业、财政紧缩等问题。在这种背景下,西方国家的城市政策也发生了变化,中央政府对地方的拨款和财政资助被撤销或大大缩减了,城市政府必须对地方经济的兴旺担负起更大、更主动的责任。为适应新的竞争规律和发展态势,城市政府普遍从福利国家的管理者角色和功能中走出来,不断实施推进公共管理体制改革、提高公共管理效率的"新公共管理"(New Public Management)运动,其基本特点是:地方政府的政策目标不再局限于传统的提供地方福利和服务,而是积极地利用企业家精神来改革公共管理部门,实施更加外向性的、用于培育和鼓励地方经济增长的行动和政策,即建立"企业家型城市"(Entrepreneurial City),这就是全球城市治理的企业化转型——一种关注于促进城市的繁荣及其创造就业与投资的能力的政治文化,城市治理目标在本质上是增长导向的:创造就业、扩大地方税收、培养小企业成长,以及吸引新投资。

2.2 中国的地方政府企业化

中国的改革开放过程,从总体上被看成是一种中央向地方行政性分权(Administrative Decentralization)的过程。分权化最显著的结果就是赋予了地方以相对独立的利益,并强化了地方政府管理经济的职能,促使地方政府为了自身利益开始积极地介入经济发展,

---

[1] 张京祥,吴佳,殷洁.城市土地储备制度及其空间效应的检讨.城市规划,2007(12):26-36.

造就了大量的增长型政府。应该说,西方国家所谓的"企业家型城市"既非将政府等同于企业,也不是政府官员完全由企业家来取代,而是企业家精神和企业理念在政府改革和运作中的移植与渗透。但是由于缺少完善、系统的整体规制约束,中国地方政府在权力不断扩大的过程中已经偏离了这一界定,而表现出"政府企业化"的治理倾向——地方政府利用自己对行政、公共资源等的垄断性权力,像企业一样追逐短期经济与政治利益,并展开了类似于企业间的激烈竞争,其本质上是政府行为指向"越位"的一种表现。

3. 中国城市土地储备制度的建立与运行

3.1 土地储备制度的建立

土地储备(Land Banking)制度最早起源于1896年的荷兰阿姆斯特丹,但是在不同的政治经济体制背景中有着不同的实现形式。土地储备的基本含义是指城市政府按照法律程序,按照土地利用总体规划和城市规划,通过对回收、收购、置换、征用等方式取得的土地进行前期开发并予以储存,以供应和调控城市各类建设用地需求的一种经营管理机制或行为。1980年初香港为了快速增加财政收入并在回归前"合法"向英国转移资产,在港英政府的直接操控下建立了土地储备制度。随着城市土地有偿使用制度的施行,面对快速城市化的背景和城市政府财政负担日益加重的挑战,中国大陆借鉴香港的经验实施了土地储备制度。1996年、1997年上海与杭州等城市的成功经验促使国家对土地储备制度进行推广,并于2001年国务院下发了《关于加强国有土地资产管理的通知》,明确要求"有条件的地方要试行土地收购储备制度"。这一制度立即得到了各地政府的推崇并纷纷成立土地储备机构,据不完全统计,目前全国各级城市累计成立了2000多家土地储备机构。

3.2 土地储备制度的设计初衷

土地储备制度是在中国经济体制改革、新旧体制的交替过程中,为了合理配置城市存量土地、提高土地使用效率、合理经营城市土地、寻求更多的土地收益、配合国有企业的改制、规范土地市场等目标而产生的制度革新。这一制度设计的基本思路是:由政府控制的土地储备机构运用政府的公权力,通过收回、收购、置换、征用等各种方法取得土地的使用权,将土地使用者手中分散的土地集中起来进行土地整理和开发,变成可建设的"熟地",再根据城市总体规划、土地利用总体规划、土地利用年度计划及城市经济发展的客观需要,通过招标、拍卖等方式有计划地将土地投入市场,以供应和调控城市各类建设用地需求的一种经营管理制度(张宏斌,贾生华,2000)。其目标在于调控城市各类建设用地的需求,确保政府能垄断土地一级市场,如图1所示。

在这一制度建立的初期,社会各界尤其是政府对之基本都持竭力支持的态度,并认为其至少以下几个方面发挥了积极的作用:①强化政府对地产市场的宏观调控能力;②规范土地市场,抑制土地炒作与非法交易;③增加财政收入,推动土地金融发展(例如杭州市自成立土地储备机构以来,上交财政的资金以每年56%的速度递增。2004年武汉市发行了该市第一支土地信托产品,一个月内募集资金2亿元);④优化城市土地利用结构,为城市规划实施创造条件。

3.3 土地储备制度是市场化与分权化叠加的结果

土地使用制度的改革使得土地作为经济发展的当然载体和必需资源,开始具备"资

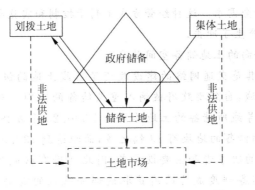

图1 土地储备制度中的土地权属流转

本"的特性。而土地使用权和土地所有权分离的概念,既衔接了中国一贯坚持的土地"公有制"体系,也在实践中创建了一套与多元经济并存相适应的新制度。

分权化改革及附生的分税制改革促使地方政府积极主动地"开源节流",积极发展地方经济、增加财政收入,甚至在预算外寻求其他收入来源。土地有偿使用制度的施行,使得地方政府的利益格局出现了一次大的变迁,原本为国家全部占有的土地收益开始分流到地方政府手中。土地收入恰恰是政府预算外收入的主要部分,在积极发展地方经济需要土地投入的合理逻辑下,地方政府有足够的能力将增加土地收入的意愿和发展地方经济与城市建设的需求结合起来。同时,由于产权制度的缺陷而使得大量划拨土地和集体土地直接进入土地市场,造成了地方政府收益的大量流失,尤其是为推动国有企业改革而减轻政府的"包袱",土地储备制度快速地成为许多城市政府的优先选项(图3)。因此,土地储备制度是中国"市场化"与"分权化"改革相叠加的一种结果。

4. 城市土地储备的空间效应:南京的实证

4.1 老城区功能优化导向的土地储备空间效应

由于历史原因,我国城市内部一般功能混杂、环境品质低、用地效益不高,土地储备推动了城市功能布局的逐渐优化。2003年南京市共有53幅工业企业土地被纳入土地收购储备范围,其中内城区17幅,总面积32.57平方公顷;2004年、2005年,土地储备中心还收购企业地块1.41平方公顷、旧城改造地块110.8平方公顷。一个典型的案例是利济巷地块,该地块曾早先出让给房地产开发企业,由于企业无力开发而被政府收回,在原来的操作模式下政府没有净收益,因此迟迟无法实施旧城改造。通过土地储备的运作,不仅在很短的时间内解决了拖延8年之久的拆迁任务,还实现土地净收益8 891万元。该案例的典型意义在于,政府可以通过土地储备操作来解决资金收益问题,为城市难点地区的功能更新创造条件。从2002年初开始,南京市开始在旧城区推进环境治理,许多零星地块成为治理的"死角"——这些土地或是投资回报率较低,或是位于历史街区,实施治理的难度很大。土地储备中心实施了鼓楼西北角地块、宝善小区地块等颇具代表性的旧城环境整治重点、难点项目,其基本模式是借助环境整治或城市规划带来的土地升值,通过土地储备发掘这些改造难点地区的盈利空间,2003年出让的6幅环境改造地块成功实现了2.54亿元的净收益。然而,在土地储备机构通过土地储备方案推动旧城区环境整治的过程中,其十分关注"盈利空间",常常提出专项储备、捆绑运作的要求,以期通过捆绑储备地块来筹措资金、平衡资金需求。这种经营方式不利于控制和实施年度土地供应指标,对正常土地市场的供应也产生了冲击。

4.2 地域增值导向的土地储备空间效应

城市基础设施尤其是交通网络的建设改变了沿线土地的级差地租,这些地区往往是土地增值最快的区域,自然要政府被纳入重点储备的范围。如南京市沿高速铁路和地铁1号线和地铁2号线所储备的土地总量达1390.25平方公顷,占同期储备土地的70%,其中1号线两侧储备的地块有13幅之多,面积达到133.98平方公顷。由于地方政府是基础设施建设的决策者和主要投资者,因此政府有权成为交通投入带动土地升值的受益者,而土地储备制度成为政府获取这部分收益的重要手段。但是,这种快速见效的土地储备直接推动了土地价格的大幅提升,并导致了房地产价格的迅速攀升。政府利用公共财政进行的土地储备投入,其产生的增值效益并没有转化为对社会公共利益的回报。

4.3 利益追求导向的土地储备空间效应

尽管增量土地集中在政府手中有利于政府对城市用地扩展的方向和速度做出控制,但以追求利益导向的快节奏操作难以顾及土地获得者的实际建设能力,使得城镇用地的扩张伴随大量土地闲置现象,并直接导致了城市边缘区和外围用地高速度、低密度扩展相伴生的空间效应。2001—2003年,南京市江宁区的城镇建设用地迅速扩张,2003年底时全区城镇建设用地已达到122.8平方公里(但实际的建成区不到六成),地均产出只是南京主城区同类数值的30%,城市空间呈现典型的高速、低效扩张效应。储备土地对于城市空间拓展具有明显的引导作用,带来的市场信息是具有鼓励性的,诱使开发商通过其他方式大量圈地却囤而不发。不完善的土地储备制度往往导致城市边缘区空间快速增长和土地低效使用的并存。

4.4 新区开发导向的土地储备空间效应

土地储备是政府控制的一种垄断行为,因此它在支持政府重大发展规划决策中起着显著的作用,尤其是在城市外围地区的新城(区)建设中,土地储备为城市空间的跳跃式的发展提供了有力的支撑。南京市希望通过2005年举办"十运会"的机遇在短期内迅速带动河西新区的发展,于是奥体中心周围的土地均纳入了储备,使得该地区的地价从原本不到700万元/公顷很快上涨到千万元以上,巨大的土地财政收入支撑了奥体中心的顺利建设和河西新城的迅速崛起,为河西新城这样一个"跳跃发展"的城市空间提供了强劲的动力。类似的案例还发生在南京的仙林、浦口、江宁等新市区,根据土地储备的近期规划,南京至2008年市区范围内可供储备土地为98平方公里,其中河西、仙西可储备的土地约为44平方公里,占总量的40%以上。从南京的实证看,土地储备在推动城市空间发展方面同时起着正、负两种作用:一方面可以有效促进城市功能空间的更新、促进新城建设;而另一方面土地储备制度的逐利倾向造成了粗放投入和过量供地,城市建设分头出击、四面开花等问题,形成了许多功能不健全的"半生不熟"的新区(新区功能的"长期失效"),对城市的长久发展是不利的。

5. 对土地储备制度的反思：城市增长机器的解释

5.1 城市增长机器在中国的形成

20世纪80年代末以来，为了应对全球化营造的日益激烈的竞争发展环境，世界上一些城市的政府部门积极推行了增长型发展策略。实现城市经济增长的目标必须依赖于政府、商业机构、民间团体等各种利益集团的合作，于是在实际中便结成各种各样的合作伙伴关系，亦即莫洛茨和洛根（Molotch, Logan, 1987）所称的"增长联盟"（Growth Coalition）或"增长机器"（Growth Machine）。增长机器理论认为，地方官员发展地方经济的强烈动机和基于土地的经济精英聚敛财富的动机主导着城市政治的发展方向，并以此联盟建立城市行政体系（增长机器）。因此，城市增长机器的建立就是一种典型的政府与城市增长力量双向"寻租"的现象。哈佛大学的施利弗（A. Shleifer）、芝加哥大学的维施尼（R. W. Vishny）在《掠夺之手——政府病及其治疗》一书中，详细研究了在各种社会经济型态中政府对经济活动的干预模型以及腐败产生的根源，其理论出发点是：很多管理的实施目的其实是为了增加政治家自己的财富和权力。对于因此而导致的城市政府由"公共服务型政体"向"促进增长政体"转变的趋势，弗里德曼提出了尖锐的批评。

改革开放以后发展环境与制度变迁，已经使得中国的地方城市政府选择了高度趋利型的企业化治理方式。处于转型期的地方城市政府既有促进地方经济增长的强烈愿望，又有谋求自身利益（如地方财政收入、政治业绩）最大化和短期化的追求，他们利用拥有行政资源、垄断性竞争资源的特权与城市中诸多经济发展主体（如开发商、投资商）结成了种种增长联盟，形成了复杂而有力的"城市增长机器"。而民主化、法治化进程的相对滞后，使得中国市民社会、非政府组织（NGO）的力量极其微弱，基本被排除在这一增长联盟之外。

5.2 对土地储备制度公信力的质疑

土地使用权出让制度有两个根本属性：一是政府垄断一级市场，二是商业利益优先。这种制度设计和实施已经决定了它首先是有利于政府，其次是有利于商人，政府其实难以利用它为一般公众增加利益，即使香港也是如此。从国内城市十多年的实践看，土地储备的重点几乎都是那些有巨大盈利空间的经营性地块，而用于社会公益事业（如基础设施、公共福利设施）的土地储备则是少之又少。在以土地私有产权为主的制度环境中，土地储备是政府在没有需要前而先期获取土地，然后通过附加在土地上的各种规划引导，使公共政策可以不依赖私有土地市场而直接控制开发（H. B. Dunkerley, 1983），因此其土地储备制度起着对土地市场进行公共干预的重要作用。而中国的土地储备制度出台的基本背景是和地方政府的分权化利益驱动直接相关，并不是以增进公共利益作为主要目标，因而也直接削弱了土地储备制度的综合绩效。土地所有者和土地使用者之间潜在的利益分歧逐渐扩大：①国家与地方政府之间，地方政府通过过量供地（大部分是新增建设用地）甚至违规占用耕地获利，而将成本与风险交由国家承担；②地方政府与用地者之间，用地者为了获取更多的利润而试图规避土地储备，甚至违规进行土地开发，将由此带来的问题推向社会。土地权属缺乏法律保障造成政府在实际的操作中占据绝对强势的地位，在许多城市土地储备制度已经演变成一种由公有权力保障的具有强制力的行政征收行为，导致其实施程序常常违背法律规定，甚至在一些城市中以土地储备代替法定的拆迁，并引发了严峻的社会矛盾。《宪法》与《物权法》都规定了实施土地征收的前提是为了公共利益的需要,但是对公共利益的界定几乎没有。美国土地征收中界定的公共利益主要有两种类型:一是全体社会成员都可以直接享受的利益,如机场、公共道路交通、公共卫生、文物古迹及风景名胜区保护等;二是政府征收少数人财产又立即转让给多数人使用,诸如旧城改造、超市购物中心等,如果政府征收少数人财产又立即转让给另一些少数人使用(如开发高档房地产),则就不能构成公共利益的需求。

5.3 政府的行为边界

作为社会公共产品的提供者,政府应如何同时扮演土地管理者与经营者的角色?政府的行为边界在哪里?显然在土地储备制度的创新中地方政府是有利可图的,这种利益既可以是规范土地市场、减少土地市场的交易成本,也可以是获取巨大的土地收益。前者是政府作为公共利益的被授权人所必需承担的责任,而后者又是一个资产经营者所能获取的利益,两者在"管理者"与"经营者"的角色方面出现重合。因此,当社会无法有效约束政府时,政府有可能利用其垄断性权力谋求自身的利益,甚至将城市规划作为强化利益获取的工具。

同时需要指出的是,土地储备制度是由短期收益推动的一种制度变迁,在中国目前的土地使用制度体系内,城市政府出于对自身利益的短期追求会通过这一制度造就"前人受益,后人买单"的结果,造成短期"经营性"制度安排与长远"公益性"发展目标之间的矛盾,并最终影响城市的持续健康发展。因此从长远发展需要看,政府应逐步退出非公益性的土地经营,将储备土地从以"经营性储备"为主逐步转向以"公益性储备"为主,最大限度地弱化政府在土地储备中的经营者角色,彰显土地储备的公益性职能。

阅读材料 10.2

地方政府债务融资的风险控制——基于土地财政视角的分析[1]

一、引言

中国地方政府的债务融资始于 20 世纪 80 年代,通过各种建设债券、银政合作和融资平台借款,为地方基础设施建设、吸引投资和经济发展发挥了不可或缺的作用。而这些债务风险是否可控也成为当前中国经济健康状况的重要指针之一。审计署 2010 年度审计报告则显示,截至 2010 年底,除 54 县级政府没有政府性债务外,全国省、市、县三级地方政府性债务余额共计 10.7 万亿元,约占 2010 年全国 GDP 总额的 27.4%。2011 年下半年,我国部分省市开始试点地方政府债券,为地方政府债务融资的改革开启了大门。在这一大背景下,分析和研究地方政府债务融资背后需要控制的风险因素具有重要的理论和实践意义。

国外关于地方政府债务风险的研究,主要集中于财政风险,其量度方法一种是以 Polackova(1998)为代表的财政风险矩阵方法,主要关注财政的支出方面,即财政预期支出的压力;另一种描述财政风险的方法是欧盟国家常使用的风险指标法,其中财政赤字/GDP 的比率以及政府债务/GDP 的比率是两个最常用的指标,前者侧重对财政短期风险

---

[1] 何杨,满燕云.地方政府债务融资的风险控制——基于土地财政视角的分析.财贸经济,2012(5):45-50.

的度量,后者侧重对财政可持续的度量,即财政的长期风险。理论研究还指出,地方政府债务风险失控的原因有以下几个:一是"公共池"问题,也就是个别地方政府债务引起的问题将由其他的地方政府来共同承担,助长了个别地方政府超过自身偿还能力进行借债。二是软预算约束问题,中央政府往往会成为地方债务的最后兜底人。即使有的中央政策作出不救助的承诺,但是短期内造成的地方公共物品供应不足、工资和养老金拖欠以及对经济社会稳定的影响使得中央政府难以完全袖手旁观。三是地方政府之间的竞争也使得地方政府债务规模不断扩大(Singh,Plekhanov,2005)。与西方国家相比,我国地方政府的债务融资具有其特殊性。一方面,地方政府不具备发债的法律权力,大量融资都是通过各种隐性方式进行;另一方面,预算外资金尤其是土地出让收入在债务融资中扮演重要角色。世界银行城市化与土地制度改革课题组(2005)调研了中国部分地区土地开发、基础设施投资和扩大地方建设规模以带动城市化的模式,对以土地为依托的城市化的可持续性充满忧虑。秦德安、田靖宇(2010)认为地方融资平台存在着债务风险、管理风险和潜在风险,而债务风险可能最终演化为金融风险和财政风险。Tsui(2011)对中国以土地拉动的基础设施建设模式进行了分析,指出土地成为地方政府获得暴利的工具以及融资的诱饵和杠杆。Shih(2004,2010)通过对中国银行的运行绩效研究以及银行和政府间的贷款规模的初步估算,预警中国可能将面临地方政府债务违约风险。

本文分析了地方政府以融资平台和土地财政为依托的融资模式存在的风险,并通过部分融资平台公司的数据进行实证研究,提出了控制地方政府债务融资风险的财税体制政策建议。

二、以融资平台和土地财政为依托的融资模式

在不允许借债的法律约束下,我国地方政府的债务融资模式往往为发起成立投融资企业,通过划拨土地、股权、规费等资产,使其具备融资能力,为地方基础设施建设筹措资金。文中采取宽口径的地方融资平台定义,即包含城市基础设施建设、各类开发区和园区平台、交通运输类融资平台、公用事业类融资平台、土地储备中心、国有资产管理中心等。其中,判断融资平台的关键标准,在于其当前募集资金的投向是否为公益性项目以及未来偿债资金的来源是否与政府资产或担保有关。

地方政府借助平台公司的融资主要有三种形式:一是银行项目贷款;二是发行"城投债";三是融资租赁、项目融资、信托私募等资本市场融资。在这几种方式中,银行贷款所占的比重最高,土地抵押是获得银行贷款的常用方式。据某省审计局调查,当地融资平台90%的负债来自银行,其中70%以上的贷款是通过土地抵押,偿债资金主要来自土地出让金、房地产开发收入和财政收入。发行"城投债"方式较为规范,但受到市场偏好的限制,欠发达地区和发达地区相比更难从债券市场获得资金。其他资本市场融资方式由于融资成本较高,往往也是在发达地区更有可能实现。但是,无论哪一种方式,土地作为地方政府的重要资产,都发挥着极为关键的作用。

(一)以土地抵押获得银行贷款

银行与地方政府的合作可以追溯到20世纪90年代后期兴起的"打捆贷款",其特点是政府承诺、财政兜底、市场化运作,是地方融资平台的初始融资模式。随着涉足"打捆贷款"的规模增大,为了加强宏观调控,2006年4月25日国务院五部委紧急叫停"打捆贷

款"。但实际上,银行和地方政府间的合作并没有停止,反而在 2008 年经济刺激计划中愈演愈烈。地方融资平台从商业银行获得贷款的方式,有的靠土地抵押,有的靠平台公司之间的相互担保或者地方政府提供担保。一般的做法是,在土地储备中由土地管理部门根据规划确定储备土地的供应用途、年限等,向土地储备中心发放土地使用权证,以此作为向银行申请土地抵押贷款的凭证。土地储备中心还可以在储备土地的收益权上设立质押,向政府控股的开发区或平台公司进行贷款担保。

这些土地抵押贷款为地方融资平台公司运营、地方基础设施投入、各种开发园区建设等发挥了重要作用。贷款的偿还除了依靠项目本身产生的收益(基础设施等公益性项目的收益很低),更主要是希望通过开发区招商引资,带动当地工业、商业的发展,由未来土地相关税收增加和土地增值来埋单。图 2 描述了这种"时间换空间"的融资方式。

也就是说,土地抵押贷款所依赖的还款主要来源于未来土地增值收益的实现,并且由于中国尚没有开征房地产保有环节的税收,收益实现主要来自于商、住用地一次性的土地出让收入。这就可以理解为什么地方政府通过限制商、住用地的供给来不断抬高土地出让的价格。满燕云(2010)研究显示,土地出让收入 2007 年在四川、重庆等省市占到一般预算收入的 50%以上。中国指数研究院的监测数据显示,2010 年全国 120 个城市土地出让金总额为 18 814.4 亿元,同比增加 50%。其中 3 个城市土地出让金收入突破 1 000 亿元。

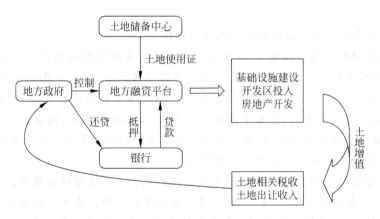

图 2 地方融资平台公司通过土地抵押借款及还款流程

但是,随着国家宏观调控加强,土地出让金收入不断上涨的势头正在得到遏制。北京中原地产发布的北京土地市场调查报告显示,2011 年上半年北京土地出让金收入为 327.2 亿元,同比下降了 48.2%,仅为 2010 年同期的一半左右。而一旦土地出让收入由于发展模式受阻出现普遍滑落,将会直接影响到地方政府的偿债能力。

(二) 以土地收入为担保发行"城投债"

在成功发行"城投债"的 29 个省(及直辖市)中,呈现出显著的地区差异,如图 3 所示。部分地区发债数量超过 20 只或者融资全额超过 200 亿元,包括北京市、上海市、天津市、重庆市、浙江省、安徽省、江苏省和湖南省,最多的江苏省各级政府的投融资企业共发行

56只债券,融资789亿元。相反,甘肃省、陕西省、青海省、宁夏回族自治区、贵州省和山西省等西部省份发债数量极为有限,一般不超过1~2只。另外,新疆维吾尔自治区和海南省尚未发行"城投债"。

在这些发债的地方融资平台中,市级、县级融资平台呈现增多的势头。2007年以前发债主体主要为省级投融资平台,2007年以后市县级融资平台开始增加。不包括直辖市在内,2008年市级融资平台共发债14只,仅1个县级融资平台成功发债,县市级融资平台债券占当年融资平台债券数量的45.5%;2009年市级融资平台共发债60只,县级融资平台发债数量达到14只,县市级融资平台债券占当年融资平台债券数量的64.9%;2010年市级融资平台发债数量为66只,县级融资平台发债数量为5只,县市级融资平台债券占当年融资平台债券数量的70.3%。众所周知,在中国目前的财政分权体制下,级次越低的政府自有收入越有限,依赖上级转移支付和预算外收入的比例越高,使得财力较为薄弱的县市隐藏了一定的偿债风险。

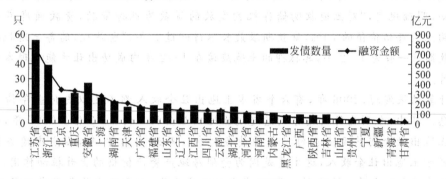

图3 各省政府投融资平台2002—2010年发行债券数量和规模

土地资产和收益是平台公司发行城投债的重要担保。在不少城投债的公告中显示,有的直接以地方政府的土地或资产担保,有的由投融资平台公司之间相互担保,还有的则由为平台公司提供了贷款的银行进行担保。由于相对银行贷款,城投债的债权人更加广泛,土地担保的变现更加困难。实际上,地方融资平台的发债成本一直高于企业债券的平均水平。2008年,地方投融资平台发行债券的平均票面利率为6.19%,同期所有企业债券的平均票面利率为5.95%;2009年,地方投融资平台发行债券的平均票面利率为5.88%,同期所有企业债券的平均票面利率为5.70%;2010年,地方投融资平台发行债券的平均票面利率为5.72%,同期所有企业债券的平均票面利率为5.63%。并且,由于2010年下半年开始出现的一些地方融资平台信用事件,2011年城投债的票面利率不仅进一步上升,并且市场购买的意愿下降甚至出现抛售。

三、地方政府债务风险的计量

在审计署公布2010年全国地方政府性债务情况后,部分省份也陆续晒出了地方政府的债务状况。根据这些省份的2010年预算执行审计报告和2011年预算草案报告,可以对该省份的债务规模进行统计分析。结果显示,部分地区的债务已经达到较大的规模。有的省份债务余额接近GDP的一半,一些经济欠发达地区也都超过35%。并且,这些省份的债务余额都远远超过了当地的财政收入,半数省份的债务余额都在财政收入的3~4

倍之间,偿债压力较大。我们还用2002—2010年期间所有在资本市场(包括上海证券交易所、深圳证券交易所和全国银行间债券市场)公开发债(包括企业/公司债、中票、短期融资券等)的地方融资平台类企业共340家作为样本来进一步分析地方政府债务规模。这些发债企业往往是各省市资产规模较大的平台公司,我们用这些样本企业的有息债务与地方政府一般预算收入的比值来衡量地方债务负担。虽然存在着低估,但是仍然可以发现2009年地方有息债务规模占一般预算收入的比重普遍大幅增长。由于土地出让金是地方政府直接用于还本付息的资金来源,我们利用获得的数据,对地方政府进行了一个简单的压力测试。这里用于支付利息的资金来源为《中国国土资源年鉴》公布的土地出让金纯收益,债务本金为通过样本平台公司计算的所有有息债务总额,并使用6%的一年期基准贷款利率来计算地方政府每年需要支付的利息。需要说明的是,当年需要偿还的债务往往和以前年度的土地抵押相关,土地出让收入可能用于弥补过去一年或几年的债务成本。2003年6月,中国人民银行发布的《关于进一步加强房地产信贷业务管理的通知》明确规定,"对土地收购储备机构发放的贷款为抵押贷款,贷款额度不得超过所收购土地评估价值的70%,贷款期限最长不得超过2年。"也就说,储备土地抵押贷款的还款期限一般为1~2年,其抵押的土地应该在1~2年内成功出让才能实现本金利息全覆盖。

计算结果发现,2006年,有六个省市土地出让金收入都不足以支付当年债务的应付利息。其中,个别省份的债务利息超过土地出让金收入的2~3倍。2007年,有四个省市土地出让金仍然无法支付当年的债务利息。而到了2008年,各省市债务利息支出都低于土地出让金收入,这主要是因为受到房地产资产价格的上升拉动作用,导致土地出让价格大幅上升。情况到了2009年之后发生变化,由于地方债务规模出现井喷,尽管土地出让收入仍然在上涨,但是个别省市仍出现了土地出让金无法支付当年债务利息的现象。

为了更准确地考察土地出让对地方融资平台债务的影响,特别是不同地区的这种影响的差异性,我们用获得的数据进行了实证检验。沿用Bernardino和Francisco(2004)的方法,计量模型设定如下:

$$Y_{it} = \alpha + \beta_1 X_{it} + \beta_2 X_{it-1} + \beta_3 X_{it-2} + \beta_4 E_{it} + \lambda_t + \mu_i + \varepsilon_{it}$$

其中,Y_{it}表示在时间t时第i个省的融资平台公司有息债务,X_{it}表示在时间t时对应第i个省的土地出让收入,X_{it-1}和X_{it-2}分别为土地出让收入的一期和二期滞后变量,用于表示以前年度土地出让收益对形成当年债务的影响,E_{it}表示一系列控制变量,包括人口、人均GDP和城市化率。λ_t和μ_i分别表示时间和所管辖范围内的具体固定效应(以省为单位)。为了解决模型估计中的内生性问题,即能够获得的土地出让收入会影响地方融资的规模,借债用于基础设施投入又会提升地方政府卖地的收入,因此需要通过选择工具变量采用两阶段最小二乘方法(2SLS)来控制联立型偏差。本文采用的工具变量是税收收入及其滞后变量。为了保证结果的可靠性,本文分别以人均债务指标和单位GDP债务指标作为被解释变量进行了回归。表1给出了实证回归的结果。

表 1　面板数据的 2SLS 回归结果

解释变量	人均债务（debtpp）	单位 GDP 债务（debtgdp）
常数项	5.197 687(4.031 245)	1.100 018(1.229 049)
人均土地出让收入（loglandpp）	0.572 461 1***（0.057 620 9）	0.484 130 7***（0.017 567 5）
$L.$ loglandpp	0.558 342 1**（0.228 293 6）	0.000 061 2(0.000 049 3)
$L_2.$ loglandpp	0.404 516 9(0.026 6 99)	0.002 374 2(0.000 049 3)
人均收入（logincomepp）	1.097 505***（0.334 381 1）	0.276 390 5***（0.101 946 3）
人均 GDP（loggdppp）	0.154 440 4*（0.275 585 4）	0.107 362 8*（0.084 020 7）
城市化率（logurban）	0.223 222 2*（0.431 19）	0.005 994 6*（0.131 461 5）
调整后的 R^2	0.705 2	0.505 0
F 统计值	34.55	34.32

注：*、** 和 *** 分别表示在 10%、5% 和 1% 的统计水平上显著。

从回归结果中可以发现，当期的土地出让收入和地方融资平台债务规模显著相关，并且土地出让收入越大，地方融资平台的有息债务越高。而滞后一期对于债务规模的影响并不一致，滞后二期对债务规模的影响不显著。这表明，地方政府在借债时用于抵押土地的估值往往是基于当年的土地出让价格，而历史收入情况没有得到充分考虑。这一方面是受土地抵押的时间限制（1~2 年）；另一方面反映出在当期土地价格上涨阶段，地方政府可能出现过度借债倾向。可见，依赖土地收入还本付息可能隐藏巨大的风险。在经济繁荣时期，土地资产价格的上升可能引发过度借债，而一旦经济增速放缓，工业、商业没有预期拉动，土地和房价格产生波动，就会影响到地方债务偿还。因此，2011 年下半年中央政府果断地为地方债开闸，使得地方政府走上了债务融资的前台，为规范的地方政府债务融资制度建立拉开了序幕。

四、土地财政与地方债改革联动的政策建议

地方政府债务风险的控制涵盖法律、金融以及行政监管等各个方面。其中，借款人，也就是地方政府本身的财政状况良好与否是地方政府债务融资能否健康进行的关键要求。因此，在我国启动地方债改革的同时，不能忽视地方政府财税体制的改革。以土地为杠杆借债融资，以土地为诱饵吸引投资，再通过土地出让获得收入，这一通过"时间换空间"的土地经营城市化方式，可能由于国内外经济形势的变化而暴露出巨大风险。这种情况的出现与我国目前重费轻税，重流转轻保有的土地税制结构有很大的关系。这种税制结构又与现行的分税制下中央与地方的税收分成机制有关，也与土地一级市场的垄断有关，还与公共财政体制的改革有关。只要继续维持现在的分税制框架，地方政府就必然会继续想方设法扩大能为地方独享的税源，土地相关税费当然是首选；只要土地一级市场继续为政府垄断，土地"低进高出"的管道就在，谋求土地出让收益最大化的动机就不减；只要土地出让金作为体制外收入不受严格控制的状况不变，地方政府在银行、市场的青睐下就有强烈的冲动将土地资产的融资规模做到极致。如果以上格局不打破，仅仅为地方债发行放闸，可能会使得地方政府未来面临严重的偿债风险。

因此，逐步建立规范的地方债制度，实现地方政府一级财权，一级债权，意味着要对现行财税体制进行深层次的改革，并建立相应的监督、制约和风险防范机制。

首先，需要全面编著地方政府的资产负债表，将目前的预算外收支和体制外收支都纳入预算，尤其是土地出让收入和通过融资平台进行的借债，使地方政府的融资能力有一个透明公开的判断依据。

其次，降低地方政府对土地出让收入的依赖，为地方政府增加稳定的财政收入来源，加快房地产税改革，开征以评估价值为计税依据、普遍征收的房地产税。我国目前的房地产税收存在着重流转、轻保有的问题，难以将土地增值的巨大收益通过税收手段进行再分配。因此，转向规范化的房地产税制是化解这种极不具有稳定性和可持续性的收入困境的理性之路。由于房地产税具有收入稳定、课征容易、不易逃漏税等优点，是很多国家地方政府的主要收入来源。

最后，硬化地方政府的财政预算约束。地方官员不仅不对债务融资项目的成败承担最终责任，并且高度依赖中央政府对地方政府的债务兜底，使得地方政府的信用不断被透支。只有硬化财政预算约束，才能对地方政府进行市场信用评级，对地方债券进行合理定价。并且，对于地区间融资能力的差异，中央政府需要对落后地区提供一些必要的担保和政策扶持，如加大转移支付力度，政策性银行加以配合等。

第 11 章 收益性房地产融资、信托与资产证券化

11.1 收益性房地产融资

(1) 收益性房地产是指能够直接产生租赁或其他经济收益的房地产,包括商店、商务办公楼、公寓、影剧院、游乐场、加油站、旅馆和农地等[1]。由于收益性房地产具有较强的产租能力,所以收益性房地产具备了资产融资和资本化的条件,可以运用现代资产定价理论对其进行估值和设计各类融资产品,并为后续的金融衍生品开发打开了想象空间。同时,也为房地产企业和其他行业的企业利用资本市场快速成长壮大,调整资产结构、公司治理结构和负债结构提供了坚实的金融支持。

(2) 收益性房地产融资的形式非常丰富,既有传统的形式,也有随着资本市场发展而出现的金融产品创新形式。传统的抵押融资是使用最多的形式,其他的还有房地产债券融资、信托融资、股权融资、私募基金融资以及信托基金融资等。对于商业地产的融资始于 20 世纪 70 年代的美国,是资产证券化发展的最初需求,它是商业信用在投资领域的进一步深化。但是,后来资产证券化发展到对住房抵押贷款和汽车购买货款的证券化,以及信用卡贷款证券化、应收账款证券化等,并扩展到普通工商贷款、无担保消费贷款、计算机租赁、人寿保险、公用事业收入、俱乐部会费收入、石油天然气储备和矿藏储备等一些能产生稳定现金流量的资本投资领域。这些融资产品的发展使得金融业的发展与国民经济各个行业的发展更加紧密,并提高了各个行业发展的速度和促进了信用经济思想在社会经济各方面的渗入,它是 20 世纪世界金融领域里最重要的技术和产品创新内容,其影响非常深远。

(3) 商业地产是典型的收益性房地产,它能够带来预期持续的现金流,其需要持续投入的资金规模较大,以及拥有随着所在城市商圈发展和本身内部业态的优化调整而不断增长的物业抵押价值等特点。因此,它具备了使用各类融资工具的需求和融资产品开发条件(例如,商业银行贷款、信托计划、企业债、金融租赁、资产典当、私募基金、海外金融机构融资和房地产信托基金等)。在商业地产开发的前期、建设、经营等各个阶段都可以设计不同的融资产品,为企业经营带来较好的投资回报。对于企业上市融资、并购重组而言,商业地产的持续业绩表现最能引起投资者的兴趣。

---

[1] 中国房地产估价师学会编.房地产估价理论与方法.北京:中国物价出版社,2001:27-28,44,57-81.

11.2 房地产信托与信托基金

11.2.1 房地产信托

(1) 信托(Trust)全称信用委托,是委托人基于对受托人的信任,将其财产权委托给受托人,由受托人为受益人(委托人)的利益或其他特定目的进行管理的法律和经济行为(见图11-1)。受托人可以在法律允许的情况下,按约定的条件和范围,占有、管理、使用信托财产,并处置其收益。房地产信托指房地产项目的投资商或开发商通过信托方式为项目开发融集资金,以通过信托公司发行房地产信托计划产品融资的形式来实现。自2001年以来我国信托投资方面的"一法两规"(指《信托法》《信托投资公司管理办法》《信托投资公司资金信托管理暂行办法》,在2007年又颁布了《信托公司集合资金信托计划管理办法》)等相关政策,信托公司在房地产融资方面开始起到日趋重要的角色。目前中国的房地产信托计划一般持续期限较短(1~3年),具有较为稳定的预期收益,收益率一般高于同期存款利率或国债利率,并且采取多重增信措施来保障投资者权益。中国信托业协会公布的主要业务数据显示,截至2012年底,信托业全行业65家信托公司管理的信托资产规模达7.47万亿元[1]。房地产信托是信托业里的重要业务之一。

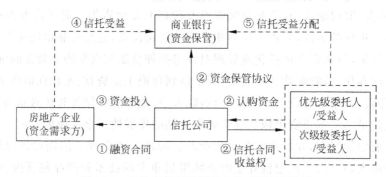

图 11-1 房地产信托融资法律关系结构图[2]

(2) 鉴于信托产品设计的灵活性,对于收益性的房地产而言,凡是开发项目急需资金而普通商业贷款不能介入的阶段都是有可能引进信托资金的时点。例如:①土地招拍挂前或土地出让金足额缴付前的阶段,一方面不能以银行的流动资金贷款缴纳土地出让金(法律规定流动资金贷款不得用于固定资产、股权等投资);另一方面项目进展尚不符合开发贷款的申请条件,最好的办法就是通过设计信托产品募集资金;②在获得出让土地后、但开发贷条件具备前,或者银行贷款在审批过程中,都可以使用信托资金过渡;③银行开发贷款到期,而项目开发运营此时仍需建设资金,可用信托资金置换银行到期的开发贷款。

(3) 房地产信托可按负债关系划分为债务型信托和权益型信托。主要有以下四种模

---

[1] 信托资产规模达 7.47 万亿元. 中国证券报,2012-02-08.
[2] 资料来源:吕士威. 房地产项目信托融资实务. 现代商业,2011(15):169.

式:信托贷款型、股权投资型、权益投资型和财产信托型。

① 信托贷款型。是一种债务型融资方式(见图11-2)。即将信托募集到的资金以向开发商发放贷款的方式投入到房地产开发项目,是房地产信托融资的早期形式和常规模式,但因其要求的条件较银行贷款更严格(在中国要求四证齐全,二级开发资质,自有资金比例35%以上),与金融机构一般贷款业务相比较具有明显的局限性,因此现在此类信托逐渐减少。

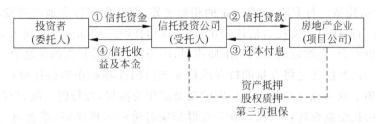

图11-2 信托贷款模式

② 股权投资型。指信托公司将信托募集到的资金以受让股权、增资扩股、增加资本公积或新设公司的方式投入到房地产开发项目,通过阶段性持股达到获取预期收益的目的(见图11-3)。针对那些自有资金比例不足35%、存在一定资金缺口的、不符合商业银行贷款要求的房地产公司,信托投资公司以注入股本资金的方式与房地产公司组建有限责任公司,使其自有资金比例达到35%的要求。根据参股形式的不同也分几种:普通股方式、优先股方式和股权回购方式。此种方式,往往包含着"对赌"设计,即极端情形下(开发商不按约定回赎股权或支付投资人收益)信托公司会处分股权(转让股权、减资或解散公司)以保证投资人利益不受损害。例如,2004年浙江国信推出的"三墩颐景园房地产投资集合资金信托计划",该产品通过发行股权信托的方式融入资金1亿元人民币(年收益率为6.5%),完成对杭州三盛颐景园房地产有限公司的增资,从而使得该开发商有资格继续从事相关的房地产开发并获取后续银行资金的支持。该产品的创新之处在于赋予了信托产品投资者一个期权,即在购买该产品的同时,不仅享受每年6.5%的投资收益,而且可以获得对该房产的优先购买权以及以九八折的价格购房。

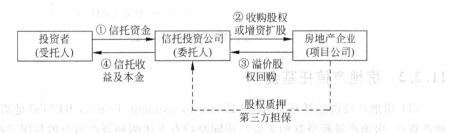

图11-3 股权投资模式

③ 权益投资型。指信托公司以信托募集到的资金为对价受让开发商在某一阶段的特定权益(应当是具有可让渡的、专属性的权益,且该权益能够在未来期限内产生稳定现金流),从而获得信托收益的模式。此种模式具有灵活性,易于设计信托产品。例如,2005年平安信托投资有限责任公司推出的广州三元里易初莲花售后回租物业投资集合信托计

划,发行规模为 2.66 亿元人民币,期限为两年,预计每年收益率为 5.1%。该信托由法国兴业银行保函和香港上市公司正大企业联合担保。信托期末受托人将资产出售,让投资者收回本金。平安信托的关联企业平安置业投资管理公司提供保护价认购承诺,承诺在期末无条件以 2.66 亿元价格购入资产。平安信托集合投资者资金后,以受托人名义购入易初莲花广州三元里商场,并同时与易初莲花广州公司签署长期租赁合同,合同的租金收入将为投资者带来稳定的收益。

④ 财产信托型。与 REITs 有一定的相似之处,即开发商将房地产开发项目(建设中或已建成)作为信托财产委托给信托公司管理,该信托财产的部分受益权由委托人转让给投资人以获得资金,在约定的信托期限届满时,由委托人或委托人的关联公司回赎受益权以结束信托。该类信托是将存量的持有性物业或出租性物业作为信托财产,将物业自身日常产生的租金收入或经营收入等稳定的现金流作为前提,发行财产收益权转让信托,房地产企业将信托受益权转让给投资者并获得相应对价而实现融资,或者将受益权抵押进行债务融资(见图 11-4)。例如,2003 年北京国投推出"北京国投法国欧尚天津第一店资金信托计划"(简称"欧尚信托")。信托计划项下的信托合同不超过 200 份(含 200 份),预计募集资金规模不超过 1 亿元人民币,预期年收益率为 6%。该信托计划仿效 REITs 运作模式,集合运用信托计划资金,购买法国欧尚天津第一店的物业产权,以物业的租金收入实现投资人长期稳定的高回报。在信托期末,北京国投将以该物业为依托,发行下一个信托计划或处置该物业用于归还上一期投资人的本金,另外,开发商承诺在信托期限内以本信托计划资金购买价格上浮 10%的价格回购本物业。此外,投资人亦可享有该物业升值和该项目可能上市流通等潜在利益。

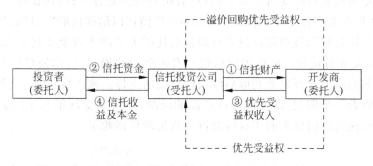

图 11-4　财产信托模式

11.2.2　房地产信托基金

(1) 房地产投资信托基金(Real Estate Investment Trusts,REITs)是指专门持有房地产资产、房地产抵押贷款相关资产或同时持有上述两种资产组合的封闭式投资基金,基金将房地产租赁等经营活动中所得的收入以派息形式分配给股东。由于房地产投资信托基金一般是由专业的房地产公司或房地产类信托公司发起并管理,能够合理地选择房地产投资项目,并能对其进行科学的管理,所以,相对于由一般信托投资公司发起的房地产信托而言,从经营管理方面大幅降低了投资风险。其次,由于房地产投资信托基金的规模通常比较大,因而能广泛投资于各种类型的房地产项目,从而分散了投资风险。从本质上分析,房地产投资信托基金属于不动产资产证券化的一种方式。由于房地产投资信托基金的经营模式大都是持有出租物业获得租金收益,并将收益大部分分配给基金投资者。所以,它不同于一般意义上的房地产项目融资。

(2) 房地产投资信托基金兴起于 19 世纪 80 年代的美国,1960 年由于国内对房地产投资信托投资的需求,艾森豪威尔总统签署了将房地产投资信托基金作为利润传递(PASS TRHOUGH)的特殊税收条例。房地产投资信托基金(REITs)按此条例可以避免双重征税,享受税收优惠。[1] 由于 20 世纪 80 年代房地产税收方面的改革,1986 年的税法改革允许 REITs 直接管理地产。1993 年退休基金对 REITs 投资的限制被取消。这些改革激发了投资者对 REITs 的兴趣,使美国的 REITs 自 20 世纪 80 年代以来有了迅猛的发展。此后英国、加拿大等其他国家和地区也先后开展了此类房地产证券化业务。2003 年 7 月中国香港证券和期货事务监察委员会("香港证监会")颁布了《房地产投资信托基金守则》,对 REITs 的设立条件、组织结构、从业人员资格、投资范围、利润分配等方面作出明确的规定。2005 年中国香港首家房地产投资信托基金上市,由领汇管理有限公司管理,并完全由私人和机构投资者持有。领汇 REITs 的资产是由香港房屋委员会分拆其管理下公屋的配套商场物业及停车场物业而组成。2005 年末被称为内地第一只房地产投资信托基金——越秀房地产投资信托基金,继领汇房地产投资信托基金之后在中国香港资本市场上市,越秀房地产投资信托基金是由广州市政府控股的越秀投资分拆出来的,主要投资于广州市区内的商业和办公物业。

(3) 房地产投资信托基金(REITs)的类型。根据 REITs 的投资领域来区分,可以将它们分为三大类。①资产类(Equity,也称权益类):投资并拥有房地产资产,主要收入来源于持有房地产的租金。资产类 REITs 的经营模式核心在于获得房地产的产权以取得经营收入。②房地产贷款类(Mortgage):投资房地产抵押贷款或房地产贷款支持证券(MBS),收益主要来源于房地产贷款的利息。抵押贷款类 REITs 的经营模式主要应用于固定期限的房地产抵押款融资和购买抵押证券业务。基金本身不直接拥有出租物业,而将其资金通过抵押贷款方式借贷出去,从而获得商业类房地产抵押贷款的债权。③混合类(Hybrid):基金综合采取上述两种投资种类,投资领域既包括持有房地产物业本身也包括房地产抵押贷款,它具有资产类 REITs 和抵押贷款类 REITs 的双重特点,基金经理人会根据市场行情和利率情况来调整两类资产的比例。据统计,美国 REITs 中的绝大部分是从事房地产资产持有类投资,亚洲各国和地区的 REITs 也基本如此。每个 REIT 根据各自的专长选择投资领域。有的以地理区域为专长,有的专长于持有各种行业地产,如零售业、工业、办公楼、公寓、医院等行业房地产。例如在美国的养老产业发展中,REITs 作为投资商长期持有养老、健康类物业,为养老机构的持续经营提供了稳定的资金支持。而有些 REITs 也会选择综合的投资类别,包括了房地产物业、抵押贷款类等众多投资产品。在各类房地产物业的投资中,零售业、住宅、工业和办公物业的投资占绝大部分。

不同投资标的 REITs 收益来源各有差异,抵押类 REITs 除了投资股本金,还通过负债融资,然后以抵押贷款的形式间接投资房地产。起到金融中介的角色,如果市场利率提

---

[1] 毛志荣.房地产投资基金研究.深证综研字第 0089 号,2004-01-16:56-57.

高和房地产市场萧条同时出现,则抵押类REITs就很难保证派息的稳定性。尽管抵押类REITs的收益较高,但是市场竞争和规模发展的结果是资产类REITs无论在数量上还是市值上都占重要地位。

表11-1 美国资产类、抵押类和混合类REITs收益率对比[1]

年份	资产类		抵押类		混合类	
	总收益率/%	股息收益率/%	总收益率/%	股息收益率/%	总收益率/%	股息收益率/%
1999	−4.62	7.59	−33.22	6.90	−35.90	7.53
2000	26.37	9.86	15.96	12.63	11.61	13.50
2001	13.93	8.08	77.34	30.97	50.75	10.17
2002	3.82	6.94	31.08	16.85	23.30	10.94
2003	37.13	8.66	57.39	19.20	56.19	11.34
2004	31.58	7.23	18.43	10.52	23.90	8.21
2005	10.46	3.99	−22.95	4.59	−4.99	3.77

来源:REITs协会,截至2005年11月30日。

(4) 房地产信托投资基金的投资价值评价。上市的REITs价值是由房地产市场还是证券市场决定的问题,实质上是如何在评估方法上考虑资产将来收益的问题。对传统的、私人持有的地产评估是通过对房地产物业产生的现金流折算,得出资产的市场价值。但是,上市后的REITs,不仅拥有房地产资产,而且通过专业管理寻求增长的机会,为股东创造价值。因此,上市后的REITs在很大程度上与其他的上市公司相同,其价格是将来盈利能力的乘数。上市REITs的未来盈利能力评价主要取决于两部分:第一,现有房地产资产的NAV,即以现有地产按合同可能产生的租金收入评估出的每股重估净资产价值;第二,NAV之外的溢价,即来自现有房地产资产之外的其他收入。[2] 对于现有房地产资产NAV之外的溢价包括:①通过再出租(Re-lease)现有的地产获取更高的租金;②通过收购、项目开发实现收入增长;③地产的再开发(Redevelopment)提高收入(例如,广州天河城广场的租金收入通过地产再开发和业态调整,由最初1996年的3 700万元增长到2006年的4亿元);④减低成本开支。这部分现有房地产资产NAV之外的溢价有时被称为特许价值(Franchise Value),受制于整个市场环境、增长所需资本的充足性和管理层的价值创造能力等因素。

在REITs价值评估的方法中,争议最多的是对REITs净收入的衡量问题。争议的问题如同我们在第7章讨论的问题那样,对于达到建筑物折旧年限后的房地产资产价值如何评估。而争论的焦点则在于如何看待REITs的净收入和资产价值。一种观点是以传统股票定价模型的观点运用现金流折现模型,对现在的现金流和将来的现金流和红利的增长进行折现而得出公司的价值(NAV)。另一种观点则考虑到REITs的特殊性,强

---

[1] 王庆仁,高春涛. REITs风险收益特征及资产配置作用. 证券市场,2006(3):40-42.
[2] 毛志荣. 房地产投资基金研究. 深证综研字第0089号,2004-01-16:56-57.

调净收入不能客观地反映 REITs 的价值。如果直接用基于 GAAP 会计准则[1]的方法计算净收入,在 REITs 的价值评估中会出现误差。产生误差的关键在于对房地产折旧的处理。有些处于很好地段、维护良好的商业地产在几十年、甚至逾百年后仍然具有很高的商业价值,但按照 GAAP 会计准则要求将这些地产按折旧分摊计划,将其价值最终折旧为零。因此 GAAP 会计准则的折旧计算无法真实地反映房地产资产折旧随市场变化而起伏的状况,物业的净收益并不能反映 REITs 的资产价值和未来现金流发生的真实情况。所以,美国全国 REITs 行业协会(NAREIT)在 1991 年推出了运营资本(Fund From Operation,FFO)的评估方法。FFO 是在传统的净收入加上折旧和分摊,调整非重复性项目如由资产销售而产生的收益或损失,FFO 可以定义为:根据普遍会计准则计算的纯利润,扣除因债务调整所得的收益(或损失)和出售物业所得的收益,加上房地产的折旧,如表 11-1 所示。FFO 的具体计算:①来自与房地产的净收入加上房地产的折旧摊销;②减去公司的一般办公支出(GA)和利息,或 EBITDA 减去利息开支(REITs 可免税)。在此基础上,REITs 的价格通常以 FFO 的倍数表示,与普通股票的市盈率相似,REITs 的市盈率是价格和 FFO 的比。对 REITs 的投资价值要从多方面分析,包括持有资产的业态、租约状况、资产质量、管理能力、分红能力等。

表 11-2　资本市场上市 REITs 的 FFO 计算比较

未　上　市	上　市
房地产收入－房地产开支＝净收入	房地产收入－房地产开支＝经营净收入
除以资本成本(市场决定)	－运营开支(如办公场地、公司的工资、法律和审计等开支)
＝资产价值	＝现有房地产的 EBITDA
－负债	＋房地产折旧－GA 和利息开支＝FFO
＝净资产价值(NAV)	－资本开支＝AFFO
	×市盈率倍数
	＝资本市场定价

资料来源:由毛志荣."房地产投资基金研究"的图表改编.

(5) REITs 投资的收益和风险。REITs 的收益特点是分红为主,长期投资回报显著。REITs 在公司层面不用缴税,只征收投资者的所得税,增加了投资者的盈利机会。REITs 的投资以成熟的,有稳定现金流的商业物业为主,用以长期获取租金作为投资回报。其最显著的特点就是分红率比较高。多数国家均要求 REITs 收入的绝大部分(一般是 90%)必须定期以分红的方式分派给持有人,并通过征税方式鼓励派息,如表 11-3 所示。例如,香港领汇房地产信托基金(HK.0823)在 2005 年的招股价上限定为 10.3 港元,当年的每单位收益率达到 6%左右,随后由于租金的上涨,每单位收益也不断上升,导致其每单位的交易价格也不断上涨。2013 年中期分红 0.802 2 港元每单位,而交易价格则上升到 39 港元左右。领汇基金在资本市场的优异表现,主要原因在于投资者预期对商业化管理后的政府物业资产租金提升有较大的想象空间。从历史来看,过去的 30 年间美

---

[1] GAAP 是 Generally Accepted Accounting Principles 的缩写,通常是指指美国通用会计准则(US GAAP),US GAAP 主要为美国公司或华尔街上市公司所采用.国内也有中国会计准则(PRC GAAP).

国REITs的年化收益率为13.95%,高于同期美国主要股指的年化收益率：标普500指数12.96%,道琼斯指数的9.01%,NASDAQ指数的11.87%[1]。这也说明了REITs有较稳定的收益能力。在风险控制方面,REITs通过多元化投资组合,选择不同地区和不同类型的房地产项目及业务,来降低了投资风险,是一种低风险的收益类投资品种。但是由于REITs持有房地产资产本身的属性都是一样的,因此其行业集中度非常高。因此,当一个地区房地产市场处于衰退阶段,则即使REITs持有的标的物业从属不同行业,在该区域的房地产投资也无法避免亏损,还需要通过分散化的区域投资来降低风险水平。此外,由于REITs具有信托的财产隔离功能,有预期稳定的高派息率,有专业管理团队带来的价值提升,有长期的经营期限,加之严格监管带来的透明度,这些都符合保险基金、社保基金投资安全性的要求。因此REITs是保险基金、养老基金等机构投资者在做资产配置时的理想资产选择。

(6) REITs与收租类房地产上市企业的比较。在资本市场主营不动产、以房租收入为利润来源的上市公司被称为"收租股"(例如,中国国贸(600007))。与这类上市公司相比,REITs在资产处置和利润分配方面有严格的要求。REITs需将利润的90%以上分配,不得进行积极的房地产买卖,总资产负债率不得高于45%。而"收租股"派息率约为60%,余款可用做项目开发,且允许根据市场行情低买高卖。此外,REITs还设置了可由基金持有人任免的信托人和管理人,前者相当于出纳,后者相当于会计。可以说这是比股份有限公司更复杂的一种保障投资者权益的制度安排。[2]

表 11-3 部分国家和地区 REITs 相关规定对比[3]

	美国	澳大利亚	中国香港	马来西亚	新加坡	泰国
股利支付率	最低90%	100%	最低90%	无	最低90%	最低90%
负债	无	无	小于总资产45%	小于NAV的35%	小于总资产60%	不允许
海外资产	可以	可以	可以	可以	可以	不允许
REIT税收	对留存收益征税	无	17.5%	对留存收益征税	对留存收益征税	无
本地个人投资者税收	最高35%	最高48.5%	无	边际税率,直到28%	无	边际税
外国投资者税收	股利征30%	15%	无	28%	10%	免
投资资产的折旧政策	有	每年重估主要项目	无,每年重估	无,每年重估	无,每年重估	无,每2年重估

来源：REITs协会,截至2005年11月30日.

---

[1] 王庆仁,高春涛.REITs风险收益特征及资产配置作用.证券市场 2006(3)：40-42.
[2] 李彤,越秀.REITs的前世今生.商界·中国商业评论,2006(2)：128-131.
[3] 王庆仁,高春涛.REITs风险收益特征及资产配置作用.证券市场,2006(3)：40-42.

11.3 房地产资产证券化

房地产资产证券化是指把流动性较差的、非有价证券形态的房地产实物资产投资转化为资本市场上的有价证券形态金融资产投资的过程,从而使资本市场投资者与房地产资产投资标的物之间的物权关系转化为有价证券形式的股权和债权关系。它主要包括了房地产资产投资权益的证券化和房地产抵押贷款债权的证券化两种形式,房地产资产投资权益证券化实质上就是收益性房地产投资的证券化,即形成了房地产信托和房地产信托基金的金融产品(即上节所述内容)。而房地产抵押贷款证券化则是形成了抵押贷款支持证券(Mortgage Backd Security,MBS)与债务担保债券(Collateralized Debt Obligations,CDOs)两个层面的证券化产品(这是本节研究的重点)。

房地产资产证券化的这两种形式,从金融机构的角度来看,是将其拥有的房地产资产债权分割成小面值单位的有价证券出售给社会大众投资者,从而在资本市场上筹集资金,并化解金融机构流动性风险,再用新筹集的资金以发放新的商业贷款,提高贷款的杠杆化程度;从房地产开发投资者的视角分析,是将其拥有的房地产资产价值由不动产价值形态转化为具有流动性和可分割的有价证券商品,通过发售这种证券化的金融产品在资本市场上募集房地产开发所需资金。

11.3.1 房地产抵押贷款证券化

1. 房地产抵押贷款证券化发展过程

20世纪60年代后期,美国陷入了战后最严重的经济衰退,导致通胀加剧以及金融市场上各种金融产品的利率随之急剧上升,而大量的存贷款金融机构因受到《Q条例》[1]对存款利率上限的限制,加之长期形成的"短存长贷"的资金结构,在投资银行和共同基金的冲击下,储蓄资金被大量提走,利差收入不断减少,严重影响了银行等金融机构的经营和资产安全。1968年美国政府设立了全国住房抵押贷款协会(Government National Mortgage Association,GNMA,吉利美)。吉利美是美国房屋与城市发展部(the US Department of Housing Urban Department,HUD)所属的政府所有的公司。为了获取新的资金来源和转嫁利率风险,GNMA于1970年开始,对由私人金融机构经由FHA(联邦住宅局)与VA(退伍军人局)保险和担保后的住房贷款组成贷款组合,并提供及时偿付本息的保证,而这些金融机构再以股份权益方式将贷款组合推销给投资人,这类权益证券被称为住房抵押贷款的证券。这是美国的最初形式的资产证券化产品。为了使占全部贷款份额高达80%以上的传统抵押贷款得以证券化,1970年,美国又成立了联邦住房抵押贷款公司(Federal Home Loan Mortgage Corporation,FHLMC,房地美,Freddie Mac)。FHLMC于1971年推出第一宗MPT(Mortgage Pass-Throughs,MPT)产品,称之为参与凭证(Participation Certificates,PC)。而FNMA则一直到1981年才介于MPT的发行过

---

[1] Q条例是指美国联邦储备委员会按字母顺序排列的一系列金融条例中的第Q项规定.其中对存款利率进行管制的规则正好是Q项,因此该项规定被称为Q条例.

程。由于 GNMA、FHA、VA 都是政府机构,因此由 GNMA 担保发行的 MPT 产品的信用就等同于政府公债。FNMA(Fannie Mae,房利美)和 FHLMC(房地美)的运营受到政府监管,并得到政府资助,因此 FNMA 和 FHLMC 所发行的 MPT 信用也接近于政府公债水平。这三个机构所发行的 MPT 统称为住房抵押贷款转付证券,成为市场上的主流产品。[1]

目前,美国住房抵押贷款支持证券主要有三种类型:抵押转递证券(Mortgage Pass Through Security)、抵押担保债券(Collateralized Mortgage Obligations,CMOs)和剥离的抵押贷款支持证券(Stripped MBS)。一级抵押市场是抵押贷款的发起市场,是房地产抵押融资的实际交易市场,为房地产开发项目提供真实的融资活动。二级抵押市场是抵押贷款交易和流通的市场,抵押贷款支持证券产生于二级抵押市场,它把存贷款金融机构的抵押贷款风险分散出去,吸引更多的投资者参与房地产融资,为一级抵押市场提供新的资金来源。抵押贷款的证券化不仅能将银行不可流动的金融资产转化为可流通的证券,更重要的是对金融机构的中介功能进行分解,即将过去由银行一家承担的发放住房抵押贷款、持有贷款和回收贷款本息服务等业务,转化为多家金融机构和机构投资者共同参与的活动,这使得越来越多的金融和非金融机构开始进入房地产金融市场。[2]

2. 房地产抵押贷款证券化的内涵

所谓的"房地产抵押贷款证券化"严格地讲特指一种技术,这种技术是指通过抵押贷款资产的重新组合,并利用必要的信用增级技术,创造出适合不同投资者需求,具有不同风险、期限和收益组合的收入凭证。通俗地讲,这种技术可以被称为是一种加工和转换技术,即通过这种技术可以对原有证券化资产中的权益进行加工转换,然后传递分配给投资者。证券化过程就是一种金融产品的加工过程——将适合证券化的资产转换成证券的奇妙过程。通过资产证券化,人们可以看到这样的情形:一笔笔抵押贷款从银行等存贷金融机构的资产负债表上消失,转而变成了有价证券,进而被广大投资者拥有。这些资产担保证券是由房地产资产收入支持的,并可以在市场上进行流通和交易。资产担保证券的收益来自于该项资产组合产生的收益,是一种具有稳定收益的债券类凭证。投资者购买到这些房地产抵押贷款担保证券后,可以在市场上进行买卖和交易。通过资产证券化过程创造出来的金融工具,称为房地产抵押贷款支持证券(MBS)。[3]

简言之,所谓住房抵押贷款证券化,就是把单个或多个有预期收益流的住房抵押贷款组合成为一个资产池,并以此为担保品发行证券(即抵押贷款支持证券,MBS),出售给二级抵押市场房地产投资者的过程。

3. 房地产抵押贷款证券化的结构流程

房地产抵押贷款证券化一般按以下程序进行运作(见图 11-5):①原始权益人(即发起人)对自己持有的能够产生未来收入稳定现金流的房地产抵押资产进行清理和估值,根据这些抵押资产的实际需要决定用于证券化的资产规模,然后将一组确定的抵押资产作

---

[1] 扈企平(Joseph Hu)(美).资产证券化理论与实务.北京:中国人民大学出版社,2007:30-45.
[2] 汪丽娜.美国次级抵押贷款危机的警示.财经科学,2007(10):1-8.
[3] 于凤坤.资产证券化:理论与实务.北京:北京大学出版社,2002:4-5.

为拟证券化资产组成一个资产池。②组建房地产抵押贷款资产证券化的特殊目的载体（special purpose vehicle，SPV），并与其签订买卖合同，实现抵押资产的真实出售或转让，资产出售以买卖双方已经签订的金融资产书面担保协议为依据。出售时，原始权益人（即卖方）拥有对标的资产的全部权利，SPV（即买方）要对标的物资产价值支付一个相对应的价格。在美国的抵押贷款市场上的 SPV 主要是房利美（FNMA）、吉利美（GNMA）和房地美（FHLMC），以及人寿保险和商业银行等。③完善交易程序安排，进行内部评级。SPV 要与原始权益人（发起人）指定的资产池服务公司签订贷款服务合同，与发起人一起确定一家托管机构并签订托管合同，与银行达成必要时提供流动性支持的周转协议，与投资银行达成承销协议等事宜，来完善房地产抵押资产证券化的交易结构。然后聘请相关信用评级机构对该交易结构及设计好的资产支持证券进行内部评级。通常这种内部的评级结果并不理想，所以 SPV 还要通过某些信用增级技术对资产支持证券进行信用提高来满足投资者的要求。④信用升级。即信用提高按机构来源不同可以分为外部信用升级和内部信用升级。外部信用升级是指通过发行人之外的有实力和影响的机构提供的全部或部分信用担保，借以提高资产支持证券的信用级别的方式。内部信用升级是指 SPV 通过调整证券化结构、重新分配现金流（例如，利用优先级调整贷款的偿债保障比 DCR，或者进行超额抵押等），使资产支持证券达到所需的信用级别的方式。⑤进行发行评级，安排证券销售。信用增级后，SPV 再次聘请信用评级机构对资产支持证券进行正式的发行评级，并将评级结果向投资者公告，然后由证券承销商负责向投资者销售资产支持证券。⑥受托管理人实施资产管理和回笼资产收益，并在证券到期时按照优先级别完成证券清偿工作。

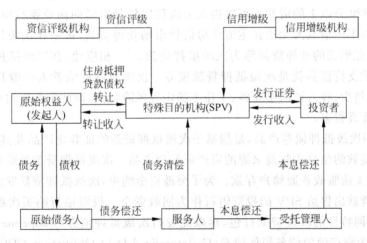

图 11-5　房地产抵押贷款证券化的结构流程图

4. 房地产抵押贷款证券化的运行机制

主要依靠三个机制：资产组合机制、破产隔离机制和信用升级机制[1]。①资产组合机制。资产证券化的核心机制是对资产的风险和收益要素加以分离和重组，使其定价和重

---

[1] 周乐伟.资产证券化的经济学分析.厦门大学博士论文，2007.

新配置更为有效,从而使参与各方均受益。资产证券化的这个功能首先是通过资产组合机制实现的。通过资产组合机制,SPV 将具有某种特殊性质并在地域分布上呈现一定多样性的资产组合起来,就能够根据资产的历史数据,利用各种模型来推算资产组合中资产的违约率,然后再根据违约率对资产进行定价,最后可以较准确地推算出资产证券的收益率。②破产隔离机制。资产证券化交易结构应能保证发起人的破产不会对特殊目的载体(SPV)的正常运营产生影响,从而不会影响对资产担保证券持有人的按时偿付,即资产证券化的交易结构使证券的偿付不会受到债务人的清偿能力的影响,这就是资产证券化的破产隔离机制。为了达到破产隔离的目的,证券化资产发起人到 SPV 的转移必须是真实销售。③信用升级机制。信用升级,即提高抵押贷款资产支持证券的信用等级,它使投资者不能获得偿付的可能性最小。信用升级是风险分层和控制的过程。是指将抵押资产中不能规避的风险从持有人手中剥离,让能够控制这些风险的人去承担,并设计合理的风险收益定价,从而整体上降低抵押贷款证券的投资风险。

11.3.2 次级抵押贷款债券

美国一级抵押市场的住房抵押贷款主要可以分为三类:一是优质抵押贷款(Prime Loan);二是"Alt-A"抵押贷款(次优级贷款);三是次级抵押贷款(Subprime Loan)。他们的分类是按照对借款主体的信用条件的评级好坏来区分的。此外,在美国还有政府支持的抵押贷款和优质大额贷款等两类抵押贷款。

(1) 美国住房信贷市场根据借款人还贷的信用记录、总费用(含还款)占收入的比例、借款额占房屋价值的比例、借款人能够提供收入证明等因素,给出借款人信用评分。通常信用评分在 620 分以上的借款人可以进入主流住房信贷市场向商业银行申请贷款,信用评分 620 分以下的借款人无法在主流住房信贷市场获得贷款,被迫在次级住房信贷市场寻求借款,由此形成的抵押贷款称为次级抵押贷款。[1] 相应地,在二级抵押市场形成了次级抵押贷款支持证券就是次级抵押贷款债券。次级贷款的借款人一般具有信用得分低、财富累积量少、收入证明不完整、工作不稳定等风险特征,因此贷款违约可能性比正常的抵押贷款要高得多。

(2) 美国次级抵押债券产品,是指基于次级抵押贷款的证券化产品及其衍生产品,是以次级抵押贷款的生息为收益来源的资产证券化产品。次级抵押贷款发放机构不同于商业银行,它们无法吸收普通储户存款。为了突破资金约束,次级抵押贷款发放机构将现有的次级抵押贷款出售给 SPV 的投资银行作为回收资金。投资银行购买次级抵押贷款之后,将具有相同特性的次级贷款打包,再以此发行次级抵押债券(Subprime RMBS)和以次级 RMBS 为资产池的债务担保债券(Collateralized Debt Obligation,CDO),即形成了次级抵押贷款债券的系列产品,并将其出售给养老基金、保险公司、对冲基金、私募基金等机构客户。CDO 也按风险大小划分成优先级(Senior Tranche)、中间级(Mezzanine Tranche)和股权级(Equity Tranche),评级机构再对各部分进行评级。还有一些金融担保公司专门为优先级别的次级贷款的 RMBS 和 CDO 提供保险,以进一步提升其信用级

---

[1] 董波,金学群.美国次级抵押贷款债券危机及其启示.保险研究,2008(1):87-90.

别。相对于国债和许多公司债的利率,次级抵押贷款债券给投资者提供了更高的利率水平,但同时也具有更高的风险不确定性。

(2) 次级贷款主要产品和利率结构。可调利率贷款(Adjusted Rate Mortgage, ARM)是次级贷款最主要的产品。可调利率贷款通常将整个借贷时期分为两个阶段:较短的固定利率时期和较长的浮动利率时期。例如,2/28ARM借款期限30年,其中前2年是固定利率时期,后28年为浮动利率时期。次级贷款的浮动利率结构通常由两部分组成,与伦敦同业拆借利率、美国财政债券利率、第十一区资金成本[1]等挂钩的指标利率和固定的附加系数,其中固定附加系数由抵押贷款公司的管理成本等因素所决定。可调利率贷款的特点是借款人在借款初期还款负担并不重,但是进入浮动利率时期后,所负担的利率可能急剧上升,从而出现借贷人还款困难的问题。[2]

(3) 美国的次贷危机[3]。2000年美国互联网泡沫破灭之后,为了防止美国陷入经济衰退,布什总统在美联储主席格林斯潘的支持下推行令富人受益的减税政策,可是却没能使美国经济走出网络泡沫破灭带来的衰退。此后,美联储为了促进经济增长和就业,在随后的几年里,美联储连续十几次减息,联邦基金利率一度降到了1%。通常说来,低利率会促使企业更多地借钱,更多地投资,再用收益更好的资产来偿还增加的债务。美联储的这一扩张的货币政策还是取得了极大的成功,因为美国家庭更多地贷款买房和负债消费,促进了房地产业的持续繁荣。而房地产业持续增长所产生的财富效应,又极大地推动了经济的增长。正是房地产资产产生的这种财富效应,使得很多美国人的生活水平高于他们的支付能力。当优质住房抵押贷款市场资源被开发殆尽之后,政府和金融界又把目光盯上了那些原本不符合基本贷款条件的人。这些人大多贫困或者信誉不好,相当一部分没有固定的收入。针对这些客户的住房抵押贷款,就是次级抵押贷款。为了让这些人能借到钱,美国贷款机构把放贷标准不断放宽,还大胆地不断创造出新的住房抵押贷款产品,甚至出现了无首付房贷。精明的银行家当然知道次级抵押贷款从长期看风险很大,他们肯定不想长期持有这些垃圾资产。如何才能把这些垃圾资产从自己的资产负债表上剥离掉呢?资产证券化提供了一个非常好的解决办法。原来由银行承担的风险可以在更大的范围内得以分散。例如住房抵押贷款证券化之后,可以卖给保险公司、对冲基金等机构投资者,部分违约风险就这样被这些持有者承担了。更富创新精神的华尔街投行早就盯上了这些高风险高收益的垃圾债券,投资银行家们首先把这些次级抵押贷款债券凑到一起,然后按照违约风险的不同进行切片,切出来最好的部分可以获得很高的信用评级,因为这一部分的偿付是优于其他部分的。举例说来,如果把10笔次级抵押贷款打包在一起然后证券化,虽然每一笔次级抵押贷款都有可能违约,但是10笔次级抵押贷款一起违约的可能性是非常小的。只要有一笔次级抵押贷款的现金流不出现问题,收回来的钱就可以用于偿付信用等级最高的债券。有人形容这种方式是现代金融的"炼金术",即从一堆

---

[1] 第十一区利率是指旧金山联邦住宅贷款银行根据加利福尼亚州、亚利桑那州和内华达州的平均资金成本计算出来利率.

[2] 董波,金学群.美国次级抵押贷款债券危机及其启示.保险研究,2008(1):87-90.

[3] 参见:陈岩.美国为什么会发生次级抵押贷款危机.国际融资,2007(10):60-62.王东.美国次贷危机的深层次原因及影响.当代经济,2008(9):4-7.

垃圾中炼出金来。例如，抵押债券CDO送到资产评级公司评级，高级别的CDO获得了AAA的最高评级。高级别CDO很容易被认购。其他级别的CDO则风险较高只能转给对冲基金。这样，投资银行从法律上完成了与CDO划清界限的工作。从2004年6月开始，为了抑制通货膨胀，美联储连续17次加息，联邦基金利率被迅速提至5.25%。这不仅给美国经济降了温，还导致房价出现回落。而从2006年起，美国房地产出现下跌，新的房地产项目减少，正在销售的楼盘找不到买主。同时，由于利率的提高，许多次级抵押贷款的贷款人发现他们借的贷款远远高于他们所拥有房产的价格，一些人已经无力偿还贷款。借款人不能按期偿还贷款，贷款机构就会出现亏损甚至破产。贷款机构一旦出了问题，它所发行的次级抵押贷款债券也就成了有害的金融资产。大量的抛售导致债券价格下跌，持有这些债券的机构损失惨重。至2006年底，次级抵押贷款债券的持有者对冲基金占10%，养老基金占18%，保险公司占19%，资产管理公司占2，其余为外国投资者。2008年7月以来，先是美国著名房贷银行印地麦克银行因客户大量取款引发流动性危机而倒闭。这是美国历史上第二大规模倒闭的银行，仅次于1984年破产的美国大陆伊利诺伊国民银行。随后由美国政府支持的两大按揭信贷融资机构"房利美"和"房地美"股票遭到大量抛售，股价一周内曾跌去五成，一年之内市值损失了八成。由于美国次级抵押贷款被打包成标准化的债券出售给各类金融机构的投资者（主要包括各商业银行、资产管理公司、对冲基金、保险公司、一些国家的央行以及主权基金等金融机构），再加上全球金融市场一体化的扩张影响，美国次贷危机的不断深化和波及的范围十分广泛。次贷危机不仅给美国金融领域带来巨大变化，而且还在持续不断地扩展到美国之外有关国家和国际市场，引起全球各主要资本市场的震荡，证券市场反应更为强烈，形成了世界性的金融危机。

11.3.3 房地产资产证券化在中国的发展

除了房地产信托产品在国内发展迅速外，其他类型房地产的资产证券化类别在中国目前还处于试点过程。我国是从20世纪80年代末开始进行房地产资产证券化的理论和实践研究探索工作的。2005年12月15日，国家开发银行发起的"开元"信贷资产支持证券和建设银行发起的"建元"个人住房抵押贷款支持证券在我国银行间市场的发行，是我国房地产金融市场发展的一个里程碑。2006年3月经国务院批准，信贷资产证券化与住房按揭证券化的试点工作在国家开发银行和中国建设银行正式启动。2005年12月21日我国内地第一只房地产投资信托基金（REITs）——广州越秀房地产投资信托基金（00405.HK）在香港联交所上市，也标志着我国的房地产投资信托基金正式开始起步发展。

1. 建行建元2005

中国建设银行（以下简称"建行"）于2005年12月发行"建元2005"个人住房抵押贷款资产支持证券，总金额30.17亿元，资产池的抵押贷款来自上海、无锡、福州、泉州等四个城市。是我国资产证券化的第一例，也是我国金融创新的标志性产品。它设计了四种产品，三种优先级债券，信用评价：AAA级，A级，BBB级。公开发行，准备在银行间市场上市。一种次级债券，没有评级其面值占全部债券面值的3%，发行后由建设银行持有。其中对外公开发行优先级证券3只，分为A类26.7亿元（占比88.5%）、B类2.04亿元

(占比 6.75%)、C 类 0.53 亿元(占比 1.75%),而次级债券 S 级 0.91 亿元(占比 3%),由建行自身持有,并以此作为整个交易的信用增强手段之一。在还本付息方面,建行的资产支持证券采取按月付息,利率也按月浮动,具体为"基准利率＋基本利差",并设定了资产池加权平均利率(即 WAC,同法定的贷款利率相挂钩)减去点差的利率上限。这当中基准利率是市场化的 7 天回购加权平均利率,而基本利差则通过簿记建档集中配售的方式确定,A、B、C 类的利率上限分别为 WAC-119bp,WAC-60bp,WAC-30bp,次级债券并不适用此方式。[1]

2. 越秀 REITs

2005 年 12 月 21 日,中国首个房地产投资信托基金——越秀房地产投资信托基金(HK.405)在香港首日上市。越秀房地产信托基金是从越秀投资分拆出来的一只,后者于 1992 年在香港上市。越秀投资的控股股东越秀企业(集团)是广州市人民政府在香港的窗口公司,业务范围涵盖房地产开发、收费公路、造纸和水泥生产。旗下以收费公路为主营业务的越秀交通也于 1997 年在香港上市。越秀投资 2001 年在中国香港和大陆拥有的房地产面积分别只有 14 万平方米和 55 万平方米。2002 年,越秀投资购入总值 853 亿港元的资产,持有的物业面积突增至 895 万平方米,越秀投资跃升为广州最大的地产商。此次,进入房地产信托计划的资产包括城建大厦、白马大厦、财富广场及维多利广场的部分物业。这四宗物业的所有权分别归属于柏达投资有限公司、金峰有限公司、福达地产投资有限公司,京澳有限公司这四家在英属处女群岛注册的公司,而越秀投资通过其全资子公司 GCCD 握有这四家公司的所有已发行股票。四宗物业的总建筑面积约为 16 万平方米、估值总额 40.05 亿港元,截至 2005 年 9 月出租率分别为 100%、77%、91% 及 100%。白马商贸大厦为越秀房地产信托基金主要租金收入来源,2005 年上半年白马大厦租金占越秀 REITs 总租金收入约 71.1%。基金上市方案确定后,越秀投资将四家 BVI 公司的所有已发行股票打包卖给在香港注册的 Holdco,代价不少于 36 亿港元(以现金加基金单位支付)。同时,越秀投资以 Holdco 的资产设立一个信托基金,由汇丰机构信托服务(亚洲)为信托人,由越秀的关联子公司——越秀房地信托管理作为管理人。最后,信托基金申请在香港主板向公众发售 5.83 亿个基金单位,所得款项将支付给越秀投资作为 Holdco 资产的部分对价。上市后越秀 REITs 的债务有 1.65 亿美元(约 12.87 亿港元),负债比率为 32%,低于中国香港 REITs 上市规则所定 45% 的上限。原计划发行 5.83 亿个基金单位,其中 6 000 万个基金单位在中国香港、其余为国际配售。据 2005 年 12 月 20 日公告,在中国香港和国际资本市场分别获得 496 倍和 74 倍的超额认购,仅在中国香港冻结资金就达 920 亿港元。由惯例,IPO 博得如此高涨的人气必将通过"超额配售权"的行使来超募资金,这样越秀 REITs 募集到的资金最终将超过 20 亿港元。2005 年中报显示越秀投资总资产为 130.8 亿港元,银行贷款折合港元为 53.4 亿港元,总资负债率为 41%。此次分拆的资产账面净值为 32 亿港元、销售代价为 40 亿港元,总资产不降反升。假设越秀投资从 REITs 募集款中得到 20 亿港元的现金用于偿还银行贷款,则它的总资

---

[1] 程勇.72 亿元资产支持证券"结构"亮相.上海证券报,2005-12-10:A04.

产负债比率可降至28%,其资本结构将大为改观。为吸引投资者,越秀REITs开出的年息回报率高达7%,高于领汇REITs6%~6.37%的收益率。[1]

3. "类基金"化的房地产信托

国内的房地产信托的发展经历了从信托贷款、"股权+溢价回购"模式,到"优先、劣后"结构化模式的演化。为了突破国内政策对REITs的限制,一些"基金化"的房地产信托成为了选择方向。2011年平安信托推出预计收益高达22.4%~25.3%的房地产信托基金就是此类产品。"股权类"产品是房地产信托中通常采用的模式,投资者以一定资金购买信托产品,信托计划作为股东参股项目公司。投资者以优先权获得固定收益,而开发商则以劣后权享有浮动收益。这种模式又被称为"优先、劣后"结构化模式。与原来的信托产品比较,投资者原来只是资金提供方,享受固定收益,而现在也能享受到整个项目开发的收益;原来作为平台的信托公司,现在能参与利润分配;房地产开发商原来完全是自担风险,而这类产品是三方共担风险。收益模式也从原来的"固定收益",改变成"固定收益+浮动收益"的模式。信托产品周期也从原来的1~3年,改变为5年。平安信托发行的睿石系列房地产信托、湖南信托推出的"湘财盛"产品等都被称为"类基金"化房地产信托。[2]

4. 房地产企业海外发行"永久债券"

近年来由于人民币的持续升值,以及海外资本市场的流动性充裕,利率水平较内地低,手续简便,许多内地房地产企业选择在中国香港资本市场上发债融资。其中一种特别的融资方式就是发行永久资本证券(Perpetual Bonds),即"永久债券"。相对于纯粹的债券,永久资本证券却有较大不同。永久资本证券顾名思义即是没有明确的到期期限,且个别还具有换成股票的可能性,届时投资者可以选择企业还债,也可以选择将债券换成股票。由于在公司会计上会把永久资本证券当作资本而不是债务,这对公司的财务指标是十分有利的。但是,相对于优先级债券,永久资本证券的融资成本较高。对于评级公司,会把上述证券的50%算作债务,50%算作股本,这对于改善公司的资本结构亦有好处。[3][4] 2012年12月3日,瑞安房地产公告宣布,公司及全资附属公司ShuiOnDevelopment,与德意志银行、J.P.Morgan、渣打银行及瑞银订立有关发行本金总额5亿美元高级永久资本证券的认购协议。2013年1月13日,雅居乐宣布发行7亿美元的次级永久资本证券。雅居乐拟利用该笔款项用于购买新地块、做再融资及一般运营资金用途。内地房地产企业选择在中国香港资本市场采用永久债方式融资,既可以获得人民币升值的好处,又可以获得比国内信托融资更低的成本,还可以不受国内贷款或信托合约期限的限制。

---

[1] 李彤,越秀.REITs的前世今生.商界•中国商业评论,2006(2):128-131.
[2] 高谈.25%高收益率背后:房地产信托再变形.第一财经日报,2011-08-27:B08.
[3] 张媛娜.海外融资新招合景泰富雅居乐拟发永久债.观点地产网,2013-01-17.
[4] 周亚霖,孙翔峰.香港钱多,广东地产商结队发债.经济观察报,2013-01-19.

11.4 问题研究

11.4.1 海外房地产基金持有商业物业和写字楼物业

从 2004 年底开始,随着人民币汇率的变化,摩根士丹利、高盛、凯德置地等海外基金开始了频繁收购上海等一线城市的大型商业地产的动作。2005 年 1 月,澳大利亚麦格里集团旗下基金公司 MGPA 投入 8 亿元人民币购买甲级写字楼上海新茂大厦 95% 的股权;2005 年 4 月,高盛旗下 White hall 房地产基金花了 1.076 亿美元整体购买甲级写字楼上海百腾大厦。2005 年 6 月 15 日摩根士丹利以 8.46 亿港元收购上海广场,11 月花旗银行房地产基金(Citi group Property Investors)成功收购永新广场。2005 年 2 月摩根士丹利以控股合作公司的形式,购买了北京富力双子座 TOWER Ⅱ。2012 年 5 月美国保德信房地产基金收购位于广州市海珠区的中海光大购物中心项目。海外房地产基金收购商办物业的策略是寻找核心城市、核心位置、核心项目,要求好物业、长租约、能带来稳定现金流的项目。在海外基金大举进入中国房地产业的同时,不仅住宅的价格不降反升,写字楼的租金及售价也节节攀升。不少人认为,海外基金投资中国房地产业加剧了国内房地产市场整体竞争状况,带动了投资性购房,推动了房价上涨。[1] 海外房地产基金持有中国一线城市商业物业的盈利模式,通常是收购(并购)→整修→改变业态(吸纳新租客)→提租→估值→转让。也对原有大型零售商的商业物业,采取收购后返租的商业模式。

那些一线城市价值被低估的商业物业在被外资房地产基金收购,投入一定的资本进行翻新和装修,引入具有良好市场声誉和品牌的高端物业管理公司提供高水准的物业管理服务后,通常会大幅提高该商业物业的市场价值,并获得可观的租金收入。无论是转手变现还是资产置换,都会引来投资者的关注。

(1) 为什么海外房地产基金青睐中国一线城市的商业和写字楼物业?

(2) 对于具有收益稳定性的中国一线城市商业物业,除了物业的位置,哪些因素是海外房地产基金最看中的投资要素(例如,汇率、法律政策等)?

(3) 对于大型零售企业的商业物业,为什么有的海外房地产基金愿意采用"收购后返租"模式?你能找到现实中的例子说明吗?

(4) 海外房地产基金对商业物业是如何经营和退出的?除了上面的例子,请试举二三例其他的经营退出模式。

(5) 海外房地产基金如何看待跨国持有商业物业的投资风险?如何规避?对于中国企业海外投资有何借鉴意义?

*11.4.2 资产证券化对实物资产价值的影响

2011 年 1 月 26 日,天津文化艺术品交易所将中国山水画家、天津美术学院副教授白庚延的两幅作品《黄河咆哮》和《燕塞秋》分别拆分为 600 万份和 500 万份,以每份 1 元的

---

[1] 华伟. 海外基金,天使还是魔鬼. 上海商业,2006(9):14-17.

价格挂牌交易。在经历了30个交易日后两幅画双双暴涨了17倍。3月17日,天津文交所宣布20001(黄河咆哮)和20002(燕塞秋)因存在异常交易,被实行特别停牌。[1] 而香港领汇房地产信托基金在2005年上市初期也曾经创造出持续上扬75%的神话,资产净值出现较高的溢价[2]。

对于证券化后产生的资产溢价学者们进行了大量的理论研究工作。从Lucas(1978) CCAPM(消费资本资产定价模型)的观点分析[3],投资者关于消费和投资组合决策的一阶条件应该是理解资产收益率波动的一个合乎逻辑的出发点。或者说,由CCAPM推导出的随机折现因子应该可以恰当地用来解释资产的价格及其期望收益。在均衡CCAPM定价框架中,投资者要做出合意的投资决策和消费决策来最大化自己的效用,这个最大化的结果将由一个边际条件所决定,即当期消费者增加购买资产减少消费所带来的边际上的效用损失要等于下一期由资产收益带来的消费增加所引起的边际上的效用增进。如果资产的价格和收益不能满足这个关系,那么投资者会通过增加或者减少资产来达到均衡。根据这种思想,资产价格就可以被写成利用投资者的边际效用来贴现的未来收益的期望贴现值。然而要想真正合理地解释资产价格及其期望收益,构成随机折现因子的一些变量必须要表现出不同寻常的性质。使用现实的资产收益和消费增长过程对CCAPM(Consumption-Based CAPM)进行推断,却并不能得出合理的相对风险厌恶系数和时间偏好系数的问题。这就是金融经济学中困扰了经济学家将近20年的"资产溢价之谜"问题。Campbell等人(2002)的研究显示,大多数国家的数据都表明存在资产溢价之谜。[4][5]

(1) 为什么会出现证券化后的实物资产价值比证券化之前高的情形?有哪些学者研究了资产溢价问题?提出了何种理论解释?

(2) 在现实的投资活动中房地产实物资产在证券化后产生的资产溢价与哪些宏观、微观经济因素有关?资产溢价的表现有哪些?

(3) 上市的房地产企业是如何利用企业实物资产溢价来增加企业投资规模或效益的?你能举出二三例吗?

(4) 银行的住房抵押贷款经过资产证券化后,会否出现资产溢价[6]?为什么?

---

[1] 曹元.疯狂的艺术品:文交所数日集体涨停.21世纪经济报道,2011-03-18:015.
[2] 董凤斌.REITs市场风起云涌,领汇神话恐难再现.中国证券报,2006-05-25.
[3] Lucas, Robert E, Jr. "Asset prices in an exchange economy". Econometrica,1978,46:1429-1445.
[4] Campbell, John Y and Luis M Viceira. "Strategic Asset Allocation: Portfolio Choice for Long-term Investors",Oxford: Oxford University Press,2002.
[5] 北京中富桥投资顾问有限公司.证券资产"溢价之谜"的理论分析.中国科技信息,2005(2):96-99.
[6] 刘砚青整理.李稻葵.中国经济最主要风险是地方债.中国经济周刊,2014-03-11.

11.5 案例分析

11.5.1 广州IFC(西塔)注入越秀房产信托[1]

广州国际金融中心(简称广州IFC、广州西塔)位于广州CBD——珠江新城,占地面积3.1万平方米,总建筑面积45.6万平方米,地上103层,地下4层,建筑高度432米,2012年开始正式运营,当时居全球十大高楼第七位,为中国内地第二高楼。2005年越秀城建以楼面地价每平方米2 856元、总报价60亿元人民币中标。项目定位为超高档综合性商用物业,包括写字楼、白金五星级酒店、高级酒店式服务公寓、商场、全智能化国际会议中心等。

2012年5月28日,越秀地产股份有限公司(越秀地产,0123.HK)与越秀房地产投资信托基金(越秀房托,0405.HK)联合宣布,越秀地产拟将广州国际金融中心(下称"广州IFC")以134.4亿元的价格注入越秀房托,较该物业153.7亿元的最新估值折让约12.4%。该笔交易为越秀地产增加了约40亿元的现金及约5亿元~7亿元的收益,而越秀房托也一跃成为亚洲最大的上市房地产投资信托基金。交易完成后,越秀地产持有越秀房托的股权将从目前的36%增加至不超过50%,得以更多分享越秀房托带来的收益。"这是一个双赢的交易。"第一上海证券分析师柯学锋说,"越秀房托被真正地运用起来,而越秀地产的净负债率也将从75.5%下降至40%左右。"这种巧妙的金融交易设计被经济类媒体形容为"蛇吞象"。公告显示,该次交易134.4亿元的作价中包括了88.5亿元的交易代价、45亿元的交易标的开发贷款及少数股东权益约0.9亿元。据了解,越秀房托自2005年年底上市以来,每年都以100%的比例分红,因此手中持有的现金很少。截至2011年年底,越秀房托现金及银行结存不过5.2亿元。显然,收购过百亿元估值的广州IFC,需要越秀地产与越秀房托精巧的金融交易设计。首先,越秀房托将安排不少于12亿元的新增境外银行借贷,交易后越秀房托的负债比率约30.5%,远未达到香港《房托守则》规定的45%负债比率的上限。其次,越秀房托还安排了不超过54.5亿元的基金单位进行配售,其中约36%配售予越秀地产,约64%配售予独立第三方。再有,还安排不少于24亿元的递延基金单位发行予越秀地产,将于2016年12月31日起发行,此后每年转换量不会超过2%,预计将于2023年12月31日前完成所有递延基金单位的转换。通过这一安排,越秀地产未来7年内在越秀房托的持股比例将从目前的36%增加至不超过50%。又据越秀地产相关人士介绍,因广州IFC的酒店和公寓将于2012年7月初步启动营运,需要时间培育。为确保期间越秀房托的业绩稳定,越秀地产同意由交易完成日期起至2016年年底止以现金方式向越秀房托提供收入支持,预计全部补贴款项总额将不超过6.1亿元。通过出售广州IFC,越秀地产减少了约45亿元的银行负债,增加了约40亿元的现金及获得了5亿~7亿元的收益;越秀房托则借此从以批发零售为主的物业组合转

---

[1] 本案例撰编主要参考资料为:广州珠江新城西塔越秀城建中标60亿资金难题待解.21世纪经济报道,2005-09-28.曾冬梅.精妙"蛇吞象",越秀房托入主广州IFC.中国房地产报,2012-06-04:A07.吴娓婷."蛇吞象"各有所图,广州IFC注入越秀房托.经济观察报,2012-06-04:39.

型为多元化组合,总资产值也从 2011 年年底的约 73.75 亿元大幅增加两倍至约 230.95 亿元。有业内人士分析,预计到 2014 年,广州 IFC 的整体收入将接近 10 亿元。而截至 2011 年 12 月底,越秀房托实现的收入仅为 5.22 亿元,广州 IFC 的租金收入将大幅超过目前越秀房托旗下 5 个项目的总收入。仅是广州 IFC 就能为越秀房托和其大股东越秀地产带来不少收益。越秀地产与越秀房托是相辅相成的关系,通过越秀房托,越秀地产可以加快现金流入,通过证券化把资产价值体现出来,并且分享未来资产增值的收益,越秀房托则可以利用母公司的资源快速壮大。

但是,在香港资本市场上似乎并不那么乐观,截至 5 月 31 日港股收市,越秀房托在复牌三天以来连续急泻,越秀地产股价则在微跌后回升。广州 IFC 出租率相比越秀房托原有项目还有较大差距,这对未来收益的稳定有较大影响。另一方面,越秀地产切实剔除了 45 亿港元的高息负债,回笼了资金。分析人士认为,越秀地产所得利益大于越秀房托。5 月 29 日,越秀房托股价急泻 7%,越秀地产则跌 2.15%。5 月 30 日,越秀房托再跌 3.53%,越秀地产则回升了 3.85%。5 月 31 日,这种反差继续延续。同期,香港内房股普遍走势良好。此前市场猜测,市值 42 亿港元的越秀房托如何装下"巨无霸"广州 IFC。融资方案显示,主要由大股东越秀地产提供支援。股价应声而落。广州一名投行人士对本报表示,连日股价急跌显示了小股东对该项交易不看好,担忧手中利益被摊薄,对后市亦不看好。早在两家上市公司停牌时,就有媒体公开报道,越秀房托此前派息率达到 8%,部分股东担心 IFC 注入后摊薄收益。IFC 虽为优质项目,但珠江新城内高端写字楼项目亦不少,富力一个项目高层租金水平就与 IFC 相当。同时,广州 IFC 写字楼项目楼面占整体项目盈利面积约一半,未来出租前景却不乐观。广州中原地产总监黄韬对媒体透露,IFC 为广州商业地产顶级项目,现时广州高端写字楼需求明显冷却,反而中低端需求增长,因受宏观经济降温影响,不少企业节省成本、甚至撤资,难见高端市场回暖。完成本次 IFC 收购后,预计越秀房托负债率将由去年底的 27% 上升至 30.5% 左右,而越秀地产负债率则由 45.5% 下降至 33.8%。据了解,该项 45 亿债务是长期债务,转移至越秀房托后分 17 年还清,今年还 2.5 亿元,以后每年大概 3 亿元。越秀方面认为,45 亿元减少以后为越秀地产在香港融资腾出了空间,因为国内贷款利息比较高。花旗银行指出,交易对越秀地产好处较大,可即时获得现金 40 亿元,并减少负债 45 亿,腾出资源趁低吸纳地皮。对于背负该项债务压力巨大,越秀房托副行政总裁林德良表示,越秀房托对该项债务每年偿还本金,因此利息会下降,每年约减少 2 200 万元到 3 000 万元,这部分会"直接贡献在基金单位里"。

问题分析:

(1) 越秀地产通过将广州 IFC"装入"越秀 REITs,是否实现了其下辖的部分资产证券化?对于越秀地产、越秀 REITs 的资产结构、负债结构和资本结构各有何影响?

(2) 对于该次交易中广州 IFC 资产 134.4 亿元的作价中包括了 88.5 亿元的交易代价、45 亿元的交易标的开发贷款及少数股东权益约 0.9 亿元,你认为估值是否合理?广州 IFC 资产有无溢价?

(3) 请分析一下此次金融交易设计的特点、目的和理论逻辑,"蛇吞象"特指了什么情形?交易设计对双方企业发展的长期影响有哪些?为什么香港的投资者会担忧这次交易对越秀 REITs 有不利影响?

(4) 你能否对此项关联交易做出一个更好的金融交易设计,以减轻投资者的担忧?

11.5.2 青岛凯悦房地产信托兑付风险[1]

  2010 年 10 月,中融信托为青岛凯悦中心项目发行"中融·青岛凯悦"信托计划,以青岛凯悦中心 1~5 层商铺最为信托计划项下的信托贷款提供抵押担保,抵押率不高于 40%,共融 3.845 亿元。中融信托将对青岛凯悦中心的销售回款账户进行共管,在还款到期前打入还款保证金,以确保其还款来源的安全性,而青岛凯悦置业的法人代表和股东将为本次信托贷款提供担保。根据合同约定,该信托计划存续期限为 18 个月,中融信托有权在该信托计划满 12 个月时,要求开发商兑付并提前结束信托计划。青岛凯悦此次信托融资,一方面用于偿还先前的银行贷款,另一方面还可以增加融资数额。按照最初估算,青岛凯悦利用这笔融资可以加快推广销售,应该能够很轻松地完成该信托计划的兑付。然而世事难料,之后"新国十条"出台和限购令在青岛落地,以投资和改善型住宅产品为主的青岛凯悦中心在楼市调控中首当其冲,加之在销售策略上做出了改变,青岛凯悦中心的销售情况一直不甚乐观。到 2012 年 3 月,"中融·青岛凯悦"信托到期,青岛凯悦无法如期兑付,而债权人中融信托垫资偿还了这笔信托款项,之后,中融信托将青岛凯悦置业诉至法院,要求拍卖抵押物——青岛凯悦中心 1~5 层商铺来还债。2012 年 12 月 12 日和 12 月 28 日,山东省高级人民法院对青岛凯悦中心信托资产进行了两次公开拍卖,拍卖资产包括信托计划中作为抵押物的 1~5 层商铺、地下三层的停车场和 96 套公寓,其中 1~5 层商铺、地下三层的停车场及地下商铺作为一个拍卖标的整体拍卖,96 套公寓为按套拍卖。两次拍卖只拍出了 34 套公寓,总评估价达到 5.8463 亿元的 1~5 层商铺则一直无人问津。2013 年 1 月 16 日,山东省高院将进行第三次公开拍卖,如果依然无人拍下,拍卖资产将被法院以最后一次拍卖价裁定给中融信托。

  记者翻阅相关信托合同发现,2010 年 10 月,中融信托发行成立了"中融·青岛凯悦"信托计划,为凯悦中心募集资金 3.845 亿元。该信托计划存续期限为 18 个月,可在满 12 个月后提前结束。由于国家宏观调控所引发的房地产销售市场巨变,令主导该项目的开发商——青岛凯悦置业集团在项目封顶后,却因销售不畅而根本无力还款。据青岛某房地产中介介绍,凯悦中心的问题主要是由于经营不善,此外由于项目定位过于高端,在市场上无法形成竞争力,以致后期销售一直未达到预期效果。为了应对房地产信托的集中兑付,业内明确了几种方式:包括信托公司或信托公司大股东的资金接盘、地产私募或资产管理公司接盘等方式。一般来说,销售回款是房地产信托的第一还款来源,质押物处置则成为第二还款来源。多位信托人士对记者表示,青岛凯悦中心项目以拍卖形式实现信托资产的最终处置,在他们的印象中,应该是房地产信托市场近两年来的首个案例。而与上述"下家接盘"模式的不同之处在于,接盘的下家基本上无须担心项目后期的销售问题,

---

[1] 本案例的撰编主要参考资料为:韩琳.从中融青岛凯悦信托项目看房地产信托抵押资产风险.中国证券期货,2013(3):163-166.张伟霖,房地产信托折载"凯悦门",首例信托资产公开拍卖.证券时报,2012-11-28:A07.程波,高扬.房地产信托中的"刚性兑付"风险及其治理.法制与社会,2013(5):207-208.

因此多数是按原信托产品的全额本息作为转让款;而司法拍卖却存在流拍或最终成交价低于评估价的可能。根据人民法院诉讼资产网的数据,青岛凯悦中心项目拍卖的参考价仅为3.3亿元,低于信托公司为该项目所募集投入的资金。中融信托为此将会赔款给投资者。中融·青岛凯悦的兑付纠葛无疑给信托业"融新还旧"保证刚性兑付的模式敲响了警钟。

从媒体和学者们的分析观点可以看出,此项信托计划和拍卖存在以下问题:①土地、在建工程抵押是信托常用增信方式,由于有实物进行抵押,且抵押率常常低至30%~50%,受到了投资者的普遍青睐。但是不容忽视的是第三方评估机构经常是被信托公司所聘,存在评估价值虚高风险。以青岛凯悦中心1~5层商铺最为信托计划项下的信托贷款提供抵押担保,抵押率不高于40%,融资时评估价值为9.56亿元。而到了最终拍卖总评估价值缩水至5.8463亿元,仅有原评估价值的61.15%,并且最终流拍。②土地、在建工程抵押作为增信方式,最极端的情况是面临融资人无法按期还款,土地、在建工程被迫变现的风险,但由于土地为大宗物品,一旦抵押清偿短期,难以找到合适的买家,这样势必造成抵押物出现因急于变现带来的价值损失风险。③由于法律制度上的缺陷,造成信托产品相对于其他金融产品及其衍生品而言,流动性不足。再加之自身投资起点高,一般要求100万元的起点,如果信托公司没有给予投资者"刚性兑付"保障的话,信托公司就很难吸引投资者。信托产品采取"刚性兑付"的承诺加强了投资者逐利的心理。投资者选择了一些虽有高收益率但其本身存在高风险的信托计划,这种行业潜规则也导致了信托公司盲目逐利,弱化了信托公司投资调查和资金管理能力,同时也加大了投资者和信托公司的风险。④抵押资产由于其价值过大,拍卖时间过短,导致流拍。在首次拍卖时,拍卖公告上规定"可以整体拍卖,也可以分层拍卖,整体拍卖优先,整体拍卖竞买保证金6000万元,分层拍卖竞买保证金2000万元/层",一层商铺的价格就近亿元,吓退了不少竞拍者。到第二次拍卖时,拍卖公告规定对于商铺部分的拍卖,由此前可以整层拍卖变为1~5层商铺与地下3层车库打包拍卖,起拍价为5.84亿元,竞买保证金5000万。从拍卖公告发布到拍卖只有15天的时间,恐怕没有哪个公司会在15天的时间里就决定一个近6亿的资金计划,所以流拍也就是必然结果了。

问题分析:

(1) 房地产信托产品兑付风险产生的主要原因有哪些?如何治理这些问题?

(2) 有人认为采取"融新还旧"方式来解决信托产品兑付问题是一个"庞氏游戏"[1],你如何分析这种观点?

(3) 房地产信托产品的增信方式有哪些?你是否能提出一个较好的解决"中融·青岛凯悦"信托计划的增信方式问题?

(4) 如何解决信托产品"刚性兑付"问题?国内外对此类问题都有哪些做法?

---

[1] 叶檀.庞氏骗局式的信托风险早该暴露了.叶檀搜狐博客,2014-01-24. http://yetanyetan.blog.sohu.com/300647638.html.

11.6 本章小结

本章是现代房地产金融的前沿内容,主要研究了收益性房地产融资问题,并由此引申到房地产资产证券化的一些主要内容。进一步地,本章对房地产信托、信托基金和抵押贷款证券化做了概要的分析,对中美房地产资产证券化的发展也分别做了分析,同时研究了美国次级抵押贷款的来源和出现危机的主要原因。通过本章的学习,可以使读者概要性地了解收益性房地产融资原理,以及房地产金融创新问题的发展脉络,对于中国在房地产金融创新方面未来发展有重要的理论借鉴意义。在问题研究中,第一个问题是对海外房地产基金持有中国一线城市的商业地产和写字楼物业问题作了概略研究,通过读者课外查阅文献和案例来分析海外房地产基金持有收益型物业的盈利模式;第二个问题是供研究生来选读的研究问题,它可以引导读者进一步地深入研究"资产溢价之谜"的理论研究发展趋势,了解现代资产定价理论的发展流派,探究现实生活中的资产溢价问题和应用它来提升企业价值的问题。在案例研究方面,所选取的两个国内案例都具有代表性。第一个案例探讨了资产证券化对企业资产、资本和负债结构的影响,以及如何通过证券化来分散投资风险和调整企业负债的问题;第二个案例对于当前房地产信托产品的风险管理问题有重要的分析意义,可以使读者更清楚地了解中国房地产金融改革中凸显出的重要问题,探讨这些问题的解决方法。总之,问题研究和案例研究的内容学习,都需要读者进一步地查阅有关文献、细致地研究分析讨论才能对本章的内容做到融会贯通,才能理解房地产金融创新问题的关键所在,从而提高读者认识问题和解决问题的能力。本章后附的三篇阅读文章对理解美国次贷危机、房地产信托基金财务分析和收益性商业地产的证券化大有裨益,也需要读者深入研习。

11.7 本章拓展思考题

(1) 从风险和收益的视角比较一下,投资 REITs 和房地产企业股票的区别。

(2) 永久债券(Perpetual Bonds)是介于债券与股票之间的一种融资工具,是具有一定股票性质的债券。2013年雅居乐等内地房企在香港资本市场发行了永久债券。试问,相比较房地产信托融资,房地产企业的永久债券有哪些优点和缺陷?

(3) 如何分析 REITs 的财务报告,除了评价"运营资本"(Fund From Operation, FFO),还可以选取那些指标?

(4) 如何应用"资产溢价"理论来处理企业并购活动中的资产增值问题?对于房地产项目投资中的在建工程资产增值问题又应如何分析?

(5) 从美国次贷危机的经验教训,分析中国的商业银行出售房地产信托产品的风险管理问题,并提出你的治理措施设想。

(6) 在美国养老社区(Continuing Care Retirement Community,CCRC)如同商业地产一样,通常是依靠医疗 REITs 作为投资商长期持有物业,依靠会员卡费用和医养服务的现金流来盈利。但是目前中国还很少有 REITs 来投资养老社区,而开发企业通常采取一次性出售的方式来回收投资,这对后期的医养服务管理很不利。能否根据医养服务的现金流来设计信托产品来解决项目投资回收问题?可以优先采用哪种信托类产品模式?由房地产开发企业发行"永久债券"来解决这个问题,你认为是否可行?

11.8 主要参考文献

[1] 毛志荣.房地产投资基金研究.深证综研字第0089号,2004-1.
[2] 吕士威.房地产项目信托融资实务.现代商业,2011(15):169.
[3] 李彤,越秀.REITs的前世今生.商界·中国商业评论,2006(2):128-131.
[4] 高谈.25%高收益率背后:房地产信托再变形.第一财经日报,2011-08-27:B08.
[5] 华伟.海外基金,天使还是魔鬼.上海商业,2006(9):14-17.
[6] 北京中富桥投资顾问有限公司.证券资产"溢价之谜"的理论分析.中国科技信息,2005(2):96-99.
[7] 曾冬梅.精妙"蛇吞象",越秀房托入主广州IFC.中国房地产报,2012-06-04:A07.
[8] 韩琳.从中融青岛凯悦信托项目看房地产信托抵押资产风险.中国证券期货,2013(3):163-166
[9] 程波,高扬.房地产信托中的"刚性兑付"风险及其治理.法制与社会,2013(5):207-208.
[10] Campbell, John Y and Luis M Viceira. "Strategic Asset Allocation: Portfolio Choice for Long-term Investors". Oxford: Oxford University Press, 2002.
[11] Lucas, Robert E, Jr. "Asset prices in an exchange economy". Econometrica, 1978, 46: 1429-1445.

阅读材料 11.1

美国次级抵押贷款危机的警示[1]

一、次级抵押贷款和次级债的基本特征

所谓的次级抵押贷款是指向低收入、少数族群、受教育水平低、金融知识匮乏的家庭和个人发放的住房抵押贷款。其具体特征可归纳如下。

(一)个人信用记录比较差,信用评级比较低

美国的信用评级公司(FICO)将个人信用评级分为五等:优(750~850分),良(660~749分),一般(620~659分),差(350~619分),不确定(350分以下)。次级贷款的借款人信用评分多在620分以下,除非个人可支付高比例的首付款,否则根本不符合常规抵押贷款的借贷条件。

(二)贷款房产价值比和月供收入比较高

美国的常规抵押贷款与房产价值比(LTV)多为80%,借款人月供与收入之比在30%左右。而次级贷款的LTV平均在84%,有的超过90%,甚至100%,这意味着借款人的首付款不足20%,甚至是零首付,那么,在没有个人自有资金投入情况下,银行就失去了借款人与银行共担风险的基本保障,其潜在的道德风险是显而易见的。借款人月供与收入比过去高,意味着借款人收入微薄,还贷后可支付收入有限,其抗风险的能力也比较弱。

---
[1] 汪利娜.美国次级抵押贷款危机的警示.财经科学,2007(10):1-8.

(三) 少数族群占比高，且多为可调利率，只支付利息和无收入证明文件贷款

据美国抵押贷款银行协会的调查表明：37.8%的次级抵押贷款借款人是拉美移民，53%是美籍非洲人。这些少数种族的居民基本没有信用史料，也无收入证明文件。次级抵押贷款90%左右是可调整利率抵押贷款；30%左右是每月只付利息，最后一次性支付的大额抵押贷款或重新融资。这种抵押贷款开始还贷负担较轻，但积累债务负担较重。

(四) 拖欠率和取消抵押赎回权比率较高

由于次级抵押贷款的信用风险比较大，违约风险是优级住房贷款的7倍，因此，次级贷款的利率比优级住房抵押贷款高350个基点。由于次级抵押贷款多为可调整利率，当贷款利率不断下调时，可以减轻借款人的还贷负担；但是当贷款利率不断向上调时，借款人债务负担随着利率而上升，导致拖欠和取得抵押赎回权的风险加剧。2007年2季度，次级抵押贷款的拖欠率(拖欠30天)和取消抵押赎回权的比率分别高达13.33%和4%，远远高于优级抵押贷款2.57%的拖欠率和0.5%取消抵押赎回权比率。

在美国，由于70%的住房抵押贷款实现了证券化，自2001年以来住房抵押贷款证券已成为美国债券市场上高于国债和公司债的第一大债券。次级抵押贷款也被打包，通过发行优先/次级抵押贷款债券或多级抵押贷款债券和结构性金融担保抵押债权等方式实现了证券化，出售给境内或境外的投资者，但这类债券的风险评级多为Baa级和Ba级。当宏观经济处在上升周期，房地产市场向好时，借款人还可以按期还贷，次级抵押贷款证券也可以有稳定的收入流，来保障证券投资的收益。而投资者的信心、媒体炒作、从众行为和羊群效应，招致大量资金进入金融市场，形成一种惯性，使得资产证券化的信用链条可以不断地延伸、运作下去，即使有一两个借款人违约，也不会造成资产组合收入的断流。这就是为什么在金融市场上大量资产证券无论质量高低，甚至是垃圾债券也可卖出好价钱的原因。问题出在经济环境发生逆转或波动时，如近期美国经济增长放缓，利率上调导致借款人偿还能力下降，加之房价连续4个季度走低，使借款人无法靠房产增值、重新融资来减轻债务负担。美国的一些贷款发起和服务机构就因次级贷款违约率上升而陷入亏损和倒闭的境地。日本的证券公司和银行也因持有上千亿日元的次级债券而蒙受损失。澳大利亚、新加坡的银行多持有AA级以上的抵押贷款证券，因此免受次级抵押贷款危机的冲击。

二、次级抵押贷款市场的兴起与发展

如果是20年前，一些收入低、少数种族和无信用记录者根本没有资格获得住房抵押贷款。1994年，次级住房抵押贷款发放量不过350亿美元，仅占当年贷款发放总额的20%，然而，如今这一比重在315%左右。美国次级抵押贷款市场兴起和快速发展可以说是20世纪90年代以来美国放松金融管制、金融产品创新、政府住房政策、税收制度和住宅抵押信贷经营方式变化等多种因素共同作用的结果。

住房政策的导向随着大多数美国人拥有了自己的住宅，政府的住房政策开始向低收入家庭和少数种族倾斜。《1977年社区再投资法案》中政府鼓励银行向低收入家庭和低收入社区提供住房贷款。《1978年平等信贷机会法》要求贷款机构不能因借款人种族、肤色、年龄、性别、宗教信仰、原国籍和身份差异有任何信贷歧视。联邦住房局一贯奉行为第一次购房的中低收入家庭提供购房抵押贷款违约保险。在抵押二级市场上，政府发起设

立的两大抵押证券公司依据《1992年联邦住宅企业金融安全和健全法》需要为政府三大住房政策目标服务：一是为中低收入家庭住宅信贷服务，两大企业每年购买的抵押贷款中，购房者收入等于或低于当地中等收入水平的贷款应占一定的比率。二是为特定地区的住宅信贷服务，即少数居民聚集地区的贷款应占一定比例。三是为可支付住宅目标服务。这些新的法规迫使两大公司提高了收购中低收入住房贷款的比重，包括次级抵押贷款，并以此为基础发行多级抵押贷款证券。2006年美国住房私有率高达68.9%，拉美移民的私有率达到49.5%，美籍非洲人的住房私有率为48.2%，比10年前提高了两个百分点。但是，次级抵押贷款市场兴起与发展也加大了贷款机构的信用风险和市场风险。低息和房产升值的市场环境自1992年以来，美国经济持续稳步增长，年均增长率在3.2%，加之人口增长和失业率下降推动房价持续走高，2005年2季度房价涨幅最高时曾达到13.64%，与此同时，美联储多次下调基准利率，使住房贷款利率屡创历史新低。房价的走高使美国68%房屋所有者受益，房产增值幅度达13%，约2万亿美元。而低利率刺激了居民的重新融资，希望以房产作为"现金奶牛"从中获得更多的消费信贷。按美联储主席格林斯潘话来讲，在2003年重新融资高峰时，有10万多笔抵押贷款选择了重新融资，涉及金额达到2.5万亿美元，占当年新发放住房贷款的66%，而以往这一比重多在30%左右。但重新融资也有不可低估的负效应，房产的财富效应和重新融资便利吸引着许多低收入、信用记录差者加入借贷者队伍，然而他们贷款的目的不是购房，成为房产的主人，而是希望借助低息住房抵押贷款和房产增值潜力获得更多的消费现金或消费信贷。正如Freddie Mac的一份次级贷款调查报告显示，只有19.7%次级贷款是为了购房，其余贷款的目的大多是为了重新融资或获得与房产相关的消费信贷。然而，这些次级贷借款人却很少了解房价市场波动的风险，多寄希望于房产升值，却不了解重新融资潜在的利率风险，这就为今天次级贷款危机埋下了隐患。

税收政策激励。过去20年美国次级住房抵押贷款、房屋产权贷款和与房产产权挂钩信贷产品的快速发展，在一定程度都与美国的税收政策密切相关。依据美国《1986年税收改革法案》，只有纳税人以分期付款方式购买的第一套和第二套住房贷款的利息支出可免交个人所得税，其他分期付款的消费信贷利息均不在减免税范围之内，如信用卡、汽车贷款和其他耐用品贷款的利息支付等。这种税收安排诱使金融机构不断开拓新的金融产品，帮助消费者避税。次级抵押贷款、重新融资、产权贷款和与房产产权挂钩的信贷产品便应运而生。重新融资可减免利息税的优势是显而易见的。例如，一家人购房贷款余额是7万美元，重新融资后可获得11万美元贷款，将11万美元用于偿还原先的贷款后，可获得4万美元的产权信贷。如果他们将2.5万美元用于改善房屋，1.5万美元用于购置新车，那么，11万美元的新贷款利息支出可全部免交个人所得税，这样，购房者可以减轻税务负担，还可以有更多信贷额度扩大其他消费支出。

在美国，房屋产权贷款就是以房产净值为抵押获得第二抵押贷款或其他信贷产品，这样房屋所有者就可以将不动产变为可流动的资产，如现金、支票和储蓄存款，用于支付其他消费支出。例如，一对夫妇有房产价值12.5万美元，贷款余额为4万美元，按房产价值的70%获得产权贷款的最高额度就为4.75万美元。从上述分析中我们可以看到：在新的税收政策下，住房抵押贷款包括次级贷款、重新融资和房屋产权贷款等与消费信贷相比有诸多优势,一是贷款利息支付可以减免个人所得税。二是贷款利率通常要低于消费信贷,但是次级抵押贷款是个例外,其贷款利率因个人信用风险而定。正是由于有上述优势,次级抵押贷款、重新融资和房屋产权贷款等成了消费信贷的替代品,《1987年税法修正案》对购房贷款、装修、改善住房贷款和产权贷款总额制定了上限,最高不超过100万美元,其利息支出可减免个人所得税,但是这种税收优惠对众多美国人来说还是非常有诱惑力的。也正因如此,在美国购房者贷款利息减免成为政府税式支出中最大的一项,2006年抵押贷款利息减免高达720亿美元。

金融业的竞争与经营方式的转变在过去20年随着放松金融管制、信息技术发展、金融产品创新、住宅金融市场的发展已发生了巨大的变化。传统的贷款申请、合同签署已逐渐被电子合同、电子银行所取代。住房信贷不再是单一的首付20%,固定利率可调整利率抵押贷款,信用评分、风险定价机制使银行可以为客户量身定做各种信贷产品,使住房抵押贷款已远远超出了购房的边界。经济结构的变化,使住宅金融业务成为各金融机构的竞争对象,其占银行资产的份额不断地扩大。

更值得人们关注的是住宅抵押贷款的证券化,它不仅能将银行不可流动的金融资产转化为可流通的证券,更重要的是对银行的中介功能进行分解,即将过去由银行一家承担的发放住房抵押贷款、持有贷款和回收贷款本息服务等业务,转化为多家金融机构和机构投资者共同参与的活动,这使得越来越多的金融和非金融机构开始进入住宅金融市场。在今天美国住房抵押贷款市场上,贷款发起者有传统的储蓄节俭机构、商业银行、抵押贷款公司、保险公司、公营和私营保险抵押机构、贷款服务机构,但更多是大量的抵押贷款经纪人(Mortgage Brokers)。传统上,经纪人不从事抵押贷款的发放业务,他们只为购房者与银行、贷款公司牵线搭桥。过去他们多是购房者代理人,为购房者寻找最佳贷款合约,如今,经纪人摇身一变成了贷款人或贷款机构的代理人,具有了双重职能。他们发放的贷款资金多来源于:①未来贷款购买者提供的周转资金;②银行或其他金融机构提供的短期信贷资金;③自有资金。据美国住房与城市发展部(HUD)的报告,如今60%的住房抵押贷款发起和贷款交易活动是由经纪人完成的。职能的变化使经纪人成了银行和金融机构的代理人,从中介服务变为卖贷款。那么。经纪人要想把贷款推销出去最好的办法就是让更多的人负债,负债的金额越大、时间越长,他们的收益和利润也就越大。在利益的驱动和监管不当的情况下,掠夺性贷款不可避地发生了。掠夺性贷款的特点可以归纳为:①贷款人向借款人恶意推销贷款;②贷款推销中有寻租行为,如从中获得佣金以外的其他收入;③强行推销中有误导和欺诈行为;④以各种手段诱使借款人在对借款条件了解不充分的情况下被动接受贷款;⑤贷款合约条款含混不清使借款人没有可诉诸法律把柄。由于许多次级贷款的借款人受教育水平低、金融知识匮乏、信息不充分、搜寻最佳贷款意愿小而成本高的特点,使他们接受了一些经纪人向他们推销的许多高成本,甚至一辈子还不清的贷款。

三、次级抵押贷款危机给中国的警示

中国的住房抵押信贷市场才刚刚起步,在流动性过剩、竞争加剧和可贷机会有限的大背景下,各商业银行为抢占市场都有积极发放个人住房信贷的冲动,但对房贷潜在的风险却认识不足,监管机构的风险识别和监控体系建设也明显滞后。

（一）美国次级贷款危机给银行业的警示

1. 认识和防范房贷的市场风险

房贷有房产作抵押，似乎是最安全的资产，但房产的价值是随着市场不断变化的。当市场向好时，房地产价格上扬会提高抵押物的市值，降低抵押信贷的风险，诱使银行不断地扩大抵押信贷的规模，但世界上"没有长到天那么高的大树"，地产的价格也不可能无休止地长下去，因为任何企业或个人都不可能无视其生产与生存的成本。当市场发生逆转时，房价走低，银行处置抵押物难，即使拍卖抵押物，其所得收益也不足以偿还贷款。而现代金融活动中资本的杠杆率高、信用链长，因此，房贷的风险常常会波及诸多信贷交易主体，这不仅给贷款银行带来大量的呆账坏账，还会危及银行体系的安全及整个经济的健康发展。因此，银行需要在风险和收益中做出理性的选择，提高识别和抵御市场风险的能力。

2. 认识和防范信用风险

次级贷款违约率高的原因在于贷款机构在放贷中没有坚持"三C"原则，即对借款人基本特征、还贷能力和抵押物进行风险评估。从国外的经验看，借款人的基本特征（年龄、受教育水平、健康状况、职业、购房目的、婚姻家庭状况）、还贷能力（房贷房产价值比、房款月供收入比、家庭总债务收入比、资产负债比等）和抵押物（房产价值、新建房、二手房、使用期限、地段、独户、多层高层建筑等）都与违约率密切相关。中国香港在东亚危机中资产价格大幅缩水，许多购房者承受负资产的压力，但银行却没有出现违约率大幅上升的问题，就是因为香港银行业自身有较强的抗风险能力，对个人住房贷款有严格的资格审查标准，借款人购房多是自住，只要他们职业稳定，收入现金流不变，房产使用价值不变，都会按期还贷。

（二）美国次级贷款危机给监管部门的警示

（1）建立完善信息披露机制和贷款规范。监管部门应监督从事住房信贷的银行和保险机构，在各类贷款和保险产品的营销中，要向借款人充分披露产品信息，让借款者有充分的知情权、选择权，减少信息不对称对借款人权益的损害。推进标准化的合约、贷款审核程序、借贷标准，规范银行贷款和贷后的服务。

（2）建立房地产金融预警和监控体系，提高抗风险能力。既然金融风险在经济生活中无处不在，是一种不以人的意志为转移的客观存在，监管部门的职责就是提高风险识别的能力，预测、防范、规避和化解风险，提高风险的可控性。

（三）次级贷款危机给政府部门的警示

让百姓安居乐业是政府的职责，但"人人享有适当住宅"并不意味人人都要买房，让无支付能力的低收入者进入购房市场，拔苗助长不仅事与愿违，还会产生许多负效应。一个优化的市场结构应是新建房与存量房，出售房与租赁房，商品房与政府提供公共住房的统一。

阅读材料 11.2

对房地产基金目标项目财务分析的研究[1]

房地产基金的出现丰富了我国的房地产金融市场，为我国投资者提供更多参与房地产投资的机会；它将社会上闲散民间资本聚集起来，形成资金规模优势，通过有丰富房地

---

[1] 颜旭.对房地产基金目标项目财务分析的研究.现代会计，2011(4)：10-12.

产投资经验的专业基金管理公司,分散投资风险;同时它也是我国房地产公司尤其是中小房地产公司在持续的房地产调控下进行融资的一种重要途径。房地产基金投资到房地产项目中去,可以优化被投资企业的项目融资结构,满足行业内日益增长的多样化融资需求。

房地产基金投资方式主要分为对房地产公司进行股权或债权投资。不论是股权还是债权投资,均应对目标房地产公司进行调研及评价,对投资的项目进行可行性分析及财务分析,从而做出是否投资的决策,房地产基金项目财务分析是在对目标房地产公司进行调查与预测,了解相关项目策划、投资、成本与费用估算、收入估算与资金筹措等基本资料和数据的基础上,通过计算财务分析指标,并与有关标准进行比较,对房地产项目的财务盈利能力、偿债能力和资金平衡能力进行分析,据以判别项目的财务可行性或从中选择最佳方案。

一、房地产基金目标项目财务分析的主要指标及方法

对于房地产投资项目而言,项目盈利能力是反映房地产投资项目财务效益的主要标志,项目的偿债能力包括两个层次:项目的财务清偿能力;项目的债务清偿能力。项目的资金平衡能力主要是指投资项目的各期盈余资金不应出现负值,它是投资开发经营的必要条件。地产项目财务分析过程中常用的评价指标主要有:①静态盈利能力指标,包括投资利润率、投资利税率、资本金利润率和静态投资回收期;②动态盈利能力指标,包括财务净现值、财务净现值率、财务内部收益率和动态投资回收期;③偿债能力指标,包括借款偿还期、利息备付率、偿债备付率、资产负债率、流动比率和速动比率。目标项目财务分析过程中常用的分析方法主要有比较分析法、比率分析法和因素分析法。比较分析法是指通过指标间的对比,从数量上来确定指标差异的一种分析方法;比率分析法是通过计算指标的比率来分析经济活动的方法;因素替换法是用于测定由多种相互关联的因素构成的经济指标中,各组成因素的变动对指标差异总额影响程度的一种重要财务分析方法。

二、房地产基金目标项目财务分析的过程

(一)确定目标项目基础财务数据

1. 确定房地产项目总成本

房地产投资总成本费用是指项目在一定时期内为生产和销售房地产产品而花费的全部成本费用。就一般房地产项目而言,其总成本费用由开发成本与开发费用两大部分构成。

2. 确定房地产产品销售收入

确定项目的租售方案要估算房地产的销售(出租)收入,首先要确定该项目的租售方案。房地产的租售方案一般包括五项内容:①房地产的经营形式。②可出租面积、可出售面积和可分摊面积及各自在建筑中的位置。③出租和出售的时间进度安排和各时间段内租售面积数量的确定。④租金和售价水平确定。⑤收款计划的确定。

3. 确定房地产租售价格

在投资分析中,房地产的租售价格是一个很重要的因素,因为其对目标项目的经济效益变化一般是最敏感的,所以应审慎地确定。租售价格应在房地产市场分析的基础上确

定,一般可选择在位置、规模、功能和档次等方面可比的交易实例,通过对成交价格的分析和修正,最终得到房地产项目的租售价格。

4. 确定房地产销售税金及附加

销售税金及附加是指在房地产销售与交易阶段发生的税费,主要包括两个方面:与转让房地产有关的税费和土地增值税。

(二)编制目标项目基本财务报表

1. 现金流量表

反映房地产项目开发经营期内各期的现金流入和现金流出,用以计算各项动态和静态评价指标,进行开发项目财务盈利能力分析。按投资计算基础的不同,现金流量表分为全部投资现金流量表、自有资金现金流量表和投资者各方现金流量表。

2. 损益表

反映房地产项目开发经营期内各期的利润总额,所得税及各期税后利润的分配情况,用以计算投资利润率、资本利润率和资本净利率等静态评价指标。

3. 资金来源与运用表

反映房地产项目开发经营期内各期的资金盈余或短缺情况,用于选择资金筹措方案,制订适宜的借款及偿还计划,为资产负债表的编制及目标项目资金平衡分析提供重要的财务信息。

4. 资产负债表

反映企业一定日期全部资产、负债和所有者权益的情况。用于计算编制时点房地产基金目标项目资产负债率、流动比率、速动比率等指标。

(三)根据计算出的财务指标进行目标项目财务分析

1. 盈利能力分析

包括动态分析和静态分析,动态分析是通过编制财务现金流量表,根据资金时间价值原理,计算财务内部收益率、财务净现值等指标,分析项目的获利能力。静态分析是不采取折现方式处理数据,主要依据损益表,并借助现金流量表计算投资利润率、投资利税率、资本金利润率和资本金净利润率等相关盈利能力指标。

2. 清偿能力分析

包括长期偿债能力分析和短期偿债能力分析。长期偿债能力是指目标项目在长期借款使用期内的还本付息能力或长期借款到期后的归还借贷资本金的能力,通常用资产负债率、负债经营率、资本负债率的指标进行分析。短期偿债能力是指项目用流动资产和营业利润归还各种一年期内到期或超过一个经营周期内到期的流动负债能力,通常用流动比率和速动比率等指标进行分析。

3. 资金平衡能力分析

是根据资金来源与运用表,综合考察项目计算期内各年的投资活动、融资活动和经营活动所产生的各项现金流入和流出,计算净现金流量和累计盈余资金,分析项目是否有足够的净现金流量维持正常经营。具体判断项目的资金平衡能力包括两个方面:①拥有足够的经营现金流量是财务可持续的基本条件;②各年累计盈余资金不出现负值是保持资金平衡的必要条件。

4. 进行不确定性分析

房地产基金目标项目不确定性分析就是以合理、有效地识别和规避风险为主要目标的一种分析方法。通过对不确定性因素的分析，可以分析出可能出现的各种风险以及风险对房地产基金目标项目影响的大小程度，进而确认目标项目在经济、财务上的可行性。还可以通过风险的大小和特点，确定合理的收益水平，提出控制风险的方案，有重点地加强对风险的防范和控制，使目标项目顺利进行。

通过对房地产基金目标项目的财务分析，从定性和定量的角度对目标项目进行客观评价，作为房地产基金投资决策的重要依据，不管在项目立项、项目实施、项目后续监控及项目推出等阶段都具有重要意义。

阅读材料 11.3

王健林：万达资金链虚实（节选）[1]

从万达广场如雨后春笋般冒出来开始，外界对于万达集团（以下简称万达）资金链的质疑就从没停止过。而今年遭遇房地产严酷的调控，整体经济形势严峻的背景下，万达的日子像大多数房地产企业一样，注定不能平静。

全年计划开业 18 家万达广场，12 家酒店，上半年却只开业 1 家万达广场，2 家酒店，以执行力著称的万达，全年计划是否落空？

连续 5 年，万达的收入及资产规模增速都在 40% 以上，而今年上半年集团收入却同比减少 9%，被业界称道的万达速度是否会从高不可攀的位置上跌落？

面对外界的重重拷问，万达集团董事长王健林告诉《英才》记者：万达并没有刻意控制速度，年底前 30 个项目会全部开业，而全年万达集团营业收入将达到 1 500 亿元，仍能维持 40% 的增长。

58 岁的王健林，掌控着资产数千亿的商业帝国，涉足地产、文化、旅游。到年底，万达集团拥有已开业的万达广场 66 家、五星级或超五星级酒店 38 家、影城 453 家、百货商场 57 家，而正在建设中的万达广场仍有 50 多座，此外还有长白山、西双版纳、大连金石等巨型旅游地产，以及总投资 500 亿元的武汉中央文化区。

然而，当人们的目光聚焦于万达商业地产的急速崛起，聚焦于新近巨资打造的文化、旅游航母的时候，却对万达背后的整个资本脉络知之甚少。

万达的产业链条与资金链条紧密相连，有统计，万达在建项目以及并购 AMC，总投资将达两千亿元。面对如此庞大的投资规模，万达将如何支撑？王健林又如何运作万达的现金流和融资渠道？

万达以 26 亿美元并购美国第二大院线，出人意料的成为中国文化产业最大的跨国公司后，一家征战海外多年的世界 500 强企业的老总对《英才》记者表示了对万达并购 AMC 的担忧："美国人都无法挣钱的公司，我们买过来就能挣钱吗？"

当《英才》记者以资本的视角对话王健林，对于万达正在经历的战略转型才有了更深

---

[1] 朱雪尘，孟德阳．王健林：万达资金链虚实（节选）．英才，2012(12)：37-45.

的认识,也对万达并购 AMC 背后的意图,有了全新的解读。

一、高负债谜团

根据媒体报道,2011年上半年,万达共发行10次信托融资,募资逾78亿元(在万达的信托产品中,大部分为股权信托,其中部分产品披露的信托规模在5亿~15亿元)。

从时间点上来看,万达连续发行信托融资,显然是受国家宏观调控政策制约,银行对房地产贷款紧缩所致。此前,依靠银行贷款滚动开发的模式受到抑制,而信托融资显然成为包括万达在内的众多房地产商资金的重要来源。

其实,在王健林看来,REITs(房地产信托投资基金)是一种非常好的融资渠道,其好处有四条:第一,相当于直接融资,不从银行贷款,规避了金融风险;第二,开辟投资渠道,买股票被宰,存款又负利率,REITS平均回报6%~7%,而且单份投资较小,增值又稳当;第三,支持商业终端建设,利于扩大内需;第四,解决就业,大型商业中心就业5 000~10 000人。

可惜,至今中国还未放行REITs,也正因此,逼万达走出了"住宅+商业",依靠住宅平衡现金流的"万达模式"。

但是,高负债问题依然是媒体诟病最多的。

据媒体算账,2009年,万达总资产约741亿元,负债约688亿元;2010年,总资产增至1 414亿元,负债1 280亿元;2011年,总资产增至2 030亿元,负债1 825亿元,由此有人推断万达的资产负债率长期维持在90%左右,其高速扩张依赖于高负债率。

其实,房地产业从某种程度上说就是金融业,采访中甚至有专家认为:如果说地产商对资金不渴求,从某种程度上可以理解为,这家公司已经没有了扩张的锐气,已经过了青春期。显然,对于万达来说,青春期刚过一半。

王健林对所谓的高负债率并不认同,他掰着手指对《英才》记者说"首先,万达根本就没有90%的资产负债率;其次,万达的净负债率恐怕是全中国房地产商中最低的。"

所谓净负债率,是指金融负债减去金融资产。按照中国的会计准则,房地产企业的预收账款计入负债,而且占有很大的比例,行业平均水平为负债的50%左右。以万科为例,2012年三季度,资产负债率为79.4%,剔除预收账款后,净负债率为37.7%。而王健林称,万达的净负债水平也仅为总负债的一半左右。

万达与万科相比,又有不同。万达是以持有商业物业为主的房地产企业,资产大都是不动产,以入账的成本来作为负债基数(也就是分母,总资产),其受资产估值的影响就更大。

以北京万达广场为例,三栋大楼共22万平方米的建筑面积,当年的总成本是21.4亿元,平均每平方米成本9 700多元。按照中国的会计准则,不动产需要进行折旧,如按照30年折旧来计算,平均每年折旧7 100多万元,而从2006年建成至今已过6年,共折旧4.26亿元,其万达广场的账面价值共计17.14亿元。但是目前,与万达广场同区位的写字楼每平方米售价至少5万元,如果按照此价位计算,万达广场的资产估值将达到110亿元,是其账面价值的5倍多。

万达旗下持有的商业地产中,有如此大差距的,并不止北京万达广场一家。据王健林透露,目前持有的1 300万平方米物业绝大部分有此类现象,"这1 300万平方米物业如果用来评估或者市场销售,翻一倍一点问题都没有,因此净负债率还会更低。"所以,王健林认为如此报道万达的资金危机显得有些不负责任。

采访中也有专家指出:虽然会计准则对不动产估值的规定有待商榷,但目前不仅是万达这种房地产企业,就算一般企业对于名下不动产的评估入账,如无特殊需求都不会操作,其原因便在于评估入账后的所得税问题还悬而未决,在不进行资产出售的情况下,一般不会对旧有不动产进行重新评估,相反还会折旧处理。

"如果有一天我不想玩了,或者我想清闲一点儿,我卖10个购物中心,也许就可以套现几百亿",王健林对于万达的资金状况很有自信。

对于王健林的说法,《英才》记者采访了国元证券(000728)首席策略分析师刘勘,他认为:"无论是净资产还是净负债都不足以评价一家房地产企业,关键还要看经营性现金流。因为通胀的存在,商业地产一般都会升值,但是升值不一定就有市场。商业地产的出租率,取决于地段、交通、周围居民的消费欲望等诸多因素,其资产价值的高低,关键看现金流。"

一位万达高层告诉《英才》记者,王健林视现金流和财务预算为万达的生命线。万达对于现金流的把控可谓严之又严。在万达的投资、建设、开业、现金流四个层面的计划中,前三个层面是工作计划,由各个分公司来申报,集团审核,而最后一个现金流计划,则由集团信息中心、财务部和计划部一起起草制订,每年11月底由王健林亲自签署下发。

二、万达模式的挑战

无论是外界对万达资金的质疑,还是王健林对万达资金的自信,都有一个不容回避的问题,面对越来越密集的商业地产开发,万达模式是否可持续?

虽然,王健林对2012年上半年,万达仅有一家广场和两家酒店开业的解释是:"很多人不清楚,商业项目不适合在上半年开业,以前也是集中在三、四季度,全年30个项目开业计划不变。"但实际上,王健林对经济形势的改变已有预估。

万达高层透露,在一次内部会议上,王健林就预警:从2012年开始,中国经济彻底进入中速增长期,每年增长6%~8%,今后二三十年还会继续增长,但会逐年降低速度。而万达上半年出现的20年来首次增速放缓,已经说明经济困难局面反映到了"抗周期"的消费行业。主要表现为:一是以前每年每个商场的人流同比增长都是两位数,但今年跌至个位数;二是客单价(每位顾客购买的商品金额)在下降;三是商家减少开店,从以前的来者不拒,到今年开店计划大幅度减少。

在战术层面,王健林认为商业地产与住宅地产相比有很多不同。

"我这十几年就讲一句话:招商在前、建设在后。说白了核心一点就是为了规避很多毛病(行业潜规则)。比方说你要先建成再来招商,正常市场应该给你100块钱一个月,有品牌的商家一看你已经建成再招,我就给你50块钱一个月,你不让它进去这50元都没了,这就造成你原来的预期、盈利模型全部被打破,你可能连还本付息的能力都没有了。所以我的经验是先把商业资源搞好再来做商业地产,但很多企业不是这样的。这些年,我给几个大银行做顾问,处置了好几个这种购物中心项目,最后的结果都是很惨。"

在整体经济减速的情况下,为了躲避住宅的限购而被迫转战商业地产的诸多房地产企业,或许又会落入另一个尴尬境地。

"转型最好是主动的,有意识的,而非被迫的,从战略层面来讲,一般被迫转型获得成功机会就小的多。"王健林说。

三、豪赌旅游

在王健林的指挥下,万达开始有意识地调整其战略方向,旅游地产则是万达转型的重要方向之一。

而在王健林的构想中,万达的长白山项目不去占用长白山原有的景观资源,而是通过总共200亿元巨资的投入,打造一种复合型的"大旅游"模式,把商业、旅游、消费、文化进行多要素组合,文化中心、电影院、卡拉OK、电玩城、博物馆、滑雪、购物广场等产品全部纳入进来。同时规划十几个不同品牌,不同档次,不同风格的酒店,以满足不同需求。在21平方千米的范围内进行整体规划,然后分期实施。

"建出来的东西是一股脑想好的。"王健林认为投资规模和内容的复杂性是联系在一起的,投资越多、样式组合越复杂,意味着吸引力会更大。

虽然据媒体报道,万达长白山项目的拿地成本几乎可以忽略不计,但投入200亿元巨资打造一个旅游地产项目,万达的现金流是否还依然健康?而这也正是王健林最为关心的问题。

对于商业地产项目,万达可以依靠销售住宅,甚至可以依靠出售写字楼来平衡现金流,但是对于"一生可能只去一次"的长白山,万达又靠什么来平衡现金流呢?

在王健林的模型中,以长白山为例的旅游地产项目,一半现金流来自于住宅的销售,另一半则来自旅游本身的盈利能力。

对于长白山旅游地产这种新鲜事物,王健林也承认万达是在摸索阶段。"这是一种创新,也在试验当中,我不敢百分之百打保票说我每一个行业都能做到最好。但是,你不做全,多要素不组合,仅仅搞几个雪道,配几个酒店,这能做到一流吗?你觉得会有吸引力吗?人家凭什么到你那去投资呢?"

在长白山旅游度假区,万达规划了400多万平方米的住宅,但目前售价只卖到3 000多元/平方米,400多万平方米的住宅仅能回收100亿元的投资,那么其余的部分也只能依靠旅游、文化等项目来进行回收。

"长白山200亿元投资怎么会卖出税后利润200亿元呢?神仙也做不到。如果住宅能够把整个投资稀释掉50%,甚至40%,我就有勇气投更多的资金在文化和综合性内容上。否则,你就没有勇气投200个亿,可能就变成50个亿了",王健林依然谨慎。

从今年7~9月的第一个销售季来看,销售情况超出此前的预计。如果未来能够增加航班,解决交通问题,王健林相信销售情况会更好。

虽然旅游地产未来存在不确定性,但令人关注的是,在地方政府的支持下,融资渠道却较商业地产畅通得多。

据媒体报道:"长白山国际旅游度假区开发有限公司"的被抵押土地共37块,共获得贷款6.2亿元。而作为抚松县政府融资平台的恒信投资管理有限责任公司,曾经承办了6亿元的"长白山国际旅游度假区投资担保函"。地方融资平台为商业项目作担保,显示出地方政府对此项目的支持力度。

南开大学旅游与文化发展研究中心研究员裴钰在接受《英才》记者采访时表示:"现

在宏观调控的情况下,旅游地产是一个很好的融资手段。在今年6月的一次机构交流会上,华侨城高层透露,准备将欢乐谷的门票作为收益凭证,在深交所挂牌。短期内,旅游地产无法回笼投资,但是通过资本运作,可以获取发展所需的资金。"

而参与长白山开发的泛海集团,也在2011年曾为长白山国际旅游度假区南区项目公开发行总额为28亿元的公司债券。

万达目前虽然并未以长白山收入进行公司债融资,但是其联合泛海集团、联想控股等有实力的企业共同开发,也缓解了万达自身开发的资金压力。

四、顺势而为

对于并购AMC,外界普遍不看好,认为这是一个不赚钱或者难以赚到钱的生意。因为美国的院线竞争颇为激烈,已经步入夕阳产业,这与万达院线在中国的快速发展有所不同,因为院线在中国还属于朝阳产业。

并购之前,万达团队已经跟踪AMC有两年之久,对于美国前五大院线都做了调研,而得出的结论是AMC是最适合的目标。首先因为AMC规模较大,排名第二;其次,不是上市公司,利于并购操作;最后,AMC院线位于大中城市核心地段,与万达院线的定位类似。此后万达就开始与AMC进行接触。

2010财年,AMC实现了6 979万美元的盈利,当时万达提出以12亿美元~13亿美元的价格收购AMC的全部股权,但被AMC股东拒绝,因为其股东认为AMC在2011年时候情况会更好,可以再次冲击IPO。结果2011年的情况不仅没有好转,反而亏损1.23亿美元。股价掉了一半。最后收购的时候,股权只值7亿美元。

虽然外界披露万达26亿美元并购了AMC,但是据王健林透露:"其中账面有3亿多美元现金,同时还持有美国最大的上市电影广告公司的股票,大概价值2亿多美元,实际购买股权和债券总计二十亿美元左右。而对应其拥有的5 034块银幕,其单块银幕价格仅为250万元,对应国内每块银幕400万元的成本,相当划算。何况你怎么可能同时占有386个这种地段和资源呢?"

而在万达并购的过程中,有一个很关键的步骤,就是在征得了股东同意之后,先与AMC的42个管理核心人员洽谈管理合同,这在后来被证明是非常明智的。

首先万达要求管理层接受万达的财务模型。因为美国的财务指标主要是看EBITDA(息税前利润),但是在万达的财务模型中,是以净利润为目标。同时,将财务周期调整为中国的财务报表时间。这两条实际上是为未来在国内或中国香港打包上市做前提准备。

其次,是要求管理层树立目标责任制,对未来几年的盈利目标进行反复测算。"你得给我分析清楚人员成本,每个月,每个影城的盈利状况,最后让我看到盈利是切实可行的。最后终于把前面四年的目标责任制全都签完了。"

王健林在要求外籍管理层接受万达文化的同时,也做出了一定让步:万达对管理层承诺不再卖出AMC,同时跟管理层签订4~5年的长期合同,同时只派一个董事长和一个副财务总监加入管理层,并且把税后利润的10%留给管理人员作为奖金。

在今年10月,万达为AMC专门研发的管理软件上线了,远在万里之外,王健林就可以看到每个影城,每周的财务情况,其管控精细程度可见一斑。

第11章 收益性房地产融资、信托与资产证券化而对于AMC的大量负债，万达采取了还一部分高息债，低息债继续持有的方式来降低财务成本。

在万达宣布并购AMC之后，债券价格全部上升，评级上调，这极大地刺激了债权人继续持有合约的愿望，所有债权人均放弃提前赎回的要求。

在与美国债权人谈判的过程中，由于手握国内诸多大银行50亿美元的授信额度，万达强势尽显，"谈也行，不谈也行，但就一条，附加条件不会有，同意签个字，不同意也赶快签个字。"在美国债权人面前，王健林底气十足。

"我看中的是规模，就算每年5000万美元的利润去美国上市，可能也就把我的投资拿回来，挣不了多少钱。但是如果我把它装在中国内地或中国香港的资本市场，可能就完全不一样了。假如有3亿元人民币的利润，中国内地市场股权价值就过百亿了，中国香港也能有七八十亿元，相对我投资的四十多亿元，就有钱赚了。况且我不是圈完钱就跑，我拿融资的钱再去改造影院，盈利能力还能提升。我们承诺未来三年还会再借给他三亿美元用于院线改造，目前，首批5000万美元已经到位。"王健林预计100家影城改造完成后，在2016年会有利润大提升。

除了万达影院之外，王健林还准备在中国做足几场大"秀"。为了能让万达的演艺水平达到世界一流水准，王健林挖来了一支国际团队。

如果说王健林26亿美元买下AMC是蓄谋已久，他的好友联想控股董事长柳传志当年并购IBM或许也对他的并购形成了某种潜移默化的影响。

国务院发展研究中心企业研究所研究员张政军在接受《英才》记者采访时认为："联想并购IBM和万达并购AMC有相似性。他们都是在被并购企业亏损、高负债、股东希望出售股份时候寻找到机会，同时实现品牌的国际化，迅速提升了企业的知名度。"

除了商业上的共性之外，也有专家认为，联想和万达的国际并购在提升了国际知名度的同时，也提升了对于国内市场和政府的影响力，同时跟国家的政策导向相吻合。联想走出去之时，正值中国政府倡导提升制造业水平，发展高科技企业的契机，而万达并购AMC则正好顺应了国家鼓励开拓国际文化市场，创新文化"走出去"，提升国家软实力的大势。

今年9月，成立了万达文化产业集团，北京市政府给予了非常优厚的政策，比如融资、土地和进京指标等。该集团目前旗下包括10家企业：万达院线、AMC、影视传媒、演艺、大歌星、电影乐园、主题公园、《华夏时报》、商业经典、文化旅游城，涵盖7个行业，2012年预计收入将突破200亿元。

而在这200亿元的收入中，美国第二大院线AMC2011年的收入就有约25亿美元，今年或将达到140亿元，可见并购AMC对万达文化产业集团的分量。

五、终极模式

随着王健林把产业从商业地产，逐渐延伸至文化产业、旅游投资、零售消费，以高速扩张闻名的万达模式或许又要被赋予新的含义。

显然，2008年的金融危机给万达和苏宁等企业以千载难逢的良机。据王健林介绍：万达仅仅在2008年底就抢了十几个项目，2009年初又是十几个，土地的价格低得惊人。在上海和南京这样的城市，万达拿到的土地价格也就每平方米一千多元，2009年开盘价格是地价的十几倍。

虽然王健林并非零售业出身，但在采访中，却对沃尔玛家族的历史如数家珍。其中，特别佩服沃尔玛创始人山姆·沃尔顿的用人之道。

"给我教育最大的一个人就是沃尔顿"，面对《英才》记者，王健林不由得感慨起来。如今已经58岁的王健林，虽然身体无碍，但也已考虑万达的传承。

当外界更多地看到沃尔玛的供应链管理和先进的信息系统的时候，却少有人知道沃尔玛有60%的收益是来自地产增值。沃尔玛早在发家之初，就在全美土地价格低廉，未来人口增长可能性高的地方购买了诸多地块。早期储备的商业地产为沃尔玛带来了巨额的固定资产这个抵押资本，成为了沃尔玛贷款快速扩张的基石。

实际上，沃尔玛在产业资本关联的大网里，处于优质地段的商业地产控制大量的顾客资源，而后顾客资源转移增加零售店利润，最后零售店部分收入以租金的方式补贴给地产业务。这就是典型的"零售＋地产"价值链。商业价值在沃尔玛内部流转、交换，却并不容易为外人所知。

"很多人觉得万达是不是全产业链，其实你仔细想想都是有相关的多元化，购物中心、百货、酒店、电影院线、旅游度假，无非旅游度假稍微跳出来一点儿，没在万达广场里面，但基本上也都在相关多元化。说来说去还是围绕消费者转，没有跳出消费。"

王健林对沃尔玛家族的经营之道了解颇多，他认为，未来万达打造的文化、旅游、零售等品牌也是为了能够与商业地产板块形成遥相呼应的掎角之势，从而形成价值链的整体提升，或许这又会演绎成万达的新终极模式。

教师服务

感谢您选用清华大学出版社的教材！为了更好地服务教学，我们为授课教师提供本书的教学辅助资源，以及本学科重点教材信息。请您扫码获取。

》 教辅获取

本书教辅资源，授课教师扫码获取

》 样书赠送

财政与金融类重点教材，教师扫码获取样书

 清华大学出版社

E-mail: tupfuwu@163.com
电话：010-83470332 / 83470142
地址：北京市海淀区双清路学研大厦 B 座 509

网址：http://www.tup.com.cn/
传真：8610-83470107
邮编：100084

资源下载

本书配套的教学课件、习题答案和教学大纲资源请扫描下方二维码下载或者到http://www.tup.com.cn/网站上搜索下载。为了更好地服务教学，我们为使用本书做课程教学的老师提供本书的配套资源，以及本学期需要补教材，请扫码登记反馈。

> 教辅资源

本书配套资源，推荐授课教师扫码获取

> 样书申请

如您是使用本书的任课教师，欢迎扫码申请样书

⑨ 清华大学出版社

E-mail: tupfuwu@163.com
电话: 010-83470332/83470142
地址: 北京市海淀区双清路学研大厦 B座 509
网址: http://www.tup.com.cn/
传真: 8610-83470107
邮编: 100084